소프트웨어 테스트 자동화 구축과
6가지 핵심 활동

시간과 비용을 줄이고 품질은 높이는

소프트웨어 테스트 자동화 구축과
6가지 핵심 활동

엘프리드 더스틴 · 톰 개럿 · 버니 가우프 지음 | 여용구 · 황영석 옮김

세계가 매우 빠르게 급변하는 오늘날에는, 날마다 변화와 혁신의 문화를 세워나가야 한다. 혁신은 군인, 선원, 이등병, 해병, 해안경비대의 일상에서 매일 일어나는 일이다. 군인으로서의 내 삶을 돌아보면, 운 좋게도 극적인 혁신의 효과를 맛보고 경험할 수 있었다. 엄청난 혁신이 일어나는 또 하나의 영역이 정보 기술 영역이다. 오늘날 배포되는 시스템은 수백만 라인의 방대한 소프트웨어, 십 년 전만 해도 상상할 수 없었던 컴퓨터 프로세서의 속도, 그리고 광대역을 제공하는 네트워크로 구성되어 있다.

이와 같은 혁신에도 불구하고, 증대되는 위협에 대응할 필요성은 이전보다 훨씬 더 커졌고, 반응에 필요한 시간은 줄어들고 있다. 정보 기술 관점에서 보면, 이는 소프트웨어 변경이나 개선과 관련된 영역을 이전에 비해 더욱 빠르게 만들어나가야 함을 의미한다. 빠르면서도 효과적인 테스트 변화가 매우 중요하다. 그러나 여전히 수많은 프로그램에서 일정의 50% 이상을 테스트에 쏟아붓고 있다.

혁신적인 테스트 솔루션 제공의 선두에 있는 IDT Innovative Defense Technologies는 이런 변화의 위협에 발맞춰갈 필요가 있었다. 이 책은 성공적인 소프트웨어 테스트 자동화 프로그램 구현에 도움을 줄 수 있는 가이드를 제시한다. 직접 경험한 사례 연구를 싣고, 소프트웨어 테스트 자동화 이슈 및 해법을 심도 있게 파헤친다. 또한 소프트웨어 테스트 자동화의 비즈니스 케이스를 어떻게 개발해야 하는지 그리고 소프트웨어 테스트 자동화 프로그램에 대한 수명주기 접근을 어떻게 제공해야 하는지 자세하게 알려준다. IDT는 이 책에서 필요한 정보를 시기적절히 제공함으로써 관련 담당자들이 효과적인 소프트웨어 테스트 자동화 프로그램을 구현할 수 있게 한다.

에드먼드 지암바스티아니 주니어 Edmund P. Giambastiani, Jr. 제독
미합중국 해군(퇴역)의 합참부의장(2005~2007)

내가 처음으로 소프트웨어 시스템을 개발한 1960년대 중반에는, 테스트는 주로 개발자의 몫이었다. 최종 사용자는 상대적으로 작은 테스트 케이스로 검증할 뿐이었다. 20여 년이 지나면서 더 많은 시간이 테스트에 할애되고 있으나 중요한 테스트 케이스들이 프로그래밍 직군이 수행하는 테스트와 최종 사용자 또는 별도 테스트 그룹의 테스트 과정에서 중첩되고 있다. 이런 필요 이상의 테스트는 초과 비용을 발생시키며 프로젝트 일정을 지연시켰다. 오류가 발견되면, 수정과 재검증을 위한 시간 지연으로 인해 비용이 발생했다. 오늘날에도 소프트웨어 제품이 시장에 나오는 데 중요한 비용과 시간을 테스트에 소비하고 있다. 제품 내의 소프트웨어 복잡도와 규모가 증가하면서, 미래에도 테스트 양은 계속적으로 증가하리라 예상된다. 테스트 기술에서 큰 개선이 요구되고 있기에, 이에 대한 해결책의 하나로 소프트웨어 테스트 자동화가 있다.

소프트웨어 테스트 자동화의 목적은 시간과 리소스를 효과적으로 사용해 테스트 효율을 높이는 데 있다. 또한 필요하다면 테스트 조합과 순서를 변경하고, 테스트 커버리지를 높이면서 테스트 중복 실행을 피하며, 결과 분석도 자동으로 해준다. 이를 통해 동일한, 또는 더 감소된 테스트 시간 프레임 내에서 소프트웨어의 품질과 신뢰를 높이고자 한다. 이 책은 효과적인 소프트웨어 테스트 프로그램 구축을 위한 방대한 기술 가이드를 제공한다. 소프트웨어 테스트 전반에 걸쳐 적용할 수 있는 소프트웨어 테스트 자동화에 대한 제안과 솔루션을 경험에 기초해 제공한다. 이 책에서 제공하는 소프트웨어 테스트 자동화 베스트 프랙티스와 가이드라인을 적용하면, 테스트 프로그램을 개선할 수 있으며, 마침내 정해진 시간과 예산 안에서 높은 품질의 소프트웨어 제품을 생산하여 비즈니스를 발전시킬 수 있다. 아울러 이 책에서는 자동화 테스트 솔루션의 ROI(투자 대비 수익)를 계산하는 방법에 대한 생생하고 실질적인 조언을 제공한다. 이는 사용자가 테스트 자동화로 활용하기에 최적인 곳과 비용 대비 효과가 없는 시점이 언제인지를 이해하는 데 도움이 될 것이다.

　마지막으로, 소프트웨어 테스트 자동화의 이점으로는 테스트 프로세스를 공식적으로 감사할 수 있다는 점도 들 수 있다. 2002년에 제정된 사베인스-옥슬리 법 404조$^{SOX 404, Section 404 of the Sarbanes-Oxley Act of 2002}$는 2004년을 기점으로 기업 연간 보고서의 재정 보고서 내에 기업 내 통제 관리에 대한 보고서를 포함시킬 것을 권고한다. 더 나아가, 경영 평가를 증명하기 위해 회사의 외부 감사 역시 필요하다. 경영 정보 시스템은 기업 내 통제 시스템의 매우 중요한 구성요소가 될 것이다. 따라서 새로운 시스템에 대한 테스트 프로세스의 독립적인 감사가 가능하다는 사실은 향후 대규모 시스템의 개발과 구축에서 매우 중요하게 작용할 것이다.

윌리엄 나일린 주니어$^{William Nylin, Jr.}$ **박사**
콘즈(Conn's, Inc.)의 수석부사장 겸 이사

지은이 소개

엘프리드 더스틴 Elfriede Dustin

다년간의 실무 소프트웨어 테스트 자동화 경험을 기초로 다수의 소프트웨어 테스트 도서와 기사를 썼다. IDT에서 소프트웨어 테스트 리서치 프로그램을 이끌고 있다.

톰 개럿 Thom Garrett

복잡한 미 국방부의 시스템 및 공영 방송 서비스 PBS, Public Broadcasting Service, 디지털 시스템 리소스 DSR, Digital System Resources, 아메리카 온라인 AOL, America Onlin 같은 일반 상업 애플리케이션의 계획, 테스트, 배포를 담당한 경험이 있다. 샌프란시스코 대학에서 석사 학위를 받았다.

버니 가우프 Bernie Gauf

IDT의 대표다. 새로운 기술 도입을 위해 미 국방부 패널로 활발히 참여해 수많은 테스트 컨퍼런스에 초대받고 있으며, 초청 연사로서 소프트웨어 테스트 자동화에 대한 통찰을 공유하고 있다.

세 저자는 IDT(www.idtus.com)에서 함께 일하고 있으며, 소프트웨어 테스트 자동화 솔루션의 설계, 개발, 구현 전문가다.

감사의 글

이 책을 만드는 데 도움을 준 모든 소프트웨어 전문가들에게 감사를 드린다. IDT 직원으로 도움을 준 기여 저자인 스콧 빈다스, 마커스 보르흐, 빈센트 밸러린께 특별히 감사를 전하며, 이분들에 대한 소개를 실었다. 그들의 값진 노력이 책 전반의 내용, 프레젠테이션 및 모든 부분에 걸쳐 더해졌다. 추가로 이 책의 편집에 기여해준 IDT 직원인 피트 브리아와 버트 르준에게 감사를 전한다.

이 책의 질을 높여주고 내용을 추가해준 검토자분들에게 감사를 전한다. 오랜 기간 동안 유명 소프트웨어 품질 보증 사이트인 www.sqaforums.com에서 능숙하게 중재자 역할을 해준 조 스트라제르와 제이크 브레이크를 비롯해 짐 하젠, 롭 사보린, 제프 오퍼트 교수, 사티암 프라야다시 박사,『Automated Software Testing』과『Quality Web Systems』의 공동 저자이자 PMP인 제프 라쉬카에게 감사를 전한다. 이분들의 편집과 기여는 너무나도 소중했다.

또한 추천의 글을 써준 에드먼드 지암바스티아니 제독(퇴역), 윌리엄 나일린 박사에게 큰 감사를 전한다.

애디슨웨슬리의 직원분들에게도 감사를 전하며, 특히 효율적인 아이디어와 입력으로 도움을 준 피터 고든과 킴 보이디그하이머, 그리고 엘리자베스 라이언, 존 풀러, 스테판 나킵의 노고에도 감사를 전한다. 마지막으로 편집자인 바바라 우드의 귀중한 제안이 이 책을 더욱 값지게 만들었다.

기여자 소개

스콧 빈다스 Scott Bindas

IDTInnovative Defense Technologies의 소프트웨어 개발 관리자다. 그가 속한 개발 팀의 주요 업무는 다양한 오픈소스, 벤더 제공 솔루션, 사내 개발 소프트웨어 솔루션을 통합해 자동화 소프트웨어 테스트 프레임워크를 제공하는 것이다. IDT에 합류하기 전에는 방위 산업체에서 핵심 소프트웨어 엔지니어로 일하며, 해군 잠수함의 애플리케이션 소프트웨어 설계, 개발, 테스트를 책임지는 일을 맡았다. 매사추세츠 대학 다트머스 캠퍼스의 컴퓨터 공학 학사 학위를 취득했다.

마커스 보르흐 Marcus Borch

IDT에서 소프트웨어 테스트 자동화 스위트의 개발 기술 선임을 맡고 있다. 기능 테스트에서 시스템 레벨 테스트에 이르는 다양한 소프트웨어 테스트 유형을 자동화하기 위한 테스트 모듈 설계 및 개발을 담당한다. 주요 방위 산업체에서 소프트웨어 엔지니어로 8년 이상 근무했고, 뉴욕주립대 뉴펄츠 캠퍼스에서 컴퓨터 과학 전공을 우등으로 졸업했다.

빈센트 밸러린 Vincent Vallarine

IDT의 소프트웨어 엔지니어로 테스트 자동화 솔루션을 구현하고 있다. 로드아일랜드 주립대학교에서 1999년에 컴퓨터 공학 학사 학위를 받은 후 방위 산업체에서 일을 시작했다. 방위 산업체에서는 해군 전투 시스템의 소프트웨어 설계, 구현, 테스트 업무를 했다. 또한 매사추세츠 대학 다트머스 캠퍼스에서 컴퓨터 과학 석사 학위를 받았다.

여용구 (yeoyg98@gmail.com)

현재 네이버 QA 랩에 재직 중이다. 주요 관심 분야는 테스트 자동화와 애자일 테스트다. 에이콘 출판사에서 펴낸 『소프트웨어 테스팅, 마이크로소프트에선 이렇게 한다』 (2009년), 『소프트웨어 테스트 자동화』(2013년)를 공역했다.

황영석 (youngseok.hwang@gmail.com)

현재 네이버 QA 랩에 재직 중이다. 테스트 자동화에 관심이 많고, 테스트 자동화를 활용한 효율적이면서 효과적인 테스트 방법을 항상 고민하고 있다. 에이콘 출판사에서 펴낸 『소프트웨어 테스트 자동화』(2013년)를 공역했다.

옮긴이의 말

소프트웨어 테스트 자동화에 대한 생각이 어느덧 '정말 되는 걸까?'에서 '정말 되는구나'로 바뀌었다. 테스트 자동화는 많은 IT 회사의 목표인 '높은 품질의 빠른 출시'에 점점 더 많은 기여를 하게 되는 듯하다.

이 책의 원서는 2009년에 미국에서 출간됐는데, 그 즈음에는 나 자신조차도 '테스트 자동화'에 대해 부정적이었다. 많은 리소스를 들여 테스트를 만들고 한 번 돌아가는 것에는 환호하지만, 지속적으로 가치를 주는 작업이 되지 못한 채 비용과 리소스만 낭비된 시도들을 많이 봐왔다.

하지만 지금은 다르다. 현재 내가 속한 곳에서도 시간을 들여 실패와 시도를 거듭한 끝에, (갈 길이 멀긴 하지만) 매일 돌아가는 테스트도 꽤 많아졌다. 테스트 자동화를 하면서 부딪히는 예상치 못한 이슈들도 하나둘 풀어내는 중이다. 이제 재미있는 무엇인가를 할 수 있는 출발선에는 서 있게 된 것 같다.

이 책은 IDT라는 회사에서 소프트웨어 테스트 자동화에 관한 경험과 아이디어/노하우를 정리해 공유해준 책이다. IDT는 주로 미 국방부와 관련된 시스템이 높은 품질로 출시되도록, 소프트웨어 테스트 자동화를 적용하고 컨설팅을 해주는 회사다. 정부 기관 중 그것도 국방부와 관련된 시스템에 적용한 결과이고, 출간된 시기도 6년 전쯤이기에, 현 시점에서 볼 때 아주 매력적인 기술이나 방법/도구를 제시하진 않는다. 하지만 미션 크리티컬한 국방 시스템에 실제로 적용한 테스트 자동화의 경험을 최대한 상세히 풀어 설명하기에, 어떻게 성공적으로 테스트 자동화를 구축해나갔는지를 경험할 수 있다.

여기서 제시한 방법이 테스트 자동화 구축의 유일한 길은 아니며, 이 책이 테스트 자동화 구축에서 유일한 바이블은 아니다. 하지만 테스트 자동화를 체계적으로 구축할 때 고려할 사항에 대해 미리 알아두면 좋을 내용이 알차게 담겨 있다. 요구사항을 정하고 전략을 세운 뒤, 이에 맞는 프레임워크를 선정하고 적용한다. 그리고 이를 지속적으로 개선하면서 조직에 맞는 경량 프로세스를 만들어나가는 것이 그 답이다.

　내가 속한 조직에 비춰볼 때도 테스트 자동화 기술을 익히고 문제는 풀어나가지만, 큰 그림을 가지고 어떤 체계 안에서 자동화를 성숙하게 만들 것인가는 놓치기 쉬운 것 같다. 그런 측면에서 이 책이 나에게도 도움이 되었다. 마찬가지로, 지속적인 가치를 주는 테스트 자동화 체계를 잡아가기를 원하는 사람이라면 이 책에서 필요한 많은 정보를 얻을 수 있을 것이다.

여용구 · 황영석

목 차

2부   자동화 방법: 성공적인 자동화를 위한 6가지 핵심 활동   147

5장   핵심 활동 1: 요구사항 이해   149

들어가며

제안하려고 하는 테스트 자동화 전략이 실패할 것 같은가? 괜찮았던 과거보다도 못한 결과를 주는 소프트웨어 테스트 자동화라는 용어 때문에 괴롭지 않은가? 테스트 자동화라는 만능 해결사가 목표를 잃고 있지는 않은가? 테스트 자동화 엔지니어가 실망스러운가? 우리는 IDT(www.idtus.com)에서 자동화 테스트의 성공을 돕는 견고한 솔루션, 전략, 아이디어를 찾아냈다. 그리고 이 책에 모두 담았다.

시스템과 애플리케이션에 대한 제대로 된 소프트웨어 테스트 전략, 기법, 솔루션이 있다면, 소프트웨어 테스트 자동화는 가장 효과적인 프랙티스 중 하나다. 이는 테스트 효율을 높이고 테스트 비용은 극적으로 낮추면서, 더 빠르고 넓은 효율적인 결함 검출이라는 측면에서 소프트웨어 품질을 높이는 데 기여한다.

이 책은 조직에 소프트웨어 테스트 자동화를 구현하는 데 도움이 되는 가이드를 제공한다. 하지만 존재하지도 않는 마법 같은 해법을 제공하지는 않는다. 다만, 경험에 근거해 많은 논점과 권고사항을 알려준다. 1부에서는 자동화 이슈를 철저히 분석한다. 소프트웨어 테스트 자동화인 것과 아닌 것은 무엇인가? 비즈니스 케이스business case는 자동화 성공을 위해 왜 필요한가? 자동화는 왜 필요하며 언제 해야 하는가에 대한 이슈를 설명하며, 앞서 설명한 비즈니스 케이스를 만들기 위한 단계별 지침도 추가했다. 그리고 자동화가 자주 실패하는 이유와 성공을 막는 함정과 주로 하는 큰 실수들을 정리했다. 또한 자동화 성공을 돕는 오픈소스 테스트 툴도 소개한다. 2부에서는 소프트웨어 자동화 테스트를 성공적으로 구현하기 위한 6가지 핵심 활동을 제시한다.

- 핵심 활동 1: 요구사항 이해
- 핵심 활동 2: 테스트 자동화 전략 수립
- 핵심 활동 3: 소프트웨어 테스트 자동화 프레임워크 테스트
- 핵심 활동 4: 지속적인 진척 현황 추적에 따른 적절한 대응
- 핵심 활동 5: 소프트웨어 테스트 자동화 프로세스 구현
- 핵심 활동 6: 적합한 인력을 프로젝트에 투입(필요한 스킬 세트 파악)

IDT에서 소프트웨어 테스트 자동화에 대한 두 가지 설문조사를 수행한 적이 있다. 전 세계에 걸쳐 다양한 분야, 다양한 규모의 조직에 속한 테스트 전문가 700명에게서 응답을 받았는데, 이 설문조사에서 일관되게 나타난 두 가지 내용은 다음과 같다.

- 약 70%의 응답자는 자동화에 비용이 많이 든다는 사실을 인정하지만, 왜 자동화를 해야 하며 어떻게 실제 프로젝트에 적용해야 하는지에 대해서는 별다른 확신이 없다.
- 응답자의 절반은 자동화를 구현하는 데 필요한 경험이나 시간, 예산이 부족하다고 느꼈다.

소프트웨어 테스트 자동화가 유용하고 필요하다는 데는 대부분 동의한다. 하지만 성공률이 더 높은 자동화를 구현하지 못하는 이유는 바로 경험 부족 때문인 듯하다. 그렇기에 프로젝트에서 기술을 겸비한 사람을 찾는 일은 매우 중요하다. 필요한 기술은 10장에 정리해뒀다. 설문조사 결과에 대한 더 많은 내용은 4장에서 볼 수 있다.

이 책의 구성

1부: 소프트웨어 테스트 자동화의 정의와 필요성

1장, '효과적인 소프트웨어 테스트 자동화란'에서는 소프트웨어 테스트 자동화가 무엇인지 기술한다. 이 책 전반에서 사용되는 소프트웨어 테스트 자동화의 정의는 '소프트웨어 테스트 수명주기STL, software testing lifecycle 전반에 걸쳐 효율과 효과를 향상하

려는 목적을 띤 소프트웨어 기술의 응용application과 구현implementation'이다.

2장, '자동화가 필요한 이유'에서는 자주 논의되는 질문들을 기술한다. 현재 소프트웨어 테스트가 직면한 문제와 소프트웨어 테스트의 비용과 시간을 줄일 수 있는 방법을 설명한다. 왜 자동화를 해야 하는지에 대한 이유는, 3장에 상세하게 기술한 비즈니스 케이스를 만드는 데 도움이 되는 기초가 된다.

3장, '비즈니스 케이스'에서는 비즈니스 케이스를 정의하는 단계별 접근 방법을 소개한다. 비즈니스 케이스는 비즈니스 필요성, 소프트웨어 테스트 자동화가 필요한 이유, 비즈니스를 통해 얻게 되는 유/무형의 이점, 예상되는 비용과 일정에 대한 분석, 투자 견적, 투자 대비 수익ROI에 대한 내용을 포함한다.

4장, '소프트웨어 테스트 자동화의 실패 이유와 함정'에서는 소프트웨어 테스트 자동화를 둘러싼 오해와 진실을 쉽게 설명한다. 회사와 조직에서 이 교훈들을 살펴봐야 하는 이유는 소프트웨어 테스트 자동화를 구현하면서 실패를 반복하지 않기 위해서다.

2부: 자동화 방법: 성공적인 자동화를 위한 6가지 핵심 활동

이제 1부에서 제시한 비즈니스 케이스에 대한 확신을 갖게 됐고, 테스트 자동화의 실제와 함정을 이해했다면, 다음 단계는 자동화 방법을 결정하는 것이다. 2부에서는 다양한 소프트웨어 테스트 자동화 작업들을 성공적으로 구현하는 방법을 설명한다. 우리는 아래에 기술한 6가지 핵심 활동을 통해 소프트웨어 테스트 자동화를 성공적으로 달성할 수 있음을 확인했다.

5장, '핵심 활동 1: 요구사항 이해'에서는 테스트 자동화 전략을 세우기 전에 요구사항을 이해하는 일이 얼마나 중요한지 다룬다. 요구사항이 충분하지 않을 때 이를 해결하려고 정보를 수집하는 방법으로 풀어나가는데, 이런 문제에 대한 접근 방법도 5장에서 이야기한다.

6장, '핵심 활동 2: 테스트 자동화 전략 수립'에서는 테스트 자동화 접근 방법을 상세 절차로 만드는 것에 대해 기술한다. 여기에는 테스트 환경 고려사항, 테스트 자동화 스크립트 및 관련 산출물에 대한 형상 관리 등이 포함된다. 추가로, 테스트 대상 선정 시 고려할 사항과 적절한 툴 선정(오픈소스, 상업 툴, 인하우스 툴에 상관없이)의 중요성에 대해서도 기술한다.

7장, '핵심 활동 3: 소프트웨어 테스트 자동화 프레임워크 테스트'에서는 테스트 기법 이해와 테스트 자동화의 한 부분인 테스트 케이스 작성의 중요성에 대해 다룬다. 자동화 엔지니어는 문서화가 테스트 자동화의 한 부분임을 자주 잊곤 한다. 테스트 케이스 문서화는 소프트웨어 테스트 자동화 노력에 대한 청사진과 같다. 7장에서는 테스트 케이스에서 역으로 요구사항을 추적하는 일의 중요성, 입력 값과 기대 결과 등을 포함하는 테스트 케이스의 내용, 그리고 문서화된 테스트 케이스가 어떻게 테스트 자동화의 구현과 개발에 기초가 되는지를 설명한다.

8장, '핵심 활동 4: 지속적인 진척 현황 추적에 따른 적절한 대응'에서는 자동화를 시작할 때 설정한 목표를 추적해야 하는 중요성에 대해 기술한다. 3장에서 비즈니스 케이스 생성과 목표 설정의 필요성을 설명했다. 8장에서는 어떻게 동료 리뷰, 인스펙션 그리고 다양한 자동화 및 테스트 지표가 설정한 목표에 대한 진척을 추적하고 측정하는 데 어떤 도움을 주는지 기술한다.

9장, '핵심 활동 5: 소프트웨어 테스트 자동화 프로세스 구현'에서는 가벼운 프로세스의 필요성에 대해 밝힌다. 적절한 프로세스 없이도 성공적으로 구현할 수 있는 테스트 자동화 스크립트도 있다. 하지만 대규모의 테스트 자동화 프로그램을 효과적으로 구현하려면 적용하기 용이한 경량 프로세스가 있어야 한다. 9장에서는 이러한 프로세스를 정리해 소개하고, 구체적인 사항은 연관된 각 장으로 연결해준다.

10장, '핵심 활동 6: 적합한 인력을 프로젝트에 투입(필요한 스킬 세트 파악)'에서는 소프트웨어 테스트 자동화 개발에 필요한 스킬 세트를 분류한다. 예를 들어 요구사항 분석, 설계, 소프트웨어 개발, 테스트 등은 소프트웨어 개발 팀의 스킬 세트와 유사하다. 핵심 활동 6에서는 테스트 기법에 대한 지식과 분석 스킬이 아무리 중요하다 해도 효과적인 소프트웨어 테스트 자동화 구현을 위해서는 소프트웨어 개발 스킬이 뒷받침되어야 함을 강조한다. 테스트 자동화 프로세스에 따라 필요한 스킬은 9장에서 기술했다.

대상 독자

이 책의 대상 독자는 테스트 관리자, 테스트 리더, 테스트 업계 종사자처럼 전문적으로 소프트웨어 테스팅 분야에 몸 담고 있는 사람들이다. 또한 전문 QA, QA 리더 그리고 QA 업계에서 일하는 사람들을 위한 책이기도 하다. 소프트웨어 배포 품질과 효과를 올리고 싶은 프로젝트 관리자와 소프트웨어 개발자에게도 도움이 될 것이다.

1부

소프트웨어 테스트
자동화의 정의와 필요성

1장

효과적인 소프트웨어 테스트 자동화란

소프트웨어 테스트 자동화의 현실

소프트웨어 테스트 자동화AST, automated software testing란 용어는 소프트웨어 개발 분야와 테스트 커뮤니티에서 다양한 뜻으로 사용된다. 어떤 사람에게는 테스트 주도 개발test-driven development 또는 단위 테스트unit test일 수 있고, 누구에게는 캡처/레코드/플레이백 툴을 사용해 소프트웨어 테스트를 자동화하는 것일 수도 있다. 또한 펄Perl, 파이썬Python, 루비Ruby 같은 스크립트 언어를 사용해 테스트 스크립트를 직접 개발하는 것일 수도 있다. 누군가에게는 소프트웨어 테스트 자동화가 성능/부하 테스트에만 국한되거나 전반적인 기능 테스트 및 보안 테스트와 관련될 수도 있다. 이 책에서는 여기서 말한 모든 내용을 다루려고 한다.

본론으로 들어가기 전에 우선 소프트웨어 테스트 자동화의 정의를 명확하게 내리는 것이 중요하다. 공통된 의미를 포함해서 모두가 공감할 수 있어야 한다. 우리의 소프트웨어 테스트 자동화에 대한 정의는 우리가 진행한 업무와 경험을 기초로하며, 실제 의미도 포함한다. 정의를 내린 후에는 성공적인 소프트웨어 테스트 자동화 업무에 대해 설명하고, 소프트웨어 테스트 자동화 레시피를 제안한다. 또한 테스트 자동화 업무를 간소화할 수 있는 아이디어를 보여주고, 소프트웨어 테스트 수명주기 전반에서 테스트 자동화를 적용하는 방법을 설명한다.

1.1 소프트웨어 테스트 자동화 정의

이 책 전반에 사용되는 소프트웨어 테스트 자동화의 정의는 크로스 플랫폼 호환 환경, 프로세스 독립적인 환경을 포함하는 모든 종류의 테스트 단계를 포함한다. 일반적으로 기능, 성능, 동시성, 부하 테스트처럼 수동 테스트로 실행할 수 있는 모든 테스트는 자동화할 수 있다. 우리는 가끔씩 "소프트웨어 테스트 자동화와 수동 테스트가 어떻게 다른가요?"라는 질문을 받는다. 이에 대한 대답으로, 소프트웨어 테스트 자동화는

- 힘들게 수행하던 수동 테스트 업무를 향상한다.
- 소프트웨어 개발이다.
- 수동 테스터의 분석적인 스킬, 테스트 전략 노하우, 테스트 테크닉을 대신할 수는 없다. 하지만 이러한 수동 테스터의 전문성을 소프트웨어 테스트 자동화의 설계도로 사용할 수 있다.
- 수동 테스트와 명확하게 구분할 수는 없다. 소프트웨어 테스트 자동화와 수동 테스트는 상호 보완적으로 함께 사용된다.

현존하는 모든 종류의 소프트웨어 수동 테스트를 자동 테스트로 변환하는 소프트웨어를 개발할 수 있다. 하지만 우리의 경험에 비춰볼 때, 수동 테스트를 자동화하려면 대부분의 경우 수동 테스트를 수정해야 한다. 수동 테스트의 테크닉, 사례, 지식은 소프트웨어 테스트 자동화와 밀접한 관계가 있기 때문에, 이 책 전반에 걸쳐 이러한 수동 테스트의 기법들이 소프트웨어 테스트 자동화에 어떻게 활용되는지 설명한다. 자동화가 투자 대비 수익^{ROI, return on investment}을 만족시킬 수 있다는 점은 논외로 하고 모든 테스트를 자동화할 수 있다 하더라도 모든 테스트가 자동화할 만한 가치가 있는 건 아니다. 자동화할지에 대한 판단을 내릴 때는 다양한 영역에서 고려할 필요가 있다. 무엇을 자동화할지 결정하는 방법에 대해서는 6장에서 설명한다. ROI를 고려한 소프트웨어 테스트 자동화의 고차원적인 정의는 다음과 같다.

소프트웨어 테스트 수명주기(STL, software testing lifecycle) 전반에 걸쳐 효율과 효과를 향상하려는 목적을 띤 소프트웨어 기술의 응용(application)과 구현(implementation)

소프트웨어 테스트 자동화는 전체 소프트웨어 테스트 수명주기에서 통합 테스트 및 시스템 테스트의 자동화에 초점을 맞추는 자동화 업무라고 말할 수 있다. 소프트웨어 테스트 자동화의 주요 목적은 테스트 효율을 높이도록 테스트 및 재테스트 자동화를 설계, 개발, 배포하는 것이다. 이것이 성공적으로 구축된다면, 소프트웨어 중심 시스템software-intensive system의 전통적인 테스트와 평가 방법 및 프로세스에서 소요되는 비용, 시간, 리소스를 상당히 줄일 수 있다.

1.2 소프트웨어 테스트 자동화 레시피

소프트웨어 테스트 자동화가 효과적으로 구축된다고 할 때, 그것은 GUI 캡처/플레이백으로만 되어서는 안 되고(아주 이해하기 쉬운 방식이긴 함), 테스트의 일부 단계에만 국한되어서도 안 되며, 특정 벤더 상품에 특화되어서도 안 된다. 효과적으로 구축된 소프트웨어 테스트 자동화는 테스트 대상 애플리케이션AUT, application under test에서 사용하는 아키텍처 또는 언어를 지원할 수 있어야 한다.[1]

이 책에서 설명하는 소프트웨어 테스트 자동화 구축은 프로세스 독립적이고, 기술 독립적이고, 환경 독립적이다. 여기서 제안하는 테스트 자동화 구축 방식은 소프트웨어 개발 모델이 폭포수waterfall 모델이든, 테스트 주도 개발 모델, 스크럼Scrum 또는 어떤 종류의 소프트웨어 개발 모델이든 제한 없이 구축할 수 있다. 또한 테스트 대상이 웹 애플리케이션이거나 서비스 기반 아키텍처SOA, service-oriented architecture 솔루션인지에 관계없이 테스트 자동화를 구축할 수 있다. 그뿐 아니라 애플리케이션 실행 환경이 리눅스, 맥, 윈도우든 상관없고, 실행 환경, OS, 플랫폼에 독립적으로 구축할 수 있다.

---

1   책 전반에 걸쳐 '테스트 대상 애플리케이션(AUT, application under test)'과 '테스트 대상 시스템(SUT, system under test)'이라는 용어를 구분 없이 사용한다.

소프트웨어 테스트 자동화가 효과적으로 구축되었다면, 다음과 같은 애플리케이션을 지원해야 한다.

- 다수의 컴퓨터에서 실행되는 애플리케이션
- 다양한 프로그래밍 언어로 개발된 애플리케이션
- 다양한 종류의 OS 또는 플랫폼에서 실행되는 애플리케이션
- 그래픽 사용자 인터페이스GUI, graphical user interface가 있거나 없는 애플리케이션(예를 들어, 메시지 인터페이스는 GUI 없이 테스트함).
- TCP/IP, DDS 같은 모든 종류의 네트워크 프로토콜 종류에서 실행되는 애플리케이션

자동화 테스트 프레임워크를 개발할 때 기억해야 할 레시피는 다음과 같다.

- 오픈소스 툴, 인하우스in-house 개발 툴, 또는 다른 벤더의 툴을 포함하는 다양한 상용 테스트 툴을 통합할 수 있어야 한다(새로운 또는 개선된 제품이 시장에 출시되어 사용할 수 있을 때).
- 테스트 대상이 되는 동일한 컴퓨터에 다시 프레임워크를 설치하지 않고 테스트할 수 있어야 한다.
- 개발된 새로운 애플리케이션과 기존 애플리케이션을 모두 지원해야 한다.
- 전체 테스트 수명주기를 지원해야 한다(하지만 단지 소프트웨어 테스트 자동화를 사용하기 위해 전체 테스트 수명주기에 적용할 필요는 없다).
- 다수의 컴퓨터와 다양한 시스템 엔지니어링 환경에서 분산 테스트를 지원해야 한다.
- 소프트웨어 테스트 자동화 프레임워크와 컴포넌트는 재사용할 수 있어야 한다.

테스트 요구사항, 자동화 프레임워크 설계 및 구조, 자동화 테스트 구현/검증과 실행을 포함하는 소프트웨어 테스트 자동화를 구축할 때는 소규모 개발 수명주기가 필요하다. 소프트웨어 테스트 자동화가 정확하게 구축된다면, 재사용 가능하고 확장 가능한 프레임워크와 컴포넌트를 만들어낼 수 있다. 소프트웨어 개발의 훌륭한 프랙티스practice를 소프트웨어 테스트 자동화에도 적용하고 충실히 지켜야만 한다.

프로그램 및 테스트 대상 애플리케이션에서 테스트 자동화 필요성이 비슷하고 공통점이 많아도, 일부 프로그램에서만 유일하게 사용 가능한 독립된 모양으로 구축과 커스터마이징이 필요할 때도 있다. 효과적으로 자동화 테스트 프레임워크를 구축한다고 하면, 이러한 유일한 요구사항들도 수용할 수 있어야 한다.

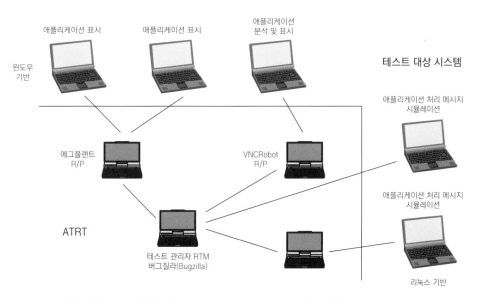

그림 1-1 자동화 테스트 및 재테스트(ATRT, automated test and retest) 프레임워크 예

그림 1-1은 우리의 분산 자동화 프레임워크 레시피를 사용해 구축한 예를 보여준다. 그림을 보면 리눅스와 윈도우 플랫폼에서 테스트가 실행되는 크로스 플랫폼 호환성을 볼 수 있다. 또한 다양한 툴이 자동화 프레임워크의 일부분으로 통합되어 있는 모습을 볼 수 있다. 여기서는 테스트플랜트Testplant의 에그플랜트Eggplant2 와 VNCRobot[3]을 툴로 사용한다. 그리고 소프트웨어 테스트 자동화 프레임워크/ STA 엔진STAF/STAX 프레임워크를 사용한다. 우리는 STAF/STAX 프레임워크를 자동화 테스트 프레임워크에 성공적으로 통합했다.[4] STAF/STAX는 오픈소스이고 멀티플랫폼과 다국어를 지원하는 프레임워크로 서비스service(프로세스 호출, 리소스 관

---

2   www.testplant.com

3   www.vncrobot.com

4   http://staf.sourceforge.net/index.php

리, 로깅, 모니터링 같은)라고 불리는 재사용 컴포넌트를 고려해 설계됐다. STAF를 사용하면 자동화 인프라 구축부터 시작하지 않아도 된다. STAF 프레임워크는 한 단계 높은 차원의 솔루션을 만들 수 있는 기반을 제공하고, 방대한 플랫폼과 언어를 지원하는 플러그인pluggable 접근 방식을 제공한다. STAF/STAX는 매우 유용하다는 사실이 이미 증명돼왔고, 우리는 이것을 자동화 프레임워크에 성공적으로 통합했다.

소프트웨어 테스트 자동화를 구축하려면 일반적으로 테스트 대상 애플리케이션으로부터 적당한 도움을 받아야 하는데, 다음과 같이 다양한 영역에서 지원이 필요하다.

- **테스트 대상 애플리케이션의 테스트 수명주기 단계**

  소프트웨어 테스트 자동화는 다양한 초기 접근 방식을 취할 수 있다. 소프트웨어 테스트 수명주기 초반부터 적용할 수 있는데, 예를 들어 단위 테스트 단계부터 시작할 수 있다. 반대로 마지막 단계에서 적용할 수 있는데, 예를 들어 사용자 인수시험 테스트 단계에서 시작할 수 있다. 가능하면 소프트웨어 테스트 수명주기 앞단계에서 소프트웨어 테스트 자동화를 시작하는 것이 좋다. 테스트 산출물을 다음 단계에서 재사용할 수 있기 때문이다. 또한 시스템 테스트 수명주기의 초기에 발견된 결함[5]을 수정하는 비용이 더 싸다는 사실은 입증되고 있다.

- **테스트 대상 애플리케이션의 일정과 타임라인**

  일정과 타임라인에 따라 좀 더 많이 또는 적게 포괄적인 소프트웨어 테스트 자동화 솔루션을 구축할 수 있다. 다시 말해, 좀 더 시간을 투자할수록 더 많은 테스트 커버리지를 얻을 수 있다. 또한 테스트 자동화 퍼센티지가 높을수록 더 상세한 분석이 가능하다.

- **테스트 대상 애플리케이션의 기술**

  효과적으로 소프트웨어 테스트 자동화를 구축하면 테스트 대상 애플리케이션의 기술적인 요구사항을 만족시킬 수 있다. 소프트웨어 테스트 자동화 툴은 윈도우

---

5   책 전반에 걸쳐 결함(defect) 리포트와 소프트웨어/시스템 문제 리포트(STR, software/system trouble report)를 구분 없이 사용한다.

와 리눅스에서, 또는 실시간 환경과 고정된static 환경에서 사용될 것이다. 이와 같이 크로스 호환성cross-compatible을 갖는다.

- **테스트 대상 애플리케이션의 복잡도**

  테스트 대상 애플리케이션이 복잡할수록 소프트웨어 테스트 자동화는 더욱 정교한 작업이 필요하다. 테스트 대상 애플리케이션의 복잡도에 따라 다른 소프트웨어 테스트 자동화 접근 방법과 전략을 적용해야 한다.

- **테스트 대상 애플리케이션의 중요도와 위험도**

  테스트 대상 애플리케이션의 중요도criticality와 위험도risk는 소프트웨어 테스트 자동화에 드는 노력에 많은 영향을 미친다.

모든 각각의 프로그램은 다 다르며 테스트 대상 애플리케이션마다 필요에 맞게 소프트웨어 테스트 자동화를 적용해야 함을 우리는 알고 있다. 하지만 이런 필요와는 별개로, 효과적으로 소프트웨어 테스트 자동화 프레임워크를 구축하면 다양한 환경에 적용할 수 있다. 효과적인 소프트웨어 테스트 자동화는 구축된 프로그램의 종류와는 독립적으로 아주 중요한 일련의 단계와 마일스톤milestone을 사용해 적용된다. 이에 대한 자세한 내용은 9장에서 설명한다.

여기서 목표는 소프트웨어 테스트 자동화 프레임워크를 처음부터 개발하지 않고, 소프트웨어 테스트 자동화를 다양한 프로그램에 스며들게 하는 것이다. 다시 말해, 아주 가벼운 프로세스만으로 모든 조직 또는 프로그램에 쉽게 적용하는 것이다.

1.3 향상된 소프트웨어 테스트 자동화 기술

소프트웨어 테스트 자동화가 성공적으로 보이도록 모든 수동 테스트를 자동화할 필요는 없다. 때로는 ROI 계산을 해서 자동화할지 여부를 논의하고, 일부 테스트는 여러 가지 이유로 자동화하기에 적합하지 않다고 결정을 내린다. 예를 들어, ROI 측정 결과 비용 효율적cost-effective이지 않을 수 있다.[6]

---

6   ROI는 3장에서 설명한다.

소프트웨어 테스트 자동화를 통해 수동 소프트웨어 테스트 업무를 월등히 향상할 수 있지만, 개발된 소프트웨어를 테스트하려면 소프트웨어 개발이 필요하다. 우리는 소프트웨어를 테스트하기 위해 소프트웨어를 개발한다. 그보다 더 나은 대안이 없기 때문이다. IBM에서는 자율 컴퓨팅autonomic computing[7] 같은 프로젝트가 시작되고 있다. 앞으로는 스스로 테스트 가능한 컴포넌트를 제공할 텐데, 현재는 일부만 진행되고 있다. 이 책을 쓰는 시점에는 일부 회사에서 자율 컴퓨팅 개념을 구축 및 적용하고 있다.

현재 소프트웨어 테스트 자동화 상황과 소프트웨어를 테스트하기 위한 소프트웨어 개발의 필요성을 볼 때, 효과적인 자동화 테스트는 인력 투입을 줄이는 것이고, 가능하면 투입된 리소스만큼 많이 자동화하는 것이다. 소프트웨어를 테스트하기 위한 소프트웨어 개발은 효율적으로 간소화돼야 한다. 소프트웨어 테스트 자동화를 구축하기 위해 자동화를 사용하는 것은 효과적인 방법이다. 필수적이지만 실수하기 쉬운 부분인 사람의 수작업을 제거할 수 있기 때문이다. 자동화 테스트 간소화의 목표는 테스트 자동화를 자동화하는 데 있다.

예를 들어, 많은 회사는 테스트 프레임워크를 처음부터 개발하는 데 시간을 사용한다. 이미 동일한 기능을 제공하는 엄청나게 많은 프레임워크가 있는데, 테스트 배치, 테스트 배포, 이메일 알림 기능을 만든다. 무료로 사용할 수 있는 오픈소스 컴포넌트 또는 무료/셰어웨어shareware[8]를 사용하면 필요한 기능을 재사용할 수 있고, 쉽게 기능을 추가해 통합할 수 있으며, 시간과 돈을 절약할 수 있다. 우리는 새로운 테스트 프레임워크 기능을 개발하는 대신 오픈소스 커뮤니티를 찾고 검토한다. 이미 우리가 필요한 것 이상으로 개발되고 있고, 그냥 다운로드하기만 하면 된다. 자동화 테스트 업무를 할 때는 먼저 테스트 자동화 프레임워크를 설계하고 개발하기 위한 오픈소스 컴포넌트를 고려해보기를 추천한다. 오픈소스 툴을 고려할 때는 오픈소스 라이선스를 주의 깊게 살펴봐야 한다. http://opensource.org/licenses에서 공인된 오픈소스 라이선스들을 찾아볼 수 있다.

---

7   www.research.ibm.com/autonomic/
8   다양한 언어로 된 많은 소스 코드 조각을 온라인에서 무료로 사용할 수 있다. 여타 회사들과 마찬가지로 마이크로소프트 개발자 네트워크에서도 많은 코드 조각을 제공한다.

테스트 자동화 엔지니어는 자동화 테스트를 구축할 때 자체 개발 수명주기가 필요하다는 사실을 안다. 그래서 소프트웨어 개발 커뮤니티에서 이미 만들어진 것들, 즉 요구사항으로부터 설계, 구현, 테스트와 결함 추적에 이르기까지 수명주기의 모든 단계를 자동화하는 데 도움을 주는 툴을 빌려서 사용한다. 테스트 프레임워크의 일부분인 테스트 프로시저를 개발할 때 모델 기반 설계를 따를 수 있다. 텔레로직Telelogic/IBM에는 아주 유명한 벤더 제공 솔루션인 자동화 테스트 제너레이터ATG, Automated Test Generator와 테스트 컨덕터TC, Test Conductor가 있다. 자동화 테스트 제너레이터와 테스트 컨덕터를 사용하면 개발 플랫폼 위에서 테스트 모델을 구축하는 데 필요한 테스트 케이스와 테스트 코드를 생성할 수 있는 '테스트 하니스harness/플랫폼'을 만들 수 있다. 벤더 제공 솔루션의 대안으로는 오픈소스 AndroMDA를 사용할 수 있다. "이제 당신만의 EMF 기반 메타모델을 생성할 수 있고 가장 높은 추상화 모델인 플랫폼 독립 모델PIM, platform-independent model로부터 알맞은 플랫폼 특화 모델PSM, platform-specific model로 모델 투 모델 변환model-to-model transformation을 작성할 수 있다. 이런 방식으로 가장 낮은 레벨의 플랫폼 특화 모델이 될 때까지 변환해서 간단히 모델 투 텍스트 변환model-to-text transformation만으로도 쉽게 코드를 생성할 수 있다."[9]

자동화 테스트 프로시저 생성에 대한 다른 아이디어들도 있다. 예를 들어, 모든 테스트 프로시저가 MOF 모델에서 텍스트 변환 언어로 작성된다면(OMGObject Management Group의 웹사이트 www.omg.org/cgi-bin/doc?ad/04-04-07 참고), 수동 테스트 프로시저를 사용해 자동화 테스트 코드를 생성할 수 있다.

테스터는 방대한 양의 테스트 데이터 조합과 연산을 검증해야 할 때 큰 어려움에 직면한다. 이런 데이터 세트를 엑셀 스프레드시트에서 수작업으로 만드는 일은 지루할 뿐 아니라 에러가 발생하기 쉽다. 하지만 이런 수작업으로 테스트 데이터를 생성하는 프로세스는 여전히 대다수 테스트 분야에서 일반적으로 행해진다. 수많은 테스트 데이터 생성기 중 하나를 사용해 조합 기반combinatorial-based의 데이터를 자동으로 생성해보면 어떨까?[10] 예를 들어, 미국 국립표준기술연구소NIST, National

---

9   www.andromda.org/ 참고

10 직교 배열(orthogonal array)에 대한 좀 더 자세한 설명은 엘프리드 더스틴(Elfriede Dustin)이 www.scribd.com/doc/2175340/Orthogonally에서 설명한 'Orthogonally Speaking'을 참고한다.

Institute for Standards and Technology에서는 파이어아이^{FireEye} 또는 ACTS라 불리는 유용한 툴을 개발하고 있다. 이 툴은 http://csrc.nist.gov/groups/SNS/acts/download/ 페이지에서 다운로드할 수 있는데(NIST 계정을 입력해야 접근됨), 이 툴을 사용하면 테스트 데이터 생성을 자동화할 수 있다. NIST는 http://csrc.nist.gov/groups/SNS/ acts/documents/comparison-report.html 페이지에서 파이어아이와 그 밖의 툴들을 비교 설명해놓았다.

테스트 자동화를 자동화하는 방법은 훨씬 더 많다. 제미^{Jemmy} 같은 자바 라이브러리를 사용해 사용자 인터페이스를 테스트할 수 있고, 또는 인터페이스 설계 언어^{IDL, interface design language}를 사용해 코드를 생성하거나 내장된 탐색 툴(www. ocsystems.com 참고)을 사용하거나 자체 테스트 가능한 컴포넌트를 만들 수 있다. 소프트웨어를 테스트하기 위해 소프트웨어를 사용하거나 또는 구미에 맞게 개발하면 그 프로세스를 훨씬 더 잘 자동화할 수 있을 것이다. 테스트 자동화를 간소화하는 방법의 일례로 테스트 케이스 코드 생성을 자동화하는 것을 들 수 있다. 여기서 생성되는 테스트 코드는 소프트웨어 인터페이스 테스트 코드와 테스트 케이스 프로시저 코드, 그리고 애플리케이션을 혼합 사용할 수 있게 하는 코드가 포함된다. 좀더 자세히 설명하자면 툴을 다음과 같이 사용할 수 있다.

- 테스트 케이스 코드 생성 자동화
  - 소프트웨어 인터페이스 테스트 코드
  - 소프트웨어 인터페이스는 CORBA와 DDS, 또는 간단한 멀티캐스트^{Multicast} 레이아웃 같은 어떤 미들웨어 타입으로 표현할 수 있다.
  - IDL, C 스타일 헤더 같은 다양한 입력 포맷으로부터 소프트웨어 인터페이스 코드를 생성할 수 있다.
  - 인터페이스 코드를 테스트 프레임워크에 붙일 수 있는 코드를 생성할 수 있다.
- 테스트 케이스 프로시저 코드
  - 테스트 케이스 프로시저에서 각 단계와 기능을 실행하기 위해 생성된 코드가 연결된다.
  - 표준화된 테스트 케이스 포맷을 통해 자동화 프로시저 단계를 추출할 수 있다.

- 추출된 테스트 단계 정보를 정의하기 위해 XML을 사용할 수 있고, 이것을 자동 생성 프로세스의 입력 값으로 사용할 수 있다.
- StringTemplate은 일반 코드 세트와 프로젝트 특화 코드 세트를 제공한다.

- 이 예제에서 사용된 툴
  - ANTLR(www.antlr.org/)
    - 문법 파일을 사용한다. IDL과 C 같은 일반 언어의 문법 파일을 다운로드해서 사용할 수 있다.
    - 어휘 분석기와 파서 기능을 자바로 생성한다(그 밖의 언어들도 지원한다).
  - SpringTemplate(www.stringtemplate.org/)
    - ANTLR을 사용한다. ANTLR과 동일 팀에서 개발했다.
    - 플러그인될 수 있는 템플릿을 제공한다. 자동 생성 코드를 수정하지 않고 여러 언어로 코드를 생성할 수 있다.
  - JAXB(https://jaxb.dev.java.net/)
    - XML 스키마를 기반으로 XML을 자바 오브젝트로 바인딩한다.
    - XML 데이터를 해석하는 자바 클래스를 생성한다.

부록 D를 보면 여기서 설명한 자동화 테스트 기술을 최신의 오픈소스 툴을 사용해 어떻게 우리의 프레임워크에 사용했는지를 설명한 사례 연구를 볼 수 있다. 또한 구글 테스트 자동화 컨퍼런스(GTAC 2008)에서의 발표 영상을 보면 자동화 코드 생성을 어떻게 구현했는지 자세한 내용을 찾아볼 수 있다.[11]

추가로 혁신적인 개발자는 급변하는 비즈니스 상황에 신속히 대처하기 위해 애플리케이션 조합을 튜닝하고 있다. 소프트웨어 컴포넌트 재사용을 지원하기 위해 라이브러리 내의 소프트웨어 컴포넌트를 검토하는 개념은 중요하다. 현재 있는 컴포넌트를 조립해 맞춤을 제작하면 보기에도 좋고 느낌도 좋다. 새로운 사용자 인터페이스와 트랜잭션을 제공할 수 있고, 리소스를 새로운 애플리케이션 패턴으로 순식간에 구성해서 좀 더 발 빠르게 새로운 릴리스를 출시할 수 있다.

---

11 www.youtube.com/watch?v=HEpSdSyU03I

우리는 이런 '라이브러리'와 '소프트웨어 재사용' 컨셉을 제공한다. 현재 있는 소프트웨어 테스트 자동화는 다양한 컴포넌트로 재사용할 수 있기 때문이다. 예를 들어 소프트웨어 자동화 테스트 프로세스는 '라이브러리' 소프트웨어 컴포넌트의 검토와 재사용을 통해 얻을 수 있는 효율성을 제공할 것이다. 비슷하거나 대체 가능한 '자동화 컴포넌트'는 재사용할 수 있기 때문이다. 이를 통해 자동화 테스트에 드는 노력을 순차적으로 간소화하는 데 도움이 될 것이다.

1.4 다양한 소프트웨어 테스트 타입의 자동화

소프트웨어 테스트의 다양한 타입은 요구사항 테스트의 기능/검증에서부터 보안 또는 성능 테스트에 이르기까지 주어진 시스템 범위에서 수행된다. 이러한 테스트 타입은 기본적으로 하나 또는 두 개의 주요 카테고리로 분류할 수 있다. 블랙박스 테스트와 화이트박스 테스트, 그리고 그 사이의 그레이박스 테스트로 분류할 수 있다.

- **화이트박스 테스트**white-box test는 시스템 소프트웨어의 내부 테스트를 포함한다. 예를 들어, 단위 테스트와 코드 커버리지 테스트가 있다. 테스트를 할 때는 작업된 코드와 설계에 관련된 지식을 반드시 알고 있어야 한다. 테스트는 개별적으로 실행할 수 있지만, 주된 목적은 전체적인 기능 요구사항을 성공적으로 만족하는지 검증하는 것이다.

- **블랙박스 테스트**black-box test는 사용자 인터페이스로부터 다양한 시스템 호출을 통해 시스템 전반을 검증한다. 블랙박스 테스트는 시스템을 하나의 '블랙박스'로 간주하고, 시스템이 내부적으로 어떤 동작을 하는지에는 관심이 없고 알 필요도 없다.

  예를 들어, 사용자 인터페이스를 통해 데이터를 입력해 애플리케이션의 데이터베이스에 레코드 하나를 추가하면, 다양한 레이어들, 즉 데이터베이스 레이어, 사용자 인터페이스 레이어, 비즈니스 로직 레이어가 실행된다. 블랙박스 테스터는 사용자 인터페이스를 통해 나오는 결과만을 보고 정확한 동작을 했는지 검증한다.

사용자 인터페이스 또는 블랙박스 테스트로는 모든 결함을 찾을 수 없기 때문에, 테스트 효과를 높이는 방안으로 그레이박스 테스트를 수행한다.[12]

- **그레이박스 테스트**gray-box test의 다양한 정의가 있지만, 이 책의 목적에 맞추면 다음과 같이 정의할 수 있다. 블랙박스 테스트에서는 에러 리포팅error-reporting 메커니즘의 결함으로 인해 일부 케이스에서 에러들이 사용자 인터페이스에 전달되지 않을 수 있다. 예를 들어, 애플리케이션이 데이터베이스에 레코드를 삽입하는 데 실패했는데 사용자 인터페이스에는 에러가 리포팅되지 않을 수 있다. 숨겨져 있는underlying 코드로부터 '거짓 양성false positive'이 사용자 인터페이스로 전달되고, 사용자 인터페이스는 이것을 에러로 표시하지 않고 지나간 것이다. 반면에 그레이박스 테스트에서는 숨겨져 있는 시스템 구성 컴포넌트에 대한 정보를 요구하는 방향으로 테스트를 설계하도록 유도한다. 애플리케이션의 아키텍처와 숨겨져 있는 컴포넌트를 이해하게 될 때, 테스트 엔지니어는 다양한 애플리케이션의 영역에서 범위를 정확히 조준해서 테스트할 수 있다. 이렇게 테스터는 그레이박스 테스트를 수행해 블랙박스 테스트를 보완할 수 있다. 그레이박스 테스트를 진행하는 동안 테스터는 애플리케이션에서 실패 발생이 높은 영역으로 범위를 좁힐 수 있다. 예를 들어, 테스트 엔지니어는 복잡도가 아주 높거나 또는 단순히 '신규' 코드이기 때문에 불안정해서 실패하기 쉬운 시스템 영역을 집중 테스트할 수 있다.

다음 예제들은 시스템 아키텍처를 깊이 있게 이해하면 테스트 엔지니어에게 얼마나 도움이 되는지를 보여준다.

- **조사적**investigative **테스트를 수행하는 능력이 향상된다.**
  테스트가 실패하면 일반적으로 테스터는 원래 테스트 시나리오를 수정해가며 '집중' 테스트를 수행할 것이다. 필요하다면, 애플리케이션의 '중단점break point'을 설정하거나 또는 시스템 중단시킬 수 있는 요소를 설정할 것이다. 이런 업무를 할 때, 테스트 대상 시스템에 대한 아키텍처 지식은 테스터에게 많

---

12 블랙박스 테스트와 그레이박스 테스트를 결합한다고 해서 항상 품질이 최고인 제품이 나오는 것은 아니다. 테스트 프로세스, 프로시저, 인스펙션(inspection), 리허설, 단위 및 통합 테스트 모두 효과적인 테스트 프로세스다. 블랙박스와 그레이박스 테스트만으로 모든 결함을 찾을 수는 없다.

은 도움이 될 수 있다. 테스트 엔지니어가 좀 더 효과적으로 그리고 특정 범위만을 조사 테스트할 수 있게 해준다. 테스터는 숨겨져 있는 컴포넌트에 대한 지식으로 문제에 대해 추가적인 정보를 얻을 수 있어서 불필요하고 관계없는 부분은 피해서 테스트할 수 있다. 예를 들어 애플리케이션에서 데이터베이스 커넥션에 문제가 발생하면, 다양한 데이터 값을 조작하는 테스트를 수행할 필요가 없다. 대신에 테스트를 계속 진행하기 전에 커넥션 문제를 해결하는 데 집중할 수 있다.

- **결함 리포팅이 향상된다.**

  앞에서 설명했던 조사적 테스트 수행 능력이 향상된다면 좀 더 자세한 정보를 얻을 수 있기 때문에 향상된 결함 리포트를 작성할 수 있다. 대부분 테스트 프로시저는 요구사항을 기초로 하기 때문에 시스템 내에서 어느 정도 고정된 경로를 갖는다. 이 경로에서 에러가 발생할 때, 시스템 아키텍처에 대한 지식이 있는 테스터의 능력은 개발 팀에게 큰 도움이 된다. 예를 들어 어떤 다이얼로그 박스가 표시되는 데 실패한다면, 테스터는 조사를 통해 데이터베이스에서 검색한 정보에 문제가 발생했음을 알거나 또는 애플리케이션이 또 다른 서버와의 커넥션에 실패한다는 사실을 알 수 있다.

- **테스트의 정교함이 향상된다.**

  그레이박스 테스트는 사용자 인터페이스를 통해 애플리케이션을 테스트하거나, 내부 컴포넌트 동작의 성공 또는 실패를 모니터링하면서 직접 컴포넌트를 테스트한다. 그레이박스 테스트 전략 중 한 부분이 컴포넌트의 동작을 모니터링하는 것이기 때문에 결함 요인이 되는 정보를 바로 얻을 수 있다. 일반적으로 테스트 중에 다음과 같은 네 가지 문제를 만날 수 있다.

  - 컴포넌트가 어떤 종류의 실패를 만나서 기능 동작이 취소되는 경우다. 이때 일반적으로 사용자 인터페이스에는 에러가 발생했다고 표시될 것이다.
  - 실행한 테스트에서 잘못된 결과를 얻는 경우, 즉 테스트 결과가 기대 결과와 다를 경우다. 시스템 어딘가에 있는 컴포넌트가 데이터를 잘못 처리했을 것이고, 그 결과 에러가 발생한 것이다.

- 실행 중 컴포넌트가 실패했지만 사용자 인터페이스에는 에러가 발생했다고 표시되지 않는 경우다. 이것을 '거짓 양성false positive'이라고 부른다. 예를 들어, 데이터를 입력했는데 데이터베이스에는 저장되지 않았지만 사용자에게 에러를 알리지 않는 경우다.
- 시스템은 에러를 리포팅했지만 실제로 모든 프로세스는 정상적으로 동작한 경우다. 테스트 결과가 '거짓 음성false negative'이 된 경우로, 부정확한 에러 메시지가 표시된다.

첫 번째 경우에서는 유용하고 상세한 에러 메시지를 표시하는 것이 중요하지만 드물다. 예를 들어, 기능 동작 중 데이터베이스 에러가 발생하면 일반적으로 사용자 인터페이스에서 표시되는 에러 메시지는 왜 실패했는지에 대한 상세한 설명 없이 단순히 '기능 동작에 실패했습니다'라고 표시된다. 만약에 정보를 좀 더 붙여서 '데이터베이스 에러로 인해 기능 동작에 실패했습니다'와 같이 에러 메시지를 표시한다면 훨씬 더 유용할 것이다. 애플리케이션은 내부적으로 상세한 정보를 담은 에러 로그를 생성할 것이다. 테스터에게 시스템 컴포넌트와 관련된 지식이 있다면 로그 파일과 그 밖의 모니터링 메커니즘 등을 사용해 좀 더 정교하게 시스템을 테스트할 수 있다. 사용자 인터페이스 메시지만 가지고 테스트하지 않아도 되기 때문이다.

테스트의 일부 영역은 여전히 사람이 직접 확인해야 한다. 예를 들어, 재활법 508조Section 508[13]의 준수와 같은 사용성usability 테스트에서는 아주 일부분만 자동화할 수 있다. 바비Bobby 같은 툴은 웹사이트가 웹 접근성 요구사항을 준수하는지 검증한다.[14] 사용성 테스트의 다른 한 부분으로 시스템이 의도된 목적대로 잘 수행되는지 확인하는 테스트가 있다. 이런 사용성 테스트의 좋은 예로 웹 페이지 사용성 테스트가 있다. 일반적인 방식으로 웹 페이지를 사용하는 사용자들을 섭외해서 웹 페이지에 내재하는 '사용자 친화도user-friendliness'를 테스트한다. 이런 종류의 테스트를 수행하면 사용자들이 페이지에서 원하는 정보를 얻기 위해 내비게이션하는

---

13 미국 장애인 정보 접근권에 관련된 법률(https://www.section508.gov/ 참고) – 옮긴이

14 www.cast.org/products/Bobby/index.html 참고. 웹에서 사용할 수 있는 툴 목록은 www.w3.org/WAI/ER/tools/complete.html을 참고한다.

방법을 스스로 이해할 수 있는지, 또는 원하는 트랜잭션을 실행할 수 있는지를 확인할 수 있다. 사용성 테스트 조사는 테스트 전체 영역에서 수행되고, 많은 기업이 이 영역의 전문화를 위해 전념하고 있다.[15]

자동화하기에 좀 더 적합한 테스트 종류가 있다. 부록 B에서는 다양한 테스트 종류를 기술했다. 이렇게 기술한 목적은 테스트 종류 중 수동 테스트로는 거의 할 수 없는 것들을 강조하기 위해서다.[16]

보안 테스트, 지속성 테스트soak test, 동시성 테스트, 코드 커버리지 테스트, 메모리 누수 탐지 등은 자동화가 필요한 테스트이고, 수동으로 테스트하기는 매우 어렵다. 이런 테스트를 수동 테스트로 진행하면 에러가 발생하기 쉽고, 입력 값들의 일관성 유지가 어려우며, 전체 테스트 시간 비용이 많이 들고 힘들 뿐만 아니라 시간 소모도 크다.

반복적으로 수행되거나 로우 레벨에서 상향식bottom-up으로 수행되는 테스트에서 자동화 테스트는 큰 효과를 볼 수 있다. 예를 들어, 단위 테스트나 보안 테스트의 정적 또는 동적 코드 분석이 이에 해당한다. 일반적으로 자동화 테스트에 포함되는 테스트 종류는 다음과 같다.

- 단위 테스트unit test: 애플리케이션의 소스 코드 레벨에서 개별 단위로 검증
- 리그레션 테스트regression test: 이전에 동작한 기능이 여전히 동작하는지 검증
- 기능 테스트functional test: 시스템이 기능 요구사항을 만족하는지 검증
- 보안 테스트security test: 시스템이 보안 요구사항을 만족하는지 검증
- 성능 테스트performance test: 시스템이 성능 요구사항을 만족하는지 검증
- 부하 테스트stress test: 부하 상태에서 시스템이 정상 동작하고 깨지지 않는지 검증
- 동시성 테스트concurrency test: 동시에 요청되는 스레드와 사용자를 시스템이 처리할 수 있는지 검증
- 코드 커버리지 검증code coverage verification: 시스템의 코드가 어느 정도의 퍼센트로 테스트가 수행됐는지 측정

15　사용성 테스트에 관한 좀 더 자세한 내용은 엘프리드 더스틴(Elfriede Dustin), 제프 라쉬카(Jeff Rashka), 존 폴 (John Paul)의 『Quality Web Systems』를 참고한다(Addison−Wesley, 2001). 그리고 엘프리드 더스틴, 제프 라쉬카, 더그 맥디어미드(Doug McDiarmid)의 『Automated Software Testing』(Addison−Wesley, 1999)을 참고한다.

16　더스틴(Dustin) 외, 『Automated Software Testing』

1.5 소프트웨어 테스트 자동화 기반의 프로덕션 지원 제공

소프트웨어 테스트 자동화를 소프트웨어 개발 단계에서 프로그램들을 지원하는 용도 외에, 프로덕션 단계나 실제 '라이브live' 단계를 준비하는 프로그램에 적용하면 유용하다. 예를 들어, 소프트웨어 자동화를 사용해 인수시험 테스트의 전체 또는 일부를 자동화해서 프로덕션 사이클에서 매번 반복적으로 수행하면 테스트 시간과 비용을 줄이는 데 높은 효과를 볼 수 있다. 또한 앞에서 설명한 기술과 프로세스를 프로덕션에 적용할 수 있다.

소프트웨어 테스트 자동화를 통해 프로덕션이 빠르게 수정되고 패치되도록 테스트 지원을 할 수 있다. 프로덕션 이슈들을 해결하는 데 도움이 되는 자동화 함수들을 사용할 수 있다. 이것을 사용하면 프로그램 특정 영역을 정확히 찾아낼 수 있고, 영향을 받는 부분을 정확히 추려내어 리그레션 테스트 스위트suite 수행을 최소화할 수 있으며, 결과적으로 테스트 기간을 줄일 수 있다. 프로그램 수정의 품질을 검증할 수 있고, 프로덕션의 시스템 문제 리포트STR, system trouble report 분류를 제공할 수 있다. 이와 관련된 내용은 다음 절에서 좀 더 상세히 설명한다.

필요시 프로덕션 이슈 해결책 지원

프로덕션에서는 현재 구축되어 있는 소프트웨어 테스트 자동화를 사용할 수 있다. 예를 들어, 자동화 테스트 케이스를 수행해 프로덕션 이슈를 검증할 수 있다. 소프트웨어 테스트 자동화는 테스트 케이스를 쉽게 반복 수행할 수 있도록 해준다. 반면에 수동 테스트를 통해서는 이슈 재현도 어려울 수 있다. 효과적으로 소프트웨어 자동화 테스트를 한다면, 프로덕션 이슈를 레코딩하거나 비디오 녹화하고 압축된 버전으로 개발자에게 전달하는 게 좋다. 에그플랜트Eggplant 또는 캠타시아Camtasia에 포함되어 있는 레코딩 툴 같은 다양한 레코딩 및 압축 툴을 사용할 수 있다. 일단 프로덕션 이슈가 재현되면 소프트웨어 테스트 자동화에서 이슈에 대한 해결책을 지원할 수 있다. 이에 대해서는 다음 절에서 설명한다.

수정으로 인해 영향받는 프로그램 컴포넌트 구분 지원

프로그램 수정이 일어났을 때 소프트웨어 테스트 자동화를 활용해서 영향을 받는 영역/컴포넌트를 정확히 찾아 구분할 수 있다. 테스터는 프로그램이 수정됐을 때 특정 영역이 영향받는다는 사실을 알 필요가 없기 때문에, 아무런 분석 없이 전체 리그레션 테스트 스위트를 그냥 반복적으로 수행한다. 일반적으로 '나중에 후회하기보다 조심하는 편이 낫다'고 생각하고 전체를 다시 테스트한다. 하지만 이런 접근 방법은 불필요하게 많은 시간 사용을 초래할 수 있다. 예를 들어, 모듈화 개발을 허용하는 소프트웨어 프로그래밍 표준 및 베스트 프랙티스에서 프로그램의 수정은 주로 특정 모듈에 국한될 것이다. 예를 들어, 소프트웨어 테스트 자동화는 자동화를 통해 리그레션 테스트 스위트의 수행 결과를 분석해서 수정된 프로그램 영역을 분석할 수 있다. 이렇게 수집된 결과 분석을 토대로 수정으로 인해 영향받는 영역만 구분해 리그레션 테스트에 집중할 수 있다. 해당 영역의 테스트가 존재하지 않으면 자동화 테스트 케이스를 추가할 수 있다(좀 더 자세한 내용은 다음에 설명하는 절을 참고한다). 수정된 부분을 검증하는 데 필요한 리그레션 테스트 세트를 최소한으로 줄임으로써 수술 및 지정 테스트surgical and specific test[17]를 향상할 수 있다. 이런 접근 방법이 소프트웨어 테스트 자동화를 활용하는 한 부분으로 프로덕션의 수정/테스트 사이클에서 시간 프레임을 줄이는 데 도움을 줄 수 있다.

수정된 프로그램의 정확도와 품질 검증

소프트웨어 테스트 자동화는 수정된 프로그램에 대한 검증을 지원한다. 예를 들어, 프로덕션의 이슈를 정확하게 수정해서 해결해도 다른 영역에서 문제가 발생할 수 있다. 소프트웨어 테스트 자동화 리그레션 테스트를 다음과 같은 항목을 검증하도록 구축하면 수정된 부분을 검증하는 데 도움이 될 것이다.

1. 패치를 통해 실제로 프로덕션 이슈를 해결할 경우

2. 이전에 동작한 기능이 여전히 동작하고, 프로덕션 프로그램에 부정적인 영향을 미치지 않는 필수 수정일 경우. 즉, 새롭지 않거나 별로 중요하지 않은 기능이거나 또는 비공식적인 새로운 기능일 경우

---

17 수정 또는 변경이 있을 때 영향이 있을 것으로 판단되는 부분으로 범위를 한정해서 테스트를 진행한다. – 옮긴이

프로덕션 시스템 문제 리포트(STR) 분류

소프트웨어 테스트 자동화는 프로덕션 결함 분류 또는 문제 발생의 근본 원인 분석을 지원한다. 프로덕션에서 발생한 이슈의 원인을 평가하거나 어떻게 프로덕션에 이슈가 포함됐는지, 그리고 어떻게 재발을 방지할 수 있는지 지원받을 수 있다.

추가로, 소프트웨어 테스트 자동화 지원 분류에는 다음과 같은 내용이 포함될 수 있다.

- 현재 리그레션 테스트 프로시저를 평가한다(예를 들어, 자동화한 요구사항을 테스트 프로시저에서 추적하는 요구사항 추적 매트릭스RTM, requirements traceability matrix를 제공해 일관된 테스트 커버리지를 유지할 수 있다).
- 시스템 문제 리포트STR의 이슈 대응을 위해 테스트 프로시저를 자동화해서 필요하면 자동화 리그레션 테스트 스위트에 이 부분을 추가한다.
- 테스트 프로시저가 존재하고 정확하게 실행된다면 프로덕션에 배포되기 전에 이슈가 발견될 것이고, 근본 원인 분석을 수행할 수 있다. 예를 들어, 테스트 완료 리포트를 평가해서 테스트가 진행됐는데도 해당 결함이 발견되지 않았다면 그 원인을 규명할 수 있다. 아마 테스트가 충분히 수행되지 못했거나 문제가 발생한 영역에 좀 더 추가적인 집중 테스트가 필요했을 수 있다. 만약 테스트가 수행되지 않았다면 그 이유를 밝힌다(예를 들어, 시간 또는 리소스에 제한이 있었거나 실수 등이 있을 수 있다).
- 프로덕션에 큰 영향을 미치는 고위험high-risk 영역의 테스트를 자동화한다.
- 필요하면 다른 영역의 테스트도 자동화한다.

소프트웨어 테스트 자동화의 목표는 프로덕션에 배포되기 전에 결함을 예방하는 것이다. 프로덕션에서 이슈가 발견되면, 소프트웨어 테스트 자동화는 그 이슈를 재현하는 데 도움을 줄 수 있다. 시스템 문제 리포트STR가 해결되면, 소프트웨어 테스트 자동화는 빠른 수정/재테스트를 지원할 수 있고, 예방 및 리그레션/결함 탐지 수단이 될 수 있다. 게다가 소프트웨어 테스트 자동화는 현재 프로덕션 프로그램의 품질 지수를 평가할 수 있다. 이에 대한 내용은 2.3절 '소프트웨어 품질에 영향 주기'에서 설명한다.

1.6 표준 평가를 위한 자동화

테스트와 평가 업무에서 다양한 표준들이 지켜지고 있는지 평가하려면 많은 시간이 걸린다. 이것은 자동화에 적합한 또 다른 영역이기도 하다. 미 국방부^{DoD}와 기업 개발자들은 프로젝트와 회사에서 특정 표준을 준수하는 계약을 한다. 표준을 지키고 있는지 평가 또는 검증할 때 자동화 접근 방식을 사용하면, 테스트/표준 평가에 들어가는 수십억 달러의 비용을 큰 비율로 절감할 수 있다. 지속적으로 IEEE, OMG, ISO 같은 조직으로부터 이러한 표준 준수를 늘리도록 지침이 내려온다. 예를 들어, OWASP의 웹 애플리케이션 보안 표준^{WASS, Web Application Security Standards} 프로젝트에서는 웹 애플리케이션이 신용카드 정보를 처리한다면 반드시 공개하게 하는 최소한의 규정을 지키도록 하는 것을 목표로 한다. 보안 표준의 다른 예로, 카드 소유주 정보 보호 프로그램^{CISP, Cardholder Information Security Program}과 연방 의료 보험 통상 책임법^{HIPAA, Health Insurance Portability and Accountability Act} 같은 사생활 보호 규정이 있다. 표준 평가를 위한 확장판 자동화 프레임워크에서는 표준 평가와 결과 리포팅 자동화를 제공한다.

자동화를 통해 시스템적이고, 반복적이며, 확장성 있는 솔루션을 제공할 수 있다. 이 솔루션에서는 다양한 표준 평가 그룹을 가지고 표준 준수 검증을 한다. 자동화 솔루션은 모든 표준 평가 프로세스를 촉진하고 간소화할 것이고, 표준 위반과 관련된 위험 요소를 빠르게 찾아서 보고할 것이다.

이상적인 자동화 표준 솔루션은 사용자에게 단계적인 프로세스를 통해 그들의 평가 활동을 자동화할 수 있도록 가이드할 것이다. 이 솔루션에서는 평가 활동과 폭넓은 질문들을 중앙 시스템에서 관리하고, 수작업으로 진행되던 모든 평가 업무를 향상할 것이다.

이클립스 TPTP 같은 현재 진행 중인 몇 개의 프로젝트가 있다. 여기서는 표준 검증 같은 특정 문제 도메인에 적합한 통합 프레임워크를 제공한다. IBM이 이클립스 프레임워크의 메인 후원사인데, 이 프로젝트를 가장 신뢰할 만한 보안 오픈소스 솔루션으로 만들고 있다.

표준 평가 툴과 업무를 위한 미 국방부와 상업 시장은 매우 크다. 정부에서 테스트/평가 부분에 사용하는 금액과 기업들에서 표준 준수 테스트 및 품질 평가 툴에 투자하는 금액을 합치면 수십억 달러나 된다. 지루하고, 에러가 발생하기 쉽고, 시간 소모가 많은 수작업 평가 활동들을 자동화하면 반복적으로 수행할 수 있고 확장 가능하게 만들 수 있을 뿐 아니라 비용을 절감할 수 있다. 예를 들어, 이런 종류의 표준 평가 활동들에 사용하는 수십억 달러 중 10%만 절감할 수 있다면 우리가 제안하는 자동화 솔루션이 수백만 달러를 벌게 해준 셈이다.

그림 1-2는 여기서 설명한 확장 가능한 자동화 솔루션으로, 그 밖의 표준 업무에도 확장 및 적용 가능하다. 확장 가능한 이클립스 기반의 플러그인 프레임워크를 사용하기 때문에 기본적으로 표준 요구사항과 평가의 통합 범위를 다양한 미 국방부와 상업 및 비즈니스 도메인으로 확장할 수 있다. 여기에는 SOA, 웹 기반, 임베디드, 실시간 시스템과 상업 및 미 국방부가 아닌 상호 정보 교환이 가능한 커뮤니케이션 시스템, 정교한 교통 정보 시스템, 그리고 점점 더 복잡해지는 모바일 기기들이 포함된다.

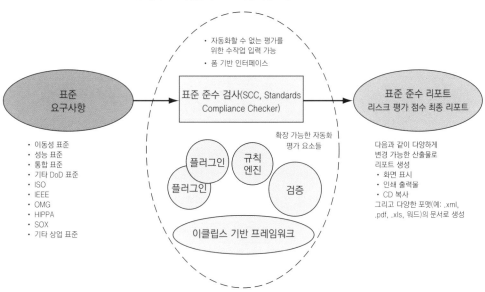

그림 1-2 표준 준수와 평가의 자동화

이런 종류의 표준 평가 자동화는 개발 표준 준수 레벨을 정할 때 아주 유용하다. 개발자에게 ANSI^{American National Standards Institute}를 준수하는 소스 코드를 작성하게 한다고 하자. 소프트웨어 테스트 자동화에서는 정적 코드 분석 툴의 커스터마이징된 규칙 기반 기능을 사용해 쉽게 소스 코드를 '분해^{crunch}'해볼 수 있는데, ANSI 및 따로 정의한 코딩 표준과 비교해서 준수 레벨 또는 차이점을 볼 수 있다. 이를 통해 코드 리뷰 또는 인스펙션에서 일반적으로 확인하는 작업 중 일부를 제거함으로써 코드 리뷰 프로세스를 좀 더 신속하게 진행할 수 있다. 이런 자동화는 전체 개발 팀에서 사용하도록 만들 수 있어서 현재 작업 중인 소스 코드에 바로 적용할 수 있다.

1.7 정리

1장에서는 앞으로 소개할 내용의 기반이 되고 기초가 되는 소프트웨어 테스트 자동화의 정의를 설명했다. 소프트웨어 테스트 자동화의 목적은 소프트웨어 중심 시스템에서 전통적인 테스트와 평가 메소드 및 프로세스와 비교할 때 비용, 시간, 리소스를 상당히 절감할 수 있게 설계하고, 개발하고, 기술 역량을 전달하는 것이다.

효과적인 소프트웨어 테스트 자동화는 소프트웨어 테스트 자동화 또는 프로세스를 처음부터 시작하거나 초기 단계부터 개발하지 않고, 테스트 대상 애플리케이션의 특성에 맞게 프로세스, 자동화 프레임워크, 산출물을 재사용하는 것을 목표로 삼는다. 그래서 포괄적이고 응용할 수 있는 소프트웨어 테스트 자동화 프레임워크의 개발이 목표다.

소프트웨어 테스트 자동화 업무는 테스트 수명주기의 모든 측면, 즉 다양한 소프트웨어 테스트 단계와 프로덕션 지원, 그리고 소프트웨어 표준 평가 및 검증을 지원할 수 있다. 소프트웨어 테스트 자동화 업무를 간소화하려면 자동화 프레임워크를 구축할 때 소프트웨어 테스트 자동화 레시피와 소프트웨어 테스트 자동화 간소화 절에서 설명한 내용을 참고하면 된다.

담당하는 테스트 업무가 무엇이든지 간에 소프트웨어 테스트 자동화를 정확히 구축한다면 업무를 신속히 처리하고 간소화할 수 있다.

2장

자동화가 필요한 이유

소프트웨어 테스트 자동화의 투자 대비 수익

수없이 실패한 소프트웨어 테스트 자동화 시도와, 소프트웨어 테스트 자동화 구축에 관련된 오해들, 여기에 소프트웨어 테스트 자동화에 대한 지식의 부족까지 더해지면 "왜 자동화해야 하나요?"라는 질문을 던지게 된다. 4장에서 소프트웨어 테스트 자동화를 둘러싼 오해와 피해야 하는 위험을 조명하고 분명하게 정리할 텐데, 여기서는 먼저 "왜 자동화인가?"라는 질문에 대한 답변에 초점을 맞춘다.

소프트웨어 테스트의 핵심 기법과 자동화하기에 적합한 많은 영역을 설명할 텐데, 이렇게 하는 목적은 "왜 소프트웨어 테스트 자동화인가?"에 대한 답변으로 여러분에게 소프트웨어 테스트의 핵심 실행지침을 교육하기 위해서다.

소프트웨어 테스트 자동화는 오늘날 소프트웨어 테스터라면 누구나 직면하고 고민하는 핵심 기술이다. 우리의 경험에 비춰볼 때, 소프트웨어 테스트 자동화가 정확하게 구축된다면 다음과 같은 효과를 볼 수 있다.

1. 소프트웨어 테스트의 시간과 비용이 줄어든다.

2. 소프트웨어 품질이 향상된다.

3. 테스트 커버리지가 늘어나고 재미없는 수작업과 노동 집약적인 업무가 개선되어 수동 테스트 업무가 향상된다.

4. 특정 상황에서 발견되는 메모리 누수 탐지, 동시성 테스트, 성능 테스트 등 수동 테스트로는 할 수 없는 테스트가 가능해진다.

비용, 일정, 품질은 모든 소프트웨어 개발 및 제품에서 성공 여부를 결정하는 필수 요소다. 소프트웨어 테스트 자동화가 이 요소들 각각에 어떻게 기여할 수 있는지 알아보자.

2.1 오늘날 소프트웨어 테스트가 직면한 문제

오늘날 소프트웨어 테스트가 직면하고 있는 주된 문제는 소비자들이 좀 더 많은 기능이 빠르게 그리고 값싸게 출시되길 원한다는 점이다. 동시에 소프트웨어의 품질은 기대를 벗어나지 않길 바라고 있다.

이것이 소프트웨어 테스트 팀에 미치는 영향은 엄청나다. '좀 더 많은 기능'은 테스트해야 하는 소프트웨어 범위가 더 커지고 복잡해짐을 의미하고, 이는 출시 때마다 더 많은 테스트 케이스를 실행해야 함을 뜻한다. 프로그램에서 더 빠른 출시란 테스트 시간이 그만큼 줄어듦을 의미한다. 해마다 더 많은 출시가 있을 테고, 일 년에 한두 번 출시하던 것이 서너 번으로 늘어날 것이다. 더 많은 출시는 또한 더 많은 리그레션 테스트 사이클이 필요함을 의미한다. 비용이 줄어든다는 건, 좀 더 적은 인력과 적은 시간을 투입해 테스트를 완료해야 한다는 뜻이다. 한마디로, 테스트할 소프트웨어는 많아지고 테스트를 더 자주 해야 하며 적은 인력으로 수행해야 한다.

NIST(미국 국립표준기술연구소)에서 발표한 리포트를 보면 다음과 같이 기술하고 있다.

소프트웨어 개발 비용을 줄이고 소프트웨어 품질을 향상하는 것은 미국 소프트웨어 산업에서 중요한 목표다. 하지만 미국의 컴퓨터화된 경제를 지원하는 데 필요한 핵심 소프트웨어는 놀랄 만한 속도로 복잡해지고 있다. 소프트웨어 제품의 크기는 이제 천 단위 라인 코드 수로 측정할 수 없고 백만 단위 라인 코드 수로 측정해야 한다. 이러한 복잡도와 함께 시장에서 많은 소프트웨어 제품의 짧아지는 생명주기로 인해 전반적인 소프트웨어 품질에 대한 심각한 우려가 제기되고 있다.[1]

---

1 NIST, '소프트웨어 테스트의 부실한 기반이 미치는 경제적인 영향성', 2002년 5월. www.nist.gov/director/prog-ofc/report02-3.pdf를 참고한다.

이 리포트에서는 미국 경제에서 소프트웨어 에러 비용으로 해마다 595억 달러가 들어가고, 테스트 개선으로 이 중 1/3을 줄일 수 있을 것으로 예측하고 있다.

상업용 하드웨어와 소프트웨어 기술은 개발 기법, 방법론, 툴에서 중요한 진보를 많이 이루고 있고, 과거 몇 세대를 걸쳐 새롭고, 혁신적이고, 적당하면서 시기적절한 정보 처리 능력을 갖추게 됐다. 게다가 표준 인터페이스와 공통 아키텍처 프레임워크, 공통 기능 라이브러리를 사용함으로써 재사용 가능해지면서 개발 시간과 비용을 더욱 줄일 수 있게 됐다.

개발 시간을 줄이고 재사용 가능하게 만드는 데 초점을 맞추고 있기 때문에 효율적이면서도 빈틈없이 소프트웨어를 테스트하는 일이 점점 더 중요해질 수밖에 없다. 개발자 소프트웨어 테스트developer software test는 더 이상 초기 개발에서만 사용되지 않을 것이다. 점진적incremental 빌드와 높은 재사용성에 맞춰서 소프트웨어 테스트 또한 제품이 출시되기 전에 많이 실행되고 재사용될 수 있어야 한다. 더구나 복잡한 프로세싱 시스템은 과거를 돌아볼 때 하드웨어 비용의 지배를 받아왔고, 그 결과 진화된 테스트 방법론들은 일반적으로 하드웨어에 초점을 맞춘다. 하지만 오늘날 개발되는 대다수 시스템은 주로 완제품 하드웨어commodity hardware를 기반으로 하기 때문에 개발과 테스트의 주요 일정과 원가 요인이 중요할 수밖에 없다.

오늘날 시스템들은 주로 소프트웨어 기반으로 구축되고 날로 복잡해지며, 다른 프로그램에서 개발된 소프트웨어를 재사용하는 경우가 점점 더 늘어나고 있다. 개발 기법과 툴은 계속해서 발전한다. 하지만 단순히 소프트웨어를 빠르게 작성한다고 시스템을 출시하는 비율과 비용을 줄이는 비율을 높일 수는 없다. 테스트 기법과 툴에서도 이에 적합한 개선이 있어야 한다.

프로그램을 테스트할 때 들어가는 비용, 일정, 인력에 영향을 주는 새로운 요인은 다음과 같다.

- 개발 팀의 중복 테스트, 테스트 팀, 확인 및 검증V&V, Verification and Validation 팀, 계약자, 심지어는 사용자(예를 들면 사용자 인수시험 테스트 시에)
- 기술 추가 및 새로운 기능으로 인해 리그레션 테스트 레벨의 많은 증가
- 컴퓨터 소프트웨어 테스트의 복잡도의 증가
- 제품의 릴리스 때마다 상호 연동interoperability, 크로스 플랫폼, 인증 테스트

콜로라도 주립 대학 컴퓨터 과학과에서 게재한 '소프트웨어 테스트 자동화 Automatic Test Software'[2]라는 제목의 기사에 다음과 같은 글이 실려 있다.

대부분의 테스트(소프트웨어)는 여전히 수동으로 진행되고, 테스트 프로세스는 경험적으로 가이드되고 있다. 이런 면에서 소프트웨어 개발은 하드웨어의 설계 및 테스트보다 뒤처져 있다. 현재 하드웨어에서 툴을 사용하는 것은 당연하게 여겨지고 있다. ……중략…… 가까운 미래에 시장에서 예상되는 신뢰성 높은 전망 중 하나는 모든 개발자는 테스트 자동화에 크게 의존할 것이라는 예상이다. 오늘날 하드웨어 엔지니어들은 SPICE나 VHDL 레벨 시뮬레이션 없이 설계한다는 건 생각조차 할 수 없다. 수년 내에 소프트웨어에서도 동일한 상황이 연출될 것이다.

콜로라도 주립 대학 리포트는 IDC 소프트웨어 리서치 그룹의 조사 결과와 일치하는데, 이 리포트에 따르면 소프트웨어 자동화 품질 툴을 위한 시장은 많은 성장을 하고 있다. IDC[3] 소프트웨어 리서치 그룹Software Research Group의 '전 세계에서 사용되는 소프트웨어 자동화 품질 툴 2006~2010 전망 및 벤더별 점유율' 리포트는 다음과 같이 시작한다. "소프트웨어 자동화 품질 툴 시장은 애플리케이션 수명주기 시장에서 다시 한 번 성장을 주도하고 있다." 이 리포트는 계속해서 이렇게 설명하고 있다. "비즈니스에서 소프트웨어의 중요도, 소프트웨어 애플리케이션과 시스템의 복잡도 증가, 품질 및 생산성에 대한 끊이지 않는 비즈니스적인 압박, 그리고 좀 더 빠른 시장 출시 요구는 모두 긍정적인 요인이고(그 결과 시장에서 성장함) 또한 이런 상황은 계속될 것이다."[4]

가장 최근의 시장 리서치 리포트에서 IDC는 소프트웨어 자동화 품질 툴이 2005년(9억 4760만 달러)부터 2010년(18억 4210만 달러)까지 5년 동안 약 두 배 성장할 것이라고 예상한다. 이에 대한 근거로 시장에 영향을 줄 수 있는 소프트웨어 복잡도 증가와 기업의 표준 준수에 대한 관심 증가라는 주요 요인을 제시하고 있다.

---

2   Y. K. 말라이야(Malaiya), '테스트 자동화 소프트웨어', 콜로라도 주립 대학 컴퓨터 과학과. www.cs.colostate.
    edu/~malaiya/tools2.pdf를 참고한다.

3   IDC 시장 분석(Market Analysis), '전 세계에서 사용되는 소프트웨어 자동화 품질 툴 2006~2010 전망 및 벤더별
    점유율', 2006년 12월

4   S. D. 헨드릭(Hendrick), K. E. 헨드릭, M. 웹스터(Webster), '전 세계에서 사용되는 소프트웨어 자동화 품질 툴
    2005~2009 전망 및 벤더별 점유율', IDC 소프트웨어 리서치 그룹, 2005년 7월

크고 작은 모든 조직은 점점 늘어나는 거대하고 복잡한 소프트웨어 프로젝트를 접하고 있다. 동일한 시간에 새롭고 더 나은 제품을 더 빠르게 그리고 가능하면 더 낮은 비용으로 시장에 출시해야 한다. 불행하게도 오늘날 대부분 소프트웨어 개발 프로젝트는 출시가 지연되고, 예산을 초과하고, 기능이 줄어들고, 테스트도 완전히 수행되지 않고 있다. 테스트가 병목 구간이 된다면 소프트웨어 테스트 자동화가 해결책이 될 수 있다. 그래서 이 책 전반에 걸쳐 소프트웨어 테스트 자동화에 대한 접근 방법과 이것이 정말 성과를 낼 수 있는지 설명하는 것이다.

2.2 소프트웨어 테스트의 시간과 비용 절감

일반적으로 우리는 소프트웨어 개발 비용에 관심이 많고, 개발 생산성을 향상하는 기술을 보면 흥분한다. 하지만 소프트웨어 테스트 비용과 생산성에 대해서는 간과하거나, 단순히 '비용이 드는 대로 그리고 기간이 걸리는 대로' 그대로 받아들인다. 아이러니하게도 소프트웨어 테스트에 걸리는 시간과 비용을 소프트웨어 개발에 투입하는 시간과 비용에 비교하기도 한다.

보리스 베이저Boris Beizer[5]는 "일반적으로 프로그램 개발 업무를 하는 근로자 중 절반만이 테스트 활동을 한다."라고 언급했다.

IDC는 소프트웨어 테스트와 관련해 자체 설문조사를 진행했다. 설문 응답자가 700명을 넘는데, 이에 대한 좀 더 자세한 내용은 4장에서 설명한다. 전체 일정 중 테스트에 몇 퍼센트를 사용하느냐는 질문에, 응답자 중 46%는 30~50%를, 19%의 응답자는 50~75%를 테스트에 할애한다고 했다.

소프트웨어 테스트에 투입되는 비용과 시간은 프로젝트 전체 비용과 일정에 중요한 영향을 미친다. 테스트 생산성을 증가시키고 테스트 시간을 줄이면 프로젝트에 상당한 영향을 줄 수 있다. 이때 영향 정도를 가늠해볼 수 있는 주요 고려사항은 다음과 같다.

---

5   보리스 베이저(Boris Beizer), 『Software Testing Techniques』(Thompson Computer Press, 1990)

1. 테스트의 어떤 영역을 자동화할 수 있고 얼마만큼 자동화할 수 있는가?

2. 테스트 시간과 일정을 얼마만큼 줄일 수 있는가?

3. 테스트 커버리지와 품질을 얼마만큼 증가시킬 수 있는가?

4. 고려해야 하는 비용과 시간을 줄일 수 있는 그 밖의 요인은 없는가?

테스트 범위 중 얼마만큼 자동화할 수 있는가? 프로젝트에서 수행되는 모든 테스트를 자동화할 수는 없고 반드시 자동화해야 하는 것도 아니다. 가장 자주 반복되는 테스트와 가장 노동 집약적인labor-intensive 테스트가 자동화하기 가장 좋은 후보다. 한 번만 실행되거나 자주 실행되지 않는 테스트의 자동화는 그 명분이 타당하지 않은 한(예를 들어, 테스트가 매우 어렵거나 수동으로 테스트할 경우 시간과 비용이 너무 많이 드는 경우를 제외하고는) 효과가 미비할 것이다. 또한 출시 때마다 테스트 케이스를 변경해야 하고 자동화도 매번 변경해야 하는 테스트도 자동화에 적합하지 않다. '자동화 여부와 대상'에 관한 내용은 6장에서 좀 더 자세히 설명한다.

우리의 경험에 비춰볼 때, 대부분 프로젝트에서 전체 테스트 중 40~60%의 테스트를 자동화할 수 있다. 프로젝트 진행 초반에 상위 기준을 설정해야 하는데, 이런 접근 방법은 6장에서 자세히 설명한다. 좀 더 많은 프로젝트에서 소프트웨어 테스트 자동화 구축 경험을 얻는다면, 그 쌓인 노하우를 바탕으로 테스트 영역 중 자동화를 적용할 수 있는 범위를 더 정확히 측정할 수 있을 것이다.

테스트 시간과 일정을 얼마만큼 줄일 수 있는가? 테스트를 자동화하기 전에 ROI를 계산해야 한다. ROI를 계산하는 방법에 대해서는 3장에서 자세히 설명한다. 앞 절에서 선정한 자동화 후보들의 자동화 필요성을 고려해야 한다. 고려 대상으로는 테스트 자동화 계획과 개발, 테스트 데이터 생성, 테스트 실행과 결과 분석, 에러 상태와 모니터링, 리포트 생성이 있다. 우리의 경험에 비춰볼 때, 소프트웨어 테스트 자동화는 프로젝트 일정 중 테스트 실행 단계의 시간을 줄이는 데 큰 효과를 줄 수 있다. 일반적으로 테스트 실행 단계의 활동에는 테스트 실행, 테스트 결과 분석, 에러 수정, 테스트 리포팅이 포함된다. 이런 활동들을 자동화하면 아주 많은 시간을 절약할 수 있다.

또한 우리의 경험에서 볼 때 테스트 자동화 구축 초기인 테스트 자동화 개발 단계에서는 소요 시간이 증가한다.[6]

테스트 자동화 계획과 개발: 초기 테스트 업무 증가

테스트 자동화는 기본적으로 테스트 업무의 복잡도를 증가시킨다. 우선 테스트 자동화 툴을 선정하기 전에 고려해야 할 요소들이 많다. 이런 고려사항들에 대해 이 책 전반에 걸쳐 설명한다. 예를 들어, 테스트 대상 애플리케이션이나 테스트 대상 시스템을 실행하기 위해 테스트 툴과 호환되는지 검토가 필요하다. 때로는 자동화 요구사항을 만족시킬 수 있는 툴이 시장에 없기 때문에 테스트 소프트웨어 및 프레임워크를 인하우스 툴로 개발해야 한다. 또한 테스트 자동화에 필요한 샘플 데이터를 사용할 수 있는지 검토해야 한다. 테스트에 필요한 데이터의 종류와 변화를 정리해야 한다. 샘플 데이터를 수집 또는 개발하기 위한 개발 계획이 필요하다. 이 부분에 대해서는 다음 절에서 자세히 설명한다. 테스트 스크립트의 모듈화나 재사용에 대한 고려 또한 필요하다. 테스트 자동화만을 위한 개발이 필요하고, 자동화 자체를 위한 소규모 개발 수명주기가 필요하다. 테스트 개발 수명주기를 위한 계획은 애플리케이션 개발 업무와 병렬로 동시에 진행될 수 있도록 테스트 계획을 세울 때 포함해야 한다.

과거에는 테스트 프로시저 개발이 느렸고, 비용이 많이 들 뿐만 아니라, 노동 집약적인 프로세스였다. 소프트웨어 요구사항이나 소프트웨어 모듈이 변경되면, 테스트 엔지니어는 기존의 테스트 프로시저를 다시 개발하거나 새로운 테스트 프로시저를 처음부터 개발해야 했다. 테스트 프로시저를 생성하거나 변경할 수 있는(1장 참조) 테스트 관리 및 자동화 툴을 사용하면 수동 집약적인manual-intensive 프로세스와 비교할 때 극히 일부분의 시간만 있으면 된다.

테스트 데이터 생성: 테스트 업무/일정 줄이기

테스트 데이터 생성 툴을 사용하면 테스트 업무를 줄이는 데 도움이 된다. 효과적

---

6   우리의 발견은 『Automated Software Testing』(더스틴 외)에 설명된 내용과 일치한다.

으로 잘 세운 테스트 전략은 테스트 데이터를 주의 깊게 잘 준비한다. 테스트 데이터가 엉망이면 기능 테스트가 힘들어지고, 반대로 좋은 데이터를 사용하면 기능 테스트를 향상할 수 있다. 좋은 테스트 데이터를 구조화하면 이해도understanding와 테스트 용이성testability을 높일 수 있다. 정확하게 선택한 데이터가 있으면 유지보수 비용을 줄일 수 있고 유연성flexibility을 가질 수 있다. 또한 데이터 준비를 통해 요구사항이 불분명한 비즈니스에 집중하는 데 도움이 될 수 있다.

샘플 데이터를 만들 때는 데이터 사전data dictionary과 상세 설계 문서design documentation가 유용할 수 있다. 데이터 사전은 데이터 엘리먼트의 이름뿐 아니라 데이터 구조, 카디널리티cardinality, 사용 규칙을 비롯한 다양하고 유용한 정보를 제공한다. 설계 문서에서 특히 데이터베이스 스키마는 애플리케이션이 데이터와 어떤 상호작용을 하는지 파악하고, 데이터 엘리먼트 사이의 관계를 파악하는 데 도움이 될 수 있다.

실제로 가능한 수치를 계산해볼 때, 일반적으로 애플리케이션의 기능 및 비기능 요구사항의 검증을 위한 모든 입력과 출력의 변화를 100% 조합한 테스트는 가능하지 않다. 하지만 이 부분은 테스트 자동화가 도움을 줄 수 있고, 다양한 테스트 설계 기술을 사용해 거대한 데이터 입력 및 출력의 변화와 조합 수를 줄일 수 있다. 테스트 기술의 일례로 '데이터 플로우 커버리지data flow coverage'를 들 수 있는데, 테스트 프로시저 각 단계의 셀렉션selection에 데이터 플로우를 할당하는 기술이다. 이 기술을 사용하면 전체 테스트 경로에서 데이터 플로우의 일부 특징을 만족하는 테스트 경로를 찾는 데 도움이 된다. 경계 조건 테스트boundary condition test 같은 그 밖의 기술에 대해서는 6장에서 설명한다.

각 시스템 레벨의 요구사항이 테스트되고 검증되는 것을 확인하려면 테스트 데이터가 필요하다. 테스트 데이터 요구사항을 검토할 때 다음에 설명하는 항목들[7] 같은 고려사항을 다뤄야 하는데, 이것은 수동 테스트로는 실행 불가능하다. 이것이 테스트 데이터 자동 생성이 필요한 이유이기도 하다.

---

7 SQA 스위트 프로세스(Suite Process)를 각색한 것이다. SQA 툴과 SQA 스위트 프로세스 관련 툴은 래셔널 (Rational)/IBM에서 구할 수 있다. www.ibm.com을 참고한다.

- 깊이^{depth}

  테스트 팀은 테스트에 필요한 데이터베이스 레코드의 볼륨^{volume} 또는 크기^{size}를 고려해야 한다. 데이터베이스 또는 특정 테이블 내에 레코드가 10개면 충분한지 또는 10,000개의 레코드가 필요한지 파악할 필요가 있다. 단위 또는 빌드 검증 테스트 같은 수명주기 초기 테스트에서는 작은 규모의 손수 만든 데이터베이스를 사용하는 편이 좋다. 이렇게 하면 컨트롤은 최대한 제공받을 수 있고 중단^{disturbance}은 최소한으로 할 수 있다. 테스트가 다른 테스트 단계 또는 테스트 타입으로 진행될 때, 데이터베이스의 크기도 해당 테스트에 맞게 커져야 한다. 예를 들어 프로덕션 환경의 데이터베이스는 1,000,000개의 레코드가 있는데, 100개의 레코드만 있는 테스트 환경 데이터베이스에서 성능 및 볼륨 테스트를 진행하는 것은 의미가 없다.[8]

- 너비^{breadth}

  테스트 엔지니어는 데이터 값들의 변화^{variation}를 조사해야 한다(예를 들어, 10,000개의 계좌가 있는데 계좌마다 여러 가지 타입을 가질 수 있다). 잘 설계된 테스트는 테스트 데이터의 변화까지 포함할 것이다. 반면에 모든 데이터가 비슷한 테스트에서는 제한된 결과만 얻을 수 있다. 예를 들어, 은행 계좌와 관련된 테스트를 할 때는 계좌의 잔액 범위에 따른 고려가 필요하다. 일부 계좌는 잔액이 부족하고, 어떤 계좌는 작은 범위(100달러까지), 중간 범위(1,000달러까지), 많은 범위(100,000달러까지), 아주 많은 범위(10,000,000달러까지)가 될 수 있다. 또한 평균 범위 데이터도 반영해야 한다. 또한 고객 계좌는 예금, 수표, 대출, 학생, 연대 보증, 사업 계좌를 비롯한 여러 가지 방식으로 분류할 수 있다. 이런 데이터의 모든 분류가 고려 대상이다.

- 범위^{scope}

  테스트 팀은 데이터 값들의 타당성^{relevance}을 조사해야 한다. 테스트 데이터의 범위는 데이터의 정확성, 타당성, 완전성과 관련이 있다. 예를 들어, 100달러 이상의 미납 금액이 있는 계좌를 구분하는 데 사용하는 쿼리를 테스트한다면 다수의

---

8   성능 테스트와 관련된 자세한 정보는 www.perftestplus.com/을 참고한다.

계좌가 이 조건을 만족해야 할 뿐만 아니라 원인 코드^{reason code}, 계약 히스토리 ^{contact history}, 계좌 소유주의 인구통계학적^{demographic} 데이터 같은 추가적인 데이터도 반영해야 한다. 완전하게 전체 세트가 포함되도록 테스트 데이터를 만들면, 테스트 프로시저는 시스템 전체를 검증 및 동작시킬 수 있고 그 평가 결과를 제공할 수 있다. 또한 테스트 엔지니어는 쿼리 결과로 리턴되는 레코드가 목적에 맞게 유효한지(예를 들어, 90일 기한이 지났는지) 또는 잘못되거나 부적합한 값은 아닌지 확인해야 한다. 그리고 비즈니스 로직 및 최종 사용자의 권한과 인증을 다양한 시나리오로 테스트할 수 있게 여러 종류의 데이터를 시뮬레이션해서 확인해야 한다.

- **테스트 실행 데이터 통합**

테스트 팀에서는 테스트를 수행하는 동안 데이터 통합을 유지하는 부분을 고려해야 한다. 테스트 팀은 데이터를 분리할 수 있어야 하고, 선택한 데이터를 수정할 수 있어야 하며, 테스트가 수행된 후에 다시 데이터베이스에 데이터의 초기 상태를 반환할 수 있어야 한다. 테스트 팀은 테스트 엔지니어들이 동시에 테스트를 수행하는지 확인해야 한다. 한 테스트를 수행할 때 이 테스트가 다른 테스트에서 필요한 데이터에 영향을 미치지 않게 해야 하기 때문이다. 예를 들어, 테스트 팀원 한 명이 테스트를 실행해 쿼리를 실행 중일 때 다른 팀원이 데이터 값을 변경하고 있으면 데이터베이스 레코드는 영향을 받을 것이고 결과적으로 쿼리 결과는 기대와는 달라질 것이다. 한 테스터가 테스트를 실행할 때 또 다른 테스터의 테스트 결과에 영향을 주는 일을 피하려면 테스트 작업을 분리해 할당해야 하고, 각 테스터에게는 지금 테스트하는 기능이 다른 테스터의 테스트 범위와 겹치지 않게 해당 영역에만 집중하도록 요청해야 한다. 자동화 테스트 스크립트를 사용하면 데이터 통합을 간소화하고 자동화할 수 있다.

- **조건**^{condition}

데이터 세트는 애플리케이션 도메인에서 특정 '조건'을 반영하도록 생성해야 한다. 특정 데이터 패턴은 하나 또는 많은 오퍼레이션을 수행해야만 얻을 수 있다. 예를 들어, 금융 시스템은 일반적으로 연말 마감을 수행한다. 여기서 연말 조건 데이터를 저장해놓으면 테스트 팀은 전체 연간 데이터를 입력하지 않아도 연말 마감 상태에서 시스템을 테스트할 수 있다. 데이터를 미리 생성해서 테스트에 사용할 수 있게 준비해놓으면 테스트 활동을 쉽게 할 수 있다. 단순히 테스트 데이터를 로딩하는 편이 연말 마감 상태를 만들기 위해 수많은 오퍼레이션을 수행하는 것보다 훨씬 간단하기 때문이다. 테스트 자동화 툴을 사용하면 이 부분에서도 도움을 받을 수 있다.

한 열에는 테스트 프로시저 항목을, 또 다른 열에는 테스트 데이터 요구사항 항목으로 매트릭스^{matrix}를 만들면 테스트 데이터 요구사항을 효과적으로 파악할 수 있다. 앞서 언급했듯이 기능 테스트에서는 작은 데이트 세트로 충분한 반면, 프로덕션 규모의 데이터베이스에서는 성능 테스트가 필요하다. 프로덕션 규모의 데이터를 만드는 데는 오랜 시간이 걸릴 수 있는데, 수작업으로 한다면 수개월이 소요되기도 한다. 이 부분에 테스트 자동화를 사용하면 빠르게 테스트 데이터베이스를 만들 수 있다.

일단 테스트 데이터 요구사항이 정리되면, 테스트 팀은 테스트 데이터를 얻거나 생성하거나 또는 개발하는 방법을 계획해야 한다. 그리고 테스트 데이터베이스를 원래 상태로 돌려서 리그레션 테스트를 포함한 모든 테스트 활동에서 사용할 수 있게 계획해야 한다. 여기서 자동화 접근 방법이 필요하다.

일반적으로 테스트에 사용될 데이터는 우선적으로 준비돼야 한다. 데이터 준비에는 로^{raw} 데이터 또는 텍스트 파일 프로세싱, 일관성 검사, 데이터 엘리먼트의 상세한 분석이 포함된다. 여기서 데이터 엘리먼트의 상세한 분석은 데이터를 테스트 케이스에 매핑하는 것을 정의하고, 데이터 엘리먼트 정의를 명확하게 하고, 프라이머리 키^{primary key}를 확인하고, 허용 가능한 데이터 파라미터를 정의하는 것이 포함될 수 있다. 테스트 팀은 소프트웨어 애플리케이션을 실행하고, 환경 설정 스크립트와 테스트베드^{testbed} 스크립트를 개발하는 데 필요한 모든 데이터베이스를 얻고 수정할 수 있어야 한다. 기존 고객 또는 시스템 데이터를 사용해 실환경 데이터 시나리오의 조합과 변화를 포함할 수 있으면 완벽하다(개인 정보나 소유 정보가 모두 삭제된 깨끗한 상태의 데이터라고 가정한다). 이런 고객 데이터는 테스트 팀에서 고려하지 못한 조합 또는 사용 패턴을 포함할 수 있다. 테스트 기간에 실 고객 데이터를 사용할 수 있으면 애플리케이션의 실환경 검증을 할 수 있어 매우 유용하다.

테스트 데이터 생성을 수작업으로 한다면, 지루하고 시간이 많이 걸리는 것은 물론이고 에러 발생 가능성도 높을 것이다.

테스트 실행: 테스트 업무/일정 줄이기

테스트 실행을 시작하기 전에 반드시 진입 조건entrance criteria을 만족해야 한다.[9] 다양한 이유가 있겠지만, 진입 조건 검증은 자동화해야 한다. 진입 조건은 테스트 팀에서 특정 빌드의 테스트를 시작해도 되는 때를 말한다. 예를 들어 시스템 테스트 기간 동안 소프트웨어 빌드가 허가되려면 다양한 조건을 만족해야 하는데, 이러한 조건들을 자동화해야 한다.

- 모든 단위 테스트와 통합 테스트는 성공해야 한다.
- 소프트웨어는 이슈 없이 빌드돼야 한다.
- 빌드는 이전에 동작했던 기능이 여전히 동작하는지 검증하는 스모크 테스트 smoke test를 패스해야 한다.
- 빌드는 새로운 부분이 무엇이고 변경된 부분이 무엇인지 기술하는 문서('릴리스 노트')를 포함해야 한다.
- 결함은 '테스트 재수행retest' 상태로 변경해 다음 빌드에서 수행될 수 있어야 한다.
- 소스 코드는 버전 컨트롤 시스템에 저장해야 한다.

일단 진입 조건이 검증되면, 테스트 실행을 시작할 수 있다. 테스트를 수동으로 실행하면 노동 집약적이고 에러 발생률이 높다. 반면에 테스트 툴 또는 인하우스 자동화 프레임워크를 사용하면 테스트 실행 시간에 최소한의 노력으로 테스트 스크립트를 실행할 수 있다. 자동화 설정을 적당히 해서 완전히 수행되는 상태라면, 테스트 엔지니어는 단순히 스크립트만 실행하면 되고 툴은 알아서 테스트를 실행할 것이다. 그리고 기대 결과와 실제 결과를 비교한 리포트가 생성될 것이다. 필요하다면 테스트는 여러 번 반복 수행될 수 있고, 특정 시간을 지정해서 시작하도록

---

9   엘프리드 더스틴(Elfriede Dustin), 『Effective Software Testing』(Addison—Wesley, 2003)

설정할 수 있다. 이러한 테스트 자동화의 쉬운 사용과 유연성으로 인해 테스트 엔지니어는 다른 중요한 업무에 집중할 수 있다.

오늘날 테스트 자동화 툴을 사용하면 아이콘만 클릭해서 특정 테스트 프로시저를 선택하고 실행할 수 있다. 그리고 테스트 자동화 프로시저(케이스) 생성기를 사용하면 수동 테스트 방법과 비교할 때 테스트 프로시저 생성과 수정에 걸리는 시간을 아주 많이 단축할 수 있다. 심지어는 단 몇 초 만에 생성할 수도 있다. 테스트 프로시저 생성과 관련된 예제는 부록 D를 참고하기 바란다.

테스트 결과 분석: 테스트 업무/일정 줄이기

테스트 자동화 툴은 일반적으로 테스트 결과 리포트 메커니즘과 테스트 로그 정보를 유지하는 기능이 있다. 일부 툴에서는 녹색은 테스트 성공을, 빨강은 테스트 실패를 의미하도록 색깔을 사용해 결과를 표시한다. 이런 방식으로 테스트 로그를 표시하면 테스트 분석을 쉽게 할 수 있다. 또한 대부분 툴에서는 실패한 데이터와 원본 데이터를 비교해서 볼 수 있고, 다른 부분을 자동으로 찾아서 보여줌으로써 테스트 결과 분석을 쉽게 할 수 있도록 지원한다. 인하우스 개발 테스트 툴을 사용하면 성공과 실패를 다양한 방법으로 구분해서 표시할 수 있다.

진입 조건 검증과 마찬가지로 종료 조건exit criteria 검증을 자동화하면 생산성을 더욱 높일 수 있다. 종료 조건에는 소프트웨어가 적당히 테스트됐음을 보여주는 조건을 기술한다. 테스트 리소스는 유한하고, 테스트 예산과 테스트에 할당되는 테스트 엔지니어 수도 제한되고, 마감일은 빠르게 돌아오기 때문에 테스트 업무의 범위도 마찬가지로 제한해야 한다. 테스트 계획에는 테스트가 완료되는 시점을 명시해야 한다. 하지만 종료 조건이 모호하거나 구체적으로 언급되어 있지 않으면 테스트 팀은 테스트 업무가 완료되는 시점을 결정할 수 없을 것이다. 그래서 테스트가 영원히 수행될 수 있다.

테스트 완료 조건에는 다음과 같은 내용이 포함될 수 있다. 요구사항을 기초로 작성된 모든 정의된 테스트 프로시저는 어떤 중요한 이슈 없이 성공적으로 실행돼야 한다. 그리고 우선순위가 높은 결함들은 개발 팀에서 모두 수정된 후 테스트 팀 구성원의 리그레션 테스트를 통해 검증돼야 한다. 이를 통해 (이 책 전반에 걸쳐 설명하는 다른 기법들에 추가해서) 시스템이 주요 결함 없이 모든 요구사항을 만족하고 있다는 사실에 대해 높은 수준의 자신감을 갖게 될 것이다.

간단한 예로, 한 애플리케이션의 종료 조건은 다음과 같이 명시될 수 있다.

- 테스트 프로시저는 시스템이 특정 기능 및 비기능 요구사항을 만족하는지 확인하기 위해 실행된다.
- 시스템이 통과하려면, 테스트 결과로 나온 소프트웨어 문제 리포트에서 1, 2, 3단계(쇼스토퍼showstopper10, 긴급, 높은 우선순위)의 모든 이슈는 해결돼야 한다.

  또는

- 시스템이 통과하려면, 소프트웨어 문제 리포트에서 1, 2단계(쇼스토퍼, 긴급)의 모든 이슈는 해결돼야 한다.

  또는

- 시스템이 통과하려면, 소프트웨어 문제 리포트에서 1, 2단계(쇼스토퍼, 긴급)의 모든 이슈에 대한 테스트 결과는 문서화해야 하고, 모두 해결돼야 하며, 3단계 이슈는 90% 이상 해결돼야 한다.

또한 개발자들도 시스템 인수 조건을 인지해야 한다. 테스트 팀은 개발 팀에게 테스트 계획을 공유하기 전에 먼저 진입 조건과 종료 조건을 인지시킬 필요가 있다. 조직 내 테스트 진입 조건과 종료 조건은 표준화해야 한다. 여기서 가능하다면 여러 프로젝트에서 입증된 조건들을 사용하는 편이 좋다.

시스템에 일부 결함이 있는 채로 출시되어, 이후 릴리스나 패치에서 수정되는 경우가 있다. 테스트 결과 분석을 통해 프로덕션으로 옮겨가기 전에 수정이 필요한 결함은 바로 찾을 수 있다. 그래서 결함 수정이 출시된 후로 연기되지 않게 하는 데 도움이 될 수 있다. 예를 들어, 일부 결함은 개선사항으로 재분류되어 이후 소프트웨어 출시 때 반영될 수 있다. 프로젝트 또는 소프트웨어 개발 관리자는 다른 의사결정권자들과 함께 결함을 수정할지 또는 결함을 제품에 그대로 실은 채 위험을 무릅쓰고 갈지 결정해야 할 것이다.

---

10 하드웨어나 소프트웨어를 못 쓰게 만드는 버그를 의미함 – 옮긴이

종료 조건의 한 부분으로 테스트 지표^{metrics}를 평가해야 한다(테스트 지표에 관한 내용은 8장을 참고한다). 예를 들면 다음과 같다.

- 리그레션 테스트를 수행하는 동안 이전에 동작하던 기능에서 발견되는 결함의 비율은 어느 정도 되는가? 다시 말해, 결함 수정으로 인해 이전에 동작하던 기능이 실패하는 비율은 어느 정도 되는가?
- 얼마나 자주 결함 수정이 일어나는가? 다시 말해, 수정됐다고 생각했던 결함이 재테스트에서 실패하는 비율은 어느 정도 되는가?
- 새롭게 생성된 결함 비율(평균)은 어느 정도 되는가? 테스트 단계가 계속 진행됨에 따라 결함 생성 비율은 감소해야 한다. 만약 그렇지 않다면, 더 큰 문제가 있다는 뜻이므로 분석이 필요하다.

종료 조건을 만족하지만 발견된 결함보다 더 많은 결함이 있어도 현재 상태에서 애플리케이션/제품이 출시하기에 충분할 때 테스트가 완료됐다고 할 수 있다.

소프트웨어 품질을 결정하고 종료 조건을 만족하는지 판단하는 또 다른 방법으로 신뢰도 모델링$^{reliability\ modeling}$이 있다. 이에 대해서는 2.3절에서 설명한다.

일단 공식 소프트웨어 빌드가 종료 조건을 만족하면 이제 그 소프트웨어는 사용자에게 유용한 만큼 성공적일 것이다. 그래서 사용자 인수시험 테스트는 테스트 계획에서 중요한 요소가 된다.

테스트 팀이 소프트웨어의 완성과 출시를 위해 품질 가이드라인을 설정하는 일은 중요하다. 이런 업무를 자동화하면 성공적일 것이다.

에러 상태/해결 모니터링: 테스트 업무/일정 줄이기

테스트 스크립트가 결함을 발견했을 때 쉽게 이 결함들을 자동으로 문서화해주는 자동화 툴들이 시중에 나와 있다. 툴에서 생성한 문서에는 결함/에러를 발생시킨 스크립트 식별 번호, 실행 중이었던 테스트 사이클 식별 번호, 결함/에러 상세 내용, 에러가 발생한 날짜와 시간 등의 정보가 포함될 것이다.

테스트 실행 프로그램의 일부분인 에러 상태/해결 모니터링의 핵심 기능은 결함 추적 수명주기다. 현재 시스템 환경에 적합한 결함 추적 툴을 선택해 사용해야 한다. 일단 결함 추적 툴을 선정했거나 또는 인하우스 툴로 개발했으면, 결함 추적 수명주기를 도입하고 문서화하고 공유하는 일이 중요하다. 모든 의사결정권자가 결함이 발견되는 시점부터 해결되기까지의 흐름을 이해할 필요가 있다. 현재 상태가 단지 '재테스트retest' 상태이기 때문에 결함을 재테스트한다고 가정해보자. 하지만 개발 관리자는 이 프로세스를 따르지 않거나 인지하지 못하고 있다. 그러면 어떤 결함을 재테스트해야 하는지 어떻게 알 수 있을까? 이것이 자동화 효과를 볼 수 있는 프로세스의 완벽한 예가 된다.

테스트 엔지니어는 결함의 상세 내용과 재현 단계를 기록하거나 또는 간단히 테스트 프로시저를 참조로 달아야 한다. 그러면 개발 팀에서 단계를 재현해볼 수 있어 결함 해결 활동에 도움이 된다. 결함은 일반적으로 우선순위에 따라 분류되고 우선순위가 높은 결함이 먼저 해결된다. 테스트 엔지니어는 결함 검토 회의에 참석하는 것이 좋고, 필요하다면 특이한 결함 리포트는 다시 검토하고 토론할 필요가 있다. 일단 발견된 결함이 해결되면 수정된 부분은 새로운 소프트웨어 빌드에 배포된다. 테스트 엔지니어는 이런 상황을 결함 추적 툴로부터 전달받는다. 여기서 결함 상태는 '재테스트' 상태가 된다. 그러면 테스터들은 해당 결함에 집중해서 재테스트할 수 있다. 완벽하게 해결 처리된 결함은 수정된 상세 설명과 시스템에서 영향받을 수 있는 영역을 명시한다. 그러면 테스터들은 잠재적으로 영향을 받는 영역을 집중적으로 재테스트할 수 있다.

모든 테스트 팀은 정의된 프로세스를 따라 결함 리포팅을 수행해야 한다.

1. 분석

프로세스는 예상치 못한 시스템 동작을 파악할 수 있는 방법을 기술해야 한다. 가끔 테스트는 거짓 음성false negative을 만들 수 있는데, 시스템은 정상적으로 동작했는데 테스트가 잘못된 경우다. 또는 테스트가(특히 테스트 툴이 사용될 때) 거짓 양성false positive을 만들 수 있는데, 테스트는 성공했지만 시스템에는 문제가 있는 경우다. 테스터는 테스트 결과의 정확도를 판단할 수 있는 진단 능력을 갖출 필요가 있다. 1장에서 설명한 그레이박스 테스트를 참고하면 이에 대한 아이디어를 얻을 수 있다.

2. 결함 등록

시스템의 예상치 못한 동작이 결함(거짓 양성, 거짓 음성, 중복 등이 아님)이라고 테스터가 진단을 내리면, 일반적으로 결함 등록 담당자인 테스트 팀원(또는 다른 팀원)은 시스템 문제 리포트(또는 결함)를 결함 추적 툴에 등록한다.

3. 재발생

자동화 프로세스에서도 재발생되고 있는 이슈를 처리하는 방법을 정의해야 한다. 여기서 말하는 이슈는 이전에 발견되어 수정했는데 현재 다시 재현되는 이슈다. 그러면 '이전' 결함을 재등록해야 할까, 아니면 결함을 새로 등록해야 할까? 일반적으로는 이전 결함이 어떻게 수정됐는지 검토하고, 새로운 결함을 재등록해서 '닫았지만, 관련 있는' 결함을 참조로 표시하도록 권고한다. 이 참조를 통해 결함이 수정된 후 얼마나 자주 해당 결함이 재발했는지 알 수 있다. 그리고 이 결함은 주로 설정 문제나 개발 측면의 이슈일 가능성이 높다.

4. 닫기

일단 결함이 수정됐거나 또는 중복으로 여겨지거나 또는 결함이 아니면, 해당 결함을 닫을 수 있다. 테스트 관리자가 아닌 사람이 결함을 닫게 하지 마라. 그 이유는 모든 결함과 그 결함의 히스토리 추적을 분명히 하고, 우연히 또는 의도적으로 다른 참여 구성원이 닫지 못하게 하기 위해서다.

참고: 결함을 삭제하면 안 되고, 히스토리를 쌓을 목적으로 유지해야 한다. 데이터베이스 리셋으로 인해 결함이 삭제되는 문제가 발생할 수 있지만, 일반적으로는 인터페이스를 통해 결함을 삭제하게 되는데 이렇게 되면 전산 시스템의 지속성이 파괴될 수 있다. 그렇다고 결함을 인쇄물로 만든다면 그 결함은 다시 찾기 힘들 것이다. 하지만 해당 결함 레코드는 계속 유지하고 싶다면, 결함을 삭제하는 대신에 '닫음: 기대 결과대로 동작함' 또는 '닫음: 중복된 이슈'라고 결함에 간단히 표시하는 편이 훨씬 좋을 것 같다.

부분적으로 해결된 결함에 관련된 규칙을 만들면 유용하다. 결함이 일부만 수정됐다면, 해결로 닫을 수 없다. 일반적으로 이런 경우는 있어서는 안 된다. 결함 리포트는 가능하면 상세하게 작성해야 하며, 한 번에 하나의 이슈만을 작성해야 한다. 다수의 문제가 발생하면 다수의 결함을 등록해야 한다. 문제가 아무리 비슷하더라도 말이다.

일단 결함을 수정하고 단위 테스트가 수행되어 소프트웨어 개발 팀에서 만족하는 수준이 되면, 소프트웨어 형상 관리 툴을 사용해 수정된 소프트웨어 코드를 체크인해야 한다. 어떤 경우에는 허용 가능한 수만큼 결함이 수정되거나 또는 치명적인 결함이 하나 남을 수도 있다. 이제 새로운 소프트웨어 빌드가 생성되고 이것이 테스트 팀에 전달된다.

결함 추적 툴을 사용할 때 테스트 팀은 결함 수명주기 모델(또는 결함 워크플로우 defect workflow라고 부르는데, 이에 대한 예제는 9장을 참고하기 바란다)을 정의하고 문서화해야 한다. 일부 조직에서는 형상 관리 그룹 또는 프로세스 엔지니어링 그룹에서 결함 워크플로우를 담당한다. 어떤 조직에서는 테스트 팀에서 담당한다. 어느 팀에서 담당하든지 간에 이 프로세스를 자동화하면 시간을 줄일 수 있고 효율성을 높일 수 있다.

리포트 생성: 테스트 업무/일정 줄이기

대다수의 자동화 테스트 툴은 자체적으로 리포트를 생성하고, 사용자가 필요에 따라 리포트를 커스터마이징할 수 있게 지원한다. 이런 테스트 툴이 자체적으로 리포트를 생성하는 기능이 없다고 해도, 원하는 포맷대로 데이터를 임포트import 또는 익스포트export할 수 있게 지원할 것이다. 단순히 테스트 툴의 결과 데이터를 데이터베이스로 통합해 리포트를 생성할 수 있다.

고려해야 하는 비용과 시간을 줄일 수 있는 그 밖의 요인

고객을 위한 자동화 테스트를 구축하면서 우리는 중요한 성과를 달성하고 있다. 애플리케이션이 배포될 때마다 소프트웨어 테스트 자동화를 사용한 리그레션 테스트를 지속적으로 수행해 테스트 시간을 줄이고 있다. 배포 때마다 테스트 프로시저의 표준 세트를 자주 반복 수행해야 하고, 게다가 동일한 테스트를 다양한 환경에서 수행해야 하는 프로젝트들을 발견한다. 예를 들어, 수행하는 데 3일이 걸리고 매달

돌리던 테스트 프로시저 세트를 자동화할 수 있었다. 이것을 자동화한 후에는 수행하는 데 한 시간이 채 걸리지 않았다. 이로써 테스트를 다시 수행할 때마다 단축한 테스트 수행 시간만큼 프로젝트는 이득을 볼 수 있었다.

아마도 여러분은 수동 테스트를 수행할 때 걸리는 시간을 얼마나 정확하게 측정하고, 테스트를 수행하는 데 실제로 얼마나 많은 인력이 필요한지, 그리고 실제로 얼마나 자주 테스트를 실행하고 있는지에 관한 정확한 데이터를 산출할 필요가 있을 것이다. 일부 프로그램은 이러한 정보를 쉽게 얻거나 유도할 수 있지만, 대부분의 프로그램은 그렇지 않다. 우리가 찾아낸 대안은 테스트 팀과 의논해서 가능하면 최선의 정보를 얻는 것이다. 테스트 팀은 일반적으로 배포 때 얼마나 많은 사람이 테스트 업무를 하는지와 테스트하는 데 얼마나 많은 일정이 필요한지를 비교적 잘 알고 있다. 이렇게 얻은 파라미터들을 바탕으로 수동 테스트에 들어가는 시간과 노력을 측정할 수 있다.

수동으로 테스트할 때와 비교해 실제 테스트 시간을 얼마나 단축했는지 추적해서 히스토리 데이터를 만들어놓으면 앞으로의 조직과 프로그램을 위해 좋은 자료가 된다. 이런 종류의 히스토리 데이터는 소프트웨어 테스트 자동화가 미래의 프로젝트에 얼마만큼 효과를 줄 수 있을지 판단하는 데 매우 유용한 데이터가 될 것이다.

단일 요구사항 또는 단일 테스트 프로시저를 갖는 프로젝트는 소프트웨어 테스트 자동화를 통해 얻을 수 있는 이론상의 일정 단축 효과를 얻지 못할 수 있다. 새로운 테스트 프로그램을 적용하는 조직, 테스트 프로세스 성숙도가 낮으며 소프트웨어 테스트 자동화를 완전히 처음 접하는 조직에서도 이론상의 일정 단축 효과를 얻지 못할 수 있다. 각 프로젝트 팀은 고려할 필요가 있는 비용과 시간을 줄일 수 있는 요인들을 정리해야 한다. 예상 시간에 비해 얼마나 시간을 단축했는지 비교해서 이런 차이가 나게 만든 요인들을 정리해두면, 시간 단축을 추적하기가 용이하고 미래의 소프트웨어 테스트 자동화 프로젝트에 적용할 때 도움이 된다.

예상 견적을 미리 산출해보기 위해, 소프트웨어 테스트 자동화가 적합한 테스트 프로그램이 얼마나 많은지 검토한다. 그리고 소프트웨어 테스트 자동화 개발에 들어가는 비용 또는 소프트웨어 테스트 자동화 툴을 사용할 때의 비용과 또 다른 영향을 줄 수 있는 요소들을 감안해서 얼마만큼의 이득을 얻을 수 있는지 검토한다.

추가로 모든 비용과 시간을 줄일 수 있는 환경을 고려한다. 이런 방식으로 프로젝트의 시간과 비용 절감을 미리 측정할 수 있고, 이를 토대로 소프트웨어 테스트 자동화를 특정 테스트 프로그램에 적용해 품질을 향상할 수 있다. 이것은 간단하게 ROI로 요약할 수 있다(소프트웨어 테스트 자동화의 ROI 산출에 대해서는 3장에서 자세히 설명한다). 하지만 초기 단계에 소프트웨어 테스트 자동화로부터 얻을 수 있는 이득을 산출해보는 접근 방법은 프로젝트 계획을 세울 때 일반적으로 필요하다. 그리고 "왜 자동화해야 할까요?"라는 질문에 대한 답을 줄 수 있다.

2.3 소프트웨어 품질에 영향 주기

여기서는 소프트웨어 테스트 자동화를 통해 얻을 수 있는 소프트웨어 품질이 의미하는 바를 설명한다.

먼저 다음 두 가지 정의를 기초로 품질을 먼저 생각해보자. 그리고 이것을 소프트웨어에 적용해보자.

> ISO는 품질을 이렇게 정의한다. "정해진 필요 또는 암묵적인 필요를 만족시키기 위한 제품 또는 서비스의 기능과 특징 전체를 말한다."[11]

> 또한 품질에 대해 다음과 같이 정의한다. 예상대로(모든 요구사항을 만족하면서) 수행되는 시스템의 본질이다. 필요할 때는 언제든지 시스템 기능을 사용할 수 있게 하고, 스트레스, 동시성, 보안 위반 같은 어떤 제약 조건이 있어도 쉽게 사용할 수 있어야 한다. 한마디로 언제나 변함없이 사용자의 기대를 충족시키고 사용자 요구사항을 만족시킬 수 있어야 한다 (여기서 사용자는 사람 또는 다른 시스템이 될 수 있다).

두 가지 정의를 종합하면, 소프트웨어 품질의 본질은 기대한 기능과 성능을 얼마나 잘 만족하는지를 보여주는 것이다.

또한 소프트웨어 품질을 정량화하는 것과 관련된 많은 지표가 있다. 예를 들면 다음과 같다.

---

11 ISO 표준 8402: 1986, 3. 1

- 소프트웨어 결함 밀도(소스 라인 코드 수당 결함 개수. 라인 코드 수 대신에 기능 점수 또는 다른 소스 코드 지표가 사용될 수 있음)

- 평균 고장 시간$^{MTTF,\ mean\ time\ to\ failure}$[12]

- 치명적인 고장이 발생하는 평균 시간$^{MTTCF,\ mean\ time\ to\ critical\ failure}$

- 발견되지 않아서 제거되지 않고 남아 있는 높은 우선순위 결함 수

- 신뢰도^{reliability}(다음 n시간 동안 실패가 발생하지 않을 확률)

소프트웨어 품질을 측정할 수 있는 한 가지 방법으로 소프트웨어 신뢰도 모델을 사용할 수 있다. 소프트웨어 신뢰도 모델은 계속되는 테스트와 전체 결함 통계로부터 테스트 대상 소프트웨어의 기준과 관련된 결과를 예측한다. 따라서 추가되는 테스트가 소프트웨어 품질에 어떤 영향을 미칠지 예측하기 위해 소프트웨어 신뢰도 모델을 사용할 수 있다.

일반적으로 소프트웨어 신뢰도 모델의 결과에서는 발견되지 않은 소프트웨어 결함 수를 볼 수 있다. 테스트 프로그램이 계속 수행될 때, 테스트를 많이 수행할수록 아직 발견되지 않은 결함 수는 적어질 것으로 예상할 수 있다. 소프트웨어 모델을 개념적으로 그려보면 그림 2-1과 같다. 곡선의 기울기는 각 프로젝트마다 다를 수 있다. 테스트 대상 시스템의 크기와 복잡도에 따라 테스트 시간당 발견되는 결함 수는 다르기 때문이다.

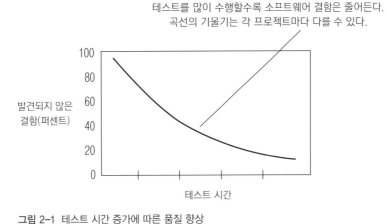

그림 2-1 테스트 시간 증가에 따른 품질 향상

---

12 시스템이 고장을 일으키지 않고 동작하는 데 걸리는 시간(출처: 컴퓨터 인터넷 IT 용어 대사전) – 옮긴이

소프트웨어 테스트 자동화를 사용하면 좀 더 많은 테스트를 수행할 수 있다. 특히 소프트웨어 테스트 자동화를 통해 얻을 수 있는 효과는 다음과 같다.

- 테스터가 시스템의 어느 부분을 다시 테스트해야 하는지 걱정할 필요 없이 매번 리그레션 테스트 전체 세트를 수행할 수 있다(물론, 변경된 부분이 영향을 줄 수 있는 범위를 완벽하게 분석할 수도 있다. 이와 관련된 내용은 1장을 참고하기 바란다).
- 테스트 커버리지를 높일 수 있다. 소프트웨어 테스트 자동화는 동일한 시간이 주어졌을 경우 수동 테스트에 비해 더 많은 조합을 다룰 수 있고(더 많은 데이터 변화와 테스트 시나리오) 더 많은 경로와 분기를 다룰 수 있다.
- 소프트웨어 테스트 자동화는 다음과 같은 이유로 효과적인 테스트 시간을 높일 수 있다.
    - 업무 외 시간(점심시간, 야간, 주말)에도 실행할 수 있다.
    - 자동화 테스트가 실행되는 동안 테스터는 좀 더 복잡하고 새로운 이슈/영역에 집중할 수 있다.
    - 일부 시스템에서는 소프트웨어 테스트 자동화를 클록 시간^{clock-time}보다 빠르게 실행할 수 있다(이것을 적용할 때는 주의가 필요하다. 고려가 필요한 시스템 의존성이 있을 수 있다).
- 자동화 테스트는 부주의하거나 피곤해하지 않는다.
- 자동화 테스트는 쉽게 재수행할 수 있다(재현할 수 없는 결함을 피할 수 있다).
- 성능 테스트, 메모리 누수 탐지 테스트, 동시성 테스트 등은 수동 테스트로는 거의 불가능하다.
- 소프트웨어 테스트 자동화는 테스트를 분산 수행할 수 있게 해준다. 작업 부하를 여러 장비로 분산해서 '라이브' 환경 또는 프로덕션 환경을 시뮬레이션해볼 수 있다. 이것은 자동화를 매우 효율적으로 활용하는 또 하나의 방법이 된다.

소프트웨어 품질에 영향을 미치는 좀 더 효과적인 테스트 시간은 그림 2-2와 같이 설명할 수 있다. 그림 2-2는 앞에서 설명한 소프트웨어 신뢰도 모델을 사용한다. 테스트를 더 많이 수행하면, 아직 발견되지 않은 소프트웨어 결함 수를 바로 줄일 수 있다. 줄일 수 있는 크기는 발견되지 않은 결함과 연관된 소프트웨어 기준 상태 함수를 따른다(예를 들어, 여기서는 곡선의 기울기에 해당한다).

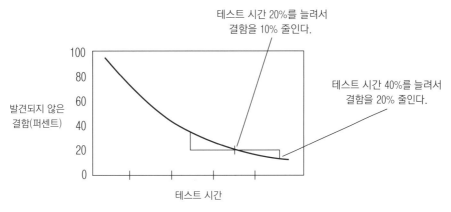

테스트 시간 20%를 늘려서
결함을 10% 줄인다.

테스트 시간 40%를 늘려서
결함을 20% 줄인다.

발견되지 않은
결함(퍼센트)

테스트 시간

그림 2-2 테스트 시간 증가에 따른 품질 향상(상세)

궁극적으로 모든 사람이 대답해야 하는 질문은 "우리가 테스트를 완료하는 시점을 어떻게 알 수 있을까?"이다. 소프트웨어 신뢰도 모델은 얼마나 많은 결함이 아직 발견되지 않았는지를 보여준다. 이를 통해 언제 충분한 테스트가 되는지에 관련된 질문에 대답할 수 있는 근거를 제공해줄 수 있다. 실제 테스트 업무에서는 주로 제품이 출시되는 날 전까지 또는 고객에게 약속한 날 전까지 테스트를 수행한다. 테스트 팀은 할당된 시간 내에 가능한 한 많은 테스트를 수행하려고 한다. 소프트웨어 테스트 자동화는 이렇게 부족한 시간 내에 좀 더 많은 테스트를 수행할 수 있는 수단을 제공한다. 동일한 시간에 더 많은 테스트를 수행하는 테스트 효율성을 제공해 소프트웨어 품질에 직접적인 영향을 줄 수 있다. 이렇게 소프트웨어 신뢰도 모델은 테스트 효과를 측정하는 툴로 사용할 수 있다.

소프트웨어 모델을 사용하지 않고 과거 출시 결과를 조사해서 제품 출시 후 어디에서 문제가 발생했는지 분석할 수 있다. 이를 통해 소프트웨어 테스트 자동화가 소프트웨어 품질에 미치는 효과를 알 수 있다. 이전 릴리스 또는 출시로부터 결과를 평가할 때 다음과 같은 질문을 할 수 있다. 이전에 정상 동작하던 기능과 관련된 문제는 리포팅되지 않았는가? 테스트 팀은 리그레션 테스트 전체를 진행할 시간이 없지는 않았는가? 테스트할 시간이 충분하지 않거나 또는 테스트 시도조차 못한 값들의 조합이 너무 많아서 일련의 오퍼레이션만을 실행하고 출시했을 때 얼마나 많은 문제가 발견됐는가? 경계 조건 값들을 테스트하지 않아서 발생한 문제는 없었는가? 모든 설정에 대한 호환성 테스트를 하지 않아서 또는 애플리케이션이 실행된 후 특정 시간에 얼마나 많은 이슈가 발생했는가? 하물며 기능을 충분히 테스트하지 못해서 발생된 이슈는 없었는가? 이렇게 과거 출시 결과를 검토하면, 추가로 진행할 테스트와 소프트웨어 테스트 자동화를 어떻게 하면 소프트웨어의 품질에 영향을 줄 수 있을지 통찰을 얻을 수 있다.

2.4 소프트웨어 테스트 프로그램 개선

자동화 테스트 툴을 사용하면 테스트의 깊이와 너비를 늘릴 수 있다. 추가로 얻을 수 있는 효과는 다음과 같다.[13]

- 빌드 검증 테스트 개선(스모크 테스트)
- 리그레션 테스트 개선
- 멀티플랫폼 호환성 및 설정 테스트
- 일상적인 재미없는 테스트 실행 개선
- 고급 테스트 이슈에 집중하도록 개선
- 수동 테스트로 수행할 수 없는 것을 테스트. 예: 보안 또는 메모리 누수 테스트
- 소프트웨어 결함 재현 능력
- 시스템 전문지식 향상
- 일과 후의 '불이 꺼진 후' 테스트
- 요구사항 정의 개선
- 성능 테스트 개선
- 스트레스 및 내구성 테스트 개선
- 품질 측정 및 테스트 최적화
- 시스템 개발 수명주기 개선
- 문서화 및 추적성traceability 개선
- 작업 부하 분산 및 동시성 테스트

13　더스틴 외, 『Automated Software Testing』

빌드 검증 테스트 개선(스모크 테스트)

스모크 테스트(빌드 검증 테스트)는 가장 중요한 기능을 수행하는 시스템 컴포넌트의 테스트 자동화에 초점을 맞춘다. 새로운 소프트웨어의 빌드를 받을 때마다 수동으로 테스트 재수행을 반복하는 대신, 테스트 엔지니어는 스모크 테스트를 실행하고 시스템의 주요 기능이 여전히 동작하는지 검증한다. 테스트 엔지니어는 테스트 자동화 툴을 사용해 소프트웨어 빌드/버전을 검증하는 수동 테스트 절차를 레코딩할 수 있다. 불필요하게 수동 테스트를 수행하기 전에, 먼저 테스트 자동화 툴을 사용해 모든 주요 기능이 여전히 정상 동작하는지 검증하는 테스트를 수행할 수 있다. 예를 들어, 수많은 고객들 중 한 곳에 시스템을 배포할 때 반드시 모든 플랫폼에서 스모크 테스트를 수행해야 했다. 스모크 테스트는 밤 사이에 실행되는데, 일정 시간 반자동화 검사를 실행한 후 그 결과를 토대로 리포트를 생성했다. 소프트웨어를 플랫폼에서 검증하는 출시 목표(수많은 플랫폼에서 정상 동작)는 반드시 확인했고, 이것은 고객에게 만족할 만한 성능과 기능을 전달하기 위해 필요했다. 결론적으로 말하면, 자동화를 통해 간소화한 스모크 테스트는 큰 효과를 볼 수 있고, 우리 고객에게도 많은 가치를 줄 수 있다. 이것은 또한 시간과 비용 제어가 가능하다. 시스템이 기본적으로 안정적이지 않은 수준이면 테스트하지 않아도 된다. 이렇게 재작업을 줄일 수 있고, 이것은 훌륭한 비용 방지 전략으로 사용할 수 있다.

리그레션 테스트 개선

리그레션 테스트는 전체 시스템 제품 환경의 일부분이 변경됐을 때, 기준 시스템 또는 제품(형상 관리 시스템에서 기준이 되는)에서 실행하는 테스트 또는 일련의 테스트 세트다. 리그레션 테스트의 목적은 변경된 시스템 또는 제품의 기능이 명세서대로 동작하는지, 그리고 기능 동작에서 의도되지 않은 변경은 없는지 검증하는 데 있다.

테스트 자동화 툴은 리그레션 테스트를 간단하게 할 수 있게 해준다. 리그레션 테스트 자동화는 새로운 빌드에서 신규 버그가 발생하지 않는지 검증할 수 있다. 경험에 비춰볼 때, 현재 프로그램을 변경하면 신규 프로그램을 작성할 때보다 에러 발생 가능성이 더 높다(작성된 구문당 에러 수를 비교할 때).[14]

---

14 그렌포드 마이어스(Glenford J. Myers), 『The Art of Software Testing』(John Wiley & Sons, Inc., 2004), 20

리그레션 테스트는 이전에 테스트된 애플리케이션의 매 릴리스 후에 실행할 수 있다. 앞에서 설명한 스모크 테스트는 주요 기능에 초점을 맞춘 규모가 작고 재빠른 리그레션 테스트라고 볼 수 있다. 리그레션 테스트를 스모크 테스트로 사용할 수 있고, 이미 검증된 모든 기능을 테스트하는 용도로도 사용할 수 있다. 모든 테스트 프로시저의 일부분을 리그레션 테스트 스위트로 구성해서 애플리케이션의 기본 기능을 검증하는 용도로 사용할 수 있다. 또한 에러가 가장 발견되기 쉬운 테스트를 포함할 수 있다. 그리고 리그레션 테스트는 자동화 툴을 사용해 실행해야 한다. 리그레션 테스트는 길고 지루해서 휴먼 에러가 발생하기 쉽기 때문이다.

멀티플랫폼 호환성 및 설정 테스트

테스트 자동화의 효과를 얻을 수 있는 또 다른 예로 테스트 스크립트의 재사용을 들 수 있다. 이 테스트 스크립트는 하나의 플랫폼(하드웨어 설정)에서 테스트를 실행할 수 있을 뿐만 아니라 다른 플랫폼에서도 그대로 실행 가능하다. 테스트 자동화를 사용하기 이전에는 테스트 엔지니어가 윈도우 2003 환경에 필요한 수동 테스트를 반복 수행해야 했다. 새로운 윈도우 환경에서 테스트할 때마다 동일한 수동 테스트를 반복 수행했다. 하지만 이제 테스트 엔지니어는 플랫폼 x 또는 설정 x에 실행하는 자동화 테스트 스크립트를 작성하고, 멀티플랫폼 호환성 툴을 사용해 동일 스크립트를 플랫폼 y 또는 설정 y에서 간단히 재실행할 수 있다. 이렇게 테스트 대상 애플리케이션에서 수행하는 테스트를 모든 플랫폼 또는 설정에서 수행할 수 있다.

일상적인 재미없는 테스트 실행 개선

테스트 자동화 툴은 반복되는 테스트의 단조로움을 없앨 수 있다. 재미없이 반복되는 테스트는 많은 에러의 원인이 된다. 테스트 엔지니어는 동일하게 무한 반복되는 테스트에 지루해질 테고, 이를 결함에 대한 테스터 피로도[tester fatique] 또는 면역[immunity]이라고 부른다. 습관대로 시스템을 동작시키고 문제를 발견하지 못할 때 습관화가 된 것으로 본다. 부정적으로 그리고 동작하지 않을 가능성의 경로를 고려하지 않은 채 그냥 정상적으로 동작하는 솔루션을 보는 습관이 형성된 것이다. 테스트 스크립트는 이런 단조로운 단계를 테스터를 대신해서 무한 반복 수행하고, 자동으로 결과를 검증할 수 있다.

고급 테스트 이슈에 집중하도록 개선

테스트 자동화를 통해 단순한 테스트를 반복 수행할 수 있다. 대부분의 테스트는 기본 사용자 인터페이스 오퍼레이션으로 수행되고 결과를 분석해서 실제 결과와 기대 결과를 비교한다.

테스트 자동화는 일정 내에 좀 더 빠르게 그리고 전체 테스트를 좀 더 종합적으로 수행하는 기회를 제공한다. 사용자 인터페이스 작동operability 테스트의 자동 생성 또는 테스트 결과 비교 자동화를 통해 이런 테스트는 더 이상 신경 쓰지 않아도 된다. 테스트 팀은 창조적인 일을 할 수 있고, 고급 테스트 문제와 관심사에 집중할 수 있다.

수동 테스트로 수행할 수 없는 것을 테스트

소프트웨어 시스템과 제품은 계속 복잡해지고 있다. 그래서 가끔은 수동 테스트로 모든 테스트를 지원할 수가 없다. 수동으로는 수행할 수 없는 테스트 분석이 있다. 예를 들면 코드 커버리지 분석, 메모리 누수 탐지, 순환cyclomatic 복잡도 테스트가 여기에 해당된다. 규모가 큰 애플리케이션 코드의 순환 복잡도를 생성하는 데는 많은 공수man-hour가 들어간다. 그리고 수동 테스트 방법으로 메모리 누수 탐지를 수행하기란 거의 불가능하다.

애플리케이션의 보안 테스트 역시 수동 테스트 기술로는 거의 불가능하다. 오늘날 시장에는 보안 테스트 자동화를 할 수 있는 툴이 있다. 예를 들어, 애플리케이션의 모든 웹 링크가 정상적으로 열리고 수 초 내에 실행됨을 확인하는 테스트는 몇 시간, 며칠이 걸리거나 또는 거의 수행 불가능할 수도 있다.

소프트웨어 결함 재현 능력

테스트 엔지니어는 가끔씩 결함을 발견한 후 그 결함을 다시 재현할 수 없는 문제에 부딪힌다. 테스트 자동화 툴을 사용하면 애플리케이션 개발자는 간단하게 테스트 자동화 스크립트를 재실행할 수 있다. 결함을 발견할 수 있는 정확한 모든 스텝을 정확히 기술할 걱정을 하지 않아도 되고, 정확한 모든 스텝을 다시 수행할 수 있을지 걱정할 필요가 없다.

시스템 전문지식 향상

많은 테스트 관리자는 프로젝트에서 가장 중요한 테스트 기간에 기능 담당 전문가 한 명이 한 주 동안 사라져버리는 경험을 해본 적이 있을 것이다. 기존 테스트 자동화 스크립트를 사용하면 심지어는 전문가 없이도 정확한 방법으로 원래 기능을 동작시켜서 검증할 수 있다. 동시에 테스터는 자동화 스크립트가 테스트 대상 애플리케이션의 기능을 테스트하기 위해 정확한 순서로 실행되는 모습을 보면서 기능을 잘 파악할 수 있다.

일과 후의 '불이 꺼진 후' 테스트

테스트 자동화를 사용하면 쉽게 테스트를 반복 수행할 수 있다. 대부분의 테스트 자동화 툴은 아무 때나 스크립트 실행을 시작할 수 있고, 어떤 사용자 인터랙션 없이 업무 시간 이후에도 테스트를 할 수 있다. 예를 들어, 테스트 엔지니어는 테스트 자동화 툴이 밤 11시에 자동 실행되도록 아침에 테스트 스크립트 프로그램을 설정할 수 있다. 테스트가 실행되는 동안 테스트 팀은 집에 가서 자고 있을 것이다. 다음 날 출근해서 테스트 스크립트 결과를 검토하고 분석할 수 있다. 테스트 스크립트는 점심을 먹으러 가는 시간이나 미팅에 참석하는 시간 또는 일과를 마치고 집으로 돌아갈 때 실행하면 편리하다. 이런 시간에 테스트를 실행하면 테스트 시간 사용을 극대화할 수 있다.

또한 이런 시간 동안 테스트 자동화를 사용하면 업무 시간 후 분산 테스트를 할 수 있다. 이 부분에 대해서는 뒤에서 설명한다. 엔지니어가 집으로 돌아간 후 여러 머신에서 동시 테스트와 분산 테스트를 수행할 수 있다.

요구사항 정의 개선

요구사항 관리가 소프트웨어 테스트 언어로 자동화된다면 다양한 효과를 얻을 수 있다. 예를 들어, 감사 추적audit trail15 시스템처럼 변경 또는 업데이트 내용을 히스토리로 관리할 수 있다. 그리고 테스트 프로시저의 성공과 실패, 결함까지 포함한 소프트웨어 개발의 모든 산출물을 요구사항에 연결하는 자동화된 요구사항 추적 매트릭스RTM를 생성할 수 있다. RTM의 유지보수 자동화를 통해 또 다른 중요한 효과를 얻을 수 있다.

성능 테스트 개선

성능 정보 또는 트랜잭션 시간 데이터는 더 이상 스톱워치로 얻을 수 없다. 최근에 포춘 100대 기업 중 한 기업에서는 한 명의 테스트 엔지니어가 수동으로 기능을 실행하는 동안 다른 한 명의 테스트 엔지니어가 스톱워치로 타이밍을 맞춰 성능 테스트를 수행했다. 이렇게 성능 측정을 캡처하는 방식은 노동 집약적이고, 에러가 발생하기 쉬우며, 자동으로 반복 수행할 수 없다. 오늘날에는 오픈소스 또는 벤더사에서 제공하는 수많은 성능 또는 부하 테스트load test 툴을 사용할 수 있다. 테스트 엔지니어는 테스트를 수행해 시스템/애플리케이션의 응답 시간을 자동으로 얻을 수 있고, 시간당 처리 수와 그래프를 생성할 수 있으며, 시스템의 병목 지점과 한계치를 정확히 찾을 수 있다. 이런 툴을 사용하면 트랜잭션 시간을 수집하면서 애플리케이션 전체 기능을 실행해볼 수 있는 효과도 얻을 수 있다. 다시 말해, 이런 종류의 테스트 자동화는 엔드투엔드end-to-end 테스트를 수행한다. 테스트 엔지니어는 더 이상 스톱워치를 들고 대기할 필요가 없다. 대신에 성능 수치를 자동으로 캡처할 테스트 스크립트를 준비하면 된다. 테스트 엔지니어는 이제 좀 더 창조적이고 지적이며 도전적인 테스트 업무를 할 수 있다. 성능 테스트에 관한 자세한 설명은 부록 B를 참고하기 바란다.

---

15 감사를 위해 입력된 데이터가 어떤 변환 과정을 거쳐 출력되는지 그 과정을 기록해 추적하는 방법이다(출처: IT 용어 사전, 한국정보통신기술협회) – 옮긴이

스트레스 및 내구성 테스트 개선

완전히 수동 방식으로 애플리케이션의 스트레스 테스트를 수행하는 데는 비용이 많이 들 뿐만 아니라 어렵고 부정확하며 시간이 오래 걸린다. 필요한 수만큼 많은 사용자와 작업 환경을 재현하기란 불가능하기 때문이다. 이런 테스트를 위해 충분한 리소스를 확보하려면 비용이 많이 들고, 필요한 수만큼 사용자와 머신을 준비하기가 어렵다. 테스트 툴의 수를 늘려서 수동 스트레스 테스트를 지원할 수 있다. 테스트 툴은 제한된 클라이언트 작업 환경에서 많은 수의 사용자가 시스템과 인터랙션하는 상황을 시뮬레이션할 수 있다. 일반적으로 테스트 툴은 테스트 스크립트 몇 개를 가지고 애플리케이션 및 데이터베이스 서버와의 사용자 인터랙션을 캡처하는 프로세스를 시작한다. 그리고 나서 테스트 소프트웨어는 테스트 스크립트의 인스턴스를 다중으로 실행해 많은 수의 사용자를 시뮬레이션한다.

성능 테스트를 지원하는 테스트 툴은 또한 스트레스 테스트를 지원한다. 스트레스 테스트는 클라이언트 머신 또는 배치 프로세스를 매우 많은 양으로 실행하는 프로세스다. 시스템에 극심한 최대 부하를 가할 때 시스템이 깨지지 않는지 확인하고, 깨진다면 어디서 그리고 어느 부분이 먼저 깨지는지 찾는다. 시스템의 취약 부분이 어디인지 파악하는 일은 중요하다. 시스템 요구사항에 시스템의 한계치를 명시하고, 한계 이상의 부하가 들어올 때 시스템이 어떻게 반응해야 하는지 기술해야 한다. 스트레스 테스트는 최대 부하에서 시스템이 정상 동작하는지 확인할 때 유용하다. 또한 부하 상태에서 시스템이 명세서에 명시된 대로 동작하는지 확인하는 데도 유용하다.

많은 테스트 자동화 툴에는 부하 발생 시뮬레이터가 있다. 이것을 사용해 테스트 엔지니어는 수백 또는 수천 명의 가상 사용자가 동시에 테스트 대상 애플리케이션의 기능을 사용하도록 시뮬레이션할 수 있다. 누구도 테스트 또는 모니터링을 시작할 필요는 없다. 단지 스크립트가 시작될 시간을 설정하면 그 시간에 테스트 스크립트는 알아서 실행될 것이다. 대부분 툴은 스트레스 테스트의 결과가 포함된 테스트 로그를 생성한다. 테스트 자동화 툴은 에러 다이얼로그 박스 같은 예상치 못한 활성 창을 기록할 수 있다. 테스트 담당자는 이렇게 예상치 못한 창에 기록된 에러 메시지를 검토하면 된다. 지속적으로 스트레스를 가하는 테스트를 지속성 테스트 soak test라 부르는데, 이에 대한 자세한 내용은 부록 B를 참고하기 바란다.

품질 측정 및 테스트 최적화

테스트 자동화는 품질 지표를 생성해 테스트 최적화를 할 수 있게 해준다. 테스트 결과를 측정하고 분석할 수 있다. 테스트 자동화 프로세스는 측정될 수 있고 반복될 수 있기 때문이다. 자동화 없이 테스트를 반복하기는 어렵다. 반복 없이는 어떤 종류의 측정도 어렵다. 수동 테스트 프로세스에서는 첫 번째 이터레이션^{iteration}의 테스트 스텝이 두 번째 이터레이션에서의 스텝과 정확히 일치하지 않을 가능성이 높다. 그 결과 비교 가능한 품질 측정 수단을 만들기 어렵다. 반면에 테스트 자동화를 사용하면 테스트 스텝을 반복할 수 있고 측정할 수 있다.

테스트의 반복 수행이 가능할 때, 테스트 엔지니어는 테스트를 최적화하기 위해 품질 측정 분석을 진행할 수 있다. 자동화는 테스트가 반복 수행 가능하도록 지원한다. 테스트 엔지니어는 다음과 같은 순서로 리그레션 테스트 스위트를 최적화할 수 있다.

1. 리그레션 테스트 세트를 실행한다.

2. 리그레션 테스트 세트 실행은 OK 되었지만 이후 에러가 발견되는 케이스가 발견되면, 리그레션 테스트 세트가 다루지 못한 해당 버그를 테스트 프로시저에 포함한다.

3. 품질 측정 지표를 사용해 리그레션 테스트 세트가 최적화될 때까지 이 스텝을 반복 수행한다.

4. 리그레션 테스트를 검증한다.

시스템 개발 수명주기 개선

소프트웨어 테스트 자동화는 시스템 개발 수명주기의 각 단계를 지원할 수 있다. 이를 위해 다양한 벤더 제공 테스트 자동화 툴을 사용할 수 있다. 예를 들어, 요구사항 정의 단계를 위한 툴이 있다. 이것은 테스트 업무와 테스트 비용을 최소화하기 위해 테스트레디^{testready} 요구사항을 생성하는 데 도움을 준다. 이와 비슷하게 설계 단계를 지원하는 툴이 있다. 이것은 모델링 툴과 같이 유스 케이스$^{use\ case}$ 내에 요구사항을 기록할 수 있다. 유스 케이스는 다양한 시스템 레벨(오퍼레이션 기반) 요구사항을 조합한 사용자 시나리오를 나타낸다. 유스 케이스에는 시작 지점, 사용자(사람 또는 외부 시스템), 불연속적인 일련의 단계들, 그리고 종료 조건이 정의된다.

또한 프로그래밍 단계를 위한 툴이 있다. 코드 검사, 정적 및 동적 분석, 코드 인스트루멘터code instrumentor[16], 제품 기반 테스트 프로시저 생성기 등이 이에 해당한다. 요구사항 정의, 소프트웨어 설계, 테스트 프로시저가 적당히 준비되면 애플리케이션 개발은 그냥 가장 쉬운 활동이 될 것이다. 이런 환경에서는 확실히 테스트가 좀 더 부드럽게 실행될 것 같다.

문서화 및 추적성 개선

테스트 프로그램에서 소프트웨어 테스트 자동화를 사용하면 문서화 및 추적성도 개선할 수 있다. 테스트 자동화 스크립트를 통해 입력 데이터와 기대 결과를 정리할 수 있었던 것처럼 각 테스트마다 훌륭한 문서화 기준을 생성할 수 있다. 테스트가 실행됐을 때의 정확한 기록과 실제 결과, 사용 설정, 그리고 테스트가 실행된 기준 상태를 수집할 수 있다. 이 부분이 이전에 수동으로 진행했던 방식과 비교해볼 때 엄청난 개선을 이룬 부분이다. 이전에는 테스트 프로그램에서 나온 결과를 손으로 작성한 절반쯤 완성된 노트가 산출물이었다. 또는 테스트 수행 내용의 일부분만 온라인 로그로 남기는 정도였다.

소프트웨어 테스트 자동화를 통해 테스트 프로그램의 테스트 커버리지를 높일 수 있고, 수동으로 실행할 수 없는 테스트를 실행할 수 있고, 반복적으로 수행 가능하고, 문서화와 추적성을 개선할 수 있으며, 테스트 팀이 자유롭게 고급 이슈에 집중할 수 있다.

작업 부하 분산 및 동시성 테스트

소프트웨어 테스트 자동화를 사용하지 않고는 작업 부하를 분산하거나 동시성 테스트를 수행하기가 거의 불가능하다. 이것도 소프트웨어 테스트 자동화를 통해 얻을 수 있는 가장 큰 효과 중 하나다. 하드웨어는 비싸고 제품 환경을 복제하는 비

---

16 테스트되지 않은 코드를 찾고 동적 테스트를 수행할 수 있도록 지원하는 툴 – 옮긴이

용도 종종 비싸기 때문에, 소프트웨어 테스트 자동화 프레임워크를 통해 가상 머신 VM, virtual machine을 사용하면 이런 종류의 테스트를 가장 효과적으로 구현할 수 있다. 동시성 테스트에 관한 자세한 내용은 부록 B를 참고하기 바란다.

2.5 정리

2장에서는 소프트웨어 테스트 관점에서 소프트웨어 테스트 자동화가 필요한 많은 이유를 설명한다. "왜 소프트웨어 테스트 자동화인가?"라는 질문은 "왜 소프트웨어 테스트 자동화를 하지 않는가?"라는 질문을 하게 한다. 본질적으로 많은 소프트웨어 테스트 활동은 자동화하기에 적합하다. 수동 테스트 방식으로는 매우 지루하기 때문이다.

시장에서는 소프트웨어 제품이 지속적으로 빠르고 값싸게, 하지만 신뢰도와 사용성은 높여서 출시되길 원한다. 테스트는 시간, 비용, 품질에서 큰 부분을 차지한다. 테스트를 수행하는 방법의 변화 없이 소프트웨어는 더 이상 계속될 수 없다. 실제로 이런 경우가 많이 있었다. 소프트웨어 테스트 자동화는 이러한 요구를 해결하는 데 큰 역할을 할 수 있다. 좀 더 명확하게 말하면, 소프트웨어 테스트 자동화는 소프트웨어 테스트의 시간과 비용을 줄일 수 있는 기회를 제공하고, 소프트웨어 품질을 개선하며, 소프트웨어 테스트 프로그램의 상당히 중요한 부분을 개선할 수 있다.

3장

비즈니스 케이스

바르게 시작하기

이 책 전체에 걸쳐 설명하고 2장에서도 강조했듯이, 소프트웨어 테스트 자동화를 구축하면 많은 이점이 있다. 예상대로 적용된다면 소프트웨어 테스트의 시간과 비용을 줄일 수 있고, 소프트웨어 품질을 향상할 수 있으며, 사용하고 있는 소프트웨어 테스트 프로그램에서도 많은 긍정적인 효과를 얻을 수 있다. 이런 잠재적인 이점들을 정확하게 이해하고 그대로 설명할 수 있어야 한다. 예를 들어, 소프트웨어 테스트 자동화에 관한 아이디어를 경영진과 테스트 프로그램에 소개할 때 영향력 있는 상위 경영진과 여러 이해관계자의 동의를 얻는 일은 중요하다. 소프트웨어 테스트 자동화에 필요한 자금을 그들이 쥐고 있기 때문이다. 진행 중인 프로젝트가 비즈니스 니즈needs, 즉 예상 ROI를 만족시키고 ROI 외의 고려사항들을 만족시킬 수 있음을 명확하게 알려야 한다. 3장에서는 소프트웨어 테스트 자동화의 비즈니스 케이스를 개발하기 위한 전략과 기술에 초점을 맞춘다. 이를 통해 자동화 구축에 대한 승인과 지원을 받을 수 있을 것이다.

3.1 비즈니스 케이스의 정의

비즈니스 케이스business case에 대한 다양한 정의가 있다. 대개는 비즈니스 케이스를 작성하는 방법들이 적혀 있고, 다양한 템플릿도 사용할 수 있다. 구글에서 간단히 검색만 해봐도 수천 개의 검색 결과를 볼 수 있다. 3장의 목적은 비즈니스 케이스를 새롭게 정의하는 것이 아니라 기존의 정의를 사용해 소프트웨어 테스트 자동화에 맞는 비즈니스 케이스를 정의하는 데 있다. 우리가 여기서 만드는 정의는 기존 정의들을 혼합한 것이다. 비즈니스 케이스의 목적을 요약하면 다음과 같다.

- 프로젝트 또는 작업(여기서는 소프트웨어 테스트 자동화)에 착수하기 위한 근거를 제시하기 위해 비즈니스 니즈를 구체화한다.
- ROI를 계산해서 비용 대비 효과와 관련된 비즈니스 니즈를 증명한다.
- 예상되는 리스크 요소를 포함한다.

예를 들어, 소프트웨어 테스트 자동화의 비즈니스 니즈는 다음과 같다. 소프트웨어 테스트는 소프트웨어 테스트 수명주기STL, software testing lifecycle의 타임라인을 단축할 수 있고, 결함 식별을 용이하게 해서 결과적으로 품질 향상에 도움을 줄 수 있다. 일반적으로 결함을 최소화해서 품질을 향상하면 고객 만족도가 높아진다.

우리의 경험에 비추어볼 때, 소프트웨어 테스트 자동화 구축을 위해 팀 내 적용 영역과 타당성을 생각해보면 규모가 큰 소프트웨어 테스트 자동화 프로젝트가 훨씬 더 성공적임을 알 수 있다. 우리는 이를 뒷받침할 수 있는 기대 효과와 비용을 설명할 수 있다. 그뿐 아니라 시간과 기술, 프로세스 측면에서 성공을 위해 필요한 것을 고려해볼 수 있다. 추가적으로 상위 경영진과 그 밖의 의사결정권자들이 소프트웨어 테스트 자동화 업무와 관련된 비즈니스 케이스를 승인하는 것이 중요하다.

반면에, 자동화 기술 습득 없이 또는 툴이 무엇을 수행할 수 있는지에 대한 실제적인 분석 없이 자동화 툴부터 먼저 구매한 후 시작하는 프로젝트를 너무 자주 보게 된다. 앞서 설명한 '속도를 빠르게'에 대해서는 어떤 고민도 않는다. 자동화 툴에 대한 어떤 교육이나 경험이 전혀 없는 팀에게 자동화 툴이 제공된다. 그 팀은 테스트의 일부가 곧 자동화되어 실행될 것이라는 막연한 기대를 한다. 팀은 자동화하기 가장 쉬워 보이는 테스트를 선택해서 새로 구매한 자동화 툴을 사용해 이 부분을 수행한다. 중간에 힘들고 어려운 업무를 진행하면서도 일부 테스트를 자동화할 것이다. 그리고 나선 이런 질문을 하게 된다. "지금 이 테스트들을 자동화하면, 우리에게 얼마나 도움이 될까? 이전에 수행하던 테스트에 비해 얼마나 더 개선될까?" 이에 대한 답변은 당연히 실망스러울 것이다. 테스트 프로그램에 큰 이익을 줄 수 있는 부분을 선택한 것이 아니라 쉬워서 선택했으며, 자동화를 구축한 영역은 위험도가 낮은 영역으로 자주 실행하지 않았고, 그래서 최소한의 도움만 받았기 때문이다. 그리고 나선 "소프트웨어 테스트 자동화를 한 번 시도해봤는데, 우리 프로젝트에서는 실제적으로 큰 이익은 없는 것 같아요."라는 합의가 형성된다. 잘못된 선택과 잘못된 시작으로 인한 좋지 않은 경험 때문에, 결국 팀은 지금 진행 중인 또는 진행하려고 했던 자동화를 모두 중지한다.

초기 계획 단계에서 소프트웨어 테스트 자동화가 프로젝트 목표에 어떻게 도움이 될 수 있는지, 그리고 기대 효과는 무엇인지를 정리하는 일이 간과되기 쉽다. 하지만 이것은 중요하다. 비즈니스 케이스를 개발하는 프로세스에 대한 교육이 필요하다. 이것은 우리가 소프트웨어 테스트 자동화를 소개할 때 항상 강조하는 부분이기도 하다.

3.2 비즈니스 니즈 확립

비즈니스 니즈를 분명히 하고 비용과 효과 측면에서 타당성 입증을 시작할 때는, 먼저 광범위한 범위를 좁히기 위해 몇 가지 질문을 던져봐야 한다. 예를 들어, 다음과 같은 질문을 해볼 수 있다.

- 소프트웨어 제품의 수명주기 비용을 줄이길 원하는가?
- 소프트웨어 제품을 결함 없이 출시하길 원하는가? 그리고 기능 또는 성능이 기대대로 동작할 것이라는 확신과 높은 자신감을 갖길 원하는가? 또는 수동 테스트로는 거의 실행 불가능해서 소프트웨어 테스트 자동화가 필요한가?
- 테스트 팀 구성원의 업무의 지루함을 없애길 원하는가? 팀 구성원들의 보유 기술은 반복적으로 수동 테스트를 실행하는 것보다 소프트웨어 테스트 자동화 같은 좀 더 복잡한 영역에 더 적합하지 않은가?

이러한 질문들을 할 경우 대개 "우리는 모든 것이 필요해요!"라는 답변을 받는다. 낮은 비용으로 빠르게 출시하며 결함은 없고 높은 자신감을 가지며 동시에 테스트 팀의 효율을 높이길 원한다. 이런 상황에서 소프트웨어 테스트 자동화를 프로젝트에 잘 적용하려면 다음과 같은 요소를 고려해야 한다.

- 테스트 업무의 속도와 테스트 효율을 높이는 니즈
- 테스트 비용을 줄이는 니즈
- 테스트 팀 구성원의 기술을 가장 효과적으로 활용하는 니즈

테스트 업무의 속도와 효율을 높이는 니즈

테스트가 실제로 제품 출시 기간에 영향을 줄 수 있으려면 얼마만큼 속도를 높여야 할까? 테스트 활동이 실제로 중요한 부분을 다루지 않는다면, 이것을 자동화해도 배포 시간에는 크게 영향을 주지 못할 것이다. 반면에 테스트 또는 테스트 프로그램 활동이 실제로 중요한 부분을 다룰 수 있다면, 이것을 자동화할 때 소프트웨어 배포 시간을 개선할 수 있다. 예를 들어, 테스트 시작점으로 원복하거나 선행조건들을 설정하는 테스트 설정 활동은 매우 많은 시간이 필요하다. 이것을 자동화하면 시간을 60% 줄일 수 있다. 이런 종류의 '잠재적인 시간 절약potential time savings' 지표를 사용하면 잠재적으로 실행 시간을 줄일 수 있고, 이와 관련된 비즈니스 케이스를 만들 수 있다.

일반적으로 테스트 효율을 높이면 테스트 업무의 속도를 높일 수 있고 비용을 줄일 수 있다. 테스트 효율성을 평가할 때 다음과 같은 질문을 하게 된다. 어떤 카테고리의 소프트웨어 결함을 줄이는 것이 가장 중요한가? 테스트 활동, 테스트, 테스트 테크닉에서 소프트웨어 결함을 찾는 데 가장 중요한 부분은? 매우 중요해서 지속적으로 반복 수행할 필요가 있는 테스트는 어떤 테스트인가? 복잡하고 리스크가 높고 문제 발생 가능성 영역을 다루기 때문에, 그리고 결함이 많이 발견되는 영역이기 때문에 가장 자주 실행하길 원하는 테스트는 어떤 테스트인가? 또한 매우 복잡해서 수동 테스트로 수행할 수 없는 테스트를 고려해야 한다. 예를 들어 메모리 누수 검증, 동시성 테스트, 성능 테스트 등에서 자동화가 필요하다. 밤새도록 리그

레션 테스트를 수행하는 것과 같은 소프트웨어 품질에 영향을 줄 수 있는 부분도 고려해야 한다. 테스트 효율을 적용할 수 있는 올바른 기술을 갖추었는가? 결함은 테스트 수명주기에서 충분히 초기 단계에서 발견되는가, 아니면 너무 늦게 발견되는가? 일정은 적당한가? 가장 효율적인 테스트 팀도 테스트 프로그램의 계획을 구현해서 실행할 시간이 없다면 성공할 수 없다.

테스트 프로그램 활동은 각자의 비즈니스 니즈와 프로젝트 상황에 맞게 가공해야 한다. 일단 테스트 활동 목록을 만들어서 비즈니스 니즈에 적합한지 평가한 후에야 자동화 효과에 대해 객관적인 코멘트를 할 수 있다. 소프트웨어 테스트 수명주기의 어느 단계를 자동화하고, 어떤 테스트를 자동화할지, 그리고 왜 이 영역의 테스트를 선택했으며, 예상되는 효과는 어느 정도될지 설명할 수 있다. 대개는 다양한 비즈니스 니즈에 부합되는 테스트 활동이 자동화에서 가장 큰 효과를 볼 수 있다.

테스트 비용을 줄이는 니즈

테스트의 속도와 효율이 올라간다면 이제 테스트 비용을 줄이는 부분을 생각해볼 수 있다. 비즈니스 효과를 계산할 때 현재 테스트 비용이 얼마나 들어가는지 알고 싶을 것이다. 단위 테스트, 컴포넌트 테스트, 시스템 테스트, 그리고 부록 B에서 설명하는 그 밖의 테스트 단계들에서 각 단계에 들어가는 테스트의 비용은 얼마나 될까? 어떤 테스트가 가장 가치 있을까? 예를 들어, 높은 리스크 영역과 반드시 실행해야 하는 테스트는 가치가 높을 것이다. 다시 말해, 비용이 가장 높은 테스트를 실행하면 가장 높은 가치를 줄 수 있는가? 이런 테스트 중 가장 많이 반복 수행되는 것은? 이런 테스트를 실행하는 데 필요한 시간과 노력은 얼마나 되는가? 이런 테스트를 자동화해서 자주 실행되어 테스트 커버리지가 높아졌다면, 이것은 소프트웨어 출시에 대한 자신감에 어느 정도 영향을 줄 수 있는가? 테스트 활동을 주의 깊게 분석해서 소프트웨어 자동화를 적합한 영역에 적용하면 테스트 비용을 줄일 수 있다.

테스트 팀 구성원의 기술을 가장 효과적으로 활용하는 니즈

10장에서는 프로젝트에 적합한 사람을 할당하는 방법과 효과적인 테스트 프로그램을 위해 필요한 기술을 설명하고 있으니 참고하기 바란다. 수동 테스트는 지루하고, 복잡하고 느리며, 에러가 발생하기 쉽고, 매우 재미없을 것이다. 물론 새로운 소프트웨어 릴리스가 테스트 대상 애플리케이션으로 처음 전달되어 테스트를 시작해서 결함을 발견할 때는 재미있을 수 있다. 두 번째와 세 번째 릴리스를 받을 때까지도 여전히 흥미로울 수 있다. 하지만 동일하고 일반적인 수동 테스트를 네 번, 다섯 번 이상 끊임없이 반복하다 보면 급속도로 지루해질 것이다. 다섯 번 이상의 릴리스가 진행되는 동안, 이전에 테스트를 실행했기 때문에 여전히 동일하게 동작할 것이라 생각하고 종종 n번째 릴리스에서는 테스트를 반복하지 않기로 결정하기도 한다. 테스트를 재실행하지 않는다는 결정은 제품의 품질에 악영향을 미칠 수 있다. 이는 결함이 프로덕션으로 유입되는 한 요인이 되기도 한다. 소프트웨어 테스트 자동화를 사용하면 이런 식으로 테스트 재실행이 필요한지 예측하는 작업을 없앨 수 있다. 그리고 이런 종류의 일상적이고 복잡하며 느리고 지루한 테스트의 해결책이 될 수 있다. 테스트 자동화가 백그라운드에서 실행되는 동안, 테스트 팀은 보유한 기술을 좀 더 복잡한 영역에 투입할 수 있다. 소프트웨어 테스트 자동화는 테스터의 사기를 높이는 데도 도움을 줄 수 있다. 소프트웨어 테스트 자동화를 위해 필요한 기술을 새롭게 배울 수 있을 뿐만 아니라, 새롭거나 좀 더 흥미로운 활동에 집중할 수 있다. 이것은 수동 테스트를 n번 반복하는 것보다는 훨씬 나을 것이다.

3.3 비용과 효과 측면에서 자동화의 타당성 증명

ROI 측정

앞 절에서 비즈니스 니즈를 살펴본 것과 마찬가지로, 절약 가능한 잠재적인 비용을 산출해보는 일은 소프트웨어 테스트 자동화의 효과를 평가하고 명확히 하는 데 매우 중요한 부분이다. 여기서는 동일한 테스트를 수동으로 수행할 때와 자동화를 구축할 때를 비교해서 절약 가능한 잠재적인 비용과 ROI를 계산하는 방법을 설명한다. ROI를 보면 자동화를 통한 시간 절약을 볼 수 있을 뿐 아니라, 자동화에 들어가는 투자에 대한 완벽한 그림을 그려볼 수 있다.

소프트웨어 테스트 자동화 ROI는 눈으로 볼 수 없는^{intangible} 영역일 수 있다. 예를 들어, 지표와 숫자로 설명하기 어렵지만 간단하고 좀 더 효과적으로 자동화할 수 있는 테스트 영역에 성공적으로 적용할 수 있다. 이런 영역들에 대해 뒤에서 자세히 설명한다.

보이는^{tangible} 영역에서 우리는 ROI '계산기'를 만들었다. ROI 계산기에 소프트웨어 테스트 자동화의 시간 및 비용 절약과 관련해 필요한 모든 요소를 입력한다. ROI 계산기에서는 테스트와 연관된 주요 활동, 즉 테스트 설정, 테스트 개발, 테스트 실행, 테스트 평가를 일련의 워크시트로 분류한다.

다음은 테스트가 아직 개발되지 않은 프로젝트에서 소프트웨어 테스트 자동화와 수동 테스트를 비교 예측하기 위해 ROI 계산기를 사용한 예다. 예제 프로젝트는 테스트 수명주기에서 1000개의 테스트를 총 10번 수행하고, 시간당 인건비는 100달러라고 가정한다.

이 예제의 목적은 소프트웨어 테스트 자동화를 프로젝트에 적용하는 계획을 세울 때 대략적인 ROI를 예측하는 데 도움을 주기 위함이다. 그리고 자동화에 대한 평가를 시작할 수 있는 기반을 제공하기 위함이다. 자동화를 통해 수동 테스트를 얼마나 빠르게 실행해서 결과를 평가할 수 있는지를 예측하는 것은 프로젝트 상황에 맞게 여러분이 생각하는 최고의 엔지니어링 판단을 따라야 한다.

자동화의 ROI를 정의할 때 핵심 포인트는 다음과 같다.

- 테스트 자동화를 개발하는 데는 수동으로 테스트를 작성할 때보다 초기에 더 많은 노력이 들어간다.
- 이런 테스트의 유지보수를 고려해야 한다. 자동화 테스트와 수동 테스트 모두 유지보수가 필요하고, 둘 다 유지보수에는 더 많은 시간이 들어갈 수 있다.
- 실제적인 자동화 성과는 정기적으로 테스트를 재실행해서 테스트 커버리지를 높이거나 또는 수동 테스트로는 거의 할 수 없는 테스트를 수행할 때 얻을 수 있다.

- 테스트 결과를 평가하는 부분을 자동화하면 실제 테스트를 실행할 때만큼 또는 심지어 더 많은 시간을 절약할 수 있다. 결과는 계속 수동으로 분석하는데, 단순히 시스템에서 수천 개가 넘는 테스트 케이스를 자동화 방식으로 잘 수행하는 것이 능사가 아니다.

전체 테스트 자동화 세이브

전체 테스트 자동화 세이브Overall Test Automation Savings 워크시트(그림 3-1)는 전체 ROI 합계를 계산한다. 합산할 때 사용하는 워크시트는 테스트 환경 설정 시간 세이브Test Environment Setup Time Savings, 테스트 개발 시간 세이브Test Development Time Savings, 테스트 실행 시간 세이브Test Execution Time Savings, 테스트 평가/진단 시간 세이브Test Evaluation/Diagnostics Time Savings 워크시트다. 워크시트 합계는 다양한 테스트 활동으로부터 산출할 수 있다. 예를 들면 표 3-1과 같다.

전체 테스트 자동화 세이브 워크시트			
작업	테스트 자동화 시간 세이브(시간)	작업	테스트 자동화 비용 세이브(달러)
테스트 설정 시간 세이브	xxx	테스트 설정 비용 세이브	xxx
테스트 개발 시간 세이브	−250	테스트 개발 비용 세이브	−$25,000
테스트 실행 시간 세이브	1,583.33	테스트 실행 비용 세이브	$158,333
테스트 평가/진단 시간 세이브	2,250	테스트 평가/진단 비용 세이브	$225,000
		기타 자동화 비용	−$25,000
총 시간	3,583.33	총 비용	$333,333
일(하루 8시간 가정)	447.9		
달(한 달 20일 가정)	22.4		

그림 3-1 전체 테스트 자동화 세이브 워크시트 예

표 3-1 테스트 개발 세이브를 위한 상세 활동 분류 예

전통적인 테스트 활동	시간(분)	테스트 자동화 활동	시간(분)
요구사항 분석		요구사항 분석	
테스트 분석		테스트 분석	
		자동화 분석(무엇을 자동화할 것인가?)	
		기존 스크립트 재사용 평가	
테스트 설계		테스트 설계	
		테스트 자동화 설계	
테스트 시나리오		테스트 시나리오	
시나리오 시뮬레이션			
선행 조건		선행 조건	
입력 데이터		입력 데이터	
기대 결과		기대 결과	
데이터 변환/입력		데이터 변환/입력	
전통적인 테스트 프로시저		테스트 자동화 프로시저	
상세 프로시저			
		테스트 툴 개발	
		테스트 툴 교육	
		테스트 드라이버	
		테스트 하니스(harness)	
		설계 동적 비교	
디버그 테스트		디버그 테스트	
포스트 테스트(post-test) 분석		포스트 테스트 분석	
테스트 효과 검증		테스트 효과 검증	

　　자동화 비용에서 추가로 고려해야 하는 부분이 있다. 테스트 자동화 소프트웨어를 구매하는 비용과 교육에 들어가는 비용, 또는 잠재적으로 신규 채용 비용을 고려해야 한다. 그리고 주기적으로 발생하는 비용 또한 포함해야 한다. 예를 들어, 테스트 툴의 연말 유지보수 비용과 모든 일회성 비용이 여기에 포함된다.

테스트 환경 설정 시간 세이브

테스트 환경 설정 시간 세이브 워크시트(그림 3-2)는 수동 테스트와 자동 테스트의
환경 설정 시 소요 시간을 예측한 값이다.

테스트 단계	테스트 환경 설정 시간 세이브 워크시트			
	수동 테스트 설정		테스트 자동화 설정	
리그레션 테스트	테스트 설정 시간(분)		테스트 설정 시간(분)	
	기타	N/A	기타	
	반복 횟수	10	반복 횟수	10
	테스트 설정 시간 합계(시간)	0.00	테스트 설정 시간 합계(시간)	0.00
	테스트 설정 시간 세이브(시간)			

그림 3-2 테스트 환경 설정 시간 세이브 워크시트 예

소프트웨어 테스트 자동화 업무의 일부분으로 테스트 설정 활동도 자동화할 수
있기 때문에, 이 부분의 시간을 절약할 수 있다. 테스트 설정에는 다음과 같은 준비
활동들이 포함될 수 있다.

- 테스트 환경 설정
- 컴포넌트 설치
- 테스트 환경 초기화
- 테스트 데이터 생성
- 형상 검증

테스트 개발 시간 세이브

테스트 개발 시간 세이브 워크시트(그림 3-3)는 수동 테스트 개발과 자동 테스트 개
발 시 소요 시간을 예측한 결과다.

테스트 개발 시간 세이브 워크시트			
수동 테스트 개발		테스트 자동화 개발	
계획된 테스트 수	1,000	계획된 테스트 수	1,000
테스트 1개 개발 시간(분)	15	테스트 1개 개발 시간(분)	30
테스트 개발 시간 합계(시간)	250	테스트 개발 시간 합계(시간)	500
테스트 개발 시간 세이브	-250		

그림 3-3 테스트 개발 시간 세이브 워크시트 예

테스트 개발 시간 세이브 워크시트는 다음과 같이 분류할 수 있다.

계획된 테스트 수: 실제 계획된 테스트 수를 고려하지 않으면, 방대한 지표를 가지고 예측해야 한다. 계획된 테스트 수를 예측하는 한 방법으로 요구사항을 사용할 수 있다. 예를 들어, 테스트 범위를 설정할 때 요구사항 1개당 테스트 케이스는 3개의 비율[1](물론 다른 비율을 사용할 수 있다)로 필요하다.

테스트 1개를 개발하는 시간 예측: 테스트를 개발하는 시간을 예측하는 것은 각 테스트를 개발하는 데 걸리는 평균 시간을 예측하는 것이다. 실제 과거 수동 테스트에서 얻은 값을 기초로 예측할 것을 추천한다. 테스트 자동화를 개발하는 시간은 수동 테스트를 개발하는 시간에 비해 50% 증가할 것이라는 보수적인 예측으로 시작한다. 여러분의 테스트를 자동화하면서 체득한 경험에 따라 이 값을 실제 측정한 비율로 변경하면 된다.

테스트 개발 시간 합계:

계획된 테스트 수 * 테스트 1개를 개발할 때 예측 시간

테스트 자동화를 위한 테스트 개발 시간 합계는 수동 테스트보다 더 클 것으로 예상된다.

테스트 개발 비용 세이브는 테스트 개발 시간 세이브를 증가시킴으로써 얻을 수 있다. 이 값이 음수가 되면, 자동화에 들어가는 비용이 수동 테스트의 비용보다 크다는 뜻이다.

---

1 경계 값 테스트의 '빼기 1', '더하기 1', 그리고 '경계 값'을 고려한다.

테스트 개발 시간 세이브처럼 각 세이브 항목을 계산할 때는 표 3-1의 상세 항목들을 평가해볼 필요가 있다. 이렇게 해서 테스트 개발 시간 세이브 워크시트에서 사용하는 값들을 구할 수 있다(그림 3-3 참조).

테스트 실행 시간 세이브

테스트 실행 시간 세이브 워크시트(그림 3-4)는 수동 테스트 실행 시간과 테스트 자동화 실행 시간을 예측해서 비교한다.

테스트 실행 시간 세이브 워크시트			
수동 테스트 실행		테스트 자동화 실행	
계획된 테스트 수	1,000	계획된 테스트 수	1,000
각 테스트 실행 예측 시간(분)	10	각 테스트 실행 예측 시간(분; 수동/20)	0.5
테스트 반복 횟수 예측	10	테스트 반복 횟수 예측	10
수동 테스트 실행 예측 시간 합계(시간)	1,666.66	테스트 자동화 실행 예측 시간 합계(시간)	83.33
시간 세이브 합계(시간)	1,583.33		

그림 3-4 테스트 실행 시간 세이브 예

테스트 실행 시간 세이브 워크시트는 다음과 같이 분류할 수 있다.

계획된 테스트 수: 이것은 그림 3-3의 테스트 개발 시간 세이브 워크시트와 동일하다.

각 테스트 실행 예측 시간(분): 각 테스트를 실행하는 데 소요되는 시간을 예측한 것으로, 과거에 실제로 수동 테스트에서 측정된 시간을 기초로 예측할 것을 추천한다. 테스트 자동화를 실행하는 시간은 수동 테스트를 실행하는 시간에 비해 20을 나눈 시간만큼 작을 것이라는 보수적인 예측으로 시작한다. 여러분의 테스트를 자동화하면서 체득한 경험에 따라 이 값을 실제 측정한 비율로 변경하면 된다.

테스트 반복 횟수 예측: 테스트가 재실행되는 횟수를 예측한 것으로, 여기에는 예상되는 빌드 수 또는 테스트 단계를 완료하는 데 예상되는 사이클 수가 포함된다. 참고: 동일 테스트를 다양한 환경을 구성해서 수행해야 한다면, 반복 횟수에는 추가되는 구성 사이클도 반영될 수 있다.

테스트 실행 시간 합계:

계획된 테스트 수 * 테스트 1개 실행 예측 시간 * 테스트 반복 횟수

테스트 실행 비용 세이브는 테스트 실행 시간 세이브 합계와 노동 임금을 단순히 곱하면 된다.

테스트 평가/진단 시간 세이브

테스트를 평가하고 테스트 결과를 기대 결과와 비교해 이해하는 데 많은 시간이 소요될 수 있다. 따라서 테스트 결과를 평가하고 진단하는 부분을 자동화하면 효과적이다.

테스트 평가/진단 시간 세이브 워크시트(그림 3-5)는 수동 테스트 평가/진단과 테스트 평가/진단 자동화 시간 세이브를 계산한다.

테스트 평가/진단 시간 세이브 워크시트			
수동 테스트 평가/진단		테스트 평가/진단 자동화	
진단을 위한 테스트 결과 개수	3,000	진단을 위한 테스트 결과 개수	3,000
테스트 결과의 평가/비교/진단 예측 시간(분)	5	테스트 결과의 평가/비교/진단 예측 시간(분)	0.5
테스트 반복 횟수 예측	10	테스트 반복 횟수 예측	10
테스트 평가 시간 합계(시간)	2,500	테스트 평가 시간 합계(시간)	250
테스트 평가/진단 시간 세이브(시간)	2,250		

그림 3-5 테스트 평가/진단 시간 세이브 워크시트 예

진단을 위한 테스트 결과 개수: 계획된 평가 대상 테스트 결과 개수의 합계다.

각 테스트 결과를 평가하는 데 소요되는 시간: 각 테스트를 평가하는 데 걸리는 평균 소요 시간을 예측한 값이다. 과거에 실제로 수동 테스트에서 얻은 결과를 기초로 예측할 것을 추천한다. 테스트 결과를 자동화를 사용해 평가하는 시간은 수동 테스트를 실행하는 시간에 비해 10을 나눈 시간만큼 작을 것이라는 보수적인 예측으로 시작한다. 여러분의 테스트를 자동화하면서 체득한 경험에 따라 이 값을 실제 측정한 비율로 변경하면 된다.

테스트 반복 횟수 예측: 앞서 본 것과 동일하다.

테스트 평가 시간 합계:

평가 대상 테스트 결과 개수 * 결과 하나를 평가하는 데 걸리는 예측 시간 *

테스트 반복 횟수

테스트 평가 진단 비용 세이브는 테스트 평가/진단 시간 세이브와 노동 임금을 곱하면 구할 수 있다.

종합해보면, ROI 계산은 절대로 하찮은 활동이 아니라는 점과 ROI 계산을 할 때는 다양한 조건들을 고려해야 함을 기억하자.

그 밖의 ROI 고려사항

인적 요구사항

소프트웨어 테스트 자동화 비용 세이브를 계산할 때, 효과적인 테스트 자동화 프로그램을 구축하는 데는 수동 테스트의 기술과는 다른 기술이 필요하다는 사실을 잊으면 안 된다. 현재 구성원을 교육하는 비용 또는 적합한 소프트웨어 테스트 자동화 엔지니어(또는 소프트웨어 개발자)를 고용하는 비용을 고려해야 하고, 이것을 ROI 고려사항에 넣어야 한다. 10장에서 효과적인 테스트 자동화 프로그램을 구축하는 데 필요한 기술을 설명하고 있으니 참고하기 바란다.

이런 ROI를 고려하는 동안 수동 테스트와 자동화 업무에 필요한 인원 수 또한 비교해야 한다. 소프트웨어 테스트 자동화를 구축하는 소프트웨어 개발자를 고용해야 한다고 하더라도, 소프트웨어 테스트 자동화 활동의 일부분을 작업하기 위해 노동 집약적인 수동 리그레션 테스트를 실행하던 테스터에게 많은 시간을 투자해 재교육할 수 있다. 또한 자동화를 통해 얻는 여유시간 동안 테스트 구성원은 추가적인 테스트 업무 또는 프로젝트에 좀 더 집중할 수 있다. 이것은 추가적으로 얻을 수 있는 ROI인데, 실제 이익을 보여주는 지표에는 반영하기 매우 어려운 부분이기도 하다.

테스트 장비 요구사항

가장 효율적으로 소프트웨어 테스트 자동화를 지원하기 위해 추가적으로 필요한 장비 또한 소프트웨어 테스트 자동화 ROI 계산에 넣어야 한다. 예를 들어, VM웨어VMWare 또는 기타 OS 이미지를 사용하는 테스트 환경을 고려할 수 있다. 테스트 환경에 대해서는 6장에서 좀 더 자세히 설명한다.

테스트 케이스 유지보수

지금까지 기본적인 테스트 케이스 설정을 살펴봤다. 하지만 테스트 케이스의 유지보수 부분도 ROI 고려사항에 넣어야 한다. 소프트웨어 테스트 자동화 ROI를 평가할 때 수동 테스트와 자동화 테스트 업무의 테스트 케이스 유지보수를 비교하는 일은 중요하다.

보이지 않는 영역의 자동화 세이브(ROI)

보이지 않는 영역intangible 또는 자동화 ROI를 측정하기 힘든 부분이 있을 수 있다. 예를 들어 테스트 데이터 자동 생성을 통해 테스트 커버리지가 높아질 때, 그리고 자동화를 통해 테스트 시나리오 커버리지가 높아질 때, 테스트 자동화 업무의 효과는 측정하기 어렵다. 동일 경로를 사용하지만 다른 데이터를 사용해 결과적으로 다른 시나리오라고 한다면 테스트 커버리지가 어느 정도 높아지는지 그 효과를 측정하기 어렵다. 여기서 실행 중인 추가적인 테스트 데이터 시나리오가 실제로 테스트 업무에 효과를 줄 수 있는지 점검해볼 필요가 있다. 또한 어떤 값도 추가하지 않은 채 동일한 테스트 경로를 단순히 복사한 건 아닌지 확인해볼 필요가 있다. 예를 들어, 등가 분할equivalence partitioning 규칙을 무시한 채 말이다.

참고: 위키피디아Wikipedia에 등가 분할에 대해 다음과 같이 잘 정의되어 있다.[2]

"등가 분할은 동등하게 분류된 그룹(equivalence partition)으로부터 대표 값을 실행하도록 테스트 케이스를 설계하는 소프트웨어 테스트 기법이다. 즉, 분류된 입력 값들을 동일한 값으로 취급한다."

---

2   http://en.wikipedia.org/wiki/Equivalence_partitioning. 추가로 6장을 참고한다.

이론적으로, 테스트 케이스는 모든 분류된 그룹을 적어도 한 번씩은 수행하도록 설계된다. 그 목적은 다음과 같다.

- 테스트 케이스의 수를 필요한 만큼 최소한으로 줄이기
- 모든 가능한 시나리오를 다룰 수 있게 적당한 테스트 케이스를 선택하기

동일한 경로에서 데이터 조합 수를 얼마나 많이 해서 실행할지 결정하는 것은 복잡도와 구현 조건에 맞춰 전략적으로 정할 수 있다. 보이지 않는 효과 가운데 추가적으로 측정하기 어려운 부분으로 수동 테스트로는 달성할 수 없는 테스트 자동화의 성공을 측정하는 것이다. 즉, 이전에는 비용이 너무 많이 들어서 수행할 수 없었거나 또는 수동으로는 거의 실행 불가능한 테스트가 있을 수 있다. 예를 들어 메모리 누수, 스트레스 테스트, 성능 테스트, 동시성 테스트 등이 이에 해당한다. ROI에는 수동 테스트로는 실행할 수 없기 때문에 발견하지 못했지만, 소프트웨어 테스트 자동화를 사용해 발견한 높은 우선순위의 결함을 추가할 필요가 있다. 또한 일부 고객은 우리에게 현재 리그레션 테스트가 그들이 원하는 만큼 수행되지 않는다고 말한다. 이것은 리그레션 테스트가 너무 노동 집약적이고, 테스트하려면 사전에 너무 많은 설정을 해야 하기 때문이다. 하지만 일단 리그레션 테스트를 자동화하면 그들이 원할 때 좀 더 자주 테스트를 실행할 수 있다. 이런 '마음의 평화'는 어떻게 측정해야 할까?

그 외의 ROI 지표

일단 테스트 자동화가 구축되면 또 다른 유용한 ROI 지표도 고려해볼 수 있다. 자동화를 사용한 결함 탐지 비용과 수동 테스트의 결함 탐지 비용을 비교해 비용 세이브를 계산할 수 있다. 하지만 이것은 또 하나의 계산하기 힘든 지표이기도 하다. 대부분 결함은 자동화 테스트를 만들 때 발견되기 때문이다. 이렇게 결함을 발견하는 것은 수동 테스트의 일부라고 주장하는 사람들도 있다. 테스트를 설정하는 부분이기 때문에 자동화를 실행하는 부분이 아니라는 것이다. 하지만 앞에서도 언급했듯이 테스트 자동화를 구축하다가 이전 수동 테스트에서 다루지 않던 테스트 케

이스를 추가하는 중에 결함을 발견한다면 이것은 의미 있는 ROI 지표로 기록할 수 있다.

일반적으로 수동 테스트와 테스트 자동화로 발견하는 결함을 비교하는 일은 어렵다. 사과와 사과를 비교하는 것과 마찬가지이기 때문이다. 정확하게 비교하려면 동일한 소프트웨어 컴포넌트를 동일한 소프트웨어 테스트 단계에서 자동화 테스트와 수동 테스트를 동시에 병렬로 실행하면서 자동화의 차이점을 찾아야 한다. 이런 방식의 병렬 테스트를 통해서만 수동 테스트로 발견하는 결함과 테스트 자동화로 발견하는 결함을 확실히 비교해볼 수 있다.

추가적으로, 테스트 자동화를 수행하는 동안 발견되는 결함을 모아서 정리해놓으면 좋은 사례가 된다. 특히 자동화를 통해 결함이 테스트 수명주기의 초기에 발견된다면, 동일한 결함이 나중에 발견되거나 심지어는 프로덕션에서 발견되는 경우와 비교할 때 아주 좋은 사례가 될 수 있다. 이런 종류의 지표를 만들면 이것은 다른 비중으로 다뤄질 수 있다. 즉, 자동화를 통해 매우 심각한 결함을 발견하면 중요도가 낮은 결함을 발견할 때보다 자동화는 훨씬 큰 비중을 얻게 될 것이다.

3.4 리스크

테스트 자동화 프로그램의 가정^{assumption}, 전제 조건^{prerequisite}, 리스크^{risk}를 이해하고 비즈니스 케이스의 일부분으로 다룰 필요가 있다. 테스트 자동화 프로그램을 성공적으로 구현 또는 실행하는 데 방해가 되는 모든 이벤트, 액션, 환경을 예방하는 것도 포함된다. 여기서 방해가 될 수 있는 사항에는 기술 부족, 예산 승인 지연, 테스트 장비의 도착 지연, 요구사항 및 소프트웨어가 유동적이고 지속적으로 변경되는 것, 사용 가능한 소프트웨어 애플리케이션의 지연 등이 될 수 있다.

리스크를 최소화하고 실패를 예방하는 데 도움이 되는 방식으로 리스크를 기술할 필요가 있다. 여기서 실패는 테스트 자동화를 적용했음에도 불구하고 비용 초과, 일정 불이행, 치명적인 소프트웨어 에러의 미검출, 재작업 등이 발생한 경우로 규정할 수 있다.

가장 심각한 리스크는 다음과 같은 요인들로 인해 야기된다.

- **짧은 시간 내에 시장에 출시**

  리스크에는 소프트웨어 제품을 짧은 시간 내에 시장에 출시하는 것이 포함된다. 앞서 언급했듯이, 테스트 예산과 일정은 종종 프로젝트의 초기에 결정된다. 제안 단계에서 '현실적인^{real}' 또는 '실제적인^{actual}' 예측 없이 테스트 담당자들의 과거 경험이나 그 밖의 효과적인 예측 기술을 통해 얻은 값을 그대로 사용하기도 한다. 하지만 테스트 관리자는 짧은 시간 내에 시장에 출시하면 충분한 테스트를 할 수 없으리란 사실을 단번에 알 수 있다. 비즈니스 케이스의 일부분으로서 높은 리스크 이슈를 주목할 필요가 있다. 일정을 조정하든지, 아니면 리스크 완화 전략을 세워야 한다.

- **적절한 기술의 부족**

  테스트 자동화를 구현할 때 새로운 기술이 필요한데 현재 인하우스에서는 이 기술을 사용할 수 없는 리스크가 있을 수 있다. 프로젝트를 진행하는 데 필요한 엔지니어링 리소스의 제한 또한 잠재적인 리스크로 염두에 둬야 한다. 소프트웨어 테스트 자동화 프로그램을 구현하는 데 필요한 기술에 대해서는 10장에서 자세히 설명하고 있으니 참고하기 바란다.

- **신기술**

  신기술이 적용된다면, 이를 지원하는 테스트 자동화 툴이 없어서 인하우스 개발이 필요할 수 있기 때문에 리스크가 높을 수 있다.

- **요구사항 또는 기능을 자동화하기 어려움**

  일부 시스템 기능은 관련 문서가 없고, 복잡하고, 가장 큰 문제 영역 중 하나일 수 있다. 요구사항 또는 기능의 테스트 자동화가 성공적으로 되기를 요구하기 전에 기능의 학습 곡선, 도메인 전문가의 지원, 그리고 요구사항의 문서화에 대한 고려가 필요하다. 복잡도가 높고 문서가 부족해서 테스트하기 어려운 기능 또는 비기능 요구사항은 소프트웨어 테스트 자동화 업무에도 높은 리스크가 된다. 일부 비기능 요구사항은 부록 A에서 설명한다.

리스크를 식별하고 나면, 리스크의 영향도를 평가하고 이를 극복하기 위한 완화 전략을 세우고 이것을 비즈니스 케이스의 일부분으로 인식해야 한다. 잠재적인 리스크를 주의 깊게 조사해서 리스크가 실제로 발생하지 않게 막는 일이 중요하다. 해당 업무에 적합한 인재를 고용하고, 마감일을 재산정하고, 성공적인 소프트웨어 테스트 자동화 작업에 필요한 모든 요구사항을 정리하는 것이 이런 리스크를 완화하는 방법이 될 수 있다. 하지만 모든 예방 조치에도 불구하고 리스크가 실제 발생한다면 이를 대비한 완화 전략이 필요하다.

3.5 그 밖의 고려사항

지금까지 소프트웨어 테스트 자동화가 제공할 수 있는 효과를 살펴봤고, 비즈니스 니즈를 평가하고 이런 니즈에 대해 소프트웨어 테스트 자동화를 평가하는 방법, 그리고 ROI를 예측하는 부분에 대해 살펴봤다. 이번 절에서는 소프트웨어 테스트 자동화와 관련된 그 밖의 접근 방식들과 고려할 수 있는 질문들을 정리한다.

여러분이 다음과 같은 질문에 답을 하지 못할 때 소프트웨어 테스트 자동화가 답이 될 수 있다.

- 신기술 적용으로 복잡도가 높아질 때 당신의 테스트 팀은 어떻게 테스트를 유지할 수 있을까?
- 개발 팀의 생산 비율이 높아질 때 당신의 테스트 팀은 어떻게 생산성을 유지할 수 있을까?
- 소프트웨어 및 컴포넌트 재사용의 수준을 높이기 위한 당신의 테스트 전략은 무엇인가?
- 소프트웨어가 특정 표준을 만족하는지 테스트가 진행됐음을 보여주기 위해 어떤 산출물을 제공할 수 있는가?
- 당신의 테스트 프로그램에서 현재 의존하고 있는 도메인 전문가의 지식을 어떻게 캡처해서 재사용할 수 있을까?

- 지리적으로 떨어져 있는 개발 팀을 위해 테스트 중 발견된 문제를 문서화하고 재연할 수 있게 하기 위한 당신의 계획은 무엇인가?
- 소프트웨어 제품을 원격으로 설치할 수 있을 때, 검증 또는 진단 테스트를 원격으로 실행 가능하게 하기 위한 당신의 접근 방법은 무엇인가?
- 수동 테스트로는 거의 수행할 수 없는 메모리 누수 탐지, 스트레스 테스트, 성능 테스트, 동시성 테스트 등을 어떻게 실행할 수 있을까?
- 자동화 툴을 사용하면 그냥 일과 외 시간에 시작해서 다음 날 아침에 결과를 볼 수 있는 것처럼 테스터에게 밤새도록, 주말 내내, 초과 근무를 시킬 수 있는가?

이 외의 질문들도 추가될 수 있다. 이런 질문들과 테스트 프로그램의 미래를 생각할 때, 소프트웨어 테스트 자동화가 잠재적인 해결책이 될 수 있다.

지금까지 비즈니스 케이스의 중요성에 대해 설명했다. 비즈니스 니즈를 식별하는 방법, 비용과 효과 측면에서 소프트웨어 테스트 자동화의 타당성을 증명하는 방법, 리스크를 식별하는 방법을 살펴봤다. 소프트웨어 테스트 자동화를 구현하기 위한 전략적인 접근 방법과 성공의 열쇠가 되는 지표를 측정하는 것 또한 비즈니스 케이스의 일부분으로 정의할 필요가 있음을 보았다. 전략에 대해서는 6장에서 좀더 자세히 설명한다. 성공의 열쇠와 지표에 대해서는 이 책 전반에 걸쳐 설명하고 있다.

3.6 정리

상위 경영진과 모든 의사결정권자로부터 승인을 받기 위해 소프트웨어 테스트 자동화의 비즈니스 케이스를 만들 필요가 있다. 우리의 경험에 비춰볼 때, 이런 승인이 있으면(즉, 모든 의사결정권자가 테스트 자동화 업무를 허가하면) 모든 구성원은 자동화 성공을 위한 책임감을 갖게 된다. 전체가 참여할 때 성공 가능성은 훨씬 더 높아진다. 따라서 비즈니스 케이스를 만들어 승인받는 것이 중요한 목표다. 시장에서는 지속적으로 빠르게 릴리스되고 값은 싸지만 안정성이 높은 소프트웨어 제품을 요구한다. 테스트는 시간, 비용, 품질의 큰 부분을 차지하기 때문에, 테스트를 수행하는 방법의 변화 없이는 소프트웨어 프로젝트가 계속 유지될 수 없다. 사실 이와 관련된 많은 사례가 이미 있었다. 소프트웨어 테스트 자동화는 이런 니즈를 만족시키는 데 큰 역할을 할 수 있다. 좀 더 구체적으로 말하자면, 소프트웨어 테스트 자동화는 테스트의 시간과 비용을 줄일 수 있는 기회를 제공한다. 소프트웨어의 품질을 향상하고, 개발 수명주기의 초기에 결함을 식별할 수 있고, 여러분의 소프트웨어 테스트 프로그램을 측정 가능하고 의미 있는 방식으로 개선할 수 있다.

소프트웨어 테스트 자동화를 성공적으로 구현하려면 승인된 비즈니스 케이스를 잘 적용할 수 있어야 한다. 이제 준비가 됐으니 멋진 출발을 할 수 있다.

4장

소프트웨어 테스트 자동화의 실패 이유와 함정

현실적인 방법으로 소프트웨어 테스트 자동화 접근

대부분 기업에서 소프트웨어 테스트 자동화가 유용하다는 사실을 믿고 있지만, 실제로 성공했다고 주장할 수 있는 기업은 거의 없다. 다양한 사용자 그룹의 포스팅과 IDT에서 2007년 한 해 동안 진행했던 포괄적인 조사 결과를 보더라도 이것을 알 수 있다.

4장에서는 소프트웨어 테스트 자동화의 많은 실패 이유를 분석해보고, 숨겨진 함정을 피하는 방법을 살펴볼 것이다. 또한 소프트웨어 테스트 자동화를 둘러싸고 있는 오해들을 분명하게 확인해볼 예정이다. 9장에서는 우리가 제안하는 경량lightweight 프로세스가 소프트웨어 테스트 자동화가 당면한 많은 고민을 어떻게 해결할 수 있는지 설명하고 있으니 참고하기 바란다. 여기서 말하는 경량 프로세스는 『Automated Software Testing』[1]에서 이미 언급했던 자동화 테스트 수명주기 방법론ATLM, automated test lifecycle methodology을 기초로 하는 프로세스다.

IDT에서는 일 년간 수집한 소프트웨어 테스트 자동화에 대한 조사 결과를 발표했다. 우리는 이 리포트를 민간 QA 사용자 그룹 사이트에 포스팅했고, 수천 명의 테스트 엔지니어에게 발송했으며, 정부 컴퓨터 뉴스와 방어 시스템Government Computer News and Defense Systems 같은 정부 기술 사이트에도 포스팅했다. 그리고 웨

---

1   더스틴(Dustin) 외, 『Automated Software Testing』

비나^{webinar}**2**를 통해 '테스트 자동화 베스트 프랙티스^{Automated Testing Selected Best} ^{Practices}'라고 이름을 붙인 프레젠테이션을 방영했다. 전 세계에서 700개가 넘는 회신을 받았는데, 응답자들의 인적사항은 다음과 같다.

- 응답자의 73%가 미국 국적이었고, 나머지는 인도, 파키스탄, 중국, 유럽 등의 국적을 가졌다.
- 응답자의 거의 70%가 일반 기업 조직에서 일하고 있었고, 10%는 정부 조직에 고용된 사람들이었으며, 나머지는 '기타'에 속했는데 정부 하청업이나 교육 또는 자영업이었다.
- 응답자의 40%는 300명 이하의 조직에 속해 있었고, 60%는 300명 이상의 조직에 속해 있었다.

조사 결과를 볼 때, 소프트웨어 테스트 자동화의 가치는 대부분 이해하고 있다. 하지만 종종 자동화를 사용하지 않거나 실패하는 경우도 있다. 조사를 하면서 응답자들에게 자동화를 사용하지 않는 이유를 물었다. 시간, 예산, 기술 같은 리소스 부족이 소프트웨어 테스트 자동화를 구축하지 않는 가장 큰 이유였다.

자동화를 구축하지 않는 이유에 대한 질문과 비슷한 맥락으로 소프트웨어 테스트 자동화가 실패했던 이유에 대해서도 조사를 진행했다. 소프트웨어 테스트 자동화를 위한 수많은 노력이 실패하고 애물단지로 전락하는 이유 역시 앞에서 살펴본 자동화를 사용하지 않는 이유와 비슷했다. 소프트웨어 테스트 자동화가 실패하는 이유는 다음과 같았다.

- 시간 부족: 37%
- 예산 부족: 17%
- 툴이 호환되지 않음: 11%
- 경험 부족: 20%
- 기타(위 항목 혼합 등): 15%

---

2   웹(web)과 세미나(seminar)의 합성어로 웹사이트에서 행해지는 실시간 혹은 녹화의 양방향 멀티미디어 프레젠테이션(출처: IT 용어사전, 한국정보통신기술협회) – 옮긴이

요약해보면, 72%의 응답자가 자동화는 유용하다는 데 동의했지만 자동화를 전혀 구축하지 못했거나 제한된 성공만을 했음을 알 수 있다.

소프트웨어 테스트 자동화가 제한된 성공을 했거나 실패한 이유를 응답자들이 대답한 그대로 옮겨보면 다음과 같다.

- "시작은 했지만, 성공하기 위한 충분한 시간을 투자할 수 없었습니다."
- "조금 구축했지만 시간, 예산, 리소스가 부족해서 완전히 수행해보지는 못했습니다."
- "테스트 자동화를 이전에 성공적으로 구축했습니다. 하지만 몇 년이 지난 현재 재구축할 시간과 예산이 없습니다."
- "저 혼자 자동화하고 있어서(그래서 일부분만 자동화해요), 새로운 기능을 릴리스하려면 너무 많은 시간이 걸려요. 인력 충원이 필요해요."

조사 결과는 우리가 몇 년간 경험해온 내용과 일치한다. 소프트웨어 테스트 자동화가 가장 최고의 테스트 접근 방법이라는 사실에는 누구나 동의하지만, 종종 예산이나 시간 또는 성공적으로 실행하는 데 필요한 경험이 부족함을 볼 수 있다.

소프트웨어 테스트 자동화가 실패하는 추가적인 이유는 다음과 같다.

- 일반적으로 R&D는 테스트(수동 또는 자동)에 초점이 맞춰져 있지 않다.
- 소프트웨어 테스트 자동화와 관련된 신화와 오해가 끊이지 않는다.
- 소프트웨어 테스트 자동화 프로세스가 부족하다.
- 소프트웨어 테스트 자동화를 위한 소프트웨어 개발이 부족하다.
- 소프트웨어 테스트 자동화 표준이 부족하다.

각 항목은 다음 절들에서 자세히 설명한다.

4.1 일반적으로 R&D는 자동 또는 수동 테스트 업무에 초점이 맞춰져 있지 않다

R&D와 그 결과 기술은 지난 20~30년 동안 하이테크 생산 혁신의 원동력이 되고 있다. 하지만 이러한 기술을 테스트하는 능력은 아직 생산하는 기술에 미치지 못하고 있다. 우리의 경험에 비춰볼 때 대부분의 기술 진보 리포트는 R&D에만 집중되어 있고, 테스트 기술과는 관련이 없다. 예를 들어, 「비즈니스 위크^{Business Week}」에서 2008년 4월 17일에 기고한 '세상에서 가장 혁신적인 기업들'만 보더라도 그렇다. 어디서나 그렇듯이 이 글에서도 R&D에만 초점이 맞춰져 있고, 연구&개발&테스트^{R&D&T}와 관련된 내용은 전혀 찾아볼 수 없다. 예를 들어, '이런 위대한 기술을 어떻게 테스트해야 할까?' 같은 내용은 없다. 혁신은 필요한 테스트 기술과 관련된 고려는 전혀 하지 않는 것 같다. 하지만 테스트는 이전보다 더 중요해지고 있다.

우리는 최신 테스트 기술들을 조사하는 데 많은 시간을 보내고 있다. 이런 조사를 기초로 '자동으로 당신의 자동화를 자동화하세요^{AAA, Automatically Automate Your Automation}' 컨셉을 고안해냈다.[3] 1장과 이 책 전반에 걸쳐 자세히 설명하는 이 개념에 대한 예제는 뒤에 설명하는 'GUI 테스트 권고사항' 절을 참고하기 바란다. 지금은 AAA 컨셉을 좀 더 개선하면서, 다음과 같이 화제가 되는 트렌드 또한 다루려 한다.

- **소프트웨어 개발과 테스트는 비즈니스를 이끌고 있다.**

  비즈니스 니즈는 거의 소프트웨어 테스트 기술이 필요할 때만 사용됐다. 하지만 트렌드는 양방향으로 옮겨가고 있다. 즉, 소프트웨어 테스트가 이제 비즈니스를 이끈다. 비즈니스 경영진에게 최고의 비즈니스 아이디어가 있더라도, 소프트웨어와 테스트 업무가 뒤처지거나 시스템 또는 제품 출시가 늦어지고 품질도 낮으면 아무 소용이 없을 것이다. 경쟁사는 단순히 클릭 몇 번으로 모든 일이 끝난다. 높은 품질로 시장에 먼저 출시하는 것이 성공의 열쇠다.

---

3   www.sdtimes.com/content/article.aspx?ArticleID=32098에 설명되어 있다.

- **'체감' 품질과 '실제' 품질에 주목해야 한다.**

  최고의 품질 프로세스와 표준을 적용해도 체감^{perception} 이슈를 해결할 수 없다. 예를 들어, 매우 자주 발생하고 중요한 기능에 영향을 주는 10개의 결함이 발생하면 대부분의 사용자가 체감하는 품질은 형편없다고 느낄 것이다. 물론 이때 결함 밀도는 매우 낮다. 반면에 발생 빈도가 낮고 기능에는 거의 영향을 주지 않는 100개의 결함이 발생하면, 일반적으로 최종 사용자가 체감하는 품질은 아주 좋을 것이다. 심지어 결함 밀도가 매우 높아도 그렇다. 체감 품질 개념을 잘 표현해서 좀 더 높은 체감 품질을 만들어 결론적으로 사용자를 행복하게 할 수 있는 '사용 기반 테스트'에 대한 조사는 많이 진행되지 않고 있다. 훌륭한 체감 품질과 사용성의 한 예로 아마존닷컴^{Amazon.com}과 그 밖의 온라인 서점을 비교해볼 수 있다. 우리는 아마존닷컴이 그냥 더 사용하기 쉽다고 느낀다. 「비즈니스 위크」에서는 이것을 'e테일 매버릭^{e-tail maverick}'이라고 부른다.

  체감 품질을 개선하는 목표가 필요하다. 이것은 가장 자주 사용되는 기능의 사용성 테스트에 집중함으로써 가능하다(완벽하게 결함 없이 동작해야 한다). 그리고 신뢰도(다음 n번 수행할 때 실패하지 않을 가능성을 말한다)에 집중해야 한다(자세한 내용은 2.3절을 참고하기 바란다).

- **테스트는 언제나 전체는 아니어도 일부분 책임을 진다.**

  마감 시한이 다가오고 있는데 여러 환경에서 수행해야 하는 테스트 사이클은 너무 많아서 도저히 끝이 안 보일 수 있다. 마감 시한을 맞추지 못하거나 프로젝트 예산을 초과할 때, 또는 프로덕션 결함을 다루지 못하거나 혁신이 부족할 때 그 책임을 테스트로 넘길 때가 있다. 하지만 실제 주범은 주로 효율적이지 못한 시스템 엔지니어링 프로세스에 있다. 예를 들어, 엄청난 수의 기능이 있는 소프트웨어를 수백만 코드 라인 수^{SLOC, software lines of code}로 개발한 후 블랙박스 접근 방법을 사용해 테스트를 수행한다고 하자. 개발된 소프트웨어는 단순히 테스트 팀에게 넘겨질 테고, 테스트 팀에서는 코드 레이어를 벗기면서 테스트할 수 있다. 힘들게 결함을 하나씩 찾을 것이고, 가끔씩은 어떤 결함이 수정되기 전까지는 주요 항목을 테스트하지 못할 수도 있다. 실제로 테스트가 늦어지는 이유를 다음과 같이 요약할 수 있다.

- 형편없는 개발 역량으로 인해 버그투성이 코드를 만들어서 수정 사이클이 길어지고 계속 반복되는 경우로, 다음과 같은 상황이다.
  - 단위 테스트 부족. 통계 수치를 볼 때(그리고 우리의 경험에 비춰볼 때), 단위 테스트에 좀 더 공을 들여 효율적으로 수행할수록 시스템 테스트 업무는 더욱 부드러워지고 단축될 수 있다.
  - 비효율적인 빌드 수행. 빌드 및 릴리스 프로세스는 자동화해야 한다. 그렇지 않으면, 소프트웨어 빌드에 시간이 많이 소요되고 에러가 발생하기 쉽다.
  - 개발 팀에서 진행하는 비효율적인 통합 또는 시스템 테스트(이어서 설명하는 '개발자는 시스템 테스트를 하지 않는다.'를 참고하기 바란다.)
- 비현실적인 마감 시한. 종종 소프트웨어를 개발하거나 테스트하는 데 실제로 소요되는 시간을 전혀 고려하지 않고 마감 시한이 확정된다. 부실한 예측에는 보통 제품을 과도하게 포장하는 사람들에게 받아들여지지 않는 테스트 팀 및 개발 팀의 예측이 포함되지 않으며, 이들의 예측을 신뢰하지 않는다. 비현실적으로 마감 시한을 정하는 행위는 약속한 제품이 실패하도록 설정하는 확실한 방법이다.
- 그 밖의 원인들에 대해서는 3.4절 '리스크'를 참고하기 바란다.

- **개발자는 시스템 테스트를 하지 않는다.**

  많은 개발자가 단위 테스트를 수행하고, 테스트 주도 소프트웨어 개발의 지지자로서 그들이 개발하는 소프트웨어 모듈에 대한 테스트를 훌륭하게 수행하고 있어도, 개발자 통합 테스트 또는 시스템 테스트 스킬은 여전히 부족하다. 그래서 어떤 사람들은 개발 프로세스 개선에 집중하는 대신 테스트에 초점을 맞추는 변화를 제안하기도 한다. 나쁜 생각은 아니지만, 사내에 최고의 프로세스와 가장 뛰어난 개발자가 있어도 소프트웨어 개발은 하나의 작품이기 때문에 통합 테스트와 시스템 테스트는 언제나 필요하다. 개발자가 시스템 테스트를 하지 않는 이유에 영향을 주는 요인은 다음과 같다. 개발자들은 일반적으로 시간이 없다. 또는 테스트와 테스트 기술에 대한 전문가가 아니다. 그리고 자주 새로운 코드와 기능을 대량으로 찍어내느라 바쁘다. 개발자들은 비현실적인 마감 시한에 맞춰 새로운 기능을 빠르게 만들어내느라 정신이 없다. 여기서 다시 시장에 먼저 출시하는 것이 성공의 열쇠임을 보여준다.

요약하면, 기술 리서치 그룹은 종종 R&D에만 초점을 맞추는데, 더 나아가 R&D&T에 초점을 맞춰야 한다. 예를 들어, 위대한 최신 발명을 어떻게 테스트할지에 대해 말이다.

4.2 소프트웨어 테스트 자동화의 오해와 진실

앞서 집필한 『Automated Software Testing』에서는 소프트웨어 테스트 자동화를 둘러싼 수많은 오해를 명확히 하고자 노력했다. 이 책이 출간된 지 10여 년이 지난 지금, 우리의 경험과 조사 결과를 볼 때 여전히 동일한 오해가 많이 존재하고 있다.[4]

여러분이 새로운 프로젝트의 킥오프 미팅kickoff meeting에 참석했다고 가정해보자. 프로젝트 관리자는 당신을 테스트 리더로 소개한다. 프로젝트 관리자는 프로젝트에서 테스트 자동화 툴을 사용할 것이라고 말하고, 이 툴을 사용하기 때문에 테스트 업무에 특별히 중요한 문제는 없을 것이라고 덧붙인다. 프로젝트 관리자는 당신에게 다음 주까지 프로젝트에 필요한 테스트 툴을 추천해달라고 부탁하고, 더불어 그 툴을 사용하기 위한 예산도 같이 알아봐 달라고 하고 미팅을 마무리한다. 당신은 프로젝트 관리자의 발언에 당황하고, 프로젝트 관리자가 테스트 자동화에 엄청난 기대를 한다는 데 크게 놀란다. 테스트 자동화에 대한 잘못된 기대는 즉시 바로잡고 명확히 할 필요가 있다. 테스트 자동화의 아이디어를 그대로 따르면 높은 기대를 하게 된다. 기술과 자동화로부터 많은 것을 요구한다. 어떤 사람들은 테스트 자동화 툴만 있으면 어떤 수작업도 없이 테스트 계획부터 실행까지 모든 일을 수행할 수 있다고 생각한다. 이런 툴이 있으면 정말 멋지겠지만, 오늘날 시장에 이런 툴은 없다. 또 어떤 사람들은 운영체제 또는 사용되는 프로그래밍 언어 같은 환경 파라미터와 상관없이 하나의 툴로 모든 테스트 요구사항을 지원할 수 있다고 믿는다.

---

4 더스틴(Dustin) 외, 『Automated Software Testing』

테스트 자동화 툴을 사용하면 즉시 테스트 업무와 일정을 줄일 수 있으리란 잘못된 추측을 하는 사람들도 있다. 테스트 자동화는 분명히 가치가 있고, 투자 대비 수익을 얻을 수 있음은 성공적으로 증명돼왔다. 하지만 언제나 즉각적으로 투자 대비 수익을 얻을 수 있는 건 아니다. 여기서는 소프트웨어 산업에서 제기돼온 오해들을 살펴보고, 테스트 자동화를 둘러싼 오해를 관리하는 방법의 가이드라인을 제시한다.

테스트 계획 자동 생성

현재 종합적인 테스트 계획을 생성할 수 있는 상업 툴은 없다. 그뿐 아니라 테스트 설계와 실행을 지원하는 툴도 없다.

그동안의 소프트웨어 테스트 경력을 인정받아 테스트 엔지니어는 테스트 툴의 시연과 충분히 많은 테스트 툴 문헌을 검토한 증인으로 세워질 수 있다. 테스트 엔지니어는 종종 시니어 관리자 또는 적은 수의 관리자 앞에서 테스트 툴 기능에 대한 설명을 부탁받을 것이다. 발표자는 언제나 청중을 유념해야 한다. 이 경우 청중은 아마도 기술적인 지식이 충분하고, 테스트 자동화에 대한 열정을 지닌 사람들로 구성될 것 같다. 하지만 실제 테스트 자동화 업무와 연관된 복잡한 부분까지는 잘 모를 것이다. 특히 관리자들은 테스트 자동화 툴에 대한 정보를 제3자를 통해 얻고 테스트 자동화 툴의 실제 기능을 오해하고 있을 수 있다.

청중은 해당 툴이 자동으로 테스트 계획, 설계를 개발하고 테스트 프로시저를 생성하며 모든 테스트 프로시저를 실행하고 결과 분석까지 할 수 있다는 발표를 듣길 기대할 것이다. 그러는 동안에 여러분은 프레젠테이션을 시작해 테스트 자동화 툴은 수동 테스트를 개선할 수 있다는 관점에서 검토돼야 한다고 설명하면서, 테스트 자동화 툴이 자동으로 테스트 계획, 설계를 개발할 수 없고 테스트 프로시저를 생성하지 못할 뿐 아니라 테스트 프로시저를 실행할 수 없음을 알린다. 가장 효과적인 테스트를 개발하는 데 필요한 테스트 전략이나 테스트 테크닉을 개발하는 데 요구되는 분석적인 사고를 소프트웨어 테스트 자동화가 대체해주진 못한다.

프레젠테이션이 얼마 진행되지 않은 상태에서 몇 가지 질문을 받고 나면, 실제 테스트 툴의 기능과 청중 개개인이 지닌 인식의 차이가 얼마나 큰지 바로 나타난다. 테스트 자동화 툴은 현실과 동떨어진 많은 희망사항을 갖게 하는 것 같다. 테스트 자동화 툴이 제품을 테스트할 때 필요한 인적 요인human factor을 대체할 수는 없다. 테스트를 기계적으로 수행할 때도 여전히 테스트 엔지니어와 기타 QA 전문가의 능숙함이 필요하다. 소프트웨어 테스트 자동화는 좋은 제품을 출시하기 위해 기계적으로 지원하는 추가적인 부분으로 볼 수 있다. 물론 주의 깊은 고려와 효과적인 구현이 있을 때 성공할 수 있다.

모든 것을 만족시키는 테스트 툴

현재 하나의 테스트 툴로 모든 운영체제 환경을 지원하는 데 사용할 수 있는 툴은 없다.

일반적으로 테스트 툴 하나로 조직 내 모든 테스트 요구사항을 충족시킬 순 없다. 한 테스트 엔지니어가 다음과 같은 상황을 만난다고 해보자. 프로젝트 관리자가 테스트 엔지니어에게 실시간 임베디드 시스템 테스트를 모두 자동화할 수 있는 테스트 툴을 찾아보라고 요청했다. 부서에서는 VxWorks[5]와 Integrity를 비롯해 리눅스와 윈도우 XP도 사용했으며, 프로그래밍 언어로는 자바와 C++를, 그리고 다양한 서버와 웹 기술을 사용 중이었다.

다른 사람들이 생각하고 있는 기대치를 관리해야 한다. 그리고 모든 운영체제와 프로그래밍 언어를 호환할 수 있는 툴은 시장에 존재하지 않음을 분명히 알려줘야 한다. 다양한 테스트 대상 애플리케이션의 기술 및 기능(GUI, 데이터베이스, 메시지 등)을 테스트하기 위해서는 주로 하나 이상의 툴과 하나 이상의 소프트웨어 테스트 자동화 기술이 필요하다.

즉각적인 테스트 업무 감소

테스트 자동화 툴을 도입한다고 해서 즉각적으로 테스트 업무를 줄일 수는 없다.

프로젝트에 테스트 자동화 툴을 도입하는 주요 동기는 테스트 업무를 줄일 수 있다는 부분이다. 경험에 비춰볼 때, 학습 곡선은 테스트 자동화를 새로운 프로젝트에 적용하기 위해 시도해본 경험 및 테스트 자동화를 효과적으로 사용해본 경험과

---

5   미국의 윈드리버 시스템 사가 만들어 판매하는 실시간 운영체제 – 옮긴이

관련이 있다. 테스트 업무의 감소가 반드시 즉각적으로 나타나지는 않는다. 하지만 여전히 테스트 또는 프로젝트 관리자는 테스트 툴 문헌을 읽고는 자동화 툴의 잠재력을 알고 싶어 안달한다.

놀랄 일일 수도 있지만, 우리의 경험에 비춰볼 때 테스트 자동화 업무를 조직에 도입하면 초기에는 테스트 업무가 실제로 늘어난다. 테스트 자동화 업무를 진행할 때는 벤더 제공 테스트 툴 또는 오픈소스나 프리웨어, 또는 인하우스 개발 솔루션을 갖고 있든 없든, 완전히 새로운 레벨의 복잡도와 새로운 방식의 테스트가 테스트 프로그램에 추가된다. 학습 곡선을 따라 테스트 엔지니어가 그 툴에 대해 박식해지고 효율적으로 사용하게 되어도, 여전히 프로젝트에서는 수동 테스트가 수행된다. 또한 테스트 자동화 프레임워크를 시작부터 개발하거나 또는 오픈소스를 확장해 사용하는 것이 목표라면 새로운 스킬이 필요할 것이다. 일반적으로 전체 테스트 업무를 자동화할 수 없는 이유에 대해서는 뒤에서 간략하게 설명할 테니 참고하기 바란다.

또한 처음 테스트 자동화를 도입할 때는 테스트 대상 애플리케이션을 주의 깊게 분석해서 애플리케이션의 어느 영역이 자동화 가능한지 정의할 수 있어야 한다(이에 대한 자세한 설명은 '소프트웨어 테스트 자동화를 위한 범용 애플리케이션' 절을 참고하기 바란다).

테스트 자동화를 진행할 때는 또한 테스트 자동화 프로시저의 설계와 개발을 주의 깊게 살펴봐야 한다. 테스트 자동화 업무는 소규모 개발 수명주기로 볼 수 있는데, 자동화 개발 업무에 따른 설계와 조정 이슈를 처리할 수 있어야 한다. 테스트 자동화 툴을 도입하면 테스트 팀이 수행해야 하는 추가적인 활동이 있다. 이런 프로세스에 대해서는 9장에서 설명하고 있으니 참고하기 바란다.

즉각적인 일정 감소

테스트 자동화 툴을 사용한다고 해서 즉각적으로 테스트 일정을 최소화할 수는 없다.

테스트 자동화에 대한 또 다른 오해는 테스트 자동화를 새로운 프로젝트에 도입하면 즉각적으로 테스트 일정을 최소화할 수 있으리란 기대다. 앞에서 설명한 것처럼 테스트 자동화 업무를 도입할 때 초기에는 테스트 업무가 실제로 늘어나기 때문에, 처음에는 테스트 일정도 체감상 기대만큼 줄어들지 않는다. 그 이유는 효과적으로 소프트웨어 테스트 자동화를 구축하기 위해 테스트 프로세스 수정을 고려하고, 개발하고, 구축해야 하기 때문이다. 전체 테스트 팀과 가능하다면 개발 팀이 협력해서 이 수정 업무를 해야 하며, 테스트 자동화 프로세스를 같이 만들어서 이것을 함께 따라야 한다. 일단 테스트 자동화 프로세스가 수립되고 효과적으로 구축되면 프로젝트는 생산성을 기대할 수 있고, 일정과 비용에 긍정적인 효과가 나타나는 전환 시점을 기대할 수 있다.

쉽게 사용할 수 있는 툴

자동화 툴을 사용하려면 새로운 스킬이 필요하므로, 추가적인 교육이 필요하다. 교육을 위한 계획이 필요하고, 그리고 툴을 익히는 데는 학습 곡선이 있다!

많은 툴 벤더에서는 툴을 팔기 위해, 사용하기 쉽다고 과장하고 학습 곡선이 없다고 주장한다. 테스트 엔지니어의 키 입력을 쉽게 캡처(레코드)할 수 있고, 그러면 (마법처럼) 백그라운드에서 스크립트가 생성되며, 이것을 플레이백하면 간단히 재사용할 수 있다고 설명한다. 하지만 효율적인 자동화는 그렇게 간단하지 않다. 툴에서 레코딩을 통해 자동으로 생성된 테스트 스크립트는 수작업으로 프로그래밍적인 수정이 필요하다. 그래서 스크립트를 탄탄하고 재사용 가능하게 만들려면 툴의 스크립팅 지식과 프로그래밍 지식이 필요하다('캡처/플레이백과 소프트웨어 테스트 자동화를 동일시' 절에서 추가 설명을 참고하기 바란다). 물론 스크립트는 수정 가능하도록 작성할 필요가 있다. 테스트 엔지니어는 툴에 대한 교육을 받아야 하고, 툴의 빌트인^{built-in} 스크립트 언어를 배워서 스크립트를 수정할 수 있어야 한다. 또는 그 툴을 좀 더 효과적으로 활용하기 위해 개발자를 고용할 수 있다. 어떤 새로운 툴을 도입하더라도 새로운 교육이나 고용, 그리고 학습 곡선은 발생한다. 소프트웨어 테스트 자동화를 위한 스킬에 대해서는 10장을 참고하기 바란다.

소프트웨어 테스트 자동화를 위한 범용 애플리케이션

모든 테스트를 자동화할 수는 없다.

앞에서 설명했듯이, 테스트 자동화는 수동 테스트를 개선한다. 이 책에서 이미 설명한 그 밖의 이유들을 보더라도, 프로젝트에서 전체 테스트 100%를 자동화할 수 있으리란 기대는 합당치 않다. 예를 들어, GUI 테스트 자동화 툴을 처음 도입할 때 그 툴이 모든 오브젝트와 서드파티 컨트롤을 인식할 수 있는지 보기 위해 테스트 대상 애플리케이션에서 일부 호환성 테스트를 수행해보면 유용하다.

GUI 테스트 툴에서는 얼마나 호환이 잘되는지 호환성 능력이 특히 중요하다. 이런 툴에서 애플리케이션 내에 포함되어 있는 일부 커스텀 컨트롤을 인식하는 일은 어렵기 때문이다. 예를 들어 많은 애플리케이션, 특히 웹 또는 윈도우 애플리케이션에서 많이 사용되는 캘린더나 스핀 컨트롤이 있을 수 있다. 이런 컨트롤 또는 위젯은 종종 서드파티에서 만든다. 대부분의 테스트 툴 제조사에서는 이렇게 다양한 회사에서 대량으로 찍어내는 수백 개의 똑똑한 컨트롤을 관리할 수가 없다. 그리드 오브젝트와 다양한 컨트롤에 포함된 임베디드 오브젝트는 매우 인기가 좋아서 많은 개발자가 사용한다. 하지만 이런 오브젝트들은 테스트 자동화 엔지니어들에겐 골칫덩어리가 될 수 있다. 이들이 사용하는 툴에서는 컨트롤 x와 호환이 안 될 수 있기 때문이다.

예를 들어, 테스트 툴은 C++와 자바로 만들어진 모든 릴리스와는 잘 호환된다. 하지만 서드파티 커스텀 컨트롤을 애플리케이션에서 사용하면 테스트 툴은 화면 위에 바로 보이는 오브젝트를 인식하지 못할 수 있다. 대부분의 애플리케이션에서 사용하고 있는 서드파티 그리드를 테스트 툴에서는 인식하지 못하는 상황이 발생할 수도 있다. 테스트 엔지니어는 자동화 툴 내에서 커스텀 오브젝트를 정의해 이 부분을 자동화할지를 결정해야 할 것이다. 또는 다른 솔루션을 찾거나 그냥 이 컨트롤은 수동으로 테스트할 것이다.

프린트 검증 같은 일부 테스트는 완전한 자동화가 불가능하다. 테스트 엔지니어는 자동으로 문서를 프린터에 전송할 수 있다. 하지만 결과를 검증하려면 프린터 쪽으로 걸어가서 문서가 실제로 프린트된 것을 확인해야 한다. 프린터는 오프라인 또는 용지 부족 상태가 될 수 있다. 분명히 '프린터가 오프라인 상태입니다' 또는 '프린터에 용지가 없습니다'라는 에러 메시지가 시스템에 표시될 것이다. 하지만 메시지가 정확한지 검증하는 테스트가 필요하면 물리적인 간섭이 필요하다. 이것이 모든 테스트를 자동화할 수는 없는 하나의 예가 된다.

테스트 자동화 툴이 테스트 업무를 즉각적으로 줄여줄 거란 생각과 마찬가지로, 테스트 툴이 주어진 모든 테스트 업무의 테스트 요구사항을 100% 자동화할 수 있으리란 생각은 틀린 생각이다. n티어(클라이언트 / 미들 레이어 / 서버) 아키텍처와 GUI 기반 애플리케이션에서 가능한 모든 사용자 액션과 시스템의 끝이 없는 순열 조합 수가 주어지면, 테스트 엔지니어 또는 테스트 팀은 수동이든 자동이든 전체 테스트를 수행할 충분한 시간이 없다(다음에 나오는 '100% 테스트 커버리지' 절을 참고한다).

말할 필요가 없을 것 같지만, 테스트 팀은 전체 애플리케이션의 테스트 자동화를 100% 지원할 시간 또는 리소스가 충분치 않다. 모든 입력 값 또는 모든 입력의 순열 조합을 테스트한다는 건 사실상 불가능하다. 심지어는 일반적인 시스템의 모든 경로를 빠짐없이 테스트하는 일도 불가능하다. 결과적으로, 테스트 대상 애플리케이션 전체를 100% 테스트하는 것을 목표로 하는 테스트 업무는 실현 가능하지 않다(다음에 나오는 '100% 테스트 커버리지' 절을 참고한다).

또 다른 제한 요소로 비용이 있다. 어떤 테스트는 자동화할 경우 수동으로 실행할 때보다 더 많은 비용이 들 수 있다. 한 번만 실행하는 테스트는 자동화할 가치가 없다. 예를 들어, 건강 정보 시스템의 연말 리포트는 한 번만 실행될 것이다. 시스템의 모든 설정 작업은 리포트를 생성하기 위한 작업이다. 이 리포트는 드물게 실행되므로, 자동화로 성과를 낼 수 없을 것이다. 어떤 테스트 프로시저를 자동화할지 결정할 때, 테스트 엔지니어는 자동화할 가치가 있는지 또는 자동화 스크립트를 개발하는 데 들어가는 시간 대비 성과를 낼 수 있는지 평가해봐야 한다.

테스트 팀은 자동화를 보증하면서 수동으로 실행돼야 하는 테스트 요구사항을 선택할 때, 주의 깊게 분석해야 한다. 이런 분석을 수행할 때 테스트 엔지니어는 또한 불필요한 테스트를 제거할 필요가 있다. 테스트 자동화를 사용한 테스트 프로시저 커버리지의 목표는 각 테스트가 여러 항목들을 테스트하지만 중복된 테스트는 피하는 것이다. 모든 테스트마다 자동화하면 어떤 가치를 얻을 수 있을지 평가해야 한다. 이에 대해서는 6장에서 설명한다.

100% 테스트 커버리지

자동화를 적용해도 모든 것을 테스트할 수는 없다.

테스트가 잠재적으로 무한 업무가 될 수밖에 없는 주요 이유 중 하나는 기능에 문제가 없음을 알기 위해 모든 정상, 비정상 데이터로 테스트를 수행해야 하기 때문이다. 테스트 자동화는 테스트 커버리지의 깊이와 너비를 늘릴 수는 있지만, 테스트 자동화를 통해 100% 완벽한 테스트를 수행할 충분한 시간 또는 리소스가 부족하다.

시스템에 모든 입력 가능한 값을 단순히 입력하는 100% 완벽한 테스트 수행은 불가능하다. 단순히 순열 조합으로 만들 수 있는 양만 해도 믿기 어려울 정도로 엄청나다. 예를 들어, 사용자 패스워드 검증을 처리하는 기능을 테스트한다고 해보자. 컴퓨터 시스템에서 모든 사용자는 패스워드를 갖고 있다. 이 패스워드의 길이는 일반적으로 6~8글자이고, 모든 문자는 대문자 또는 숫자다. 그리고 숫자를 한 글자 이상 반드시 포함해야 한다. 이 예제에서 얼마나 많은 문자 조합이 가능하리라 생각하는가? 케네스 로젠Kenneth H. Rosen의 『Discrete Mathematics and Its Applications이산수학과 애플리케이션』[6]에 따르면 2,684,483,063,360개의 패스워드를 조합할 수 있다. 1분에 테스트 프로시저 하나를 생성할 수 있다면, 시간당 테스트 프로시저를 60개 생성할 수 있을 것이고, 하루에 480개의 테스트 프로시저를 만들 수 있다. 그러면 전체 테스트를 준비하고 실행해서 완료하는 데 155년이 걸린다. 즉, 테스트 기간 동안 모든 입력 값을 넣어서 테스트할 수 없다. 이와 같이 빠르게 계산해봐도 모든 가능한 입력 값으로 테스트하는 건 거의 불가능한데, 실제로도 불가능하다고 입증되고 있다.

시스템의 모든 조합과 모든 경로로 완벽하게 테스트하는 것은 불가능하다. 예를 들어, 북미에서 전화기 시스템을 테스트한다고 해보자. 번호 계획numbering plan을 따라 북미에서 사용하는 전화번호 포맷을 정의한다. 전화번호는 10개의 숫자로 구성되는데, 3자리 지역번호와 3자리 국번호, 그리고 4자리 착신번호로 구성된다. 신호법을 고려해야 하기 때문에 이런 숫자들에는 특정 제한이 있다. 이 예제의 조건에서 사용 가능한 번호를 빠르게 계산해보면 6,400,000,000개의 다른 번호를 만들 수

---

6   케네스 H. 로젠, 『Discrete Mathematics and Its Applications』(McGraw-Hill, 1991)

있다. 물론 유효한 번호만 계산했을 경우로, 입력 가능한 비정상 번호는 계산에서 뺐다. 이 예는 모든 입력 데이터 조합으로 시스템을 테스트하기 위해 개발 비용 대 ROI를 계산하는 일이 얼마나 비현실적인지를 보여준다. 또한 테스트 데이터 세트를 줄이기 위해 다양한 테스트 기술이 필요함을 알 수 있다.[7]

이와 같이 테스트가 잠재적으로 왜 무한 업무인지 살펴봤다. 이런 관점에서 가장 중요한 모듈의 코드 리뷰가 종종 이뤄진다. 또한 테스트 프로세스를 따라 초기에 결함을 찾아야 한다. 요구사항, 설계, 코드 검토 회의 같은 테스트 활동은 결함 예방prevention 프로세스를 지원한다. 결함 예방 및 탐지 기술은 모두 이 책의 뒷부분에서 자세히 다룬다. 잠재적으로 중요한 테스트가 주어지면, 테스트 팀은 테스트 프로시저의 설계 기법들을 따를 필요가 있다. 예를 들어, 등가 테스트equivalence test를 사용해 대표 값들만 샘플링해서 사용할 수 있다. 이러한 기법에 대해서는 6장과 이 책 전반에 나온 내용을 참고하기 바란다.

캡처/플레이백과 소프트웨어 테스트 자동화를 동일시

레코드 버튼을 누른다고 효과적인 자동화 스크립트가 생성되는 것이 아니다.

소프트웨어 테스트 자동화를 단순히 캡처/플레이백 툴을 사용하는 것과 동일시하는 회사와 자동화 테스터가 여전히 많다. 캡처/플레이백 그 자체만으로 소프트웨어 테스트를 자동화하는 것은 비효율적이다. 최악의 경우에는 재사용할 수 없는 스크립트를 생산한다.

캡처/플레이백 툴은 테스트 엔지니어의 키 입력을 레코딩한다. 특정 타입의 스크립트 언어를 사용해 기준 값 검증baseline verification을 플레이백할 수 있는 스크립트를 생성한다. 테스트 자동화 툴은 테스트 엔지니어의 동작을 그대로 모방한다. 테스트가 진행되는 동안, 테스트 엔지니어는 키보드와 마우스를 사용해 특정 테스트 또는 액션을 수행한다. 테스트 툴은 모든 키 입력과 이에 따른 결과를 캡처하는데, 이것은 테스트 자동화 스크립트로 레코딩되고 기준 값이 된다. 테스트가 플레이백되는 동안, 스크립트는 최근의 결과와 기준 값을 비교한다. 테스트 툴은 종종 재사

---

7   케네스 H. 로젠, 『Discrete Mathematics and Its Applications』(McGraw-Hill, 1991)

용할 수 있는 내장 테스트 함수를 제공하는데, 이것은 매우 유용하다. 그리고 대부분 테스트 툴은 비간섭 테스트를 제공한다. 예를 들어 테스트 툴은 테스트 대상 애플리케이션에 전혀 관여하지 않는 것처럼 동작하고, 테스트 대상 애플리케이션이 사용하는 코드를 수정/프로파일하지 않는다.

하지만 캡처/플레이백으로 생성한 스크립트는 많은 문제점이 있다. 예를 들어, 캡처/플레이백은 하드코딩된 값을 레코딩한다. 데이터 입력 값으로 'First Name'을 입력해서 레코딩하면 'First Name'이 하드코딩될 것이고, 테스트 스크립트를 실행하면 'First Name'만 사용해 테스트를 실행할 것이다. 'First Name' 말고 다른 데이터를 읽어오고 싶으면, 파일 또는 데이터베이스에서 데이터를 읽어오는 기능을 추가해야 한다. 물론 조건문과 반복 생성자도 필요하다. 변수와 다양한 함수도 추가해야 하고 스크립트를 수정해야 한다. 여기서 소프트웨어 개발 베스트 프랙티스를 적용해서 효과적이고, 모듈화되며, 반복적으로 사용 가능하도록 만들어야 한다.

추가로, 캡처/플레이백은 소프트웨어 개발 베스트 프랙티스를 바로 적용해서 만들어주지 못한다. 생성된 스크립트는 유지보수 가능하고 모듈화할 수 있게 수정이 필요하다. 또한 벤더 제공 캡처/플레이백 툴이 필요한 모든 테스트 기능을 반드시 제공해주는 것은 아니다. 테스트 니즈를 만족시키려면 코드 개선이 종종 필요하다. 마지막으로, 벤더 제공 툴이 시스템 엔지니어링 환경과 반드시 호환되는 건 아니다. 그래서 소프트웨어 테스트 스크립트의 인하우스 개발이 필요하다.

소프트웨어 테스트 자동화는 수동 테스터의 활동이다

캡처/플레이백 툴을 사용하고 스크립트를 레코딩한다고 해서 자동화 테스터가 만들어지는 것은 아니다.

소프트웨어 테스트 자동화가 수동 테스트를 대체하지 못하고, 테스트 케이스를 효과적이고 효율적으로 개발하는 데는 분석적인 스킬이 필요할지라도, 소프트웨어 테스트 자동화를 위해 필요한 스킬은 수동 소프트웨어 테스트 스킬과 엄연히 다르다. 회사에서는 단순히 레코드 버튼을 누르기만 하면 스크립트가 자동으로 생성되어 소프트웨어 테스트 자동화를 구축할 수 있다는 벤더의 광고를 보고 툴을 구매한다. 하지만 캡처/플레이백 툴을 사용한다고 해서 자동화 테스터가 만들어지는 것은 아니다.

수동 소프트웨어 테스트에 필요한 스킬과 소프트웨어 자동화 테스트에 필요한 스킬을 구분하는 일이 중요하다. 주로 소프트웨어 자동화 테스터는 소프트웨어 개발 스킬이 필요하다. 좋은 소프트웨어 자동화 테스터가 갖춰야 할 스킬을 10장에서 자세히 설명하고 있으니 참고하기 바란다. 여기서 중요한 포인트는 다른 스킬이 필요하다는 점이다. 수동 테스터에게 소프트웨어 개발과 관련된 어떤 교육이나 경험이 없다면, 성공적인 테스트 자동화 프로그램을 만들기 위해 아주 힘든 시간을 보내게 될 것이다.

테스트 목적의 상실: 결함을 찾는 것

소프트웨어 테스트 자동화의 목적은 품질을 개선하는 데 도움을 주고자 함이지, 개발을 하는 것이 아니다.

소프트웨어 자동화 테스트 활동을 시작하면 종종 최고의 자동화 프레임워크를 만들거나 최고의 자동화 소프트웨어를 만드는 것이 목적이 될 때가 있다. 결함을 찾는 것이 목표인 테스트 목적을 상실하게 된다. 앞서 언급했듯이, 경계 값 테스트, 리스크 기반 테스트, 등가 분할 테스트 등의 기법을 사용해 테스트 케이스를 가장 적합하게 만드는 것이 중요하다.

아마도 여러분은 뛰어난 최신 소프트웨어 자동화 개발 기술을 직접 사용하거나, 최고의 개발자를 고용해 자동화 프레임워크를 구축할 것이다. 자동화 프레임워크는 수만 개의 테스트 케이스를 빠르게 수행하고 자동으로 효율적인 분석을 하고 훌륭한 리포팅을 수행한다. 이것은 극찬받을 것이다. 하지만 테스트 자동화 프레임워크가 아무리 뛰어나다 해도, 결함이 프로덕션에 스며들고 테스트 자동화 스크립트가 그 결함을 잡아내지 못했다면, 여러분의 테스트 자동화 업무는 실패한 것으로 봐도 무방하다.

따라서 3장의 ROI 부분에서 설명한 것과 비슷한 지표 평가가 중요하다. 이를 통해 테스트 자동화 업무가 결함을 발견할 수 있을지를 판단할 수 있다.

단위 테스트 자동화가 아닌 시스템 테스트 자동화에 집중

단위 테스트 자동화는 모든 테스트 활동이 성공적으로 수행되는 데 기여할 수 있다.

우리의 경험에 비춰볼 때, 통합 테스트와 빌드 프로세스 자동화와 마찬가지로 단위 테스트를 자동화하면 뒤에 이어지는 시스템 테스트 활동에서는 결함 수가 더 적게 발견되고, 시스템 테스트 수명주기를 단축할 수 있다. 단위 테스트 자동화의 또다른 효과로, 소프트웨어 테스트 수명주기에서 결함이 더 일찍 발견된다. 결함을 일찍 발견할수록 수정하는 데 드는 비용이 적어진다. 예를 들어, 1개 단위에만 영향을 주는 단위 테스트 결함을 수정하거나 또는 심지어 일부 컴포넌트에만 영향을 주는 통합 테스트 결함을 수정하는 것이 시스템 테스트 동안 발견된 결함을 수정하는 것보다 훨씬 노력이 적게 든다. 시스템 테스트 중 발견된 결함은 다양한 시스템 컴포넌트들에 영향을 주고, 아주 복잡한 분석이 필요하며, 심지어는 소프트웨어 테스트 수명주기의 기타 단계에도 영향을 줄 수 있기 때문이다. 최악의 경우, 요구사항이 잘못 구현됐음을 발견할 수도 있다.

소프트웨어의 진화와 재사용은 테스트 자동화의 매우 중요한 이유이기도 하다. 예를 들어, 이상적으로는 단위, 컴포넌트, 통합 테스트 자동화는 시스템 테스트 동안 재사용할 수 있다. 테스트를 자동화하는 데는 비용이 들어가기 때문에 테스트가 한 번만 실행되거나 몇 번만 수행된다면 자동화하는 것은 타당하지 않다. 하지만 테스트가 수십, 수백 번, 그리고 야간 빌드 시 수행되고, 여러 테스트 단계와 다양한 설정이 설치되는 환경에서 재실행된다면, 자동화에 들어가는 적은 비용은 이런 통합적인 실행을 통해 갚고도 남을 것이다.[8]

4.3 소프트웨어 테스트 자동화를 위한 개발 고려사항의 부족

개발에서 테스트 자동화 기술 또는 프레임워크를 고려할 준비가 되어 있지 않으면, 소프트웨어 테스트 자동화 업무는 실패할 수 있다. 개발자들은 코드를 작성하거나

---

8 J. 오펏(Offutt) 제공. P. 암만(Ammann) & J. 오펏, 『Introduction to Software Testing』(Cambridge University Press, 2008)

기술을 변경할 때 영향을 줄 수 있는 부분을 고려함으로써 테스트 자동화 업무가 성공하도록 도울 수 있다. 개발자들이 여기서 설명하는 선택된 베스트 프랙티스들을 잘 고려한다면, 소프트웨어 테스트 자동화 업무는 좋은 성과를 거둘 수 있을 것이다. 선택된 베스트 프랙티스들은 다음과 같다.

- 애플리케이션을 테스트할 수 있게 만든다.
- 자동화 툴이 오브젝트를 인식하기 쉽게 만든다. 모든 오브젝트의 이름을 유일하게 만들고, 클라이언트/서버, 웹 등의 다양한 플랫폼을 고려하고, 윈도우 개발 같은 경우에 GUI/인터페이스 테스트를 고려한다. 그리고 소프트웨어 테스트 자동화를 고려하지 않고 오브젝트 이름을 변경해서는 안 된다. 뒤에 나오는 'GUI 오브젝트 네이밍 표준' 절을 참고하기 바란다.
- 표준 개발 사례를 따른다. 예를 들어, 일관된 탭 순서를 유지한다.
- 베스트 프랙티스를 따른다. 예를 들어, 이미 테스트된 컴포넌트를 재사용하는 것과 같이 코드 재사용을 위한 라이브러리를 사용할 수 있다(이에 대해서는 1장에서 설명했다).
- 표준 문서화를 따른다. 여기에는 표준 방식으로 테스트 케이스를 문서화하는 것이 포함된다. 예를 들어, OMG[9] IDL을 사용하면 테스트 케이스 코드 생성을 자동화할 수 있다(자세한 내용은 뒤에 나오는 'OMG의 IDL 사용' 절을 참고하기 바란다).
- 4장에서 설명하는 다양한 표준들을 따른다. 예를 들어 오픈 아키텍처 표준, 코딩 표준 등이 있다.

이어지는 절들에서 이와 같은 권고사항들을 좀 더 자세히 설명한다.

테스트 가능한 애플리케이션 작성

개발자는 애플리케이션을 테스트할 수 있게 만들어서 테스트 자동화 업무를 지원할 수 있다. 이것은 다양한 방식으로 지원될 수 있다. 애플리케이션의 테스트 용이성을 높이는 가장 일반적인 방법은 로깅 또는 추적 메커니즘을 제공하는 것이다.

---

9   www.omg.org

이를 통해, 애플리케이션이 실행되는 동안 어떤 컴포넌트가 동작하는지, 그리고 처리 중인 데이터와 애플리케이션의 상태 또는 에러와 관련된 정보를 제공받을 수 있다. 테스트 엔지니어는 이런 정보를 사용해 시스템의 어느 부분에서 에러가 발생하는지 파악할 수 있고, 테스트 프로시저를 실행하면서 프로세싱 플로우를 추적해볼 수 있다.

애플리케이션이 실행 중일 때, 모든 컴포넌트는 현재 실행 중인 메소드와 처리 중인 주요 오브젝트에 대해 상세한 로그를 기록할 것이다. 이 로그는 일반적으로 디스크 파일이나 데이터베이스에 저장되는데, 아마도 분석 또는 디버깅 포맷으로 하나 또는 여러 개의 테스트 프로시저가 실행된 후 어느 시점에 저장될 것이다. 복잡한 클라이언트/서버 시스템 또는 웹 시스템에서 로그 파일은 여러 머신에 저장될 수도 있다. 따라서 머신들 사이의 실행 경로를 판단하기 위해 충분한 정보를 로그에 포함하는 것이 중요하다.

충분한 정보를 로그에 담는 일이 중요한 이유는 분석 및 디버깅 시 유용하기 때문이다. 하지만 압도적인 볼륨으로 엄청난 정보를 포함하고 있는 로그에서 중요한 정보만 골라내는 일은 힘들 수 있다. 로그는 분석할 때 사용할 수 있는 중요한 정보를 단순히 담고 있는 포맷팅된 메시지다. 잘 구성된 로그는 다음과 같은 정보를 포함한다.

- **클래스명과 메소드명**: 어떤 클래스의 멤버도 아닌 함수라면 그냥 단순히 함수명일 수도 있다. 이것은 여러 컴포넌트들의 실행 경로를 판단하는 데 중요하다.
- **호스트명과 프로세스 ID**: 이것은 여러 머신에서 로그를 생성했거나 또는 동일 머신 내의 여러 프로세스에서 로그를 생성했을 때, 로그를 비교하고 추적하는 데 도움이 된다.
- **로그의 타임스탬프**(적어도 밀리초로): 모든 로그의 정확한 타임스탬프가 있으면 병렬로 발생하거나 다른 머신에서 발생한 이벤트를 순서대로 나열할 수 있다.
- **메시지**: 로그의 가장 중요한 부분 중 하나는 메시지다. 메시지는 개발자가 작성한 설명으로, 애플리케이션에서 현재 무슨 일이 발생했는지 설명한다. 메시지는 실행 중 발생한 에러 메시지일 수도 있고, 오퍼레이션의 결과 코드가 될 수도 있다. 엔티티^{entity} ID 또는 주요 도메인 오브젝트의 키를 로깅하면 그레이박스 테스

트를 할 때 큰 효과를 볼 수 있다. 테스트 프로시저가 실행 중일 때 시스템에서 오브젝트를 추적할 수 있기 때문이다. 그레이박스 테스트에 관한 자세한 설명은 1장에서 다뤘다.

시스템 내의 모든 메소드나 함수마다 그리고 컴포넌트마다 이런 항목들을 로그 파일로 남기면, 다음과 같은 성과를 얻을 수 있다.

- 테스트 프로시저 실행을 시스템에서 추적할 수 있고, 사용되는 데이터를 나열해 볼 수 있다.
- 심각한 오류가 발생할 때, 로그 기록을 통해 해당 컴포넌트를 찾을 수 있다.
- 시스템적인 에러가 발생할 때, 로그 파일에는 테스트 프로시저가 실행 중일 때 관여했던 모든 컴포넌트가 포함될 테고, 사용된 모든 ID와 키 또한 기록될 것이다.
- 데이터베이스의 엔티티 데이터와 함께, 테스트 팀은 개발자에게 충분한 정보를 넘겨줄 수 있다. 이 정보를 기초로 개발자는 소스 코드에서 에러를 떼어낼 수 있다.

다음 예제는 데이터베이스에서 고객 오브젝트를 검색하는 애플리케이션의 로그 파일이다.

```
Function:    main (main.cpp, line 100)
Machine:     testsrvr (PID=2201)
Timestamp:   3/10/2009 20:26:54.721
Message:     connecting to database [dbserver1,
             customer_db]

Function:    main (main.cpp, line 125)
Machine:     testsrvr (PID=2201)
Timestamp:   3/10/2009 20:26:56.153
Message:     successfully connected to database [dbserver1,
             customer_db]

Function:    retrieveCustomer (customer.cpp line 20)
Machine:     testsrvr (PID=2201)
Timestamp:   3/10/2009 20:26:56.568
Message:     attempting to retrieve customer record for
             customer ID [A1000723]
```

```
Function:    retrieveCustomer (customer.cpp line 25)
Machine:     testsrvr (PID=2201)
Timestamp:   3/10/2009 20:26:57.12
Message:     ERROR: failed to retrieve customer record,
             message [customer record for ID A1000723 not
             found]
```

이 로그 파일 예제에서 효과적인 테스트를 위해 사용할 수 있는 애플리케이션 로깅의 주요 포인트는 다음과 같다.

- 로그마다 함수명이 명시되고, 파일명과 코드 내 라인 번호가 적혀 있다. 호스트와 프로세스 ID 또한 기록되고, 로그가 기록된 시간도 적혀 있다.
- 모든 메시지는 수행된 활동과 관련된 유용한 정보를 담고 있다. 예를 들어 데이터베이스 서버는 dbserver1이고, 데이터베이스는 customer_db이고, 고객 ID는 A1000723이다.
- 이 로그로부터 애플리케이션이 특정 고객 레코드를 검색하는 데 성공할 수 없는 증거를 찾을 수 있다.

이 상황에서 테스터는 SQL 툴을 사용해 dbserver1의 customer_db 데이터베이스에서 ID가 A1000723인 사용자 레코드를 쿼리해서 실제 존재 여부를 검증해볼 수 있다. 이런 정보는 테스트 업무가 제법 많은 결함 진단 능력을 갖게 해서, 테스터는 이제 이 정보를 결함 정보의 일부분으로 개발 팀에게 전달할 수 있다. 테스터는 이제 '증상'만 리포팅하는 게 아니라, 증상과 함께 문제의 원인이 되는 애플리케이션의 내부 동작까지 기술할 수 있다.

오픈 아키텍처 표준 준수

오픈 아키텍처OA, Open Architecture 이론은 오픈 아키텍처 컴퓨팅 환경 설계 가이드라인Open Architecture Computing Environment Design Guidance과 오픈 아키텍처 컴퓨팅 환경 기술 및 표준Open Architecture Computing Environment Technologies and Standards 문서에 설명되어 있다. 이것은 미해군에서 개발됐고 산업 표준과 컴포넌트 기반 기술로 널리 적용해

사용하도록 권고하고 있다. 오픈 표준 접근 방식은 비용을 줄일 수 있고 현재 시스템에 새로운 소프트웨어 기능을 빠르게 추가할 수 있음이 입증됐다.

오픈 아키텍처 표준을 따르고 구축함으로써 개발자는 다양한 효과를 얻을 수 있다. 기술적인 성능을 보장받을 수 있고, 수명주기 비용을 줄일 수 있으며, 최신 기술을 적용할 수 있고, 업그레이드 주기를 줄일 수 있다. 기대 효과를 정리하면 다음과 같다.

- 확장성이 있고, 일정한 부하를 유지하는 성능
- 정보 접근 및 상호 운영 능력 향상
- 미션 및 운영 목표를 달성할 수 있도록 시스템 유연성 향상
- 생존력survivability 및 사용성 향상
- 수명주기 비용 및 최신 기술 적용에 드는 비용 감소
- 변경 및 업그레이드 주기 감소

미국 방위고등연구계획국DARPA, Defense Advanced Research Projects Agency과 학계, 그리고 산업계 R&D에서는 수명주기 비용 효과와 기술 성능 효과도 증대하는 아키텍처 개념을 만드는 데 몰두하고 있다. 오픈 아키텍처를 사용해 소프트웨어를 개발할 때 얻을 수 있는 효과를 추가적으로 정리하면 다음과 같다.

- 오픈 아키텍처open architecture
- 분산 프로세싱distributed processing
- 이식성portability
- 확장성scalability
- 모듈화modularity
- 결함 방지 능력fault tolerance
- 리소스 관리 공유
- 자가 진단self-instrumentation

테스트 자동화 툴 개발을 위한 추가적인 상세 내용과 개발 베스트 프랙티스 관련 내용은 『Automated Software Testing』의 표 8-5 '테스트 개발 가이드라인'을 참고하기 바란다.[10]

표준 문서화 포맷을 따른다

소프트웨어 테스트 업무에는 종종 문서가 모든 정보를 제공하고 있는지 검증하는 일이 포함된다. 문서 평가 업무 또한 자동화할 수 있다. 하지만 성공적인 자동화를 지원하기 위해 소프트웨어 개발자들 또는 문서화 팀에게 다음과 같이 하도록 권하고 싶다. 현재 모든 소프트웨어 제공업체와 벤더에서는 문서 산출물을 만들기 위해 다양한 문서화 포맷을 사용한다. 특정 포맷을 따르는 곳은 어디에도 없다. 우리는 표준 문서화 포맷을 사용하길 권장한다. 예를 들어 다양한 옵션을 선택할 수 있는 템플릿을 사용하고, 표준 표기법과 네이밍 컨벤션naming convention을 지키는 것이 좋다.

한정된 키워드를 사용하는 표준 템플릿을 사용하면 문서 평가 자동화를 쉽게 할 수 있다. 예를 들어 OMG 문서화 표준이나 ISO, IEEEE 등의 어떤 표준을 따르는 문서화 템플릿을 만들 것을 추천한다.

표준 방식으로 테스트 케이스 문서화

테스트 케이스 문서화를 위해 많은 시간을 보내고 있다. 우리는 테스트 케이스 문서화를 언제나 바라는데, 유스 케이스 또는 모델로부터 테스트 케이스 생성 자동화가 가능하다면 테스트 케이스 문서화 프로세스를 부분적으로 자동화할 수 있다. 수많은 리서치를 통해 모델 등으로부터 테스트 케이스 생성을 할 수 있는 다양한 기술들이 나오고 있다. 그리고 목표는 테스트 케이스를 표준 방식으로 문서화하는 것이다. 텍스트 표준인 MOF(www.omg.org/cgi-bin/doc?formal/08-01-16.pdf 웹사이트를 참고)와 IBM/텔레로직Telelogic의 랩소디Rhapsody 같이 표준을 개발하기 위한 다양한 노력이 이미 진행 중이다. IBM/텔레로직의 랩소디는 테스트 케이스 자동 생성기ATG, Automated Test case Generator를 제공해서 단위 테스트 케이스를 생성할 수 있다.

---

10 더스틴(Dustin) 외, 『Automated Software Testing』

테스트 케이스 자동 생성기는 일련의 명확한 규칙과 오브젝트 관계, 상태 등을 만들기 위해 자연어로 작성된 요구사항을 분해하는 정규 방법론을 사용해 개발된다. 이를 통해 요구사항 문서에서 기술하고 있는 규칙/행위를 정의한다. 그리고 규칙과 관계는 정규 언어를 사용해 캡처된다.

'정규formal' 언어는 의존관계 규칙(액션/리액션)을 생성하고 구분하는 청사진이 된다. 의존관계 규칙은 잠재적 시퀀스의 '실타래threads'를 구성한다. 이런 의존성 실타래는 테스트 케이스 개발의 기초가 된다. 이것을 가지고 필요한 데이터 세트, 시스템 구성, 이벤트 트리거, 시스템 시뮬레이션을 개발할 수 있다. 테스트 케이스 자동 생성기는 테스트 드라이버 컴포넌트를 갖고 있다. 테스트 드라이버 컴포넌트는 제어되는 환경 또는 애드혹ad hoc 환경에서 시스템 센서와 통신 인터페이스를 시뮬레이션하거나 응답을 모니터링하는 데 사용한다.

테스트 케이스 자동 생성기의 개념은 거의 모든 환경에서 적용할 수 있다. 우리는 전술tactical 데이터 링크 표준을 평가할 수 있는 테스트 케이스와 테스트 역량을 개발하는 작업에 집중하고 있다. 전술 데이터 링크 표준은 수많은 프로세스 자동화를 사용해서, 테스트 케이스 문서화와 테스트 케이스 생성 자동화를 손쉽게 검증할 수 있다.

우리는 GUI 시뮬레이션을 사용해 테스트 케이스를 생성할 수 있는 특허 기술을 개발 중인데, 이것은 표준 테스트 케이스 문서의 개발을 자동화할 수 있는 한 방법이 될 수 있다. 이에 대한 사례 연구를 부록 D에서 설명하고 있으니 참고하기 바란다.

코딩 표준 준수

소프트웨어는 일반적으로 크로스 플랫폼 호환성이 필요하다. 그리고 표준 방식으로 개발할 필요가 있다. 그래야 유지보수성과 이식성을 가질 수 있고 가장 효율성을 높일 수 있다. 소프트웨어 테스트 자동화를 위한 지원을 잘하려면 개발자들이 코딩 표준을 따르는 것이 중요하다. 코딩 표준의 예로 2003년 1월 OMG C++ 언어 매핑 명세서Language Mapping Specification 버전 1.1, 또는 1999년 6월 OMG C 언어 매핑 명세서와 IOS/ANSI C++ 등의 표준을 들 수 있다.

OMG의 IDL 사용

표준 문서를 사용하는 한 예로 인터페이스를 정의하는 데 도움이 되는 OMG IDL[11]을 사용할 수 있다. OMG IDL은 ISO 국제 표준 넘버 14750이다. IDL을 사용하면 코드를 자동 생성할 수 있고, 시간 소비가 많고 에러가 발생하기 쉬운 작업을 효율적인 자동화 작업으로 바꿀 수 있으며, 소중한 시간을 절약할 수 있다. 이것은 우리가 추천하는 AAA 프로젝트 컨셉의 일부분이기도 하다.

GUI 테스트 권고사항

개발자들이 테스트 대상 애플리케이션의 GUI를 개발할 때 따를 수 있는 수많은 사용자 인터페이스 표준과 가이드라인이 있다. 하지만 그 수가 많아서 표준들이 서로 충돌하고, 문서들이 서로 중복되기도 하며, 세부 지침은 많이 부족하기 때문에 사용성이 떨어진다. 넷빈NetBeans, 이클립스Eclipse GUI 빌더 같은 많은 GUI 빌더를 사용할 수 있기 때문에, 개발자들은 GUI를 만들 수 있는 다양한 기회를 얻을 수 있다. 하지만 소프트웨어 테스트 자동화를 쉽게 할 수 있는 특수한 표준을 제공하는 빌더는 실제로 없다.

IBM의 리플렉시브 유저 인터페이스 빌더RIB, Reflexive User Interface Builder는 효과적인 GUI를 생성할 뿐만 아니라 소프트웨어 테스트 자동화를 지원할 수 있는 뛰어난 아이디어를 제공한다. RIB는 자바 GUI를 쉽게 빌드하고 알파웍스alphaWorks[12]로부터 새로운 기술을 빠르게 접목할 수 있다. 다음과 같은 기능을 제공한다.

- RIB는 자바 GUI를 기술하기 위해 유연하고 사용하기 쉬운 XML 마크업 언어를 사용하고, 자바 GUI를 생성할 수 있는 엔진을 제공한다. 색상, 폰트, 아이콘, 메뉴/기능 등을 정의할 수 있다.
- 기존 GUI 레이아웃을 테스트 및 평가하기 위해 RIB를 사용할 수 있다. 또는 애플리케이션에서 사용하기 위해 GUI를 생성하고 렌더링할 수 있다. GUI 애플리케이션의 자동화를 위해 마련된 이런 컨셉은 멋지다.

---

11 www.omg.org/gettingstarted/omg_idl.htm
12 www.ibm.com/developerworks/java/library/j-rib/

RIB의 컨셉은 GUI를 표준 방식으로 생성하고, 이것은 효과적인 소프트웨어 테스트 자동화에 도움이 된다.

일부 툴은 소프트웨어 테스트 자동화를 위해 가상 네트워크 컴퓨팅^{VNC, virtual network computing}을 사용한다. 앞서 언급했듯이, 캡처/플레이백 툴은 테스트 엔지니어의 키 입력을 스크립트 언어로 레코딩한다. 그리고 레코딩한 스크립트를 플레이백해서 기준 값을 검증한다. 때로는 캡처/플레이백 툴을 테스트 대상 애플리케이션과 함께 설치하지 못하고, 원격 기술이 필요할 수 있다. 여기서는 VNC 기술을 적용한다. VNC 기술을 사용하는 자동화 툴에서는 다음과 같은 사항을 고려해야 한다. 캡처/플레이백 툴은 약간의 변경에도 민감하기 때문이다.[13]

- '폰트 가장자리를 부드럽게' 옵션을 제어해서 텍스트 특성이 변경되지 않게 해야 한다.
- 테스트 대상 애플리케이션의 색 깊이^{depth} 값을 변경하지 않는다.
- 디스플레이 설정을 동일하게 한다(해상도 등).
- 가능하다면 OS의 디폴트 설정을 유지한다. 표준 시각 설정을 사용한다.

표준 GUI를 생성하고 GUI 테스트를 좀 더 효과적으로 지원하기 위해 더 많은 사례를 적용할 수 있다. 예를 들어 테스터가 GUI 컨트롤을 클릭할 때, 빠르고 일관된 코드이면서 수작업으로 코드 삽입/개발하는 부분을 없애도록 커스터마이징된 코드 모듈을 생성할 수 있다(이것은 AAA 프로젝트 컨셉의 일부분이다).

추가로, 다음 절에서 설명하는 GUI 오브젝트 네이밍 표준을 추천한다.

GUI 오브젝트 네이밍 표준

많은 자동화 툴은 오브젝트의 이름에 초점을 맞춘다. 이것은 테스트 프로그램 자동화에서뿐만 아니라, 좋은 소프트웨어 개발 프랙티스에서도 권장하고 있다. 예를 들어 마이크로소프트는 http://support.microsoft.com/kb/110264에서 네이밍 표준을 제시한다.

---

13 에그플랜트(Eggplant) 제작자의 추천사항이다. www.testplant.com을 참고한다.

애플리케이션 개발자가 오브젝트 이름 짓기에 실패해서 이름이 유일하지 않으면 테스트 자동화 프로그래밍은 지연될 수밖에 없다.

코드 재사용 라이브러리 컨셉

1장에서 설명한 코드 재사용 라이브러리 컨셉을 따르면, 체크 아웃할 수 있고, 통합할 수 있으며, 재사용 가능한 컴포넌트로 구성되어 있는 소프트웨어는 그 자체로 효과적인 소프트웨어 테스트 자동화를 지원한다. 여기서의 목표는 소프트웨어 테스트 자동화를 코드의 베이스라인에 적용하는 것이다. 그래서 코드 컴포넌트를 재사용할 때 연결되어 있는 테스트 자동화가 같이 적용되는 것이다. 이렇게 코드와 테스트 자동화를 재사용하면 각 컴포넌트의 테스트 자동화를 좀 더 짧은 시간에 적용할 수 있다. 결과적으로 소프트웨어 테스트 자동화 효율을 높일 수 있다.

4.4 나무를 위한 숲: 어느 툴을 선택해야 하는가

온라인 테스트 사용자 그룹의 포스팅(www.sqaforums.com 같은)을 한 주 내내 돌아다니다 보면, 문득 이런 질문이 떠오른다. "xyz를 위한 최고의 툴은 무엇인가?" 여기서 xyz는 테스트 카테고리 또는 툴로서, 예를 들어 소프트웨어 테스트 자동화, 성능 테스트, 결함 추적, 형상 관리, 보안 테스트 같이 소프트웨어 테스트 수명주기의 개선을 위해 사용할 수 있는 툴이 될 수 있다. 어떤 테스트 카테고리 또는 툴이 사용되든지 간에, 이 질문에 대한 답은 (처음 접한 사람은 놀랄 수도 있겠지만) 일반적으로 '상황에 따라 다르다'이다. 시장에서 모든 조직의 니즈를 만족시킬 수 있는 최고의 툴은 찾을 수 없다.

조직에 맞는 최고의 툴을 찾으려면 문제 해결을 위한 심도 깊은 이해가 필요하고, 주어진 업무의 니즈와 요구사항에 맞는 툴이어야 한다. 일단 문제가 명확해지면 툴에 대한 평가를 시작할 수 있다. 상업용 툴이나 오픈소스 솔루션을 선택하거나 또는 직접 만들기로 결정할 수도 있다.

상업용 솔루션은 확실히 장점이 있다. 기능의 로드 맵road map이 제공되고, 기술 지원이 정착되어 있고, 안정적이다(실제로도 안정적이고 받는 느낌도 안정적이다). 하지만 소프트웨어 벤더로부터 구매해야 한다는 점이 불리한 부분이다. 예를 들어 벤더에 종속될 수 있고, 여타 제품과 호환이 안 되거나, 개선을 위해 제어 가능한 부분이 부족할 수 있으며, 라이선스 비용과 제한이 있을 수 있다. 이런 불리한 점들이 일부 오픈소스 프로젝트에도 적용될 수 있다. 하지만 훨씬 더 많은 기업에서 이미 오픈소스 커뮤니티와 그 업무를 도입하고 있다. 오픈소스의 장점은 다음과 같다.

- 라이선스 비용이나 유지보수, 제한이 없다.
- 공짜고 효율적인 지원이 가능하다(비록 다양하지만).
- 플랫폼 이식성이 좋다.
- 니즈에 맞게 수정 또는 적용할 수 있다.
- 상대적으로 가볍다.
- 한 벤더에 종속적이지 않다.

이미 엄청난 오픈소스 코드가 개발되어 있기 때문에 새롭게 다시 발명할 필요가 없고, 기본 코드가 이미 존재하기 때문에 다시 개발할 필요가 없다. 그리고 이미 필드에서 테스트되고 있다.

툴을 평가하고 선택하는 방법

우리의 니즈 또는 고객의 니즈에 맞는 '최고의' 툴을 선택할 때는 일반적으로 다음과 같은 전략적인 방법으로 툴을 평가한다.

1. 해결하고자 하는 문제를 파악한다.
2. 툴의 요구사항과 기준criteria을 좁혀나간다.
3. 기준을 만족하는 툴의 리스트를 파악한다.
4. 중요도와 우선순위에 따라 툴의 기준에 가중치를 부여한다.
5. 툴의 각 후보를 평가하고 점수를 매긴다.
6. 툴의 각 후보의 점수와 가중치를 곱해서 최종 점수를 비교한다.

툴을 평가하는 기준들에서, 각 기준에 기능의 중요도를 고려한 가중치를 부여한다. 예를 들어, 고객에게 더 중요한 기준에 더 높은 가중치(1에서 5까지)를 부여한다. 그리고 툴이 얼마나 기준을 만족하는지에 따라 등급을 매긴다. 등급의 범위는 1에서 5까지다. 그러고 나서 가중치와 등급을 곱해 최종 '툴 점수'를 계산한다. 툴 점수 결과를 바탕으로 툴 후보들의 기능과 능력을 비교한다. 그리고 최고의 툴을 결정한다.

수백 개의 툴 카테고리를 선택할 수 있기 때문에, 이 절차를 100개가 넘는 툴을 대상으로 조사하는 건 말이 안 된다. 대신에 수많은 툴 목록에서 몇 가지로 줄일 수 있는 좋은 방법이 있다. 다음과 같은 기준을 사용하면 가능하다.

- **요구사항**: 툴이 높은 수준의 요구사항을 만족하는가? 예를 들어, 웹 기반 솔루션을 찾는데 툴이 클라이언트/서버로만 동작한다면 이 툴은 고려대상에서 제외할 수 있다.
- **지속성**^{longevity}: 툴이 신제품인가? 또는 얼마 되지 않은 툴인가? 다윈의 '적자생존' 법칙이 툴 시장에서도 적용된다. 툴이 사용되고 있어야 하는 연수를 정한다.
- **사용자 기반**: 거대한 사용자 기반은 좋은 사용성을 나타낸다. 오픈소스를 사용하는 분주한 개발 커뮤니티는 더 많은 사용자 피드백과 개선 요청이 있음을 의미한다.
- **과거 경험**: 과거에 여러분 또는 여러분의 고객이 어떤 결함 리포팅 툴에 대한 좋은 경험을 갖고 있다. 즉, 높은 수준의 요구사항을 만족하고, 지속성이 있으며, 사용자 기반을 만족하는 경험을 갖고 있다.

이런 기준을 사용해 툴의 점수를 매기는 분야를 좀 더 작은 범위로 줄일 수 있다. 추가로, 툴을 평가할 때는 다음과 같은 높은 수준의 품질 속성을 고려할 필요가 있다. 이런 속성은 대개 모든 툴에 독립적인 카테고리로 적용된다.

- 제품의 설치가 쉬워야 한다.
- 언인스톨 시 깨끗하게 삭제돼야 한다.
- 팀을 지원하기 위한 타당성과 적극적인 대응이 있어야 한다. 질문에 대한 답을 얻을 수 있는 사용자 그룹이 있어야 한다.

- 문서가 완전하고 이해하기 쉬워야 한다.
- 구성 용이성: 평가 활동에 적합한 능력이 있어야 한다. 다시 말해, 새로운 프로젝트를 평가할 때마다 설정이 쉬워야 한다.
- 조정 용이성tuneability: 원하는 특정 기능이나 결함 유형, 또는 지표에 대한 분석을 가이드하거나 집중할 수 있게 하는 능력이 있어야 한다. 다시 말해, 동일한 프로젝트에 대한 다양한 평가들을 조정하거나 맞추기가 쉬워야 한다.
- 통합 가능성 / 상호 운용성: 더 큰 프레임워크 또는 프로세스로 통합하는 레벨을 툴이 지원해야 한다. 그것이 계획의 일부라면 말이다.
- 업무의 밸런스: 실제 결함을 찾는 데 툴 분석 대 사람 분석의 비율이 얼마나 되는지를 말한다. 다시 말해, 툴이 분석을 완료하는 데 있어 사람으로부터 얼마만큼의 정보가 필요한지를 나타낸다.
- 확대성expandability: 툴이 다양한 애플리케이션과 인프라스트럭처에서 동작해야 한다.
- 확장성extensibility과 기술 격차: 모든 상용 툴은 결국에는 그들이 지원하는 대상 아키텍처보다 기술이 뒤떨어지는 경험을 할 것이다. 개발자들을 위한 새로운 기능이 추가된 새로운 개발 아키텍처가 나오면, 테스트 자동화 툴은 신규 추가된 오브젝트를 인식하지 못하는 경우가 발생한다. 따라서 신기술, 새로운 오브젝트 또는 메소드에 대비하기 위해 툴의 확장성과 유연성을 평가하는 일이 중요하다.

툴을 선정할 때 고려할 수 있는 영역들이 있다. 부록 C에서 적합한 툴을 선정하는 실제 예제를 다뤘으니 참고하기 바란다.

4.5 툴 벤더 전체를 보더라도 자동화 표준은 부족하다

수많은 벤더에서 소프트웨어 테스트 자동화 툴을 제공하고, 다양한 오픈소스 테스트 툴을 사용할 수 있지만, 꾸준히 유지되는 자동화 표준은 부족하다.

수많은 다양한 표준 타입이 잠재적으로 소프트웨어 테스트 자동화에 영향을 미친다. 테스트 자동화의 ROI 개선은 테스트 대상 컴포넌트와 테스트 툴 및 하니스

harness, 그리고 테스트 환경에 표준을 적용함으로써 실현될 수 있다. 표준 타입을 결정할 때 가장 관심을 갖고 봐야 하는 핵심 고려사항이 있는데, 다음과 같은 특성을 얼마만큼 지원하는지 확인하는 것이 좋다.

- **자동화하기 쉬워야 함**: 자동화에 필요한 시간과 복잡도를 줄인다. 그 결과 초기 투자 비용을 줄이거나 자동화로 달성할 수 있는 수준을 높일 수 있다.
- **플러그 앤 플레이 지원**: 제품에서 테스트 자동화 패턴의 재사용을 늘린다. 이를 통해 동일한 테스트 시나리오가 주어질 때 다양한 자동화 컴포넌트를 재사용할 수 있다.
- **제품의 가용성**availability: 테스트 자동화를 지원하고, 테스트가 진행되는 동안 애플리케이션 모니터링과 제어 같은 연관된 기능을 포함하는 제품 선택의 폭을 늘린다.
- **제품의 교체 가능성**interchangeability: 벤더 종속성을 줄이고, 개발자들이 다양한 자동화 툴을 선택할 수 있게 한다. 다양한 테스트 프로세스와 다양한 베이스라인을 교체할 수 있고, 이를 통해 이전 자동화 업무를 극대화할 수 있다.
- **제품의 상호 운용성**interoperability: 하나의 테스트 세트 내에서 다양한 제품을 사용할 수 있는 능력이다. 개발자는 다양한 제품에서 제공되는 기능을 극대화하고, 그 결과 좀 더 강력하고 높은 품질의 테스트를 수행할 수 있다.
- **크로스 플랫폼 호환성**: 하나 또는 그 이상의 툴이 다양한 OS와 기술에서 크로스 플랫폼 호환성을 갖는 능력이다.
- **테스트 능력**: 강력하고 철저한 테스트 자동화가 되도록 개선하면, 높은 품질의 테스트를 수행할 수 있다.

테스트 자동화 툴 표준 샘플

테스트 자동화 툴은 표준을 위한 많은 기회를 제공한다. 현재 테스트 자동화 표준이 가장 많이 활용되는 곳은 하드웨어 테스트다. 하지만 소프트웨어 테스트 툴의 다양한 측면들을 표준화할 때도 중요한 효과를 볼 수 있다.

- **스크립트 언어**: 테스트 자동화 툴은 스크립트 언어를 사용해 테스트의 이벤트를 제어한다. 각 테스트 툴은 자체 스크립트 언어를 갖고 있다. 이런 언어들 중 일부는 오픈 표준을 따르지만, 대부분은 자체적으로 사용하고 있다. 공통 스크립트 언어를 위한 표준을 사용하면 제품의 교체 가능성을 높일 수 있다. 표준을 따르면, 한 테스트 자동화 툴에서 사용하는 스크립트 세트를 잠재적으로 다른 툴에서도 사용할 수 있다. 예를 들어, A 툴과 B 툴이 동일한 스크립트 언어를 사용한다고 해서 스크립트를 교체할 수 있는 건 아니다. A 툴과 B 툴의 레코딩 메커니즘이 각기 다르기 때문이다.[14]

- **캡처 기능**: 수많은 테스트 자동화 툴이 캡처 기능을 갖고 있다. 테스터의 키 입력을 레코딩해서 테스트를 실행할 수 있다. 모든 테스트 자동화 툴에는 다양하고 독립적인 레코딩 기능이 있다. 이런 레코딩 기능이 표준화되지 않기 때문에, 동일한 테스트 단계이지만 툴마다 다른 스크립트가 생성되고 있다.

- **테스트 데이터**: 수많은 테스트 자동화 툴에서 테스트 데이터를 생성하는 방식을 제공한다. 어떤 툴은 데이터베이스 데이터를 제공하고, 어떤 툴은 파일로 제공하지만, 둘 다 제공하는 툴은 드물다. 테스트 데이터를 생성하는 표준 방식을 따르면 유용할 것이다.

- **모듈화**: 현재 다양한 테스트 자동화 툴에서 테스트 스크립트를 컴포넌트화 및 모듈화할 수 있는 기능을 제공한다. 예를 들어, 상위 스크립트에서 하위 스크립트를 호출할 수 있다. 표준을 따르는 모듈화 기능을 제공한다면 다른 툴에서도 모듈화 및 컴포넌트화된 스크립트를 재사용할 수 있다.

- **API**: 수많은 테스트 자동화에서 테스트 하니스가 필요하다. 예를 들어, 테스트 하니스는 툴에서 제공하는 애플리케이션 프로그램 인터페이스[API, application program interface]를 통해 테스트 툴로부터 입력을 전달받는다. 입력은 테스트 진행 중인 애플리케이션에서 정의한 API 호출로 변환된다. 이렇게 테스트 툴과 테스트 대상 애플리케이션 사이의 효과적인 브리지 역할을 한다. 하니스는 또한 결과를 수집해서 테스트 툴에게 전달하는 역할도 한다. 현재 테스트 툴과 테스트

---

14 동일한 스크립팅 언어를 사용하는 2개의 주요 벤더 제공 테스트 툴을 비교함으로써 확인했다. 스크립트마다 너무 많은 고유 정보를 갖고 있기 때문에 변환할 수 없었다.

하니스 사이의 API는 표준화되어 있지 않다. 이런 API의 표준은 테스트 자동화 툴의 교체 가능성을 높이는 데 중요한 교두보가 될 수 있다. 공통 스크립트 언어와 API가 일관성 있게 제공된다면, 툴을 훨씬 쉽게 사용할 수 있고 새로운 툴을 익히는 학습 곡선을 줄일 수 있을 것이다.

- **테스트 툴의 결과와 리포팅**: 현재 수많은 테스트 자동화 툴은 테스트 결과 및 리포트를 생성하는 다양한 메소드를 사용한다. 테스트 실행 결과와 리포팅에 관련된 표준은 현재 없다.
- **다른 테스트 지원 툴과 통합**: 수많은 테스트 자동화 툴은 다른 지원 툴에 임포트 또는 익스포트할 수 있는 API를 제공한다. 여기서 말하는 다른 지원 툴은 요구 사항 관리, 형상 관리, 결함 추적 툴이 될 수 있다. 하지만 모든 툴이 표준을 따라 이런 기능을 제공하지 않는다.

여기서 설명하는 표준 말고, 다른 영역에서도 자동화를 지원하는 표준을 따를 때 많은 효과를 볼 수 있다. 예를 들어, 소프트웨어 테스트 자동화를 지원하는 개발을 진행하는 동안 시스템 엔지니어링 표준을 적용할 수 있다. 현재 OMG에서는 테스트 및 재테스트 자동화^{ATRT, automated test and retest}라고 불리는 소프트웨어 테스트 자동화 업무와 관련된 표준을 만드는 작업을 진행하고 있다.

4.6 비즈니스 케이스의 부족

앞서 3장에서는 비즈니스 케이스의 필요성에 대해 설명했다. 우리의 경험에 비춰 볼 때, 비즈니스 케이스가 개발되고 승인되어 모든 의사결정권자로부터 테스트 자동화 업무를 진행하도록 최종 결정을 받으면, 관련된 모든 구성원은 성공에 대한 책임을 느끼게 된다. 모두가 다 같이 테스트 자동화 프로그램의 성공에 관심을 가지면, 성공할 가능성은 더 높아진다. 따라서 비즈니스 케이스를 개발해서 승인받는 것도 중요한 하나의 목표다. 비즈니스 케이스를 개발하는 방법에 대해서는 3장을 참고하기 바란다.

4.7 정리

소프트웨어 테스트 자동화가 효율적인 툴이고 테스트 툴박스에서 사용돼야 한다는데는 대부분의 사람들이 동의하지만, 여전히 소프트웨어 테스트 자동화 업무에서다양한 이유로 실패한다. R&D는 연구와 개발만 고려하는 것이 아니라 테스트 컨셉과 관련된 분야도 고려해야 한다. 테스트가 기술 구현의 성공과 회사의 체감 품질에 큰 영향을 줄 수 있기 때문이다.

소프트웨어 테스트 자동화에 관한 수많은 오해들이 여전히 존재하는데, 소프트웨어 테스트 자동화의 현실을 여기서 설명했다. 사람들의 기대를 적당히 관리할 필요가 있다.

소프트웨어 개발자들이 선별된 베스트 프랙티스를 따른다면, 여기서 설명한 오픈 아키텍처 표준들을 사용하거나 또는 우리가 제안하는 AAA 컨셉을 사용하고, 표준 문서를 사용하며, 여기서 추천한 GUI/인터페이스 리스트를 따르고, 컴포넌트재사용의 라이브러리 컨셉과 코딩 표준 준수 같은 선별된 베스트 프랙티스를 따른다면, 소프트웨어 테스트 자동화는 성공할 것이고, 이미 적용 중인 효과적인 프로세스에 완벽하게 통합될 수 있다. 또한 벤더에서 자동화 툴 표준 작업을 하게 될때, 소프트웨어 테스트 자동화 업무는 성공에 한 발짝 더 다가설 수 있을 것이다.

2부

자동화 방법:
성공적인 자동화를 위한
6가지 핵심 활동

5장

핵심 활동 1: 요구사항 이해

요구사항은 테스트 자동화 업무의 청사진 역할을 한다.

이전 장들에서는 소프트웨어 테스트 자동화의 정의와 필요한 이유에 대해 설명했다(이와 함께 간략히 어떻게 할 때 더 좋은 효과를 볼 수 있는지도 언급했다). 이제 다음 6개의 장에 걸쳐서는 소프트웨어 테스트 자동화를 성공적으로 구축하는 데 필요한 6가지 핵심 활동을 설명하고자 한다. 6가지 핵심 활동은 다음과 같다.

핵심 활동 1: 요구사항 이해
핵심 활동 2: 테스트 자동화 전략 수립
핵심 활동 3: 소프트웨어 테스트 자동화 프레임워크 테스트
핵심 활동 4: 지속적인 진척 현황 추적에 따른 적절한 대응
핵심 활동 5: 소프트웨어 테스트 자동화 프로세스 구현
핵심 활동 6: 적합한 인력을 프로젝트에 투입(필요한 스킬 세트 파악)

테스트 대상 시스템과 테스트의 요구사항, 그리고 자동화 요구사항을 완전히 알고 이해하는 것은 소프트웨어 테스트 자동화 구축을 성공하는 데 영향을 줄 수 있는 가장 중요한 요소 중 하나다. 요구사항은 소프트웨어 테스트 자동화 프로그램을 빌드, 구축, 측정하는 기준으로 사용할 수 있다.

5장에서는 요구사항을 이해하는 일의 중요성에 대해 다룬다. 이것은 테스트 자동화 전략에 바로 반영될 수 있는데, 이에 대해서는 6장 '핵심 활동 2'에서 자세히 다룰 것이다. 그리고 나서 7장에서는 테스트 케이스를 포함하는 소프트웨어 테스트 자동화 설계 및 구현 방법을 설명한다. 8장에서는 지속적인 진척 현황 추적의 중요성에 대해 설명한다. 9장에서는 높은 수준의 프로세스를 만드는 방법에 대해 설명한다. 10장에서는 적합한 사람을 각 업무에 할당하는 방법을 설명한다. 각 장에 걸쳐 설명하는 6가지 핵심 활동은 매우 중요하고, 모든 핵심 활동은 서로 긴밀한 관계를 가지며, 서로 포함되기도 하고, 각 활동이 병렬로 동시 진행되기도 한다.

우리는 요구사항을 성공적으로 만들기 위한 방법들에 대해 수많은 리서치를 진행해왔다. 5장에서는 이 모든 리서치 결과를 단순히 전달하기보다는 소프트웨어 테스트 자동화 업무를 지원하기 위해 높은 수준의 요구사항 정보를 수집하는 방법에 초점을 맞추려고 한다.

여기서는 사용 가능한 요구사항 정보를 정의하는 방법을 가이드하고, 중요한 정보를 놓치게 될 때 무엇을 해야 하는지를 제안한다. 자동화를 위해 어떤 테스트 요구사항을 정의해야 하는지에 대해서는 추가적인 분석이 필요한데, 6장에서 자세히 설명한다. 5장의 마지막에서는 중앙 데이터베이스에서 요구사항을 문서화하는 일의 중요성을 설명하고, 요구사항 개발의 추적 매트릭스traceability matrix에 대해, 그리고 성공적으로 요구사항을 만드는 데 무엇이 필요한지를 살펴볼 것이다.

5.1 소프트웨어 테스트 자동화를 지원하는 요구사항에 대한 이해

효과적인 소프트웨어 테스트 자동화 프로그램을 위해 다음과 같은 다양한 요구사항이 필요하다.

- 테스트 대상 애플리케이션 또는 테스트 대상 시스템 요구사항
- 자동화 프레임워크와 자동화 툴 요구사항
- 소프트웨어 테스트 자동화 데이터 요구사항
- 소프트웨어 테스트 자동화 환경 요구사항
- 소프트웨어 테스트 자동화 프로세스 요구사항

요구사항은 간결한 방식으로 명확하게 작성돼야 한다. 그래야 요구사항을 쉽게 이해할 수 있고, 정확한 소프트웨어 테스트 자동화 계획의 기초가 될 수 있다. 모든 정보가 수집될 때, 수집된 정보의 품질과 정확도는 일반적으로 이 업무에 할당된 시간과 노력의 양에 비례한다. 적당한 정보를 수집하는 동안 소프트웨어 테스트 자동화 업무에 중요한 정보와 질이 낮은 정보, 그리고 중요하지 않은 정보를 반드시 구분해야 한다. 이것은 종종 요구사항 우선순위 분류를 평가할 때 수행되는데, 예를 들어 애플리케이션이나 시스템에 매우 중요한 기능이면 하이 리스크high-risk 기능으로 분류된다. 또한 인터뷰 기술 같은 다양한 정보 수집 기술을 사용할 수 있는데, 이에 대해서는 5.3절에서 설명한다.

테스트 대상 애플리케이션 또는 테스트 대상 시스템 요구사항

테스트 대상 시스템 요구사항은 어떤 형식이 없을 수도 있다. 하지만 이것들 또한 형식화할 수 있고 때로는 계약상 의무가 될 수도 있다. 고객이 원하고 승인한 것을 반영하고, 프로젝트 팀이 동의한 것을 반영하게 된다. 여기서 말하는 고객customer은 제품, 시스템 또는 프로젝트를 개발하기 위한 대상이 되는 사람 또는 그룹으로 정의한다. 고객은 내부 고객 또는 외부 고객 모두가 될 수 있다.

이론적으로 다양한 이유 때문에 테스트 자동화 엔지니어는 소프트웨어 개발 프로세스 초기에 투입된다. 업무를 초기부터 이해하기 위해, 자동화 가능하고 테스트 가능한 요구사항을 만들기 위해, 그리고 초기부터 일정한 품질을 유지하기 위해 참여한다. 하지만 여러분이 중간에 프로그램과 업무를 처음 접한다고 가정해보자. 프로그램의 초기에 투입되지 않았기 때문에, 사용 가능한 정보를 정의해야 한다. 또는 '시스템은 다음과 같이…'와 같은 요구사항 문서를 찾아보면서 비즈니스 로직을 좀 더 명확히 이해하고자 노력 중일 수도 있다. 일반적으로 이런 정보는 수많은 형태로, 그리고 수많은 영역으로부터 온다. 그림 5-1은 프로젝트 요구사항, 테스트 대상 애플리케이션 요구사항, 아키텍처와 설계 문서, 그리고 심지어는 테스트 프로시저가 테스트 요구사항과 자동화 요구사항 정보를 얻을 수 있는 근거가 될 수 있음을 보여준다.

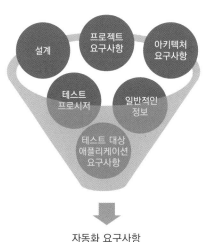

자동화 요구사항

그림 5-1 소프트웨어 테스트 자동화 요구사항의 입력

이런 정보가 있을 때, 이제 업무를 수행할 수 있을 정도로 깊이 이해할 수 있을 것이다. 업무를 정확히 이해하는 것, 즉 업무의 범위와 업무와 관련된 테스트 목표를 이해하는 것은 소프트웨어 테스트 자동화 계획의 최상위 엘리먼트가 된다. 다음과 같은 방식으로 진행할 수 있다.[1]

● **시스템의 이해**

전체 시스템 뷰에는 테스트 대상 시스템이 반드시 만족시켜야 하는 기능 및 비기능(보안, 성능, 사용성 등) 요구사항의 이해가 포함된다. '시스템은 다음과 같이…' 와 같은 요구사항 명세서 문서 조각들을 읽어서는 전체 그림을 이해하기 어렵다. 시나리오 및 기능 플로우는 이렇게 구분되고 분리된 문장으로 표현하기 힘들고, 비즈니스 로직은 명확하지 않기 때문이다. 전체 그림을 제공하려면 시스템에 대해 설명하는 미팅을 열어야 하고, 다른 적합한 문서를 검토해야 한다. 예를 들어 제안 시스템이 해결해야 하는 문제들을 기술한 제안서, 제품 관리 사례 연구, 높은 수준의 비즈니스 요구사항, 시스템 및 설계 상세 요구사항의 검토가 필요하다.

---

1   더스틴의 『Effective Software Testing』 내용을 각색했다.

● 범위의 이해

다음으로 중요한 부분은 테스트 요구사항의 범위에 대한 이해다. 수행이 필요한 테스트 자동화에는 기능적인 요구사항 테스트, 네트워크 테스트, 서버 성능 테스트, 사용자 인터페이스 테스트, 성능 테스트, 프로그램 모듈 복잡도 분석, 코드 커버리지 테스트, 보안 테스트, 메모리 누수 테스트, 사용성 테스트가 포함될 수 있다.

요구사항 정의는 자동화 프로젝트의 중요한 부분이다. 요구사항의 부정확한 해석이나 심지어 요구사항이 누락되면, 일정이 연기되고 리소스가 낭비되는 결과를 초래할 테고, 결국에는 고객 불만족으로 이어질 것이다.

일부 요구사항은 쓰여진 그대로 테스트 가능하지 않을 수 있고 또는 자동화 가능하지 않기 때문에, 구체화할 필요가 있다. 예를 들어, '애플리케이션은 ANSI/C++ 표준을 준수해야 한다'라는 요구사항은 너무 광범위하고 그 자체로는 자동화하기 매우 어렵다. 요구사항을 상세한 필요에 따라 분류하고, 분류된 각 요구사항에는 우선순위를 부여해야 한다.

소프트웨어 테스트 자동화 프레임워크와 자동화 툴 요구사항

일단 테스트 대상 시스템 또는 테스트 대상 애플리케이션의 요구사항과 테스트 대상 애플리케이션의 아키텍처와 설계 컴포넌트, 그리고 사용된 기술들을 이해한 후에, 그리고 실제 테스트 대상 시스템 또는 프로토타입의 일부분을 돌려볼 수 있다면, 이제 소프트웨어 테스트 자동화 프레임워크와 자동화 툴의 요구사항을 정리하기 위한 좋은 시작점이 될 수 있다. 6장에서는 전체 요구사항을 이해하는 한 부분으로 테스트 자동화 전략을 자세히 설명할 것이다. 소프트웨어 테스트 자동화 프레임워크의 요구사항을 프로젝트 초기부터 생각하는 것은 좋은 자세다. 여기서는 테스트 대상 소프트웨어의 요구사항을 검증하려면 소프트웨어 테스트 자동화 프레임워크에는 어떤 요구사항이 있어야 하는지 고려하는 데 주안점을 둬야 한다. 때로는 전체 소프트웨어 테스트 자동화 프레임워크와는 독립적으로 툴 자체를 가지고 소프트웨어 테스트 자동화 업무에 성공적으로 사용할 수 있다. 경우에 따라서는 툴을 소프트웨어 테스트 자동화 프레임워크의 일부분으로 좀 더 효과적으로 사용할 수 있게 통합할 수 있다. 부록 C에서는 적합한 소프트웨어 테스트 자동화 툴을 선택하는 방법을 설명하고 있으니 참고하기 바란다.

프레임워크 요구사항은 프로그램과 자동화 업무에 특화된 테스트 자동화 니즈를 따라 정의해야 한다. 부록 D에서는 테스트 자동화 프레임워크의 사례 연구와 프레임워크 요구사항 예제, 그리고 이것을 필요에 따라 어떻게 적용하는지를 설명하고 있으니 참고하기 바란다. 앞서 언급했듯이, 소프트웨어 테스트 자동화 프레임워크를 개발하고 툴을 만들려면 소프트웨어 개발이 필요하고 소규모의 개발 수명주기가 필요하다. 소프트웨어 테스트 자동화 프레임워크를 만드는 일은 소프트웨어 개발 수명주기와 병렬로 진행될 수 있다. 하지만 먼저 소프트웨어 테스트 자동화 프레임워크의 요구사항과 니즈를 고려해 만들어야 한다. 그리고 이 요구사항을 토대로 소프트웨어 테스트 자동화 프레임워크를 설계하고 구현한다. 그런 다음 테스트해야 한다. 이에 대해서는 7장에서 자세히 설명한다.

소프트웨어 테스트 자동화 데이터 요구사항

테스트 데이터 요구사항을 검토할 때는 데이터의 깊이와 너비, 범위, 테스트 실행 데이터 통합, 조건들을 고려해야 한다. 이와 관련된 내용은 2장에서 이미 설명했다.

소프트웨어 테스트 자동화에서 기본적으로 사용하는 테스트 데이터 볼륨(깊이, 너비, 조건의 경우의 수)은 매우 크다. 2장의 '테스트 데이터 생성: 테스트 업무/일정 줄이기' 절에서 소프트웨어 테스트 자동화가 테스트 데이터 생성 업무를 어떻게 줄일 수 있는지 상세하게 설명하고 있으니 참고하기 바란다. 효과적인 소프트웨어 테스트 자동화 전략을 세우려면 꼼꼼히 데이터를 수집하고 준비해야 한다. 소프트웨어 테스트 자동화의 테스트 전략에 대해서는 6장에서 설명할 것이다. 테스트 데이터 요구사항을 주의 깊게 준비하는 작업은 요구사항 수집 단계부터 진행할 필요가 있다. 그리고 효과적인 테스트 데이터를 만들기 위해 다양한 조건을 고려해야 한다. 또한 테스트 데이터 요구사항을 검토할 때는 데이터의 깊이와 너비, 범위, 테스트 실행 데이터 통합, 조건 등의 데이터 고려사항을 포함해야 한다. 고려사항은 구체적으로 다음과 같다.

- 필요한 테스트 데이터의 양/볼륨(2장의 데이터 깊이를 참고하기 바란다.)
- 모든 비즈니스 시나리오를 다루는 데이터(2장의 데이터 너비를 참고하기 바란다.)
- 적용된 테스트 테크닉 종류. 예를 들어 경계 값 테스트에서는 모든 경계 값 데이터를 사용하고, 등가 분할에서는 등가 분할 데이터를 사용하고(이에 대해서는 3장의 '보이지 않는 영역의 자동화 세이브(ROI)' 절을 참고하기 바란다), 리스크 기반 테스트에서는 높은 리스크 영역을 다루는 데이터를 사용할 것으로 이해할 수 있다.

다음으로 테스트 데이터를 어떻게 수집할지를 고려해야 한다. 예를 들어, '라이브' 데이터 또는 프로덕션 데이터를 사용할 수 있을까? 때로는 테스트 데이터로 라이브 데이터를 사용한다. 얼핏 보기에 좋아 보이는데, 구체적으로 다음과 같은 이유로 효과적인 솔루션이 될 수 있다.

- 라이브 데이터는 일반적으로 필드와 값 등이 정확한 포맷을 갖는다. 물론 애플리케이션의 데이터베이스 스키마나 데이터베이스 디자인이 완전히 변경되지 않고 데이터 필드와 요구사항이 변경되지 않을 경우 정확성을 유지할 것이다. 그래서 이 부분은 확인이 필요하다.
- 라이브 데이터를 사용하면 테스트 데이터 생성에서는 생각하지 못했던 테스트 조건을 얻을 수 있다.
- 라이브 데이터를 사용하면 로드 테스트^{load test} 시나리오를 수행할 수 있다.

하지만 테스트 대상 애플리케이션에서 라이브 데이터를 사용할 때는 모든 개인 정보를 '깨끗하게' 정리하고 사용해야 한다. 이에 대해서는 2장에서 설명했다. 테스트 데이터를 생성하는 다른 방법으로는 스크립트를 작성하거나 테스트 자동화 툴을 사용해 생성할 수 있다.

테스트 데이터를 수집하는 두 방법 모두 테스트 데이터 커버리지를 고려해야 한다. 예를 들어, 요구사항을 검증하기 위해 테스트 데이터가 다양한 시나리오와 비즈니스 로직을 다룰 수 있는지를 검증해야 한다.

다음으로, 테스트 데이터를 '변경할 수 있는지' 또는 '변경할 수 없는지'를 결정해야 한다.

변경할 수 있는 테스트 데이터: 변경할 수 있는 테스트 데이터는 테스트의 유효성에 영향을 주지 않고 변경할 수 있다. 예를 들어, 테스트 케이스는 1~n개의 데이터 비율로 메시지를 전송하는 테스트 요구사항을 가질 수 있다. 사용자에게 데이터 비율을 선택할 수 있게 하거나 또는 사용자에게 데이터 비율을 입력할 수 있게 하면, 테스트 요구사항을 완전히 만족시킬 수 있는 유연성을 제공할 수 있다. 변경할 수 있는 테스트 데이터는 사용자가 쉽게 수정할 수 있는 방식이어야 한다. 이를 통해 실제 테스트 자동화 소프트웨어에 대한 아무런 지식이 없어도 사용자는 테스트 입력 값을 다양하게 변경해 테스트할 수 있다. 이것은 그림 5-2와 같은 사용자 인터페이스를 통해 제공할 수 있다. 그림에서 보면 사용자는 전체 테스트에 쉽게 접근할 수 있다. 그리고 변경할 수 있는 데이터만 사용자에게 제공되고, 현재 사용 중인 데이터 값을 볼 수 있다.

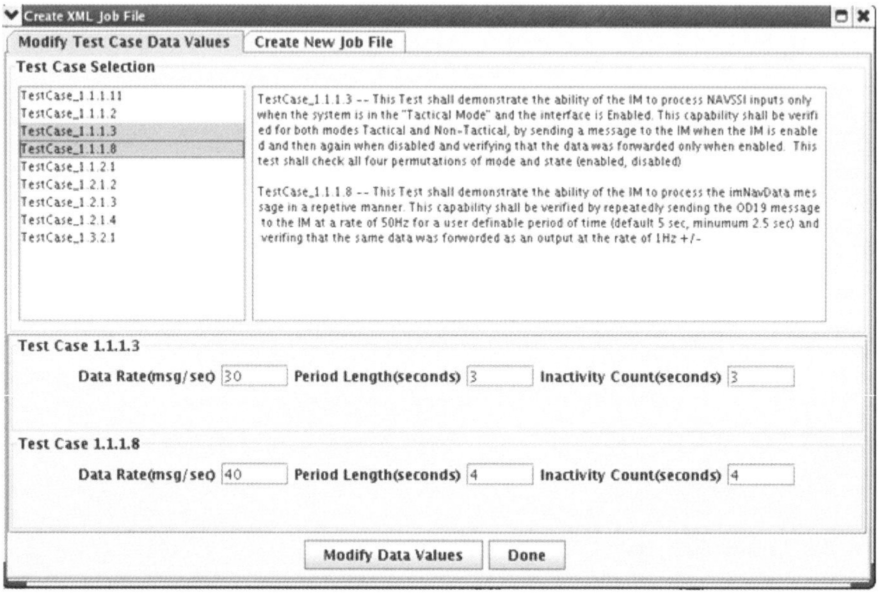

그림 5-2 사용자 인터페이스 스크린 캡처 예

변경할 수 없는 테스트 데이터: 지정된 테스트 요구사항 조건을 검증하는 데 사용되는 테스트 데이터는 변경할 수 없어야 한다. 예를 들어, '10Hz의 비율로 전송되는 메시지를 검증'하는 요구사항이 있으면, 데이터 비율을 변경할 수 없다. 이렇게 하면 특정 비율로 메시지를 전송하는 요구사항은 테스트하지 않을 수 있다. 정확한 특정 테스트 데이터는 여전히 필요하고, 소프트웨어 설계에서도 필요하지만, 우리의 목표는 데이터를 고정하는 것이다.

테스트 환경 요구사항

테스트 환경은 물리 테스트 업무를 지원하는 모든 구성요소를 포함한다. 예를 들어, 테스트 환경을 생성하고 유지하려면 테스트 데이터, 하드웨어, 소프트웨어, 네트워크와 설비 요구사항이 필요하다. 테스트 환경에 대한 계획을 세울 때는 테스트 환경에 접근하는 사용자 수와 사용자 타입에 대한 정의가 필요하다. 그리고 이런 사용자를 감당할 수 있는 충분한 수의 컴퓨터를 확보할 수 있는지 확인이 필요하다. 필요한 환경 설정 스크립트와 테스트베드testbed 스크립트의 수와 종류도 고려해야 한다. 여기서 프로덕션 환경production environment이라는 용어는 소프트웨어가 실행되는 최종 환경을 말하는 것이니 참고하기 바란다. 테스트 환경의 범위는 단일 최종 사용자 컴퓨터에서부터 인터넷에 연결되어 있는 전체 네트워크 컴퓨터가 될 수 있다.

때로는 비용 효과를 높이기 위해 가상 테스트 환경을 고려할 수 있다. 가상 테스트 환경은 소프트웨어 제품의 시각화를 제공해줄 수 있다. 가상 환경을 사용하면 비용 효과 측면 외에도 테스터에게 테스트 환경을 완전히 제어할 수 있게 해준다. 가상 환경과 관련된 수많은 정보를 인터넷에서 찾아볼 수 있다. 예를 들어, VM웨어 워크스테이션은 물리적인 단일 PC에서 다양한 x86 또는 x86-64 호환 운영체제를 실행할 수 있는 소프트웨어 제품이다.[2] VM웨어 소프트웨어는 하드웨어 세트를 완전히 시각화할 수 있다. 다시 말해 비디오 어댑터, 네트워크 어댑터, 하드 디스크 어댑터를 사용하는 하드웨어를 시각화할 수 있다. 호스트 컴퓨터에서 게스트 컴퓨터의 사용자 USB, 직렬 및 병렬 디바이스 연결을 지원할 수 있다. 이런 방식으로 VM웨어 가상 머신은 컴퓨터들 사이에서 높은 호환성을 제공한다. 모든 호스트에서 거의 동일한 게스트를 보기 때문이다. 일례로, 시스템 관리자는 가상 머신 게스트에서 오퍼레이션을 중단시키고, 게스트를 다른 물리적인 컴퓨터로 이동 또

---

2 http://en.wikipedia.org/wiki/VMware

는 복사한 후, 중단한 그 지점에서 다시 실행을 재개할 수 있다. 엔터프라이즈 서버의 VMotion이라 불리는 기능을 사용하면, 비슷하지만 분리되어 있는 하드웨어 호스트 사이에서 동일한 스토리지를 공유하면서 게스트 가상 머신을 마이그레이션할 수 있다.

하지만 가상 테스트 환경이 오류가 없는 건 아니다. 그래서 가상 환경에 대해 매우 자세히 알고 한계를 파악할 필요가 있다. 예를 들어, 특정 프로토콜을 사용하는 테스트 대상 애플리케이션의 일부 기능을 가상 환경에서는 지원하지 않을 수 있다. 그리고 가상 환경에서는 발견되지 않은 이슈가 실제 환경에서 나타날 수 있다.

테스트 팀은 프로젝트 계획 문서를 검토할 때, 특히 프로덕션 환경과 동일한 테스트 환경 준비 계획을 확인할 필요가 있다. 단위 및 통합 레벨의 테스트는 일반적으로 개발 환경에서 수행할 수 있다. 하지만 시스템 및 사용자 인수시험 테스트는 따로 마련된 테스트 환경, 즉 프로덕션 환경과 동일하게 구성된 환경이나 또는 최소한으로 규모가 축소된 버전의 프로덕션 환경에서 수행해야 한다. 프로덕션 환경과 동일한 테스트 환경을 구성해야 하는 이유는 테스트 환경이 프로덕션 환경의 기본 구성을 그대로 복제할 수 있어야 하기 때문이다. 그래야 소프트웨어 비호환성, 클러스터링, 방화벽 이슈처럼 애플리케이션에 영향을 줄 수 있는 환경 구성 이슈를 미리 발견할 수 있다. 하지만 프로덕션 환경을 복제하는 데는 비용과 리소스 제한이 있기 때문에 가능하지 않을 수 있다. 이때는 추정extrapolation 기법의 사용을 고려해봐야 한다.

다음으로 넘어가서, 테스트 환경을 설계하기 위해 테스트 팀이 수행해야 하는 준비 활동은 다음과 같다.[3]

- 테스트 대상 소프트웨어의 프로덕션 환경 정보의 샘플 세트를 얻어야 한다. 프로덕션 환경 정보에는 지원 소프트웨어, 벤더 제공 툴, 컴퓨터 하드웨어, 운영체제 리스트가 포함된다. 비디오 해상도, 하드 디스크 공간, 프로세싱 속도, 메모리 특징 같은 정보도 포함돼야 한다. 프린터 특징에는 타입, 용량, 그리고 프린터가 스탠드 얼론stand-alone으로 동작하는지 또는 네트워크 서버에 연결되어 동작하는지가 포함된다.

---

3   또한 모든 IEEE-표준-829-규약 테스트 계획 또는 그 외 테스트 계획의 테스트 환경 섹션 내에서 파악해야 한다.

- 테스트 환경은 일련의 메커니즘 실행이 필요하다. 예를 들어, 테이프 드라이브 또는 CD-R 드라이브를 사용해 큰 파일(특히 클라이언트/서버 시스템에서의 로그 파일)을 저장할 필요가 있을 수 있다.

- 테스트 환경의 네트워크 특징을 파악해야 한다. 전용선, 모뎀, 인터넷 연결, 다양한 프로토콜의 사용 여부를 파악해야 한다.

- 클라이언트/서버 또는 웹 기반 시스템의 경우 필요한 서버, 서버 운영체제, 데이터베이스, 그리고 그 밖의 필요한 컴포넌트 수를 파악해야 한다.

- 테스트 팀에서 필요한 테스트 자동화 툴 라이선스 개수를 파악해야 한다.

- 특정 테스트 프로시저를 실행할 때 필요한 소프트웨어를 파악해야 한다. 예를 들어, VM웨어, 기타 지원 툴, 스프레드시트, 리포트 라이터report writer가 필요할 수 있다.

- 테스트 데이터베이스의 크기 같은 테스트 데이터 요구사항을 고려해야 한다. 가능하다면 테스트 환경 하드웨어를 정할 때 고려하는 편이 좋다. 머신에서 충분한 용량을 사용할 수 있는지, 그리고 테이프 드라이브 또는 네트워크 연결 같은 데이터를 설치할 수 있는 장치가 있는지 확인하는 일은 중요하다.

- 환경 구성 테스트를 위해 이동식 하드 드라이브, 이미지 검색 소프트웨어 등이 필요할 수 있다.

- 보안 인증의 필요와 이와 관련된 예산을 평가해야 한다.

이런 준비 활동을 따라 테스트 팀은 테스트 환경을 설계한다. 테스트 환경 설계는 테스트 환경 아키텍처를 그래픽 레이아웃으로 구성하고, 이를 지원하는 데 필요한 컴포넌트 리스트를 함께 작성한다. 컴포넌트 리스트는 검토가 필요한데, 동일한 컴포넌트가 이미 있지는 않은지, 조직 내 다른 위치로 이동할 수 있는 컴포넌트는 어떤 것이 있는지, 구매해야 하는 컴포넌트는 어떤 것인지 검토해야 한다. 구매해야 하는 컴포넌트는 테스트 설비 구입 리스트에 포함된다. 이 리스트에는 구매 수량, 단위 가격 정보, 유지보수 및 기술 지원 비용이 포함된다. 테스트 팀은 테스트 설비 주문에 몇 가지 백업 컴포넌트를 포함시키도록 요구할 수 있다. 백업 컴포넌트는 하드웨어 고장으로 테스트가 중단될 때 리스크를 완화할 수 있다.[4]

---

4 이런 모든 정보는 테스트 계획 또는 테스트 전략 문서로 문서화될 것이다.

테스트 환경은 충분히 튼튼해야 한다. 기능 테스트, 스트레스 테스트, 성능 테스트, 그리고 그 밖의 소프트웨어 테스트 자동화 단계를 위한 인프라를 제공할 수 있어야 한다.

하드웨어 요구사항

테스트 자동화 실행을 지원하는 테스트 환경을 만들기 위해 하드웨어 요구사항을 정의해야 한다. 프로젝트 팀은 하드웨어 요구사항 리스트를 사용해 업무에 필요한 하드웨어를 구매할 수 있어야 한다. 최소한 리스트에는 하드웨어 이름, 필요한 수량, 내용을 작성해야 한다. 표 5-1은 하드웨어 요구사항 리스트 샘플이다.

표 5-1 하드웨어 요구사항

이름	수량	내용
테스트 대상 애플리케이션 호스트	2	듀얼 3.46GHz 인텔 프로세서, 2GB 램, 100GB 하드 드라이브
ASIM 호스트	1	2GHz 인텔 프로세서, 1GB 램, NDDS 인터페이스
BSIM	1	X 회사의 특수 시뮬레이터, 이더넷 인터페이스(100BT)
분석 호스트	1	2GHz 인텔 프로세서, 1GB 램, 500GB 하드 드라이브
네트워크 스위치	2	24포트 100BT 허브, 1GB 파이버 업링크

프로젝트 팀은 이 리스트를 사용해 필요한 호스트 수와 특수 장비, 네트워크 구성 등을 파악할 수 있다. 일부 항목은 주문하거나 구매하는 데 더 오래 걸릴 수 있다. 특별히 비표준 항복이 그렇다. 이런 항목도 하드웨어 요구사항 리스트를 통해 빨리 파악해서 미리 준비할 수 있다.

소프트웨어 요구사항

테스트 환경에서 테스트 자동화를 실행하기 위한 소프트웨어 요구사항도 명확하게 정의할 수 있어야 하고 문서로 만들어야 한다.

일반적으로 소프트웨어 요구사항에 들어가는 리스트는 다음과 같다.

* 운영체제(버전, 패치 레벨 등)
* 네트워크 통신 프로토콜(TCP/IP, UDP, DDS 등)

- 언어
- 컴파일러
- 테스트 대상 애플리케이션을 실행하고 테스트 자동화를 지원하는 툴(이에 대해서는 6장의 테스트 전략 부분에서 다룬다.)

일반적인 소프트웨어 요구사항 시트는 표 5-2와 같다.

표 5-2 소프트웨어 요구사항

종류	내용	비고
운영체제	리눅스 레드햇 v8.0	테스트 대상 애플리케이션
	윈도우 XP 프로(SP2)	분석 호스트
	LyxOS v3.1	실시간 호스트
	IOS v12.4	라우터 소프트웨어
네트워크 프로토콜	TCP/IP, UDP	
	DDS OCI/Tao v1.2°	
언어	C++ v6.1, 자바(J2SE v4.2.1)	
컴파일러	gcc v4.2.2	
	펄 v5.10	
	파이썬 v2.5.1	
툴	STAF v3.1.5	
	이클립스 v3.3	
	ASIM v1.0b	시뮬레이터 소프트웨어

소프트웨어 테스트 자동화 요구사항

소프트웨어 테스트 자동화 프로세스 요구사항과 기대를 이해하는 일은 전체 요구사항을 이해하는 범위의 일부분이다. 높은 수준의 소프트웨어 테스트 자동화 프로세스는 9장에서 정의했으니 참고하기 바란다. 5장에서는 이런 종류의 프로세스 요구사항에 대해 간단히 언급하고자 한다. 소프트웨어 테스트 자동화 프로세스를 구축하고 그대로 지키는 것은 소프트웨어 테스트 프로그램을 성공으로 이끄는 데 중요한 역할을 한다. 기업 문화의 이해, 적용된 개발 프로세스의 종류, 테스트 기대,

배운 점, 업무 수준, 기술 선택, 예산과 일정이 모두 여기에 포함된다.

- **테스트 단계**

  테스트 기대를 이해하는 일은 중요하다. 말하자면, 어떤 테스트 기대를 관리해야 하는가? 고객이 기대하는 테스트는 어떤 종류의 테스트인가? 예를 들어, 사용자 인수시험 테스트 단계가 필요한가? 만약 필요하다면, 어떤 방법론이 필요한가? 필요하지 않다면 기대하는 마일스톤milestone과 제품은 무엇인가? 기대하는 테스트 단계는 무엇인가? 이런 질문에 대한 답은 소프트웨어 테스트 자동화 계획을 다듬는 데 도움이 된다.

- **배운 점**

  계획 중인 업무와 비슷한 이전 테스트 업무에서 배운 점이나 이슈는 없었나? 이런 정보는 테스트 기대를 예측하고, 기대에 따라 구현하고, 필요하다면 기대를 조정할 때 중요하다.

- **업무의 수준**

  제공된 테스트 대상 시스템을 빌드하는 데 기대되는 업무의 수준은 어느 정도인가? 얼마나 많은 개발자가 투입되는가? 최종 통합 솔루션이 구축할 수 있을까? 또는 좀 더 비용 효과적이면서 적은 개발 시간으로 구축할 수 있을까? 이런 정보는 많은 이유로 유용하다. 테스트 업무의 잠재적인 복잡도와 테스트 종류, 필요한 리소스가 어느 정도일지 미리 예측해볼 수 있다.

- **기술 선택**

  시스템 구현을 위해 선택한 기술들은 무엇인가? 그리고 이 기술들이 지닌 잠재적인 이슈는 무엇인가? 시스템은 어떤 종류의 아키텍처를 사용할 것인가? 데스크톱 애플리케이션인가? 클라이언트/서버 애플리케이션 또는 웹 애플리케이션인가? 이런 정보는 테스트 전략을 결정하고 테스트 툴을 선택하는 데 도움을 줄 수 있다. 소프트웨어 테스트 자동화 프레임워크와 툴에 대해서는 6장에서 설명한다.

- **예산**

  제품 또는 시스템을 구현하고 테스트를 포함한 예산은 얼마인가? 이런 정보는 테스트 종류의 범위를 좁히는 데 도움을 줄 수 있다. 하지만 종종 실제 테스트 업무의 양을 빠트리고 예산을 설정하기도 한다. 따라서 테스트 관리자는 테스트 예산을 잘 챙겨야 한다.

- 일정

시스템을 개발하고 테스트하는 데 얼마나 많은 시간이 할당되는가? 마감 시한은 언제인가? 불행히도, 테스트 업무가 제외된 상태로 일정이 잡히는 경우가 매우 많다. 따라서 테스트 관리자는 테스트 일정이 공식 마감 시한에 포함되도록 확인해야 한다.

- 단계적인 솔루션

단계적인 솔루션으로 구현하고 있는가? 다시 말해, 점진적인 기능 추가로 구성된 수많은 릴리스를 만들 것인가, 아니면 하나의 큰 릴리스를 만들 것인가? 단계적인 솔루션이라면, 반드시 단계와 우선순위를 파악해야 한다. 소프트웨어 테스트 자동화의 개발은 이터레이션의 단계와 구현에 맞춰야 하기 때문이다.

- 기업 문화와 프로세스 이해

기업 문화에 대한 지식과 소프트웨어 개발 및 테스트 프로세스는 소프트웨어 테스트 자동화 계획을 세울 때 중요한 부분이다. 어느 조직에서 프로세스를 소유하고 있는지 파악해야 한다. 테스트 팀이 갖고 있는가? 그렇지 않다면, 테스트 팀은 프로세스를 수행만 하는가? 팀 구성원 모두가 프로세스 개선을 위해 노력해야 하지만, 일부 조직의 QA 또는 프로세스 엔지니어링 그룹에서 가장 중요한 목표가 프로세스 개선이다.

- 테스트 팀의 종류

테스트 업무가 독립적인 테스트 팀에 할당되는가? 독립된 확인 및 검증IV&V, independent validation and verification이 이뤄지는가? 테스트 팀이 개발 팀과 독립되어 있는가? 또는 테스트 엔지니어들이 개발 팀 소속인가?

- 개발 프로세스의 종류

익스트림 프로그래밍, 애자일, 테스트 주도 개발 등 테스트 대상이 되는 개발 프로세스는 무엇인가?

● 역할과 책임

소프트웨어 테스트 자동화 팀의 역할과 책임을 이해하는 일은 중요하다. 예를 들어, 팀이 최종 테스트 대상 소프트웨어 릴리스에 대한 책임을 지고 있는가? 테스트 팀이 '최종' 품질 게이트인가? 다시 말해, 테스트 기준을 모두 만족하면 테스트 팀이 녹색 불(통과) 사인을 내보내는가?

소프트웨어 테스트 자동화 요구사항을 모두 이해해야 할 뿐만 아니라, 소프트웨어 테스트 수명주기에 영향을 주는 모든 컴포넌트도 이해해야 한다. 테스트 계획 사이클의 좀 더 앞 단계에서 모든 프로세스 요소를 이해하고, 필요한 테스트 툴과 스킬을 파악하고, 좀 더 시간을 들이면, 소프트웨어 테스트 자동화를 효과적으로 적용할 수 있는 기회가 더 많이 생긴다.

5.2 소프트웨어 테스트 자동화 요구사항을 지원하는 추가 정보

요구사항 문서와 그 밖의 관련 산출물이 의미가 없거나 현재 유효하지 않을 때, 추가 문서를 검토하거나 소프트웨어 테스트 자동화 프로그램과 관련된 요구사항을 정의한 추가적인 소스로부터 정보를 수집해야 한다. 이런 문서와 정보에는 수동 테스트와 자동 테스트 프로시저가 포함될 수 있다. 마찬가지로 설계 문서와 프로토타입도 포함될 수 있다.

수동 테스트 프로시저

도메인 전문가가 만든 수동 테스트 프로시저는 테스트 대상 애플리케이션을 이해할 때 훌륭한 정보가 될 수 있다. 불행히도 이것은 존재하지 않을 때가 더 많아서 종종 테스트 엔지니어인 여러분이 테스트 프로시저를 개발하는 책임까지 떠맡게 된다. 하지만 이런 수동 테스트 프로시저를 사용할 수 있다면, 이것이 자동화 업무를 분석하는 데 도움이 된다는 사실을 증명할 필요가 있다. 7장에서는 그림 5-5에서 설명하는 하이퍼링크 테스트 케이스의 테스트 단계들과 정확성을 검증하는 방법을 자세히 설명한다.

설계 문서

테스트 대상 애플리케이션의 설계 문서는 테스트 자동화를 구현할 때 큰 도움을 줄 수 있다. 설계 문서에는 소프트웨어 컴포넌트의 상세 설명이 담겨 있고, 컴포넌트가 어떻게 구조화되어 시스템을 구성하는지 설명하고 있다. 설계 문서는 제품의 상세 내용을 제공할 뿐 아니라, 개발자에게 제품 전체에 대한 가이드를 제공한다. 이것은 테스트 대상 애플리케이션과 관련된 귀중한 정보의 보고가 될 수 있고, 효과적인 테스트 자동화를 개발하는 데 필요한 개발 상세 정보를 얻을 수도 있다.

기술 업무에서 일반적인 설계 문서는 다음과 같은 내용을 담을 수 있다.

- **시스템 및 소프트웨어 설계 문서**SDD, system and software design document

  이 문서는 포괄적인 소프트웨어 설계 모델이다. 아키텍처 설계, 인터페이스 설계, 데이터 설계, 프로시저 설계 같은 설계 활동을 포함한다.

- **인터페이스 설계 문서**IDD, interface design document

  IDD는 인터페이스 특징과 인터페이스 설계를 기술한다. 여기에는 하나 또는 그 이상의 시스템, 서브시스템, 하드웨어 구성 항목, 컴퓨터 소프트웨어 형상 항목CSCI, computer software configuration item, 수동 오퍼레이션, 그 외 형상 항목 또는 크리티컬 항목의 인터페이스 설계가 포함된다.

- **데이터베이스 설계 문서**DDD, database design document

  DDD는 데이터의 캡처, 저장소, 공급을 위한 메소드를 정의한다. 사용하는 데이터베이스의 설계를 기술하고, 데이터에 접근하거나 다루는 데 사용하는 소프트웨어도 기술할 수 있다. 데이터베이스 및 이와 관련된 소프트웨어를 구현하는 기초로 사용된다.

프로토타입

프로토타입은 다양한 목적으로 사용된다. 사용자에게 애플리케이션의 실제 모양과 느낌을 미리 보여줌으로써 기능 구현의 기대 결과를 '볼' 수 있게 해준다. 현재 개발 중인 것에 대한 사용자 피드백을 받을 수 있고, 시스템 개발에 앞서 좀 더 사용자가 원하는 프로토타입으로 변경하는 데 도움을 줄 수 있다.

테스트 대상 시스템의 리스크가 크고 복잡한 영역을 미리 프로토타이핑하면, 적절한 테스트 프레임워크를 개발하거나 요구되는 적절한 테스트 툴을 준비하는 데 도움이 된다. 프로토타입을 통해 테스트 자동화 툴을 사용할 때 어느 부분에서 호환성 이슈가 발생할지 미리 파악할 수 있다. 이를 통해 피할 수 있는 방법을 조사하고, 실제 소프트웨어 빌드에 앞서 테스트 자동화를 설계를 조정할 수 있다. 때로는 프로토타입을 통해 테스트 자동화 툴의 결함을 일찍 발견해서, 툴 벤더가 이를 패치할 수 있는 충분한 시간을 제공하기도 한다. 테스트 프로그램 사이클에서 복잡한 테스트 프레임워크를 뒤늦게 적용하는 것은 일반적으로 많은 도움을 주지 못한다. 프로토타입을 사용하면, 테스트 프레임워크의 아웃라인과 접근 방법을 미리 정의해볼 수 있다. 프로토타입은 실제 애플리케이션에 한 걸음 더 가깝게 다가선 것이기 때문에, 테스트 대상 애플리케이션의 기술적 요구사항을 더 많이 이해할 수 있다. 프로토타입은 정적인 요구사항 문서는 제공할 수 없는 상세 수준을 제공할 수 있다. 그래서 테스트 자동화 설계 시 유용하게 쓸 수 있다.

어떤 사람들은 프로토타이핑을 '쓰고 버리는' 작업으로 보기도 한다. 실제 코드상으로 보면 맞는 말일 수 있다. 하지만 한 번 얻은 지식은 보유 지식이 된다. 우리가 어떤 프로젝트에 투입됐는데, 애플리케이션 제작 업체나 원 개발자를 만날 수 없거나 또는 상세 요구사항을 볼 수 없었을 때, 프로토타이핑 및 반복 테스트는 매우 가치가 있었다. 소프트웨어 테스트 자동화를 위한 요구사항을 만들어야 했는데 애플리케이션에 대해 거의 아는 게 없었고, 우리의 고객도 시스템의 상세 아키텍처에 대해서는 전혀 알지 못했다. 그래서 우리는 기본적인 가정과 약간의 정보를 바탕으로 첫 번째 이터레이션을 프로토타이핑했다. 그림 5-3은 우리가 진행했던 프로토타입 프로세스다. 이를 통해 자동화 요구사항을 수용해서 효과적인 소프트웨어 테스트 자동화 프레임워크를 만들 수 있었다.

여러분의 지식 베이스^{knowledge base}와 프로토타이핑 모두를 높이는 데는 일반적으로 엄청난 시간이 필요하다. 하지만 사용할 수 있는 정보가 거의 없는 상황에 놓여 있다면, 프로토타입은 테스트 대상 시스템을 개발하는 데 도움을 줄 뿐만 아니라 소프트웨어 테스트 자동화 프레임워크를 개발하는 데도 도움을 줄 수 있다.

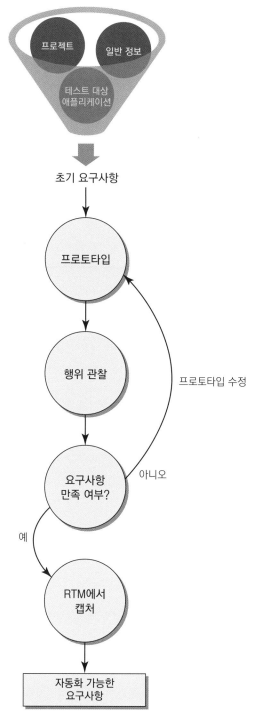

초기 요구사항

프로토타입

행위 관찰

요구사항
만족 여부?

프로토타입 수정

아니오

예

RTM에서
캡처

자동화 가능한
요구사항

그림 5-3 프로토타이핑 프로세스

5.3 사용 가능한 정보가 없을 때

앞서 테스트 대상 시스템에 대한 정보가 거의 없는 상황에서의 프로토타이핑 프로세스를 설명했다. 프로토타이핑은 사용 가능한 정보가 아예 없을 때도 적용할 수 있다. 여기서는 소프트웨어 테스트 자동화 업무를 지원하는 어떤 정보도 없을 때 무엇을 할 수 있는지 설명한다. 최근에 우리 팀은 한 애플리케이션의 테스트 자동화 개발 요청을 받았다. 우리가 보기에 그 애플리케이션은 블랙박스였다. 우리는 소프트웨어 테스트 자동화 요구사항을 받지 못했고, 어떤 테스트 케이스나 테스트 프로시저도 받지 못했다. 그리고 그 애플리케이션 또는 시스템의 개발자나 업체를 만날 수 없었다. 너무 정보가 없는 상황에서 힘들게 업무를 진행하면서, 이런 애플리케이션에 테스트 자동화를 적용하는 일이 고객에게 매우 중요함을 알게 됐다.

운 좋게도, 한 방법론을 적용해서 요구사항, 테스트 케이스, 그리고 성공적인 자동화 프레임워크를 만들어서 중요한 성과를 얻을 수 있었다. 이제 우리는 이 방법론을 성공적으로 적용하고 있다. 이 방법론은 고객이 자신이 원하는 것을 발견하는 데 도움을 줄 수 있는 탐색적이고 발전하는 프로세스다. 이 프로세스에는 인터뷰 진행이 포함된다. 테스트 케이스와 고객의 검증을 따라 소프트웨어 테스트 자동화 프레임워크를 점진적으로 프로토타이핑한다. 이를 통해 우리의 테스트 목표를 달성할 수 있다(우리의 프로토타이핑 접근 방법은 앞에서 설명했다). 그리고 현재 애플리케이션을 기초로 소프트웨어 테스트 자동화 요구사항을 만든다(이런 시나리오에서 접할 수 있는 문제점들을 피하는 방법에 대해서는 '레거시 애플리케이션 또는 레거시 시스템에 기초한 개발 요구사항' 절에서 설명한다).

인터뷰 진행

정보를 수집하는 가장 일반적이고 효과적인 방법은 아마도 인터뷰일 것이다.

고객과 일대일, 일대다, 다대다 세션으로 인터뷰하면 포괄적인 요구사항을 수집할 수 있다. 물론, 적절한 인터뷰가 진행돼야 한다. 인터뷰의 장점과 한계를 이해하고, 어떻게 진행할지를 알아야 한다. 인터뷰를 통해 효과적으로 요구사항을 수집하려면 다음과 같이 진행하자.

1. **충분한 시간을 계획한다. 급하게 진행하지 마라.**

   얼마나 많은 정보를 수집해야 하는가? 이 질문에 대한 대답은 일반적으로 프로세스의 초기에는 알 방법이 없다. 이런 이유로 답을 찾기 위한 충분한 시간을 할애하는 편이 좋다. 수집되는 요구사항들은 자동화 전략과 개발 프로세스의 청사진이 될 것이기 때문에, 견고한 토대 위에서 시작하는 것이 매우 중요하다. 급하게 정보 수집 프로세스를 진행하면 치명적인 정보가 누락되는 결과를 낳을 수도 있다. 진행 중인 프로세스에 나중에 발견되는 정보를 포함시키려면 훨씬 더 많은 시간이 필요할 것이다. 정보 수집 프로세스에서 몇 시간 더 할애해서 요구사항을 간단히 추가하는 편이, 며칠 또는 몇 주에 걸쳐 버그를 수정/재현하는 것보다 낫지 않을까?

2. **프로세스 초기에 용어들을 정의한다.**

   고객과 요구사항에 대해 회의를 진행하다 보면, 우리와 고객이 동일하게 사용하는 단어가 서로 다른 뜻으로 이해되고 있는 경우를 자주 발견하게 된다. 이런 상황을 피하는 방법은 여러분과 고객이 사용할 용어의 뜻을 초기에 합의하는 것이다. 예를 들어 모든 조직에서 '테스트 계획', '테스트 세트', '테스트 프로시저', '테스트 케이스', '테스트 단계' 같은 용어를 동일한 방식으로 정의하진 않는다. 사용하는 용어를 확인해야 하고, 여러분이 생각하는 의미가 고객이 생각하는 의미와 같다고 가정하면 안 된다.

3. **광범위한 질문으로 시작하고, 가능하다면 '예' 또는 '아니오'로 대답할 수 있는 질문을 만들자.**

   인터뷰를 시작하기 전에 광범위한 질문을 만들어야 한다. 이 시간은 여러분이 노력한 만큼 많은 정보를 수집할 수 있는 여러분만의 시간이다. 이 시간을 잘 활용하자. 인터뷰를 진행하는 동안은 광범위한 질문으로 시작한다. 그리고 어떤 정보가 사용 가능한지 그리고 자동화 프로젝트의 범위를 파악하는 데 힘쓴다. 가능하다면 '예' 또는 '아니오'로 대답할 수 있는 질문을 한다. 그러면 인터뷰 세션을 완벽하게 문서로 만들 수 있고, 나중에 있을지도 모를 불일치로 인한 문제를 피할 수 있다.

4. 질문에 대한 대답을 피드백한다.

인터뷰 세션을 진행하면서 또 하나의 실용적인 방법은 고객으로부터 전달받은 답변을 피드백하는 것이다. 이렇게 함으로써 특정 주제에 대한 잘못된 전달이나 오해를 완화하는 데 도움이 될 수 있다. 피드백은 각 질문을 점진적으로 추가하거나 또는 질문 전체를 요약해서 전달할 수 있다. 예를 들어 설계 문서의 사용성에 관련된 몇 가지 질문 후에, 고객에게 다음과 같이 질문할 수 있다. "당신은 우리 자동화 팀이 '인터페이스 요구사항 문서', '인터페이스 설계 문서', '시스템 설계 문서' 같은 설계 문서에 접근해서 사용할 수 있음을 언급했습니다. 이것이 맞으면, 이것을 좀 더 유용하게 하는 방법이 있지 않을까요?"

앞에서 언급한 우리의 제안을 따르는데도 요구사항에 대한 그림이 명확하게 그려지지 않는다면 매우 유용한 또 다른 전술이 있는데, 그것은 "왜?"라는 질문을 던지는 것이다. "왜?"라는 질문은 대립적이지 않고, 공격적이지 않으며, 도전적이지 않은 표현 방법이다.[5] 여러분은 정보를 수집하고 논리적으로 이것을 자동화 요구사항으로 옮기는 일을 하면 된다. 그리고 종종 좀 더 구미에 맞는 방식으로 "왜?"라는 질문을 던질 수 있다.

단순한 질문인 "왜?"를 다양한 방식으로 표현할 수 있다. 자신에게 맞는 편안한 방식을 찾아보라. 그러면 인터뷰 대상자도 편안함을 느낄 것이다. "왜?"를 사용해 부드럽게 정보를 수집하면, 다음과 같은 유용한 정보를 얻을 수 있다.[6]

- "왜?"라는 질문을 하면 때때로 질문을 받은 사람이 추측하던 내용이 겉으로 드러나기도 한다.
- "왜?"라는 질문을 하면 아무도 생각조차 못했던 숨어 있던 요구사항이 드러날 수 있다.
- "왜?"라는 질문을 하면 요구사항에 대한 추가적인 상세 정보를 얻을 수 있기 때문에 요구사항을 좀 더 꼼꼼하게 이해할 수 있다.

---

5   이스터 더비(Ester Derby), '고객 인터뷰를 통해 요구사항 기초 만들기', Insights 2, no. 1(2004): 1-4

6   칼 위거스(Karl E. Wiegers), 『실용적인 소프트웨어 요구사항(More about Software Requirements)』(정보문화사, 김도균 역, 2006)

- "왜?"라는 질문 또는 비슷한 질문을 하면 필수 지식과 필요 없는 정보를 가려낼 수 있다.

요구사항을 완전히 이해하기 위해 "왜?"라는 질문을 어떤 형태로든지 계속 해야 한다. 여러분이 듣는 것을 그대로 믿어서는 안 된다. 회의론자가 되어 집요하게 조사해야 한다. 정보를 수집하는 데 충분한 시간을 할애하고 모두가 이 정보 수집 단계의 중요성을 인지하게 하면, 누구든지 기꺼이 동참할 것이다.

지식 베이스 향상

일반적으로 소프트웨어 테스트 자동화를 구축한다고 해서 프로젝트에 올인하는 전문 업체가 될 필요는 없다. 보통 한 전문 업체만 컨택하고 있으면 된다. 주위에 어떤 전문 업체도 없다면, 테스트 대상 시스템에 대해 자체적으로 스터디를 진행해서 특정 분야에 대한 지식을 높이는 방법을 선택할 수 있다. 여기에는 분명히 시간과 노력이 들어간다. 하지만 효과적인 소프트웨어 테스트 자동화 전략을 만들기 위해 반드시 필요하다. 특정 도메인에 대해 전문 업체가 되려고 한다면, 훨씬 더 많은 리서치가 필요하고 리소스가 들어간다. 아마도 여러분의 시간은 제한되어 있기 때문에 어떤 분야에서 완전한 '전문가'가 되길 원하지는 않을 것이다. 하지만 팀에서 가장 지식이 많은 수준이 될 정도로 충분한 이해와 스킬을 습득해야 한다. 본질적으로는 로컬 전문 업체가 되는 것이다. 이를 위해 테스트 대상 시스템을 많이 사용하고, 다양한 높은 리스크 비즈니스 시나리오를 분석하고 문서로 만들어야 한다. 어떤 종류의 데이터가 어떤 종류의 결과를 생성하는지 관련된 정보와 친숙해지길 원하면서 여러분 테스트 전략의 한 부분으로 이것을 문서로 만들기 시작한다. 하지만 조심스럽게 진행해야 한다. 이에 대해서는 '레거시 애플리케이션 또는 레거시 시스템에 기초한 개발 요구사항' 절에서 자세히 설명한다.

추가로, 앞에서 설명한 프로토타입 개발을 활용하면 지식 베이스를 높이는 데 많은 도움을 얻을 수 있다.

레거시 애플리케이션 또는 레거시 시스템에 기초한 개발 요구사항

수많은 소프트웨어 개발 프로젝트에서 레거시 애플리케이션 또는 시스템은 이미 존재하는데 요구사항 문서는 거의 없거나 아예 존재하지 않는다. 요구사항 문서는 아키텍처 재설계나 플랫폼 업그레이드의 토대로 사용할 수 있다. 이런 상황에 놓인 조직에서는 주로 기존 애플리케이션을 지속적으로 조사만 해서 새로운 시스템을 개발하고 테스트하도록 요청할 것이다. 애플리케이션이 어떤 동작을 하는지와 관련된 분석 또는 문서는 없이 말이다. 이렇게 진행하면 겉보기에는 출시일을 앞당기는 것처럼 보인다. 애플리케이션 그 자체로 필요한 요구사항을 잘 나타내고 있어서, 현재 있는 애플리케이션에 대해 '불필요한' 요구사항 리엔지니어링 작업이나 분석과 문서 작업을 하지 않아도 되기 때문이다. 불행히도, 아주 소규모 프로젝트를 제외한 대부분의 경우 이런 기존 애플리케이션을 요구사항 기준으로 사용하는 전략은 수많은 위험이 따를 수 있다. 그리고 요구사항 문서는 하나도 남지 않고 잘못된 기능을 수행하거나 완전하지 못한 테스트가 수행될 수 있다.

애플리케이션의 일부 기능적인 부분은 따로 설명할 필요가 없을 정도로 명확하지만, 수많은 도메인 관련 기능은 리버스 엔지니어링reverse-engineering하기 어렵다. 데이터에 의존적인 비즈니스 로직을 간과하기 쉽기 때문이다. 기존 애플리케이션이 사용하는 모든 데이터 입력을 조사한다는 건 거의 불가능하기 때문에, 일부 복잡한 기능은 넘어갈 수밖에 없을 것이다. 어떤 경우에는 특정 입력 값이 특정 결과를 만드는 이유를 파악하기가 난해하기 때문에, 개발자들은 애플리케이션이 그렇게 동작한 이유로 '최선의 추측'만 제시하기도 한다. 설상가상으로, 일단 실제 비즈니스 로직이 정의되면 일반적으로 문서로 남기지는 않고 바로 새로운 애플리케이션을 코딩한다. 이렇게 추측 사이클은 계속 돌게 된다. 비즈니스 로직 이슈 외에도 사용자 인터페이스 필드를 잘못 해석할 수 있고, 또는 사용자 인터페이스 한 섹션이 통째로 누락될 수도 있다.

수많은 경우 기존의 기준이 되는 애플리케이션은 여전히 살아서 개발되고 있을 테고, 아마도 다른 아키텍처를 사용할 것이다. 그리고 데스크톱과 웹을 비교하던 시기의 과거 기술을 사용할 것이다. 또는 프로덕션에 있으면서 지속적인 유지보수를 하며, 결함은 수정하고 기능을 보완하며 새로운 프로덕션 릴리스는 계속 배포되고 있을 것이다. 여기서 '움직이는 타깃moving target' 문제가 야기된다. 업데이트와 새로운 기능은 애플리케이션에 계속 적용되고 있다. 이 애플리케이션은 새로운 제품의 요구사항 기준 역할을 하고 있는데 말이다. 심지어는 새로운 애플리케이션을 만들기 위해 개발자와 테스터가 리버스 엔지니어링을 진행 중일 수 있다. 그 결과 새로운 애플리케이션은 기존 애플리케이션의 다양한 상태의 혼합물이 되고, 자체 개발 수명주기는 계속 움직이게 된다.

끝으로 이런 환경에서는 전체 소프트웨어 개발 수명주기의 분석, 설계, 개발, 테스트 활동에 필요한 적당한 시간, 예산, 인원 수를 예측하기 어렵다. 새로운 애플리케이션을 담당하는 팀은 정확히 투입해야 하는 업무량을 파악할 수 없다. 만들거나 테스트해야 하는 애플리케이션에 대한 자세하고 명확한 요구사항은 찾아볼 수 없다. 애플리케이션을 대강 이해하고 예측하는 것이므로 대부분 부정확할 것이다. 또한 기존 애플리케이션이 업그레이드라도 되면 예측했던 것들을 갑자기 변경해야 한다. 예측 업무는 최고의 요구사항을 가지고도 충분히 어렵다. 그런데 이른바 레거시 또는 움직이는 타깃 애플리케이션을 포함하는 요구사항이 주어진 상황에서 예측을 하기란 거의 불가능하다.

겉으로 보기에는 한 가지 이익을 얻을 수 있는 것처럼 보인다. 기존 애플리케이션을 토대로 애플리케이션을 만든다면 테스터는 프로덕션에 있는 이전 애플리케이션의 결과와 새로 만든 애플리케이션의 결과를 비교할 수 있다. 그리고 결과가 같을 것이라는 가정을 할 수 있다. 하지만 이런 가정은 잘못될 수 있다. 테스터가 이전 애플리케이션의 결과에만 치우칠 수 있기 때문이다. 일부 시나리오에서 이전 애플리케이션의 결과가 지금까지 아무도 발견하지 못했던 잘못된 결과라면 어떻게 해야 할까? 새로 만든 애플리케이션의 결과가 맞고 이전 애플리케이션의 결과가 틀리면, 테스터는 이것을 '잘못된 결함'이라고 명시하고 결함을 수정하도록 요청할 것이다. 기존 애플리케이션을 요구사항 기준으로 사용하고 있기 때문이다.

또는 결과 비교를 위해 단순히 기존 애플리케이션에 의존할 수 없다고 테스터는 결단을 내려야 할 것이다. 테스터는 테스트 프로시저를 실행하고 두 애플리케이션의 결과를 비교해, 결과가 다르다는 사실을 발견한다. 테스터에게는 어떤 결과가 맞을까라는 의문이 남겨진다. 기존 애플리케이션과 새로 만든 애플리케이션의 결과가 서로 다른 상황에서 테스터는 무엇을 할 수 있을까? 요구사항이 문서로 작성되어 있지 않은데 어떤 결과가 옳은지 어떻게 알 수 있을까? 요구사항 단계에서 기대 결과를 정의하기 위해 진행하는 분석 작업이 이제 테스터의 손으로 넘어간다.

지금까지 설명했듯이, 기존 애플리케이션을 토대로 새로운 소프트웨어를 개발하는 프로젝트는 어려울 수 있다. 하지만 이런 상황을 해결할 수 있는 방법이 없는 건 아니다. 우선 해야 할 일은 기대 결과를 관리하는 것이다. 기존 애플리케이션을 토대로 새로운 개발을 할 때 발생한 이슈들을 가지고 모여서 서로 토론하자. 기존 애플리케이션을 토대로 새로운 개발을 할 때 고려해야 하는 몇 가지 포인트는 다음과 같다.

애플리케이션의 버전 하나를 선택한다
기존 소프트웨어의 특정 버전 하나만을 사용해 새로운 애플리케이션을 만들 수 있음을 모든 의사결정권자에게 이해시키고 동의를 얻을 필요가 있다. 기존 애플리케이션의 한 버전을 선택해서 이를 토대로 새로운 개발을 하자. 그리고 그 버전을 초기 개발을 위해서만 사용하자.

고정된 애플리케이션 버전으로 작업하면 결함을 좀 더 쉽게 추적할 수 있다. 기존 레거시 애플리케이션 코드를 업그레이드하거나 또는 수정이 있어도 그것과는 별개로 한 버전만을 가지고 새로운 애플리케이션에 결함이 있는지 판단하기 때문이다. 하지만 레거시 애플리케이션 결함이 있어서 새로운 애플리케이션이 옳을 수도 있기 때문에, 도메인 전문지식을 사용해 기존 애플리케이션이 정말 옳은지 검증할 필요가 있다.

기존 애플리케이션을 문서화한다
다음 단계는 도메인 또는 애플리케이션 전문가가 기존 애플리케이션을 문서화하는 것이다. 적어도 각 기능마다 한 단락 정도로 작성해서 다양한 테스트 시나리오와 기대 결과를 작성하면 된다. 최고의 방법은 기존 애플리케이션을 완전히 분석해서 작성하는 것이다. 하지만 이렇게 하려면 상당한 시간과 인력이 필요하기 때문에 실현 가능하지 않고, 실제로 이런 경우는 거의 드물다. 이보다 좀 더 실제적인 접근법은 기능들을 단락 폼으로 작성하는데, 좀 더 상세 기술이 필요한 복잡한 인터랙션만을 대상으로 상세 요구사항을 작성하는 것이다.

보통 현재 애플리케이션의 사용자 인터페이스만 기술하는 것은 충분치 않다. 일반적으로 인터페이스 기능 단에서는 내부 애플리케이션의 복잡한 핵심 로직을 볼 수 없고 인터페이스 간의 인터랙션만 볼 수 있기 때문에, 이런 문서는 쓸모가 없다.

표준과 명세서: 요구사항이 없다면 산업 표준 또는 그 밖의 일반 명세서를 찾거나 조사해서 이것을 통해 요구사항을 뽑을 수 있다. 예를 들어, DDS[7] 애플리케이션과 관련되어 있으면 OMG DDS 명세서로부터 요구사항을 알아낼 수 있다.[8]

비슷한 대상: 종종 문서화하려고 하는 애플리케이션과 비슷한 애플리케이션이 존재한다. 예를 들어 테스트 대상 애플리케이션이 웹 서버 또는 데이터베이스 애플리케이션이라고 한다면, 기존 웹 서버 또는 데이터베이스의 문서로부터 기본적인 요구사항을 뽑을 수 있다.

경험, 지식, 스킬: 때로는 테스트 대상 애플리케이션의 표준 또는 명세서가 없다. 그리고 요구사항 수집에 도움이 될 수 있는 비슷한 대상도 찾을 수 없을 때가 있다. 이런 상황에서는 여러분의 과거 경험 또는 도메인 전문가가 갖춰야 하는 능력, 그리고 효과적인 프로토타이핑을 통해 최고의 요구사항을 만들 수 있다.

기존 애플리케이션의 업데이트를 문서화한다

기존 레거시 및 현재 기준 애플리케이션의 요구사항을 추가 또는 변경하는 업데이트 내용을 문서화해야 한다. 나중에 새로운 애플리케이션의 업그레이드를 준비할 때 사용하기 위해서다. 이렇게 하면 안정적으로 기존 기능을 분석하고, 설계 및 테스트 문서를 작성할 수 있다. 그리고 요구사항과 테스트 프로시저 그리고 기타 테스트 산출물을 양쪽 제품에서 모두 사용할 수 있다.

업데이트를 문서화하지 않으면, 새로운 제품을 개발하는 것은 '역작용reactive'이 될 것이다. 레거시와 새로운 제품 사이에서 불일치가 서서히 드러날 테고, 일부분은 옳은데 일부분은 틀리고, 일부분은 알고 있는 부분인 반면 다른 부분은 테스트 진행 중일 때, 또는 최악의 경우 프로덕션에서 발견할 수도 있다.

---

7   DDS(Distributed Simulation Systems): 분산 시뮬레이션 시스템 – 옮긴이

8   www.omg.org/docs/formal/04-12-02.pdf

효과적인 개발 프로세스를 만들고 진행하자

레거시 시스템이 요구사항, 설계 문서 또는 테스트 문서 없이 개발됐다고 해도, 그리고 어떤 시스템 개발 프로세스를 따르건 간에, 레거시나 새로운 애플리케이션에서 새로운 기능을 개발할 때는 시스템 개발 프로세스를 정의하고 공유해서 그 프로세스를 따르거나 필요하면 조정해서 따라야 한다. 이렇게 할 때 나쁜 소프트웨어 엔지니어링 습관을 답습하지 않을 수 있다.

이러한 절차를 따르고 나면 개발 대상 애플리케이션의 기능들은 윤곽이 잡히고 정량화된다. 이런 식으로 모든 기능을 체계적으로 관리하고 계획하고 추적하며, 테스트할 수 있다.

요구사항이 없고 자체적으로는 모든 요구사항을 만들 수 없는 상황에서 이것은 매우 중요하다. 앞에서 소개한 창의적인 전략을 따를 때 해결책이 될 수 있을 것이다.

5.4 요구사항 추적 매트릭스(RTM) 구현

이번 절에서는 요구사항 추적 매트릭스(일반적으로 RTM$^{requirements\ traceability\ matrix}$이라고 말한다)를 설명하고, 이 문서의 중요성에 대해 설명한다. 지금까지 살펴봤듯이 요구사항을 포함한 정보를 수집하는 데는 엄청난 시간과 노력이 들어간다. 제품을 관리하는 데 필요한 요구사항은 수십 개에서 수십만 개에 이를 정도로 다양할 수 있다. 그래서 증명되고, 신뢰할 만하고, 작업 가능한 요구사항 관리 프로세스는 전체 프로젝트 수명주기에 가치를 더할 수 있다.

RTM의 정의

여러분의 정보 수집 프로세스를 통해 지금까지 판별한 요구사항은 소프트웨어 테스트 자동화, 소프트웨어 테스트 자동화 프레임워크 구축, 테스트 케이스 개발을 위한 기초가 된다. 이것을 통해 테스트 케이스 자동화를 할 수 있고, 실행 가능한 테스트 스위트를 만들 수 있고, 자동화된 테스트 결과를 생성해 다시 RTM으로 리포팅한다. 이런 사이클을 그림 5-4와 같이 표현할 수 있다.

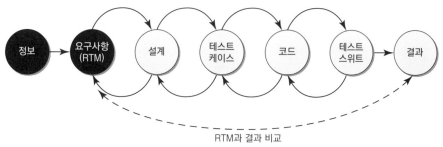

그림 5-4 요구사항 추적 활동

RTM은 일반적으로 모든 소프트웨어 산출물(예: 요구사항, 설계, 테스트)을 추적할 수 있어서 이를 통해 커버리지를 측정할 수 있다. RTM의 가장 단순한 포맷은 테스트 요구사항을 나열해서 정의하고, 이와 관련된 테스트 케이스를 매핑하는 방식으로 만들 수 있다. RTM은 또한 요구사항을 분류해서 우선순위를 매길 수 있어야 하고, 전체 프로젝트 수명주기 내에서 요구사항을 따를 수 있도록 만들어야 한다. RTM은 워드 문서로 간단하게 작성하거나, 또는 기타 문서, 하이퍼링크, 데이터베이스나 특화된 툴을 혼합해서 정교하게 만들 수 있다. RTM을 만드는 방법은 환경에 따라 다양할 수 있다. 하지만 소프트웨어 테스트 자동화 업무를 위한 목적은 같다. 즉, 요구사항을 효과적으로 관리하고 추적성traceability을 제공해 테스트 자동화 업무의 커버리지를 추적하는 것이다. RTM을 통해 소프트웨어 개발 수명주기의 다른 영역을 위한 추가적인 목적도 가질 수 있다. 이런 추가적인 영역과 RTM을 자동화하는 방법에 대해서는 6장에서 자세히 설명하고 있으니 참고하기 바란다.

RTM 예제

여기서는 소프트웨어 테스트 자동화 RTM 샘플을 소개한다. 이 예제에서 테스트 대상 애플리케이션은 DDS라고 불리는 네트워크 통신에서 사용하는 미들웨어 애플리케이션이다.

그림 5-5는 테스트 대상 애플리케이션 요구사항을 보여준다. 여기에는 요구사항 번호, 카테고리 컬럼, 상세 설명, 테스트 케이스 하이퍼링크 컬럼, 테스트 자동화가 실행된 후에 채워지는 성공/실패 컬럼, 요구사항의 우선순위를 나타내는 컬럼이 포함된다. 테스트 케이스 하이퍼링크는 상세 테스트를 수행할 수 있는 실행 단계를 설명하고 있는 문서로 연결된다.

테스트 대상 애플리케이션 요구사항 RTM

요구사항 번호	상위 카테고리	요구사항 상세 설명	테스트 케이스 (하이퍼링크)	성공/실패 상태(테스트 툴로부터)	우선 순위
1.1	기본 기능	DDS가 혼합된 데이터 타입의 데이터 구조를 갖는 메시지를 송수신(발행/구독)할 수 있어야 한다. 즉, 메시지는 기본 데이터 타입인 long, float(32/64비트), integer, text 타입으로 혼합될 수 있다.	SubTestPlans\1.1.1 Pub-Sub MixedDataTypes.xls		1
1.3	성능 테스트				
1.3.1	메시지 데이터 대기 시간 테스트:	메시지 대기 시간(DDS 서비스를 통해 메시지가 전달되는 시간). 대기 시간 테스트는 점대점(point-to-point)으로 실행된다. 예를 들어, 한 방향(one-way) 테스트가 있다.			
1.3.1.1	대기 시간 테스트: 데이터 스트림	DDS를 통해 메시지 전달 시간(대기 시간)을 정의한다. 이 대기 시간 정보는 메시지를 미리 정의한 비율(초당 10에서 10,000개의 메시지를 전송)로 미리 정의한 시간 동안(5분에서 1시간) 반복 전송하면서 얻게 된다. 메시지는 미리 정의한 크기와 데이터 타입(옥텟9 배열 또는 모든 기본 타입의 배열)을 가질 수 있다. 각 메시지 전송마다 송수신한 타임스탬프가 수집될 수 있으며, 두 타임스탬프의 차이는 CSV 파일로 저장된다.	SubTestPlans\1.3.1.1 Latency Single Message.xls		1
1.3.1.2	셋업 (초기 단계)	이 테스트는 DDS 서비스를 통해 메시지 전송 시간(대기 시간)을 정의한다. 이 대기 시간 정보는 200바이트 메시지를 조당 10, 100, 100, 2000개로 미리 정의된 지정 시간(5분에서 최대 1시간) 동안 반복 전송해서 얻게 된다. 이 테스트는 메시지의 크기(200, 300, 400, … 2,000바이트까지)에 대한 대기 시간 정보를 얻기 위해 반복 수행된다. 각 메시지 전송마다 송수신된 타임스탬프는 수집되고 분석된다.	SubTestPlans\1.3.1.2 Latency Stair Step - Multiple Size Rate.xls		1

그림 5-5 테스트 대상 애플리케이션 요구사항 RTM 샘플(이어짐)

---

9 옥텟(octect): 네트워크 IP 주소 등에 쓰이는 이진수 8자리 - 옮긴이

ID	설명		번호
2.0	시스템 레벨 테스트 발행 및 구독과 미들웨어는 동일 네트워크상에 있는 여러 컴퓨터에 배포된다. 사용되는 컴퓨터 수는 테스트 시선의 요구사항을 맞추기 위해 테스트가 진행되는 동안 조정된다.		
2.1	기본 기능 테스트		
2.1.1	DDS가 혼합된 데이터 타입의 데이터 구조를 갖는 메시지를 송수신(발행/구독)할 수 있는지가 검증된다. 즉, 메시지는 기본 데이터 타입인 long, float(32/64비트), integer, text 타입으로 혼합될 수 있다.	SubTestPlans\2.1.1 System – Pub-SubMixedDataTypes.xls	1
2.4	성능 테스트		
2.4.1	메시지 데이터 대기 시간 테스트: 메시지 대기 시간(DDS 서비스를 통해 메시지가 전달되는 시간). 대기 시간 테스트는 점대점(point-to-point) 예를 들어, 한 방향(one-way) 테스트가 있다.		
2.4.1.1	DDS를 통해 메시지 전달 시간(대기 시간)을 정의한다. 이 대기 시간 정보는 메시지를 미리 정의한 비율(초당 10개서 10,000개의 메시지를 전송)으로 미리 정의한 시간 동안(5분에서 1시간) 반복 전송해서 얻게 된다. 메시지는 미리 정의한 크기와 데이터 타입(옥텟 배열 또는 모든 기본 타입의 배열)을 가질 수 있다. 각 메시지 전송마다 송수신한 타임스탬프가 수집될 수 있으며, 두 타임스탬프의 차이는 CSV 파일로 저장된다.	SubTestPlans\2.4.1.1 System – Latency Single Message.xls	2
2.4.2	스트레스 및 신뢰도 테스트:		
2.4.2.1	신뢰도 비율 DDS의 메시지 전송 신뢰도 비율을 정의한다. 이 정보는 200바이트 메시지를 초당 2,000개도 미리 정의된 지정 시간(5분 에서 최대 1시간) 동안 반복 전송해서 연게 된다. 이 비율은 다음과 같은 공식을 사용해 계산된다. 전송 메시지 개수 / 받은 메시지 개수. 참고: 계산 값이 높을수록 전송 신뢰도는 낮아진다. 최상의 값이 없을 값은 10이다.	SubTestPlans\2.4.2.1 System – Stress Test Reliability.xls	3

그림 5-5 테스트 대상 애플리케이션 요구사항 RTM 샘플

5.5 정리

5장에서는 테스트를 위해 정보 수집과 요구사항을 이해하는 일의 중요성을 설명했다. 특히 성공적인 소프트웨어 테스트 자동화 업무에 도움을 줄 수 있는, 관련 요구사항을 이해하는 부분을 집중적으로 살펴봤다. 그리고 정보 수집 프로세스와 그 프로세스에 도움이 될 만한 테크닉들을 설명했다. 우리는 다양한 요구사항이 테스트 자동화 개발 프로세스에 엄청난 영향을 줄 수 있음을 강조했다. 전통적인 청사진이 개발과 최종 결과물에 영향을 주는 것처럼, 요구사항과 이와 연관된 정보가 소프트웨어 테스트 자동화 결과에 영향을 준다. 프로세스 내에서 영향받을 수 있는 영역에는 소프트웨어 테스트 자동화 전략의 접근 방법, 테스트 케이스가 설계되는 방법, 테스트 케이스와 소프트웨어 테스트 자동화 프레임워크의 개발, 테스트 데이터 정의, 그리고 궁극적으로 테스트 결과가 포함된다. 그리고 요구사항 추적 매트릭스 RTM도 이번 장에서 소개했다. RTM의 샘플과 RTM 업무를 자동화하는 방법에 대해서는 6장에서 설명한다.

6장

핵심 활동 2:
테스트 자동화 전략 수립

심사숙고한 테스트 자동화 전략은 자동화 성공을 위한 평면도가 된다.

앞서 5장에서는 요구사항의 중요성을 살펴봤고, 이것이 자동화의 청사진이 될 수 있음을 보았다. 이제 요구사항을 가지고 '핵심 활동 2: 테스트 자동화 전략 세우기'에 대해 살펴보자.

핵심 활동 1: 요구사항 이해

핵심 활동 2: 테스트 자동화 전략 수립

핵심 활동 3: 소프트웨어 테스트 자동화 프레임워크 테스트

핵심 활동 4: 지속적인 진척 현황 추적에 따른 적절한 대응

핵심 활동 5: 소프트웨어 테스트 자동화 프로세스 구현

핵심 활동 6: 적합한 인력을 프로젝트에 투입(필요한 스킬 세트 파악)

테스트 자동화 전략 세우기는 청사진을 가지고 평면도를 펼쳐놓은 것과 같다. 자동화 전략을 세울 때는 자동화의 범위와 목적, 접근 방법, 테스트 프레임워크, 툴, 테스트 환경, 일정, 그리고 테스트 자동화 업무와 관련된 사적인 요구사항을 정의한다.

여기서는 전체 자동화 접근 방법의 개념을 설명할 것이다. 성공적인 테스트 자동화 전략을 세우려면 어떤 단계를 따라야 하고, 무엇을 고려해야 하는지 설명한다. 테스트 전략은 문서화해서 테스트 자동화를 구현할 수 있는 평면도가 돼야 한다.

모든 의사결정권자를 포함해서 프로젝트에 참여하는 모든 구성원은 무엇이 자동화되고 있는지 명확하게 이해할 수 있어야 하고, 테스트 전략 문서를 읽을 때 이것이 어떻게 구현될 것인지 전반적으로 이해할 수 있어야 한다.

예를 들어, 일반적으로 기업에서는 소프트웨어 테스트 자동화를 테스트 자동화 스크립트와 드문드문 생성되는 테스트 데이터 정도로만 생각하고 있다. 그리고 자동화를 재사용할 수 없고 그냥 쓰고 버리는 것으로 생각한다. 어떤 상황에서는 쓰고 버리는 정도로도 충분하다. 비용을 들여서 재사용 가능한 자동화를 개발한다고 항상 효과를 볼 수 있는 것은 아니다. 하지만 테스터는 언제든지 펄 스크립트를 빠르게 재사용해서 테스트 영역의 일부를 자동화할 수 있다. 또는 .csv 파일 파서parser 또는 빠르게 만들 수 있는 다른 스크립트로 작은 규모의 자동화를 할 수 있다. 그 외에도 기업은 해결해야 하는 문제를 충분히 고려하지 않은 채 테스트 자동화 툴을 선택할 때가 있다. 그들이 잘못된 정보를 갖고 있을 수도 있고, 또는 가장 유명한 툴을 그냥 선택하고서 이렇게 생각할 것이다. '이 툴은 시장에서 가장 인기 있는 툴이야. 우리 업무에도 잘 동작할 거야. 그렇겠지?' 또는 '벤더에서 우리에게 멋진 데모를 보여줬어. 이 툴은 정말 사용하기 쉬워.' 하지만 이미 4장에서 이러한 잘못된 가정들을 비롯해 소프트웨어 테스트 자동화에서 피해야 할 숨은 함정들을 설명했다. 그리고 부록 C에서는 업무에 맞는 툴을 선택하는 방법을 자세히 설명하고 있다. 여기서는 소프트웨어 테스트 자동화를 설계하고 개발할 때 고려해야 할 부분들을 단계적으로 설명한다. 그리고 우리의 목표를 설명하기 위해 소프트웨어 테스트 자동화 프레임워크를 만드는 방법을 보여주는 샘플 사례 연구를 소개할 것이다.

1장에서는 소프트웨어 테스트 자동화를 "소프트웨어 테스트 수명주기STL, software testing lifecycle 전반에 걸쳐 효율과 효과를 향상하려는 목적을 띤 소프트웨어 기술의 응용application과 구현implementation"으로 정의했다. 테스트 자동화는 STL의 단계 중 특정 단계에서 구현할 수 있고, 또는 전 단계에서 구현할 수도 있다. 여러분의 종합적인 목표는 STL에서 테스트 자동화를 사용해 테스트 효율을 향상하는 것일 수 있다. 예를 들어 RTM[1]의 자동 유지보수, 테스트 자동화 환경 초기 설정, 원복, 형

---

1   요구사항 추적 매트릭스(requirement traceability matrix)로, 5장에서 설명함 – 옮긴이

상 관리를 할 수 있다. 이것은 품질을 향상하고 테스트 실행 시간을 단축하기 위해서다. 반면에 일부 프로젝트에서는 특정 테스트만 국한해서 자동화하길 원할 수 있다. 따라서 소프트웨어 테스트 자동화의 범위와 목적을 정의할 필요가 있다. STL의 어느 영역을 자동화해야 하는가? 자동화했을 때 가장 효과를 볼 수 있는 영역은 어디인가? STL에서 자동화를 만들 수 있는 가용 구간이 있는가? 6.1절에서는 전략 문서의 내용을 정의하고, 각 항목에 대한 자세한 내용을 다음 절에 이어서 설명한다. 6.2절에서는 '무엇을 자동화할까'라는 의사결정을 정리한다. 여기서는 소프트웨어 테스트 자동화를 특정 테스트에만 집중할지, 특정 테스트 단계에만 집중할지, 또는 전체 STL 수명주기에 집중할지 결정할 것이다. 범위와 목적을 결정한 후에 우리의 소프트웨어 테스트 자동화 접근 방법을 정의하고, 소프트웨어 테스트 자동화 프레임워크의 사례 연구 샘플을 소개할 것이다. 또한 테스트 환경 샘플을 가지고 테스트 자동화 환경과 형상에 대해 설명하고, 일정과 역할 및 책임의 중요성을 지적한다(각각에 대해서는 9장과 10장에서 자세히 설명한다). 끝으로, RTM을 자동화해서 결함을 추적하는 접근 방법을 소개한다.

6.1 소프트웨어 테스트 자동화 전략 문서

5장에서는 초기 테스트 자동화 요구사항 계획의 필요성을 살펴봤다. 여기서는 이 프로세스를 좀 더 정제하려고 한다. 지금까지 다양한 설계 문서를 검토했고, 필요시에 프로토타입을 개발했으며, 요구사항을 만들기 위한 충분한 정보를 수집했고, 업무를 이해했다. 이제는 테스트 자동화 전략을 세울 시간이다.

일반적으로 테스트 전략은 문서화되고 다음과 같은 카테고리를 갖는다. 각 항목에 대해 다음 절에 이어 자세히 설명한다.

1. 개요

2. 범위와 테스트 자동화 목표(6.2절 참고)

3. 테스트 자동화 접근 방법(6.3절 참고)

   a. 테스트 케이스 설계 및 작성

4. 테스트 자동화 프레임워크 아키텍처(6.4절 참고)

5. 테스트 자동화 환경 관리(6.5절 참고)

6. 테스트 환경 형상 관리

    a. 하드웨어

    b. 소프트웨어

    c. 기타

7. RTM 자동화(6.6절 참고)

8. 일정(9장 참고)

9. 개인, 즉 역할과 책임(10장)

6.2 범위와 테스트 자동화 목표

소프트웨어 테스트 자동화 프로젝트의 범위와 테스트 자동화 목표는 명확히 정의해서 문서로 만들어 공유할 필요가 있다. 테스트 목표에는 테스트 수행 방법과 관련된 상세 정보를 넣을 필요는 없다. 소프트웨어 테스트 자동화를 통해 이루고자하는 것에 대해 상위 설명 정도면 충분하다.

예를 들어, 우리는 전체 STL을 자동화하기로 결정할 수 있다. 그림 6-1은 이런 종류의 자동화를 보여주는 예다.

그림 6-1은 전체 STL 자동화를 구현한 예다. 소프트웨어 테스트 자동화는 각 테스트 수명주기 단계 및 툴을 위해 ASTL(소프트웨어 테스트 자동화 수명주기) 툴로부터 임포트 또는 익스포트한다. 이를 통해 모든 STL 테스트 단계를 통합 지원할 수 있다. 예를 들어 요구사항 관리RM, requirements management에서 테스트 관리TM, test management 툴로 연결되고, 자동 및 수동 테스트를 추적하기 위해 테스트 자동화TA, test automation 툴로 연결되며, 그리고 문제 장애 리포팅PTR, problem trouble reporting이나 결함 리포팅 및 추적 툴로 연결된다. 소프트웨어 테스트 자동화를 중앙에서 포털portal로 유지하면 모든 정보를 중앙 저장소에서 관리할 수 있고, 테스트를 중앙에서 실행하고 모

니터링할 수 있다. 그리고 개략적인 PTR을 생성해 평가해볼 수 있고, 이것을 PTR 툴에 제출 또는 임포트할 수 있다. PTR을 한 곳에서 추적할 수 있기 때문에 테스트 수명주기 전체 범위의 리포트를 제공할 수 있다. 테스트 요구사항 커버리지를 요약하고, 전체 테스트 프로그램에서 테스트 성공, 실패를 요약하는 RTM을 자동화하는 것도 이 작업의 일부분이다. RTM 자동화에 대한 자세한 내용은 6.6절에서 다룬다.

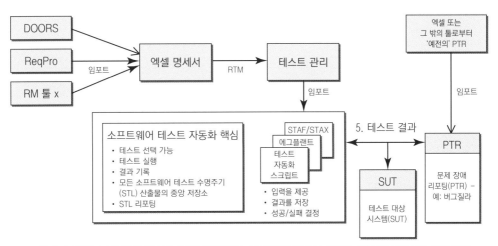

그림 6-1 전체 소프트웨어 테스트 수명주기(STL)의 소프트웨어 테스트 자동화 예(참고: 요구사항 관리 툴에서 테스트 관리 툴로 직접 임포트할 수 있다.)

이런 STL 소프트웨어 테스트 자동화 예는 모듈화된 스타일로 만들 수 있다. 그래서 새로운 요구사항이 주어질 때 다른 툴이 더 적합하다고 판단되면 툴을 추가하거나 통째로 바꿀 수 있다.

또한 소프트웨어 테스트 자동화 작업 범위에 포함할 테스트 단계를 정의할 필요가 있다. 예를 들어, 일반적으로 우리는 기능 테스트를 자동화할 뿐만 아니라 성능, 보안, 동시성 같은 테스트들도 자동화한다.

STL 소프트웨어 테스트 자동화를 진행할 때는 어떤 테스트를 자동화할 것인지 결정해야 한다. 또는 범위를 STL의 일부분만 자동화하는 것으로 제한할 수도 있다. 이런 특정 테스트에 대해서는 뒤에서 설명한다.

자동화할 테스트 결정

우리의 경험에 비춰볼 때, 어떤 테스트를 자동화할지 결정하기 전에 먼저 자동화 가능한 테스트를 결정할 수 있는 체크리스트를 사용해 분석하는 편이 좋다. 그림 6-2는 우리가 다양한 프로젝트에서 사용했던 체크리스트 샘플이다. 이것을 사용해 특정 테스트가 자동화 가능한지 또는 타당한지 판단하는 데 도움을 받을 수 있다.[2]

테스트 자동화 기준	예	아니오
한 번 이상 실행되는 테스트인가?		
테스트가 정기적으로 실행되는가? 즉, 종종 재사용되고, 리그레션 또는 빌드 테스트의 일부분인가?		
테스트가 가장 중요한 기능을 포함하고 있는가?		
테스트를 수동으로 수행하기에 불가능하거나 감당하지 못할 만큼 비용이 많이 들지는 않는가? 예를 들어 동시성 테스트, 지속성 테스트, 성능 테스트, 메모리 누수 탐지 테스트인가?		
반드시 자동화해야 하는 타이밍 크리티컬(timing-critical) 컴포넌트는 없는가?		
테스트가 가장 복잡한 영역(주로 가장 에러가 많이 발생하는 영역)을 포함하는가?		
동일한 테스트 단계를 사용하는 수많은 데이터 조합이 필요한 테스트인가 (즉, 동일한 기능에 다양한 데이터 입력을 사용)?		
기대 결과가 변경되지 않는가? 즉, 변경되지 않는가 또는 테스트마다 다른가? 결과가 다르다면, 기대 결과로 될 수 있는 허용 범위인가?		
매우 시간 소모가 많은 테스트인가? 예를 들어, 수백 개의 결과를 바탕으로 기대 결과 분석을 해야 하는가?		
테스트가 안정적인 애플리케이션에서 수행되는가? 즉, 애플리케이션의 기능이 계속 변화되지는 않는가?		
테스트가 다양한 소프트웨어 및 하드웨어 구성에서 검증될 필요가 있는가?		
3장에서 설명한 ROI를 만족하는가? 조직 내 ROI 기준을 만족하는가?		

그림 6-2 자동화 여부 판단 체크리스트

이 체크리스트는 의사결정에 도움을 줄 수 있다. 항목의 일부 또는 전체가 '예'이고, 일정, 예산, 그리고 필요한 전문 기술이 고려된다면, 그 테스트는 좋은 자동화 후보다. 자동 테스트와 수동 테스트 분석을 할 때 추가로 다음과 같은 가이드라인을 고려할 수 있다.[3]

---

2   더스틴의 『Effective Software Testing』 내용을 각색했다.

3   『Automated Software Testing』(더스틴 외)의 내용을 각색했다.

모든 것을 한 번에 자동화하지 마라(단계적으로 하자)

모든 테스트 요구사항을 한 번에 자동화하는 것은 피하자. 예를 들어, 시스템 레벨 테스트를 지원하는 테스트 관리 툴에 모든 테스트 요구사항을 추가하기로 결정한 테스트 팀이 있다고 하자. 이 테스트 팀은 가능한 모든 테스트를 자동화하고 싶었다. 그래서 그들은 1,900개의 테스트 프로시저를 뽑아서 자동화하기로 계획했다. 실제 테스트 프로시저를 개발하는 시간이 됐을 때, 생각만큼 테스트 자동화 툴을 사용하기가 쉽지 않음을 발견했다. 그들이 꿈꾸던 기대와 목적을 만족시킬 수 없었다. 여타 테스트 업무와 마찬가지로 여기서도 우선순위를 정할 필요가 있다.

테스트 종류와 관련된 경험, 특정 테스트 툴, 프레임워크, 스크립트, 일정 계획, 예산, 가용 리소스에 대한 아무런 고려 없이 모든 테스트를 자동화하려고 하는 것은 말도 안 된다. 테스트 팀은 점진적 접근 방법incremental approach을 사용해 프로토타입을 만들면서 테스트 자동화의 너비와 깊이를 늘려가는 방식으로 접근하는 것이 좋다. 소프트웨어 테스트 자동화 프레임워크를 프로토타이핑할 때, 미리 준비된 요구사항 리스트를 개발함으로써 시작할 수 있다. 이 요구사항을 사용해 테스트 자동화 솔루션의 초기 버전을 만들 수 있다. 테스트 자동화 프레임워크의 처음 버전을 만든 후에 이것을 자체 평가할 수 있고 고객에게 데모를 보여줄 수 있다. 고객은 이것을 보고 피드백과 추가적인 요구사항 및 제안을 할 수 있다. 고객의 기대를 만족시킬 때까지 이런 프로세스를 여러 번 반복 수행한다.

예산, 일정, 전문성을 고려하자(모든 것을 테스트하거나 자동화할 수는 없다)

'무엇을 자동화할까'에 대한 분석을 할 때는 예산과 일정, 전문성에 대한 고려가 필요하다. 제한된 리소스(시간과 예산)를 가지고 못박힌 마감 시한 내에 모든 가능한 조합과 순열로 테스트를 할 수는 없다. 마찬가지로 모든 가능한 테스트를 자동화할 수도 없다. 또한 일부 테스트는 자동화할 수 없거나 엄두도 못 낼 정도로 비용이 많이 드는 경우도 있다. 예를 들어, 4장에서는 실제 프린터로 인쇄하는 것을 자동화하기는 매우 어렵다는 사실을 다양한 이유로 살펴봤다. 기술은 끊임없이 발전하고 있고, 충분한 리소스가 주어지고, 거의 모든 일을 자동화할 수 있다고 해도, 여전히 다음과 같은 질문이 남는다. 자동화하기에 합당한가? ROI는 어떤가?

리스크 기반으로 테스트 요구사항을 자동화하자

자동화 대상을 결정하기 위해 정의되어 있는 테스트 프로시저를 검토할 때, 가장 리스크가 큰 기능과 이와 관련된 테스트 요구사항을 먼저 살펴보자. 그리고 이 요구사항들이 소프트웨어 테스트 자동화의 우선순위와도 부합하는지 분석하자. 또한 테스트 팀은 테스트 프로시저를 자동화할 때 테스트 프로시저의 실행 일정도 검토해야 한다. 실행 일정은 일반적으로 리스크와 의존성을 따라 순서대로 정해지기 때문이다.

리스크는 다음과 같은 요소를 따라 판단할 수 있다.

- **가장 중요한 기능 경로의 실패 가능성**

  테스트 요구사항의 우선순위를 파악하자. 사용자가 자주 실행하는 기능의 시나리오인가, 아니면 거의 실행 가능성이 없는 시나리오인가? 가장 중요한 규칙은 가장 중요한 기능으로부터 그렇지 않은 기능으로 테스트 요구사항의 순위를 매기는 것이다. 가장 자주 실행될 기능의 시나리오에 집중해서 그것은 반드시 확인해야 한다.

- **영향성 또는 비즈니스 리스크**

  기능이 실패했을 때 시스템 동작에 얼마만큼 영향을 주는가? 그리고 최종 사용자의 작업에는 어느 정도 영향을 미치는가? 실패할 경우 잠재적으로 회사가 책임을 지는 것은 아닌가?

- **복잡도**

  수동으로 테스트하기에 복잡한 기능을 분석하자. 그리고 수동 설정하고 테스트하기에는 비용이 감당할 수 없을 만큼 많이 드는 기능을 분석하자. 예를 들어, 메모리 누수 탐지와 성능 테스트는 복잡하고 수동 테스트로는 수행이 거의 불가능하다. 하지만 바운드체커BoundsChecker(메모리 누수 탐지 툴) 같은 툴을 사용하면 수동 테스트를 수행하는 동안 백그라운드에서 실행되어 메모리 누수를 잡을 수 있다. 테스트 복잡도는 리스크의 중요한 요소다.

자동화 업무를 분석하자

초기 자동화 업무는 리스크가 높은 기능을 기초로 해야 한다는 제안을 받아들일 때 한 가지 주의할 점이 있다. 리스크가 높은 기능일수록 너무 복잡해서 자동화하기가 대단히 어려울 수 있다. 따라서 자동화 업무 분석이 선행돼야 한다. 한 가지 놓치지 말아야 할 규칙은 어떤 테스트 요구사항이 그 기능을 개발하는 것보다 테스트 스크립트를 자동화하는 데 더 많은 노력이 든다면, 잠재적인 재사용과 자동화 스크립트의 기타 ROI를 평가해봐야 한다는 것이다(ROI에 대해서는 3장에서 자세히 설명했다).

또한 테스트를 자동화하는 데 필요한 업무를 검토할 때는 언제나 할당받은 테스트 일정을 고려해야 한다. 테스트 개발과 실행에 2주밖에 주어지지 않는다면, 정교한 테스트 자동화 스크립트를 개발하기에는 일정이 충분하지 않을 것이다.

자동화 모듈의 잠재적인 재사용을 분석하자

우리의 경험에 비춰볼 때, 어떤 테스트 프로시저를 자동화할지 결정할 때는 항상 재사용에 대한 생각을 하는 것이 좋다. 예를 들어, 테스트 팀이 애플리케이션의 가장 높은 리스크가 있는 기능을 자동화하기로 결정했다고 가정해보자. 그런데 그 테스트 프로시저를 자동화하는 데 어느 정도의 노력이 필요한지에 대한 고민 없이 진행한다고 해보자. 또는 테스트 스크립트가 재사용 가능한지에 대한 고려를 하지 않는다고 해보자. 구현하는 데 어느 정도 노력이 들어가는 테스트 자동화를 재사용할 수 없다면, 그것이 정말로 구현하는 데 드는 노력을 줄였다고 할 수 있을까(즉, 가치가 있을까)? 계속 이어지는 소프트웨어 애플리케이션의 릴리스를 위해 테스트 스크립트의 재사용을 고려할 필요가 있다. 재사용과 관련해서 제기되는 질문들 중 하나는 기준 기능에 얼마나 많은 변경이 예상되는가 하는 것이다. 테스트 팀은 초기 소프트웨어 기준이 다음 릴리스 때 중요한 변경이 있을 수 있는 일회성이고 복잡한 기능인지 조사해야 한다. 만약 그렇다면 이것은 종합적으로 볼 때 비용 효과적인 자동화가 아닌 것 같다.

반복적인 작업에 자동화를 집중하자(수동 테스트 업무를 줄이자)

반복적인 작업에 자동화를 집중하는 것은 효과적이다. 이것을 자동화한다면 테스트 엔지니어는 좀 더 복잡한 기능을 테스트하는 데 집중할 수 있는 시간을 얻을 수 있다.

예를 들어, 테스트 엔지니어에게 다음과 같은 요구사항을 테스트 요청한다고 하자. "시스템은 GUI 인터페이스를 통해 1백만 개의 계좌번호를 추가할 수 있어야 한다." 이런 테스트는 완벽하게 자동화할 수 있다. 테스트 엔지니어는 적당한 캡처/플레이백 툴을 사용해서 계좌번호를 추가하는 액티비티를 한 번 레코딩한 후 하드코딩되어 있는 값을 변수로 바꾸고 루프문을 사용해서 반복 수행될 때마다 계좌번호를 필요에 맞게 변경할 수 있다. 이렇게 스크립트를 만드는 데는 15분이 채 걸리지 않는다. 반면에 테스트 엔지니어가 수동으로 이 요구사항을 테스트하려면 몇 주 동안 반복해서 키보드 입력을 해야 할 것이다. 실제로는 이런 식으로 테스트하지 않는다. 이것을 테스트할 수 있는 다양한 방법이 있을 수 있다. 일반적으로 테스트 엔지니어는 50개의 계좌를 추가해보고 애플리케이션이 1백만 개도 처리할 수 있을 것으로 가정한다. 물론 이것은 잘못된 가정이 될 수 있다. 테스트 자동화 스크립트는 이런 가정을 따를 필요가 없다. 이런 테스트 계좌를 데이터베이스 규모로 자동화하거나, 또는 GUI나 배치 파일을 사용해 테스트 계좌를 생성할 수 있다.

우선순위: 기능의 일정 우선순위를 기초한 자동화 요구사항[4]

점진적인incremental 소프트웨어 릴리스를 위해 소프트웨어 기능 구현의 우선순위를 정할 필요가 있다. 반복적인iterative 개발의 경우 또는 사용되는 개발 수명주기 모델에 따라 그리고 고객의 니즈에 따라 리스크가 높은 항목을 먼저 구현하는 것이다. 그런 후에 소프트웨어 기능 구현 일정에 추가로 우선순위와 리스크에 따른 테스트 자동화 프로시저 계획 및 개발을 진행할 수 있다. 테스트 가능하도록 기능이 만들어진 후에 이 둘 모두 그 순서를 결정할 수 있기 때문이다.

따라서 소프트웨어 개발 일정을 결정하고 기능 구현 순서를 정하면, 테스트 팀이 그 일정에 따라 계획을 세울 수 있게 하는 것이 중요하다. 시간이 제한되어 있다면 특히 그렇다. 릴리스되기 전까지는 사용할 수 없는 기능을 위한 테스트를 개발해서 시간을 낭비할 필요는 없기 때문이다. 우리의 경험에 비춰볼 때, 기능의 우선순위 일정을 자주 변경하면 릴리스의 안정성에 직접적인 영향을 미치고, 재작업을 해야

---

4   더스틴의 『Effective Software Testing』 내용을 각색했다.

하며, 개발과 테스트에 모두 영향을 준다. 하지만 기능 우선순위는 일부 그룹의 수명주기 일부분이고, 각 이터레이션^{iteration} 차수에 수행된다. 예를 들어 비즈니스 시나리오와 우선순위에 변경이 있거나, 또는 사용된 기술이 변경될 수 있다. 자동화 팀은 모든 우선순위의 변경에 대해 완전히 꿰뚫고 있을 필요가 있다.

기능 우선순위를 특별히 릴리스 단계에 적용한다. 대부분의 경우 개발 수명주기는 가장 필요하고 우선순위가 높은 기능을 먼저 개발해야 하고, 이것을 먼저 테스트해야 한다.

기능 리스트는 다양한 조건에 따라 우선순위를 매길 수 있다. 이런 조건은 일반적인 수명주기에는 적용되지만, 특히 테스트 자동화에는 적용되지 않고 있다. 주로 사용되는 조건은 다음과 같다.

- **리스크가 가장 높은 것에서 낮은 순으로**: 프로젝트 일정과 테스트 자동화 전략을 세울 때 리스크를 고려하는 것은 중요하다. 테스트 자동화 개발을 할 때 리스크가 가장 높은 기능에 초점을 맞춤으로써 우선순위를 정할 수 있다.
- **복잡도가 가장 높은 것에서 낮은 순으로**: 리스크와 마찬가지로, 복잡도순으로 개발을 하고 가장 복잡한 기능을 먼저 테스트할 때 일정이 초과되는 것을 최소화할 수 있다.
- **고객의 니즈**: 대부분 프로젝트에서는 고객의 니즈 우선순위순으로 기능이 만들어진다. 이것은 제품과 관련된 마케팅 및 영업 활동을 촉진하는 데 필요하기 때문이다.
- **예산 제약**: 릴리스에 맞춰 테스트 자동화하기 위한 기능의 우선순위를 정할 때 할당된 테스트 예산을 고려하는 것은 중요하다. 일부 기능은 여타 기능에 비해 프로그램의 성공을 위해 좀 더 중요할 수 있다.
- **시간 제약**: 릴리스에 맞춰 기능의 우선순위를 정할 때 시간 제약을 고려해야 한다. 다시 말하지만, 일부 기능은 여타 기능에 비해 프로젝트의 성공을 위해 더 중요할 수 있다.
- **인력 제약**: 기능의 일정을 위한 우선순위를 정할 때 투입 가능한 인력과 전문성을 고려해야 한다. 예산 제약 또는 기타 이슈로 인해 특정 기능을 구현하는 데 필요한 핵심 인력이 팀에서 제외되는 상황이 발생할 수 있다. 테스트 자동화 기

능의 우선순위를 정할 때 '무엇what'에 대한 고려뿐만 아니라 '누구who'에 대한 고려도 중요하다.

이런 접근 방법들을 조합해서 효과적인 소프트웨어 테스트 자동화 기능의 일정을 정할 필요가 있다. 각 기능의 리스크, 복잡도, 고객 니즈 등을 정의하고 기능마다 '점수'를 매겨서 합계 또는 '가중치'를 계산한다. 일단 기능마다 이렇게 계산하면, 가중치순으로 정렬해서 기능의 우선순위 리스트를 만들 수 있다. 이것은 단지 한 예이고 기능 우선순위는 수많은 방법으로 정의할 수 있다. 애자일Agile 또는 스크럼Scrum의 기능 우선순위 방법에 관심이 있다면, 그것과 관련된 요소들을 참조해서 만들면 된다.

테스트 목표 정의: 예제

5장에서 사용했던 DDS 테스트 예제로 '무엇을 자동화할 것인가'를 분석해보자. 우리의 테스트 목표는 테스트 대상 애플리케이션에 대해 다음과 같이 정의할 수 있다.

- 요구사항 1.x에서 5.x에 정의되어 있는 DDS의 기본 기능 테스트를 자동화한다.
- 요구사항 6.x에서 10.x에 정의되어 있는 DDS의 향상된 기능 테스트를 자동화한다.
- 요구사항 y당 서비스 품질QoS, Quality of Service 테스트를 자동화한다.
- 시스템 성능 테스트를 자동하고 자동화 성능 지표 및 분석 결과를 만든다.
- 프로젝트의 I단계에서 우선순위 1번 테스트 요구사항만 테스트한다(1이 가장 높은 우선순위일 때). 프로젝트 II단계에서는 우선순위 2번째, 3번째 순으로 테스트한다.

이 예제에서 프로젝트 팀은 이제 테스트 케이스 자동화를 설계하고, 테스트 접근 방법을 정하고, 테스트 자동화 프레임워크를 개발하고, 그 결과를 평가하는 높은 수준의 테스트 목표를 정의했다. 테스트 팀은 언제든지 지금 진행 중인 작업을 평가하고 이것을 테스트 목표 중 하나에 매핑할 수 있다. 만약 이렇게 매핑할 수 없다면 지금 진행 중인 작업이 프로젝트 범위를 벗어나 업무가 곁길로 샌 것일 수 있다. 테스트 목표를 정의하면 테스트 자동화 프로젝트에 집중할 수 있다.

6.3 접근 방법 정하기

테스트 전략 문서를 만드는 관점에서(그리고 5장에서 설명한 요구사항을 기초로 해서), 수많은 정보를 수집했고, 다양한 요구사항을 파악해서 정리했으며, 소프트웨어 테스트 자동화의 범위와 테스트 목표를 명확히 정의하고 기술했다. 이제 다음 단계는 이런 목표를 달성하기 위한 접근 방법을 만드는 것이다. 테스트 자동화 구현을 위한 접근 방법은 여러분만의 방법론이나 또는 테스트를 어떻게 수행할지에 대한 접근 방법이 될 수 있다.

테스트 자동화 접근 방법을 정할 때, 앞에서 정의한 범위와 목표를 고려할 필요가 있다.

테스트 케이스 설계와 개발

효과적으로 테스트 접근 방법을 정의하려면 테스트 케이스를 설계해서 만들고 시작할 필요가 있다. 이렇게 하면 테스트 목표 달성을 위한 계획을 세우는 데 도움이 된다. 일반적으로 소프트웨어 테스트 자동화 작업을 시작할 때 이미 수동 테스트 프로시저는 설계되어 만들어져 있을 것이다. 이런 경우 자동화 작업을 시작하기 전에 기존 테스트 프로시저를 평가하는 것이 좋다. 뒤에 '수동 프로시저를 자동화에 맞추기' 절에서는 수동 테스트 프로시저를 그대로 자동화로 일대일 변환하거나 재사용하기 어려운 부분을 설명한다. 어떤 수동 테스트를 자동화할 것인지 그리고 이런 자동화를 어떻게 만들 것인지는 결정해야 할 부분이다.

테스트 케이스를 설계하고 만들어서 주어진 요구사항을 어떻게 테스트하고 검증할지 파악하면 다음과 같이 테스트 접근 방법을 상세화하는 데 도움이 된다.

● 테스트 단계마다 테스트 케이스의 설명을 상세화. 예를 들어 기능, 성능, 보안, 동시성 테스트에 대한 설명, 적용된 테스트 테크닉의 종류에 대한 설명(뒤에 나오는 '테스트 케이스 개발 테크닉' 절을 참고한다), 기대 결과, 기대 결과를 결정하는 방법, 실제 결과와 기대 결과를 분석, 특정 결과가 아닌 분석이 필요한 데이터의 범위라면 테스트 결과에 대한 분석 등이 여기에 포함된다.

- 재사용 가능한 컴포넌트와 소프트웨어 테스트 자동화 프레임워크에서 필요한 프로젝트 특화 기능의 상세화(이에 대해서는 '소프트웨어 테스트 자동화 프레임워크 아키텍처' 절에서 좀 더 자세히 설명한다.)

- 사용된 테스트 데이터 타입의 상세화. 테스트 데이터가 어떻게 만들어졌는지 또는 획득됐는지 설명한다.

- 배포 단계(또는 나선형spirals, 또는 반복iterations)의 번호와 내용의 상세화

- 요구사항 보고서 상세화

이런 작업의 목적을 일반적인 수동 테스트 프로시저 템플릿을 가지고 설명하고 자 한다.

그림 6-3은 일반적인 수동 테스트 프로시저의 예다. 일반적으로 테스트 실행은 테스터가 화면 앞에 앉음으로써 시작된다. 테스터는 테스트 절차를 따라 실행하고, 액션의 결과를 분석하고, 성공 또는 실패 결과를 기록한다. 수동 프로시저에는 개략적으로 따를 수 있는 테스트 절차가 정의되어 있을 것이다. 또한 테스트를 실행하는 데 필요한 선행 조건이 정의되어 있을 것이다.

단계	액션	기대 결과	요구사항	성공/실패	비고
1	MODE SELECTION 창에서 RAP 상태를 선택한다.	시스템 상태 관리 모드가 표시된다.	R0100	성공	
2	설정 탭을 선택한 후 Xap1을 선택한다.	설정 탭에서 Xap1이 선택된다.	R1729	성공	
3	마우스 우클릭으로 Xap1을 확장해서 Stop을 선택하고 다음 프로세스를 정지시킨다. 　　a. XYZ 　　b. Background PIP 　　c. ABCTST	XYZ, Background PIP, ABCTST 프로세스가 정지한다.	R14593	성공	
4	마우스 우클릭으로 Xap2를 확장해서 Stop을 선택하고 YStar 프로세스를 정지시킨다.	YStar 프로세스가 정지한다.	R0011	성공	

그림 6-3 수동 테스트 프로시저 샘플

표준 테스트 프로시저의 주요 구성요소는 다음과 같다(그림 6-3에 모두 나오진 않았다).

- 테스트 프로시저 ID: 테스트 프로시저 ID를 기입할 때는 네이밍 컨벤션^{naming convention}을 사용한다.

- 테스트명: 테스트 프로시저의 좀 더 긴 설명을 제공한다.

- 실행 일자: 테스트 프로시저를 실행한 날짜를 기입한다.

- 테스트 엔지니어 이니셜: 테스트 프로시저를 실행한 테스트 엔지니어 이니셜을 제공한다.

- 테스트 프로시저 저자: 테스트 프로시저의 개발자를 명시한다.

- 테스트 목표: 테스트 프로시저의 목표를 간략하게 작성한다.

- 연관된 유스 케이스 또는 요구사항 번호: 테스트 프로시저가 검증하는 요구사항의 식별 번호를 명시한다.

- 선행 조건 / 가정 / 의존성: 테스트 프로시저가 실행되기 전에 필요한 전제 조건 또는 기준에 대한 정보를 제공한다. 예를 들어, 특수한 데이터 설정의 요구사항을 들 수 있다. 테스트 프로시저가 먼저 수행돼야 하는 다른 프로시저에 의존적일 때 이 필드를 사용한다. 또한 2개의 테스트 프로시저가 동시에 실행되면 충돌이 날 경우 이 필드를 사용한다. 유스 케이스의 선행 조건이 종종 테스트 프로시저의 선행 조건도 된다는 사실을 기억해두자.

- 검증 메소드: 이 필드에는 증명, 자동 또는 수동 테스트, 검사, 데모, 분석, 그 밖의 적당한 메소드를 작성한다.

- 사용자 액션: 여기에는 테스트 프로시저의 목표와 기대를 명확히 정의한다. 이 필드를 사용해 유스 케이스를 검증하는 데 필요한 테스트 절차를 명확히 하고 문서화할 수 있다.

- 기대 결과: 특정 테스트 프로시저의 실행과 관련된 기대 결과를 정의한다.

- 실제 결과: 이 필드는 기본 값으로 '기대 결과와 동일'이 될 것이다. 테스트 프로시저가 실패하면 실제 결과를 설명하는 내용으로 변경된다.

- 필요한 테스트 데이터: 테스트 프로시저를 실행하는 데 필요한 테스트 데이터 리스트를 작성한다. 테스트 데이터 요구사항에 대해서는 5장에서 설명했다.

테스트의 비기능(성능, 동시성 같은 추가적인 테스트 대상 시스템의 품질 속성) 부분은 테스트 업무에서 종종 나중에 덧붙이게 된다. 하지만 비기능 테스트를 테스트 수명주기의 초기에 고려하는 일은 중요하다. 일반적으로 테스트 프로시저는 기능 테스트 절차에 맞춰진 부분과 보안, 성능, 확장성, 호환성, 사용성 같은 비기능 영역으로 나눌 수 있다.

수많은 테스트 프로시저 표준이 있다. 일반적으로 제공되는 테스트 프로시저는 수동 테스트 업무에 맞춰져 있다. 하지만 자동화 테스트 케이스를 만들 때는 조금 다른 접근 방식이 필요하다. 예를 들어 설계 표준을 따를 때, 적용할 설계 테크닉의 타입을 정의할 때, 자동으로 테스트 케이스 문서와 테스트 코드를 생성할 때(우리의 자동화를 자동화하는 이론을 따르는)는 다른 방식의 접근이 필요하다. 자동화 테스트 케이스 문서에 필요한 부분은 다음과 같다.

- 설계 표준을 포함한다.
- 수동 프로시저를 자동화에 맞춘다.
- 테스트 프로시저 문서를 자동화한다.
- 테스트 코드 생성을 자동화한다.

소프트웨어 테스트 자동화는 소프트웨어 개발이다. 소프트웨어 개발과 마찬가지로, 소프트웨어 테스트 자동화 설계의 표준을 문서로 만들어서 공유하고 지키게 해서, 프로젝트에 투입된 모든 사람이 설계 가이드라인을 따르고 필요한 정보를 만들게 해야 한다.[5] 일반적으로 소프트웨어 테스트 설계 표준은 성공한 코딩 사례를 따라야 한다. 즉, 재사용성, 모듈화, 낮은 결합도, 간결하게 정리된 변수 및 함수 네이밍 컨벤션, 그리고 개발 팀에서 따르고 있는 기타 표준들을 동일하게 따르는 것이 좋다. 이런 사례들은 일반적으로 소프트웨어 개발 영역에서도 동일하게 사용된다. 예를 들어, 자동화에서 백엔드 컴포넌트의 동작을 모니터링할 때 로그 정보를 추적하는 기능을 포함하고 싶을 수 있다(예를 들어, 실행 시간 동안 웹 시스템 컴포넌트는 실행 중인 함수에 대해 그리고 상호작용하는 주요 오브젝트에 대해 로그 엔트리에 상세히 기록할 것이다). 이런 로그 엔트리를 소프트웨어 테스트 자동화의 일부분으로 캡처할 수 있다.

---

5 더스틴 외, 『Automated Software Testing』 7.3.4절 참고

테스트 팀이 수동 테스트 프로시저를 만들거나 또는 테스트 자동화 프로시저를 만들 때 모두 테스트 프로시저 생성 표준 또는 가이드라인은 필요하다. 물론 이 둘은 각기 다른 모양일 것이다.

수동 프로시저를 자동화에 맞추기

기억해야 할 중요한 포인트 하나는 이미 작성되어 있는 수동 테스트 프로시저는 일반적으로 자동화를 위해 그대로 재사용할 수 없다는 점이다. 일반적으로 수동 테스트 프로시저를 소프트웨어 테스트 자동화 가능하도록 수정하거나 맞춰야 한다. 예를 들어, 수동 테스트는 각 단계마다 하나의 테스트 데이터를 입력하는 방식으로 테스트를 진행할 것이다. 그리고 각 단계마다 각각의 기대 결과가 있을 것이다. 하지만 소프트웨어 테스트 자동화에서는 하나의 자동화 시나리오를 따라 대규모의 테스트 데이터를 입력해 테스트할 수 있게 설계돼야 한다. 그런 후에 최신 프로세스로 기대 결과를 평가하게 된다. 소프트웨어 테스트 자동화는 수동 테스트 템플릿과는 다른 설계가 필요하다. 그리고 테스트 대상 애플리케이션의 규모에 따라 다른 설계가 필요하다. 예를 들어, 테스트를 실행하기 위해 명령어를 한 줄씩 작성하는 것이 아니라 소프트웨어 테스트 자동화를 개발하기 위한 알고리즘의 슈도코드 pseudo code**6**를 제공할 수 있다. 또한 광범위하게 테스트 프로시저를 작성하는 것은 시간 소모가 너무 많고 심지어는 불필요한 작업일 수 있다. 예를 들어, 테스트 프로시저가 상위 테스트 프로시저의 설명만 포함할 경우를 보자. 자동화 엔지니어는 상위 테스트 프로시저 설명서를 가지고 이것을 자동화에 맞게 정제 작업을 할 수 있다. 자동화 엔지니어는 소프트웨어 테스트 자동화 프레임워크 또는 소프트웨어 테스트 자동화 툴을 사용해 상세 테스트 단계와 테스트 코드를 자동으로 생성할 것이다.

테스트 자동화 프로시저 개발에서 또한 중요하게 고려할 부분은 테스트 대상 애플리케이션의 '테스트 용이성testability'이다. 이에 대해서는 4장에서 자세히 설명했다. 테스트 프로시저는 테스트 용이성을 잘 살리도록 만들 필요가 있다.

6　프로그램을 작성할 때 각 모듈이 작동하는 논리를 표현하기 위해 사용하는 언어. 다른 프로그램 개발자나 이용자에게 모듈이 하는 일과 작동 원리 따위를 설명하는 데 쓴다(출처: 국립국어원). – 옮긴이

테스트 프로시저 문서화 및 테스트 코드 생성의 자동화

우리는 '테스트 자동화를 자동화하기' 패러다임의 일부분으로 소프트웨어 테스트 자동화 프로시저를 문서화하고 개발하는 효과적인 방법을 만들었다. 이것을 적용한 GUI 테스트 예제는 다음과 같다.

1. 상위 테스트 프로시저를 문서화해서 요구사항을 검증하기 위한 테스트 목표를 기술한다.

2. 테스트 프로시저의 목적을 충분히 이해한 후, 소프트웨어 테스트 자동화 프레임워크의 캡처/플레이백 기능을 사용해 1단계에서 정의한 테스트 목표를 만족시키기 위한 테스트 절차를 수행한다.

3. 우리의 사례 연구에서는 테스터가 테스트 단계를 클릭할 때 해당 테스트 단계 문서 내에 테스트 자동화 단계가 생성되도록 프로그래밍되어 있다. 이런 접근 방식은 자동화 엔지니어가 소프트웨어 테스트 자동화 프레임워크에서 사용하기 위해 선별 또는 선택한 키워드를 기반으로 수행할 수 있다. 선택한 키워드를 가지고 테스트 단계를 자동으로 문서화할 수 있고 동시에 테스트 자동화 코드를 생성할 수 있다.

4. 테스트 자동화 코드는 캡처/플레이백 툴에서 플레이백해서 재사용할 수 있다. 또는 소프트웨어 테스트 자동화 프레임워크 내의 다른 종류의 테스트 자동화에서 재사용할 수 있다. 추가적인 코딩은 필요 없다.

소프트웨어 테스트 자동화를 자동화하는 우리의 목표는 충분히 실현 가능하다. 이 책 전반에 걸쳐 이것이 어떻게 가능한지 보여주고 있다.

그림 6-4는 테스트 자동화 프로시저의 상세 단계를 보여주는 예다. 내용은 수동 테스트 프로시저와 비슷해 보이지만, 자동화를 통해 생성된 것이다.

단계	액션	결과		테스트 결과
		타입	기대 결과	성공/실패
1	'TOPIC-LATENCY-BUDGET'이라는 토픽을 생성하도록 테스트 픽스처(Test Fixture)를 실행한다.	Boolean	TRUE: 성공적으로 실행된다.	
2	'TOPIC-LATENCY-BUDGET' 토픽을 사용해 발행자(Publisher)를 생성하도록 테스트 픽스처를 실행한다. 그리고 QoS의 Latency_Budget 정책 대기 시간을 '100ms'로 설정한다.	Boolean	TRUE: 성공적으로 실행된다.	
3	'TOPIC-LATENCY-BUDGET' 토픽을 사용해 구독자(Subscriber)를 생성하도록 테스트 픽스처를 실행한다. 그리고 QoS의 Latency_Budget 정책 대기 시간을 '90ms'로 설정한다.	Boolean	FALSE: 정상 실행되지 않는다. QoS 정책에 부적합하다.	
4	'TOPIC-LATENCY-BUDGET' 토픽을 사용해 구독자를 생성하도록 테스트 픽스처를 실행한다. 그리고 QoS의 Latency_Budget 정책 대기 시간을 '100ms'로 설정한다.	Boolean	TRUE: 성공적으로 실행된다.	
5	'TOPIC-LATENCY-BUDGET' 토픽을 사용해 구독자를 생성하도록 테스트 픽스처를 실행한다. 그리고 QoS의 Latency_Budget 정책 대기 시간을 '110ms'로 설정한다.	Boolean	TRUE: 성공적으로 실행된다.	

그림 6-4 테스트 자동화 프로시저 예

테스트 케이스 개발 테크닉

앞에서 언급했듯이, 테스트 대상 시스템을 100% 테스트할 수는 없다. 그리고 모든 테스트를 100% 자동화할 수도 없다. 6장 앞부분에서 설명한 것과 같이 테스트를 분석하고 우선순위를 정할 필요가 있다. 일단 테스트를 자동화하기로 결정했다면, 테스트 시나리오의 범위를 좁히지만 충분한 테스트 커버리지를 제공하기 위해 테스트 테크닉이 필요하다. 소프트웨어 테스트 자동화를 구축한다고 해서 테스트를 분석하는 작업이 없어지거나, 다양한 테스트 테크닉을 사용한 테스트 케이스를 확장하는 노력이 사라지는 것은 아니다. 경계 값, 리스크 기반, 등가 분할 같은 다양한 테스트 테크닉이 있다. 이런 테크닉에서 대해서는 이전 장들에서 설명했다. 이외에도 다양한 테스트 테크닉을 설명하는 무수한 자료들이 있다. 이런 테크닉을 잘 설명하고 있는 책 한 권을 소개하면 『소프트웨어 테스팅, 마이크로소프트에선 이렇게 한다』(에이콘출판)[7]가 있다. 이 외의 테스트 테크닉으로 직교 배열 분류orthogonal

---

7   앨런 페이지, 켄 존슨, 비제이 롤리슨, 『소프트웨어 테스트 마이크로소프트에선 이렇게 한다(How We Test Software at Microsoft)』(권원일 외, 2009)

array classification를 적용할 수 있다. 앞서 1장에서 다양한 툴에서 사용할 수 있는 테스트 데이터를 만들 때 직교 배열을 사용하면 도움이 될 수 있음을 설명했다. 끝으로, 테스트 케이스를 개발할 때 '가장 위험한 25가지 프로그래밍 에러'(http://www.sans.org/top25errors/ 페이지를 참고한다)를 참고해서 테스트 케이스를 만들면 많은 도움이 될 것이다.

6.4 소프트웨어 테스트 자동화 프레임워크(ASTF)

지금까지 소프트웨어 테스트 자동화의 범위와 목표를 정의했다. 그리고 우리가 자동화하기 원하는 테스트의 종류를 이해했다. 이제 소프트웨어 테스트 자동화 프레임워크ASTF, Automated Software Test Framework 요구사항을 만들 준비가 되었다. FIT[8], 칼나글Karl Nagle의 테스트 자동화 프레임워크Test Automation Framework[9], STAF/STAX[10] 같은 수많은 오픈소스 테스트 프레임워크를 사용할 수 있다. 이것을 소프트웨어 테스트 자동화 프레임워크 개발 시 기초로 사용할 수 있다. 하지만 실제로 적용할 때는 프로젝트에 특화된 소프트웨어 테스트 자동화 프레임워크의 요구사항을 만족하는지 각각의 기능을 평가해야 한다.

소프트웨어 테스트 자동화 프레임워크에 포함시켜서 다양한 소프트웨어 테스트 수명주기STL 지원 툴을 실행하고 싶을 수 있다. 따라서 소프트웨어 테스트 자동화 프레임워크 요구사항에 테스트 자동화 툴에서 필요한 요구사항을 수집할 필요가 있다. 이런 요구사항에는 소프트웨어 테스트 자동화 프레임워크의 일부분으로 새로운 자동화 툴이 갖춰야 할 요구사항에 대해 기술한다. 이것은 테스트 대상 시스템 요구사항에서 테스트를 수행하는 시스템에 대해 기술하는 것과는 다르다. 소프트웨어 테스트 자동화 프레임워크의 요구사항에는 다양한 테스트 단계를 지원하는 툴을 기술한다. 예를 들어, 기능 테스트와 성능 테스트를 지원하는 툴에 대해 기술할 수 있다.

---

8   핏(FIT)은 인수시험 테스트 자동화를 작성하는 데 도움을 주기 위해 개발된 툴이다.

9   http://safsdev.sourceforge.net/FRAMESDataDrivenTestAutomationFrameworks.htm을 참고한다.

10   http://staf.sourceforge.net/을 참고한다.

우리는 사례 연구의 목적에 맞게 STAF/STAX를 소프트웨어 테스트 프레임워크 개발 기초로 사용할 것이다. 앞 절과 그림 6-1에서 설명한 소프트웨어 테스트 수명 주기의 소프트웨어 테스트 자동화를 개발한다고 가정한다. 그리고 소프트웨어 테스트 수명주기의 모든 컴포넌트가 중앙 저장소에서 하나의 엔티티로 동작하게 하는 기반 구조를 개발한다. 이런 작업의 일환으로 우리는 리눅스 환경에서 잘 동작하는 캡처/플레이백 툴과 성능 테스트 툴을 선택할 것이다.

앞에서 언급했듯이, 소프트웨어 테스트 자동화 프레임워크 개발은 소프트웨어 개발 수명주기가 필요하다. 우리는 소프트웨어 테스트 자동화 프레임워크 요구사항을 정의함으로써 시작한다(그림 6-5는 소프트웨어 테스트 자동화 프레임워크 요구사항의 샘플이다). 그러고 나서 소프트웨어 테스트 자동화 프레임워크 아키텍처를 설계할 것이다. 이것은 그림 6-6, 그림 6-7과 같다. 일단 설계를 완료하면 구현해야 하는데, 여기서 소프트웨어 개발 기술이 필요하다. 이 절에서는 개발/구현에 대한 내용은 다루지 않는다. 대신에 설계한 내용을 가지고 필요한 개발 기술과 관련된 서적을 언급하고 넘어갈 것이다. 소프트웨어 테스트 자동화 프레임워크를 개발하고 나면 테스트해야 한다. 7장에서는 소프트웨어 테스트 자동화 프레임워크를 테스트하는 방법을 비롯해 관련 테스트 케이스에 대한 아이디어를 설명하고 있으니 참고하기 바란다.

소프트웨어 테스트 자동화 프레임워크 요구사항

그림 6-5는 소프트웨어 테스트 자동화 프레임워크 요구사항의 샘플로서 요구사항 번호, 카테고리, 상위 설명, 요구사항 우선순위 컬럼을 포함한다. 이런 요구사항은 테스트 자동화 툴의 초기 개발 시에 필요하다. 또는 기존 툴의 새로운 요구사항이 있을 때 필요하다.

요구사항 번호	카테고리	상위 설명	우선순위
. . .	. . .	. . .	. . .
3.0	자동화 설정	각 테스트의 자동화를 설정할 수 있다.	1
4.0	배치 모드 (예: 밤새도록, 등등)	배치 모드로 일련의 테스트 자동화를 실행할 수 있다.	1
5.0	구성 변경 제어	테스트를 시작하기 전에, 시스템/네트워크, 애플리케이션 등의 변경을 검증할 수 있다.	3
6.0	IP 버전 테스트	IPv4와 IPv6를 설정해 테스트 자동화할 수 있다.	3
7.0	테스트 결과 리포팅	모든 소프트웨어 테스트 수명주기 컴포넌트 중앙에서 리포팅할 수 있다.	1
7.1		테스트 결과(성공/실패) 리포팅을 자동화할 수 있다.	1
7.2		성능 테스트 결과 리포팅을 자동화할 수 있다.	1
. . .	. . .	. . .	. . .

그림 6-5 소프트웨어 테스트 자동화 요구사항 샘플

예제 프레임워크는 전체 테스트 프로세스에 적용되는데, 요구사항에서부터 테스트 결과까지 각 단계를 구현한다. 예제 프레임워크의 컴포넌트는 다음 항목들과 상호작용한다.

- 요구사항 관리와 이와 연관된 RTM
- 테스트 케이스/프로시저 문서, 실행, 결과 리포팅
- 모든 소프트웨어 테스트 수명주기 컴포넌트를 관리하는 중앙 컨트롤
- 테스트 대상 애플리케이션[AUT]
- 테스트 결과/결함 추적
- 형상 관리[configuration management]

요컨대 자동화 프레임워크는 요구사항 추적 매트릭스에 있는 테스트 요구사항 리스트를 읽어서, 워크시트에 정의되어 있거나 링크되어 있는 테스트 프로시저를 자동화한다. 그리고 테스트 대상 애플리케이션에서 테스트 프로시저를 실행해 테스트 결과를 생성하고 결함 추적 툴에 연결한다. 물론 이 모든 작업은 형상 관리에 포함된다.

소프트웨어 테스트 자동화 프레임워크 아키텍처

테스트 전략 문서에는 테스트 자동화 프레임워크의 상세 설명서 및 관련 소프트웨어 테스트 자동화 프레임워크 요구사항과 함께 아키텍처 다이어그램이 포함된다. 그림 6-6은 상위 아키텍처 다이어그램으로 소프트웨어 테스트 자동화 프레임워크의 전체 그림을 보여준다.

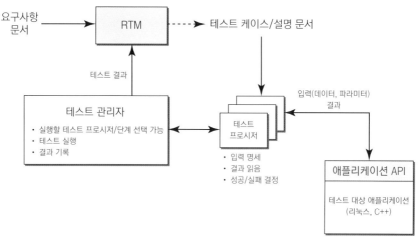

그림 6-6 상위 아키텍처 다이어그램

소프트웨어 테스트 자동화 프레임워크 설계 컴포넌트

일단 상위 아키텍처 다이어그램을 설계하고 나면, 다양한 컴포넌트를 정의해야 한다. 이것은 소프트웨어 상세 설계 문서의 일부분이 된다. 그림 6-7은 상위 소프트웨어 아키텍처를 설계한 예를 보여준다. 예를 들어, 이 설계를 통해 아키텍처의 각 컴포넌트와 이와 관련된 기능을 설명할 수 있다. 그리고 각 설계 컴포넌트에서 사용된 기술들을 나열할 수 있다. 이상적으로는 소프트웨어 테스트 자동화 프레임워크를 재사용할 수 있게 개발한다. 하지만 다양한 요구사항을 따라야 하는 프로젝트 종속 컴포넌트도 많이 있음을 인지해야 한다. 따라서 재사용 가능한 아키텍처(프로젝트 독립적)와 종속된 컴포넌트(프로젝트 종속적)를 모두 포함할 수 있게 설계해야 한다.

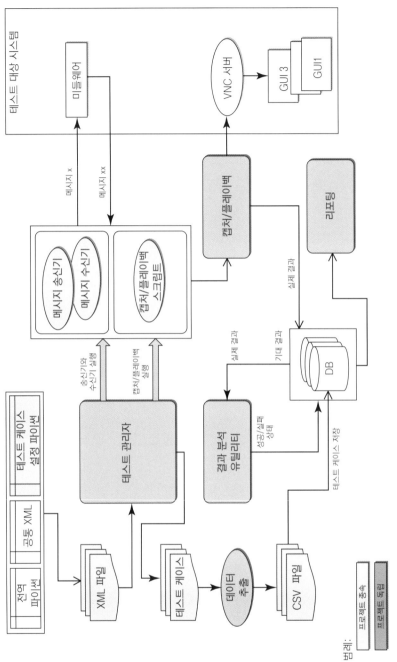

그림 6-7 상위 소프트웨어 테스트 자동화 프레임워크 아키텍처 설계

6.5 소프트웨어 테스트 자동화 환경/형상

자동화할 테스트를 평가하기 전에, 테스트 환경을 이해해야 한다. 5장에서 설명했듯이 요구사항 수집 활동의 일환으로 가능한 한 빨리 테스트 요구사항을 고려하는 것이 중요하다. 테스트 자동화 가능한 환경을 설정할 때, 환경 준비 담당자 또는 자동화 엔지니어는 보안 접근, 필요한 권한 및 승인, 또는 액션이 필요한 조직 내 프로세스나 관행을 우선 파악해야 한다. 예를 들어, 방화벽과 백신 또는 디스크 암호화 소프트웨어를 미리 준비해야 한다. 잘못하면 이런 환경 이슈로 자동화 구현을 진행하지 못할 수 있다. 테스트 팀 또는 보안 요구사항이 있는 팀에서 보안 제약사항과 관련된 필요 사항을 먼저 파악하는 일이 중요하다.

소프트웨어 테스트 자동화 전략의 일환으로 자동화의 테스트 환경이 하드웨어 요구사항, 소프트웨어 요구사항, 네트워크 요구사항 등을 모두 만족시킬 수 있게 만든다. 때로는 테스트 환경을 최소한의 구성으로 만들어 애플리케이션을 실행하고 테스트도 수행할 수 있다. 하지만 이렇게 할 때 실세계에서 실 사용자가 실 데이터를 사용하면 가끔씩 애플리케이션이 멈추거나 크래시crash가 발생하기도 한다. 테스트 환경을 실 환경과 동일하게 설정하는 것은 불가능하다. 그래서 5장에서는 가상 테스트 환경의 사용에 대해 설명했다. 또한 최종 환경에서 부하 또는 성능 테스트는 할 수 없을지라도 기능 검증/테스트는 가능한지 고려해봐야 한다. 최종 환경을 고려하는 일은 매우 중요하기 때문이다.

테스트 자동화 환경은 개발 환경과 프로덕션 환경 같이 여러 환경으로 나눠야 하는데, 이 환경은 다음과 같은 특성을 지녀야 한다.

● 클린clean

환경은 격리되고 보안돼야 하고 제어할 수 있어야 하며 안정성이 있어야 한다. 환경에 변경이 있으면, 예를 들어 하드웨어, 소프트웨어(테스트 자동화 프레임워크를 포함해), 네트워크, 파라미터 등이 변경되면 이것을 모니터링하고 알 수 있어야 한다. 클린 환경에서는 테스트 프로세스가 진행되는 동안 테스트 대상 애플리케이션을 변경할 필요가 없다.

모든 테스트 자동화 업무를 진행하는 동안 테스트 환경 구성을 제어하는 일은 매우 중요하다. 테스트 자동화에서 일관성 있는 결과를 생산해낼 수 있게 테스트 환경은 형상 관리^{configuration management}에서 관리해야 하고, 테스트 초기 상태로 되돌릴 수 있는 기능이 있어야 한다. 테스트 하니스^{harness}를 실행/수행하기 전에, 테스트에 요구되는 컴포넌트를 잘 따르고 있는지 현재 구성을 검토해야 한다.

테스트 형상에 영향을 줄 수 있는 사람은 누구나 형상을 변경하는 데는 반드시 책임이 따른다는 사실을 알고 있어야 한다. 이것은 테스트 결과의 신뢰도를 유지하기 위해 매우 중요한 부분이다. 테스트의 신뢰도를 입증하는 일은 테스트가 알맞은 하드웨어, 소프트웨어, 문서, 사람이 함께 수행되는 것을 아는 지식과 연관되어 있다.

- **예측 가능하고 반복 가능함**

  이런 클린 환경에서 테스트 자동화는 예측 가능해야 한다. 그리고 알고 있는 결과를 바탕으로 테스트 자동화를 재실행할 수 있어야 한다. 테스트가 예측 가능하지 않거나 반복 가능하지 않다면, 가능한 구성 변경 또는 프레임워크 에러를 조사해본다.

- **기능적으로 동일함**

  환경은 대상 환경과 동일한 기능 컴포넌트를 가져야 한다. 대상 환경의 기능을 만족시킬 수 없으면 그 컴포넌트를 가장 잘 모방할 수 있는 접근 방법을 만들어야 한다(예를 들어, 시뮬레이터 등을 사용해서). 하지만 이런 추정 테크닉은 될 수 있으면 최소한으로 사용하자.

- **요구되는 테스트 형상을 확인**

  이에 대해서는 다음 절에서 설명한다.

테스트 형상

소프트웨어 테스트 자동화 환경을 완성하려면 테스트 형상을 이해해야 한다. 그리고 테스트 형상을 잘 알려진 엔티티를 사용해 상세화할 필요가 있다. 예를 들어, 표준 네트워크 통신 테스트 형상을 위해 데이터 분산 서비스^{DDS, data distribution service} 미들웨어를 실행할 수 있는 시스템이 필요하다. 일반적으로 시스템은 DDS를 사용해 메시지를 발행하고 메시지를 받을 수 있어야 한다. 무엇을 테스트하느냐에 따라 테스트 형상은 다양할 수 있다. 그림 6-8은 다양한 네트워크 형상의 종류를 보여주는데, 이것은 다음과 같은 예제를 위해 필요하다. 단일 발행, 단일 구독(A); 단일 발행, 다중 구독(B); 다중 발행, 단일 구독(C). 참고로 이것은 완벽한 테스트 형상 커버리지를 보여주는 게 아니라 테스트 형상의 샘플을 보여주는 것이다.

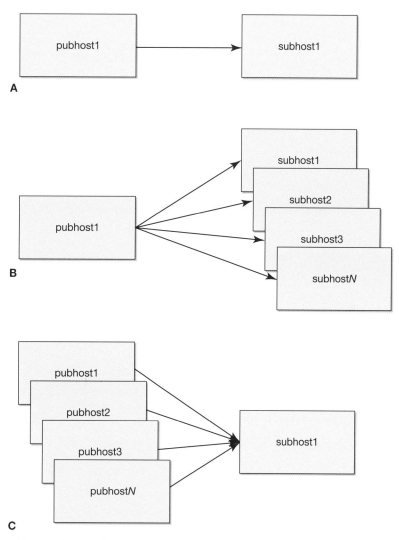

그림 6-8 샘플 DDS 네트워크 형상: (A) 단일 발행, 단일 구독; (B) 단일 발행, 다중 구독; (C) 다중 발행, 단일 구독

종종 환경을 복제하고 복잡한 시스템의 모든 테스트 형상을 다루기가 어려울 수 있다. 이런 종류의 환경에서는 VM웨어, 시뮬레이션, 인터페이스 같은 특수한 장치가 필요하다.

형상 워크시트로 시작하는 것이 좋다. 형상 워크시트는 사용 가능한 모든 하드웨어, 소프트웨어, 네트워크 컴포넌트를 수집하는 것이 목적이다. 일단 이 정보를 수집하고 나면 대상 환경을 만들기 위해 무엇이 필요한지 파악하기 시작한다. 표 6-1은 형상 워크시트의 샘플이다.

표 6-1 형상 워크시트 샘플

이름	운영체제	역할	IP 주소	포트	프로토콜	디스플레이
testhost1	솔라리스 5.8	시뮬레이터	192.168.0.3	2525	UDP	Y
testhost2	페도라 6	발행 호스트 1	192.168.0.19	3300	DDS	Y
testhost3	페도라 6	발행 호스트 2	192.168.0.4	6818	UDP	N
testhost4	페도라 6	구독 호스트 2	192.168.0.2	6819	UDP	N
testhost5	윈도우 XP	웹 서버	192.168.0.25	443	HTTPS	Y
testhost6	레드햇 9	분석 호스트	192.168.0.20	6820	UDP	Y
testhost7	레드햇 9	데이터베이스 서버	192.168.0.17	6818	UDP	N
testhost8	링스OS 4.0	실시간 시뮬레이터	192.168.0.6	1500	tbd	N
testhost9	페도라 6	구독 호스트 1	192.168.0.5	2524	DDS	N
testhost10	윈도우 XP	클라이언트	192.168.0.33	7994	TCP/UDP	Y

그 밖의 테스트 자동화 테스트 환경 요구사항

테스트 전략 문서에 하드웨어 및 소프트웨어 요구사항 외에 추가적인 요구사항을 넣어야 한다. 이것은 테스트 자동화 업무의 상세 결과에 영향을 줄 수도 있다. 추가로 넣을 수 있는 요구사항은 다음과 같다.

• 네트워크 제약사항
• 특수 장비
• 물리적인 또는 환경적인 제약사항

이렇게 하는 목적은 시스템이 정상적으로 수행되지 않을 때 테스트 자동화 결과와 연관된 항목들을 식별하고 나열해보기 위해서다.

테스트 환경 관리 자동화: 형상 관리(CM) 자동화

일단 테스트 환경 요구사항을 파악하고 나면 이것은 자동화 작업 내에서 관리된다. 한 상태에서 다음 상태로 변경됐을 때, 다양한 설정과 연결된 초기 형상 파라미터가 변경되지 않았는지 검증하기 위해 구조화하고 자동화할 수 있다. 예를 들어, 네트워크 에이전트의 수와 종류 같은 시스템 및 네트워크 구성, 결과 대기 시간과 대역폭, 기타 네트워크 설정 등이 여기에 포함된다. 잘 구성된 솔루션에서는 모든 구성의 스냅샷을 초기화 또는 백업할 수 있고, 한 상태에서 다음 상태로 변경될 때 구성이 변경되지 않았는지 검증할 수 있다. 또한 하드웨어, 모듈, 소프트웨어의 재고 및 버전에 대한 감사audit 리포트를 포함하기도 한다.

형상 관리 자동화 기술은 감사 기준baseline audits으로 확장할 수 있다. 이것을 가지고 구성의 업데이트, 수정, 개선이 필요한 모든 비표준 이슈를 파악할 수 있다. 일단 승인된 기준을 설정하고 나면, 솔루션에서 기준 스냅샷/백업을 생성한다. 이것은 재사용할 수 있으며, 그리고 새롭게 만들어진 상태의 일관성을 검증할 때 비교하는 용도로 사용한다. 그림 6-9는 시스템 상태가 변경될 때의 프로세스 플로우를 보여준다(작동 가능 상태와 작동 불가능 상태로 구분).

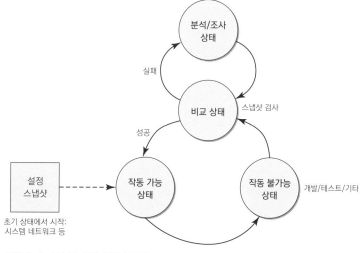

그림 6-9 시스템 상태 변경 플로우

정확하게 구현됐다면, 테스트 환경 관리 자동화는 다음 내용을 검증할 수 있다.

- 승인된 하드웨어와 소프트웨어만 설치한다.
- 시스템 설정과 파라미터를 보안 상태에 맞게 정의한다(예를 들어 운영자 및 사용자 승인, 애플리케이션 및 시스템 코드의 권한 설정).
- 관련 없는 하드웨어 또는 소프트웨어는 운영 환경에 설치하지 않는다.
- 불필요한 하드웨어 또는 소프트웨어는 제거한다.

테스트 환경 관리 자동화는 여러분에게 특화된 환경 및 구성을 따라 다르게 설정할 수 있다. 하지만 프로세스에서 일반적인 데이터 수집 항목은 다음과 같다.

- 하드웨어
- 소프트웨어
- 시스템
- 네트워크
- 커널
- 부트
- 볼륨 관리
- 사용자

이 항목들은 시스템/네트워크의 잠재적인 형상 변경까지 포괄적인 범위를 포함한다. 고의적이든(안전하거나 악의적이거나) 그렇지 않든 관계없다. 이런 경우에 파일의 크기나 날짜 스탬프에만 의존하는 것은 충분하지 않다. 정보의 타입이 거짓일 수 있기 때문이다. 형상 관리 자동화를 사용하면 훨씬 더 신뢰성 있는 메소드를 사용할 수 있는데, 선택한 파일의 MD5 체크섬^{checksum}을 정의하는 방법이 있다. 이렇게 해서 파일의 깨끗함이 검증되면 이제 그 값을 비교한다. MD5 체크섬은 디바이스 드라이버 및 기타 파일 기반 컴포넌트의 변경사항을 정의하는 데도 사용할 수 있다.

시스템에서 수집되는 네트워크 관련 정보와 함께, 형상 관리 자동화에서는 네트워크 디바이스와 라우팅 세부 사항 관련 정보를 수집한다. 여기서 네트워크 형상과 네트워크 토폴로지^{topology}의 스냅샷이 생성된다. 네트워크가 변경되면 이것을 초기 형상과 비교할 수 있다. 예를 들어, 다음과 같이 라우터 형상이 변경될 수 있다.

```
access-list 103 permit ip any log
access-list 104 remark auto generated by SDM firewall configuration
access-list 104 remark SDM_ACL Category=1
access-list 104 permit udp any host 59.55.116.134
access-list 104 permit tcp any host 59.55.116.134
access-list 104 deny  ip 192.168.0.0 0.0.0.255 any
access-list 104 permit icmp any host 59.55.116.130 echo-reply
access-list 104 permit icmp any host 59.55.116.130 time-exceeded
access-list 104 permit icmp any host 59.55.116.130 unreachable
access-list 104 permit tcp any host 59.45.116.130 eq 443 <- 잘못된 주소
access-list 104 permit tcp any host 59.55.116.130 eq 22
access-list 104 permit tcp any host 59.55.116.130 eq cmd
access-list 104 deny  ip 10.0.0.0 0.255.255.255 any
access-list 104 deny  ip 172.16.0.0 0.15.255.255 any
access-list 104 deny  ip 192.168.0.0 0.0.255.255 any
access-list 104 deny  ip 127.0.0.0 0.255.255.255 any
```

테스트 환경 관리 자동화는 상태가 변경될 때 스냅샷을 비교해 변경 내용을 리포팅할 수 있다(예를 들어, 그림 6-9의 프로세스 플로우처럼).

표 6-2는 데이터 수집 카테고리를 보여준다. 카테고리 내 상세 영역과 각 영역 내에서 수집되고 분석될 샘플 데이터 타입을 보여준다. 참고: 어떻게 구성하는지에 따라 수천 개의 수집 항목이 있을 수 있다. '상세 내용 예' 컬럼은 카테고리 내 데이터 타입이 어떻게 표시되는지 보여주기 위함이다.

표 6-2 데이터 수집 카테고리 예

카테고리	상세 항목	수집된 데이터의 상세 내용(정보) 예
일반	노드명 CPU 속도 OS 이름 OS 릴리스 기타	정보: nodename: debian31 model-id: i686 hostid: 7f0100 license: cpu_cnt: 1 OS name: Linux OS release: 2.6.8-2-386
부트	설정(Config) 시스템 설정(Sysconfig) 커널/프로시저 실행 레벨 기타	디폴트 rcS: TMPTIME=0 SULOGIN=no DELAYLOGIN=yes UTC=no VERBOSE=yes EDITMOTD=yes FSCKFIX=no

(이어짐)

카테고리	상세 항목	수집된 데이터의 상세 내용(정보) 예

하드웨어	디바이스
	메모리 정보(Meminfo)
	하드웨어 설정(Hwconf)
	시스템 파라미터(sysctl)
	입출력 포트(ioports)
	기타
		디바이스 sysctl
		`dev.cdrom.info = drive speed: 40`
		`dev.cdrom.lock = 1`
		`dev.parport.default.spintime = 500`
		`dev.parport.default.timeslice = 200`
		`dev.parport.parport0.base-addr = 888 1912`
		`dev.parport.parport0.devices.active = none`
		`dev.parport.parport0.dma = 3`
		`dev.parport.parport0.irq = 7`
		`dev.parport.parport0.spintime = 500`
		`dev.rtc.max-user-freq = 64`
		`dev.scsi.logging_level = 0`
		...

소프트웨어	크론(cron)
	설치된 소프트웨어
	특수 소프트웨어
	설치된 rpms
	펄 모듈
	ipchain 규칙
	기타
		설치된 rpms:
		`ftp          0.17-12    The FTP client`
		`g++          3.3.5-3    The GNU C++ compiler`
		`g++-3.3      3.3.5-13   The GNU C++ compiler`
		`gcalctool    4.4.20-1   A GTK+ 2.0 desktop calculator`
		`gcc          3.3.5-3    The GNU C compiler`
		`gconf-editor 2.8.2-2    GConf configuration system`
		`gdb          6.3-6      The GNU Debugger`
		`gedit        2.8.3-4    Lightweight text editor`
		...

커널	파라미터
	모듈
	시스템 파라미터(sysctl)
	기타
		샘플 파라미터:
		`CONFIG_MMU=y`
		`CONFIG_UID16=y`
		`CONFIG_GENERIC_ISA_DMA=y`
		`CONFIG_SWAP=y`
		`CONFIG_SYSVIPC=y`
		`CONFIG_POSIX_MQUEUE=y`
		`CONFIG_BSD_PROCESS_ACCT=y`
		`CONFIG_SYSCTL=y`
		`CONFIG_LOG_BUF_SHIFT=14`
		`CONFIG_ZFT_DFLT_BLK_SZ=10240`
		`CONFIG_FT_NR_BUFFERS=3`
		`CONFIG_FT_PROC_FS=y`
		`CONFIG_FT_NORMAL_DEBUG=y`
		`CONFIG_FT_STD_FDC=y`
		`CONFIG_FT_FDC_THR=8`
		`CONFIG_FT_FDC_MAX_RATE=2000`
		`CONFIG_FT_ALPHA_CLOCK=0`
		...

(이어짐)

카테고리	상세 항목	수집된 데이터의 상세 내용(정보) 예

네트워크	포트
	시스템 파라미터(sysctl)
	내부 프로세스 통신(ipcs)
	네트워크 구성 파일
	TCP/IP
	LAN 데이터
	(라우터, 스위치)
	기타
		네트워크 sysctl:
		`net.core.optmem_max = 10240`
		`net.core.rmem_default = 110592`
		`net.core.rmem_max = 110592`
		`net.core.somaxconn = 128`
		`net.core.wmem_default = 110592`
		`net.core.wmem_max = 110592`
		`net.ipv4.conf.all.accept_redirects = 1`
		`net.ipv4.conf.all.accept_source_route = 0`
		`net.ipv6.route.gc_min_interval = 0`
		`net.ipv6.route.gc_thresh = 1024`
		`net.ipv6.route.gc_timeout = 60`
		`net.ipv6.route.max_size = 4096`
		`...`

시스템	프로세스
	보안
	동적 링크 설정(ldconfig)
	기타
		ldconfig:
		`(hwcap: 0x8000000000000000)`
		`ld-linux.so.2 -> ld-2.3.2.so`
		`libBrokenLocale.so.1 -> libBrokenLocale-2.3.2.so`
		`libSegFault.so -> libSegFault.so`
		`libanl.so.1 -> libanl-2.3.2.so`
		`libc.so.6 -> libc-2.3.2.so`
		`libcrypt.so.1 -> libcrypt-2.3.2.so`
		`libdl.so.2 -> libdl-2.3.2.so`
		`libm.so.6 -> libm-2.3.2.so`
		`libmemusage.so -> libmemusage.so`
		`libnsl.so.1 -> libnsl-2.3.2.so`
		`libnss_compat.so.2 -> libnss_compat-2.3.2.so`
		`...`

볼륨 관리	파일 시스템
	마운트 설정(fstab)
	볼륨 그룹
	물리 볼륨
	기타
		Mount info:
		`/dev/hda1 on / type ext3 (rw,errors=remount-ro)`
		`devpts on /dev/pts type devpts (rw,gid=5,mode=620)`
		`proc on /proc type proc (rw)`
		`sysfs on /sys type sysfs (rw)`
		`tmpfs on /dev type tmpfs (rw,size=10M,mode=0755)`
		`tmpfs on /dev/shm type tmpfs (rw)`
		`usbfs on /proc/bus/usb type usbfs (rw)`

사용자	패스워드 파일
	섀도(Shadow) 파일
	그룹 파일
	기타
		패스워드 파일:
		`bin:x:2:2:bin:/bin:/bin/sh`
		`daemon:x:1:1:daemon:/usr/sbin:/bin/sh`
		`root:x:0:0:root:/root:/bin/bash`
		`saned:x:108:108::/home/saned:/bin/false`
		`sshd:x:101:65534::/var/run/sshd:/bin/false`
		`sync:x:4:65534:sync:/bin:/bin/sync`
		`sys:x:3:3:sys:/dev:/bin/sh`
		`uucp:x:10:10:uucp:/var/spool/uucp:/bin/sh`
		`...`

형상 관리 자동화를 구축하면 앞에서 설명한 클린 테스트 환경을 보장할 수 있다.

6.6 RTM 자동화

5장에서 요구사항 수집 업무의 일환으로 이미 초기 RTM^{requirements traceability matrix}(요구사항 추적 매트릭스) 개발을 시작했다. 우리의 경험에 비춰볼 때 설계, 코딩, 테스트 단계가 진행되는 동안 요구사항을 검사, 검증, 추적하려면 적당한 방법론, 프로세스 또는 툴을 사용하는 것이 좋다. 이 절에서는 RTM을 자동화하는 방법과 우리의 소프트웨어 테스트 자동화 전략 중 다른 하나의 컴포넌트를 설명한다.

테스트 대상 시스템 및 독립된 작업으로 테스트 툴 또는 소프트웨어 테스트 자동화 프레임워크 요구사항은 수집되고 카테고리로 분류되어 우선순위를 매기게 된다. 이번 절에서는 테스트 대상 시스템과 연관된 RTM 자동화를 주목해서 설명한다. RTM 내에 있는 테스트 대상 시스템 요구사항은 전체 소프트웨어 개발 컴포넌트에 링크될 수 있다. 여기에는 설계 및 개발 컴포넌트, 단위, 통합, 시스템 테스트, 최종적으로 완전한 커버리지를 검증하기 위한 다양한 테스트의 성공/실패까지 포함된다. 그림 6-10은 요구사항 검사 방법론을 나타낸 그림이다. 각 요구사항의 설계, 코드, 테스트 커버리지를 검증한다.

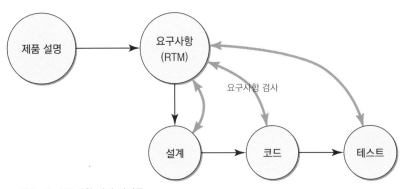

그림 6-10 요구사항 검사 방법론

앞에서 언급했듯이, RTM은 그 자체로도 개발자, 테스터, 그리고 프로젝트에 투입된 모든 사람에게 가치 있는 문서다. 하지만 RTM이 자동화 환경에서 완전히 통합되어 구축된다면, 단독 문서로서의 가치보다 훨씬 더 큰 가치를 줄 수 있다. RTM은 전체 소프트웨어 테스트 수명주기STL 업무를 확인 및 검증하기 위한 강력한 툴이 될 수 있다. 자동화 환경에서 RTM을 구축하는 절차는 다음과 같다.

- RTM을 개발한다.
- 자동화 프레임워크에서 사용할 수 있는 표준 테스트 케이스 템플릿을 요청한다.
- 테스트 케이스를 하이퍼링크한다.
- 성공/실패 결과를 포함해 테스트 단계를 업데이트한다.
- 성공/실패 결과를 포함해 RTM을 업데이트한다.

자동화 프레임워크에서 사용할 수 있는 표준 테스트 케이스 템플릿 요청

자동화 프레임워크에 적합한 테스트 케이스 템플릿 표준은 전체 테스트 케이스 빌딩 프로세스의 효율을 향상할 수 있는데, 프로젝트에서 프로젝트로 이동하면서 소프트웨어 테스트 자동화 프레임워크를 구축할 때 특히 더 그렇다. 우리는 다양한 포맷(예: 마이크로소프트 워드, 엑셀 등)과 스타일로 작성된 테스트 프로시저를 봐왔고, 이를 자동화 프레임워크 포맷에 맞게 변환해야 했다. 하지만 애초에 표준 포맷으로 작성했다면 효율적으로 변환될 수 있었거나 또는 단순히 자동화 프레임워크에서 재사용할 수 있었을 것이다. GUI 테스트 자동화를 진행하면서, 이런 비표준 테스트 케이스 문서 이슈를 해결했다. 테스트 대상 시스템에서 단순히 클릭만 하면 소프트웨어 테스트 자동화의 코드 생성이 실행되어 테스트 케이스를 자동 생성할 수 있었기 때문이다.

테스트 케이스 하이퍼링크

RTM 내에서 테스트 케이스에 쉽게 접근할 수 있는 메커니즘을 제공한다. 그림 6-11은 그림 6-5의 샘플 RTM으로부터 요구사항 하나를 가져온 것이다. '테스트 케이스' 컬럼에서 '1.1.1 Pub-Sub_MixedDataTypes'가 실제 테스트 케이스의 하이퍼링크다.

요구 사항 번호	테스트 툴 요구사항	요구사항 상세 설명	테스트 케이스 (하이퍼링크)	테스트 결과 상태 (테스트 툴에서 입력)	우선순위
1.1	기본 기능	DDS가 혼합된 데이터 타입의 데이터 구조를 갖는 메시지를 송수신(발행/구독)할 수 있어야 한다. 즉, 메시지는 기본 데이터 타입인 long, float(32/64비트), integer, text 타입으로 혼합될 수 있다.	SubTestPlans\ 1.1.1 Pub-Sub MixedDataTypes .xls		1

그림 6-11 RTM에서 테스트 케이스 하이퍼링크

성공/실패 결과를 포함한 테스트 단계 업데이트

테스트 케이스 단계를 수행할 때, 성공/실패 상태를 자동으로 업데이트하는 메커니즘을 개발한다.

단계	액션	결과		테스트 결과
		타입	기대 결과	성공/실패
1	'TEST-MIXED-DATA' 토픽을 사용해 구독자(subscriber)를 생성하도록 테스트 픽스처를 실행한다.	Boolean	TRUE: 성공적으로 실행된다.	성공
2	'TEST-MIXED-DATA' 토픽을 사용해 발행자(publisher)를 생성하도록 테스트 픽스처를 실행한다.	Boolean	TRUE: 성공적으로 실행된다.	성공
3	'sampleMixedDataTypes.msg' 메시지 파일을 읽어들이는 테스트 픽스처를 실행한다.	Boolean	TRUE: 성공적으로 실행된다.	성공
4	앞에서 생성한 발행자를 사용해, 앞 단계에서 읽어들인 메시지를 전송하는 테스트 픽스처를 실행한다.	Boolean	TRUE: 성공적으로 실행된다.	성공
5	DDS가 작업을 완료할 때까지 x밀리초(ms) 동안 대기한다.	Boolean	TRUE: 성공적으로 실행된다.	성공
6	앞에서 생성한 구독자가 수신한 메시지를 검색한다.	Boolean	TRUE: 성공적으로 실행된다.	성공
7	수신된 메시지가 전송한 메시지와 일치하는지 확인한다.	Boolean	TRUE: 성공적으로 실행된다 (데이터 메시지는 사용 가능하고 보낸 메시지와 동일하다).	성공

그림 6-12 결과 필드에 성공/실패 상태를 표시

성공/실패 결과를 포함한 RTM 업데이트

최종적으로 이 모든 것을 하나로 묶기 위해, RTM에서 테스트가 실행된 후에 테스트 케이스 상태를 자동으로 업데이트할 수 있는 메커니즘을 소프트웨어 테스트 자동화 프레임워크 내에 만들어야 한다. 일반적으로 요구사항 상태가 '성공pass'이 되려면 상세 테스트 케이스 단계 내의 모든 단계는 '성공'이 되어야 한다.

그림 6-13은 소프트웨어 테스트 자동화 프레임워크에서 RTM을 업데이트해서 성공/실패 상태를 어떻게 표시하는지 보여준다. '실패fail' 상태가 있으면 테스트 케이스 하이퍼링크를 클릭해서 정확하게 어떤 테스트 케이스 또는 테스트 단계가 실패했는지 확인할 수 있게 소프트웨어 테스트 자동화 프레임워크에서 지원해야 한다. 또한 테스트가 실행되는 동안 로그 파일을 생성해 어떤 실패가 어떻게 발생했는지 파악할 수 있게 해야 한다. 이것은 소프트웨어 테스트 자동화 프레임워크에서 자동화할 수 있는 또 하나의 기능이 될 수 있다.

요구 사항 번호	테스트 툴 요구사항	요구사항 상세 설명	테스트 케이스 (하이퍼링크)	테스트 결과 상태 (테스트 툴에서 입력)	우선순위
1.1	기본 기능	DDS가 혼합된 데이터 타입의 데이터 구조를 갖는 메시지를 송수신(발행/구독)할 수 있어야 한다. 즉, 메시지는 기본 데이터 타입인 long, float(32/64비트), integer, text 타입이 혼합될 수 있다.	SubTestPlans\ 1.1.1 Pub-Sub MixedDataTypes .xls	성공	1

그림 6-13 RTM에서 성공/실패 상태 기록

인하우스에서 RTM 자동화를 개발할 수 있다. 하지만 이미 RTM 생성과 유지보수를 자동화할 수 있는 수많은 툴이 있다. 간단하게 스프레드시트를 가지고 일부분을 자동화하는 툴에서부터, 특수한 요구사항 관리 툴을 사용해 전체를 자동화할 수 있는 툴까지 다양하다. 스프레드시트를 사용하면 쉽게 설정하고 구현할 수 있는 반면, 엄청나게 많은 수작업과 시간을 투입해야 하는 유지보수가 뒤따른다. 반면에 요구사항 관리 툴을 사용하면 쉽게 유지보수 및 요구사항을 추적할 수 있다. 이런 툴은 중간 규모의 큰 프로젝트에서 도움이 될 수 있다. 국제시스템공학회International

Council on Systems Engineering의 웹사이트에서는 요구사항 추적 툴과 관련된 매우 유용한 리스트를 제공하고 있으니 참고하기 바란다.[11]

요구사항을 추적하는 기능을 제공하는 것은 RTM의 완성도를 측정할 때 중요한 단계다. 요구사항 커버리지를 측정하기 위해 사용할 수 있는 툴이 있다. 부록 C.1절의 요구사항 관리를 보면 RM 툴과 RTM 애플리케이션의 예제를 볼 수 있다. 그림 6-14는 개발자들이 개발 및 단위 테스트를 할 때 지속적으로 유용하게 쓸 수 있는 툴의 예제를 보여준다. 이것은 JFeature라고 불리는 오픈소스 툴이다. JFeature는 자바 테스트 프레임워크로 유명한 JUnit과 연동된다. JFeature는 다음과 같이 두 단계 프로세스를 따른다.

1. IDE 환경(예: 이클립스, ANT)에 요구사항을 임포트 또는 작성한다.

2. 단위 테스트를 요구사항에 코드로 매핑하고 단위 테스트를 작성한다.[12]

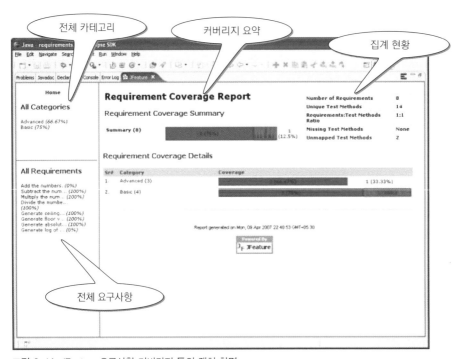

그림 6-14 JFeature 요구사항 커버리지 툴의 캡처 화면

---

11 www.technobuff.net/webapp/product/showProduct.do?name=jfeature

12 www.technobuff.net/webapp/product/showProduct.do?name=jfeature

JFeature를 사용하면 개발자는 자신이 작성한 코드를 요구사항에 매핑할 수 있고, 모든 요구사항이 실제로 다뤄졌는지 확인할 수 있다. JFeature는 요구사항 커버리지를 다음과 같이 수행한다.

- 요구사항 파일 또는 파일들을 생성하거나 임포트
- 요구사항 파일 또는 파일들을 프로젝트에 연결
- 단위 테스트를 요구사항과 매핑하기 위해 요구사항 파일 또는 파일들을 업데이트

단위 테스트가 다음으로 넘어갈 때, JFeature는 요구사항 커버리지 리포트를 생성할 수 있다. 리포트에서는 다음과 같은 내용을 볼 수 있다.

- 코드로 성공적으로 커버된 요구사항
- 커버되지 않은 요구사항
- 깨진 요구사항(단위 테스트가 실패했거나 테스트가 실행되지 않음)

그림 6-14는 JFeature 요구사항 커버리지 툴의 캡처 화면을 보여준다. 이 툴은 자동화를 위한 요구사항 커버리지와 관련된 툴을 리서치할 때 좋은 예제가 될 수 있을 것이다.

6.7 결함 추적 자동화

소프트웨어 테스트 자동화의 한 부분으로, 또한 결함 추적 툴을 선택해서 프레임워크에 통합할 것이다. 사례 연구에서 사용한 툴의 목록은 부록 D에서 정리했으니 참고하기 바란다. 소프트웨어 테스트 수명주기에서 결함 추적 부분도 자동화할 수 있지만, 여기서는 개략적인 설명과 제안을 하고 상세히 다루진 않는다. 테스트가 실행되는 동안 결과가 기대 결과와 일치하지 않는다면 결과를 요약한 결함 리포트가 자동으로 생성된다. 결함 리포트에는 예를 들어 요구사항 번호, 테스트 실행 절차, 테스트 우선순위, 그리고 만약 가능하다면 이슈가 발생한 시점의 시스템 화면 캡처가 포함될 수 있다. 오픈소스 툴인 버그질라^{Bugzilla} 같은 결함 추적 툴에 이런 결함

이 자동으로 채워지지 않는다는 사실을 알아둬야 한다. 결함이 결함으로 판정되거나 또는 PTR 추적 툴에 등록되기 전에 테스트 팀 구성원이 '제안된proposed' 결함을 평가할 수 있는 임시intermittent 단계가 있어야 한다. 이런 임시 단계가 있으면 중복된 결함을 피할 수 있고, 거짓 양성false positive을 애초에 피할 수 있다. 결함이 실제 결함으로 판정되면 자동화 프레임워크에서 버튼을 눌러서 결함을 하나 생성할 수 있고, 또는 결함이 아니라고 판정되면 제안된 결함을 삭제할 수 있다.

6.8 정리

6장에서는 테스트 전략 문서를 소개하고 정의했다. 그리고 테스트 전략 문서를 작성할 때 고려해야 할 부분을 다뤘다. 테스트 전략에서 중요한 부분은 전체 테스트 목표를 만족시킬 수 있는 접근 방법을 찾는 것이다. 소프트웨어 테스트 자동화 전략을 세우면 이것을 소프트웨어 테스트 자동화를 구축할 때 평면도로 사용할 수 있다. 일단 테스트 목표를 이해하고 나면, 전체 테스트 프레임워크를 결정하는 일이 중요하다. 이것은 전체 소프트웨어 테스트 수명주기를 커버하는 자동화일 수도 있고 또는 단순히 테스트 일부를 자동화하는 것일 수 있다. 여기에는 다양한 툴과 자동화 기능이 포함될 수 있는데, 벤더 제공 툴을 사용하거나 오픈소스, 또는 인하우스에서 개발할 수도 있다. 예를 들면 요구사항 관리, 테스트 관리, 단위 테스트, 통합 테스트, 시스템 테스트, 형상 관리, 테스트 프레임워크 자동화, 결함 추적이 있다. 소프트웨어 테스트 자동화 범위를 이해하고, 업무에 정확하게 맞는 툴을 선택하는 것이 가장 중요한 부분이다. 이를 위한 접근 방법을 이번 장에서 설명했다.

7장

핵심 활동 3: 소프트웨어 테스트 자동화 프레임워크 테스트

"의논이 없으면 경영이 무너지고, 지략이 많으면 경영이 성립하느니라."

– 잠언 15:22

핵심 활동 1: 요구사항 이해

핵심 활동 2: 테스트 자동화 전략 수립

핵심 활동 3: 소프트웨어 테스트 자동화 프레임워크 테스트

핵심 활동 4: 지속적인 진척 현황 추적에 따른 적절한 대응

핵심 활동 5: 소프트웨어 테스트 자동화 프로세스 구현

핵심 활동 6: 적합한 인력을 프로젝트에 투입(필요한 스킬 세트 파악)

우리는 이제 소프트웨어 테스트 자동화 요구사항을 이해했고, 테스트 자동화 전략을 설계해서 만들었다. 그리고 이를 위해 필요한 테스트 자동화 프레임워크, 지원 툴, 테스트 케이스, 연관 데이터를 살펴봤다. 소프트웨어 테스트 중 일부만 자동화했든 또는 전체 소프트웨어 테스트 자동화 프레임워크를 구축했든 상관없이 이제는 실제로 구축한 자동화가 정확히 동작하고 목적을 만족시키는지 확인할 필요가 있다. 이것이 세 번째 핵심 활동이다.

우리는 다음과 같은 질문을 수없이 들었다. "우리의 테스트 자동화를 테스트할 필요가 있나요?" 이에 대한 답은 "그렇다"이다. 구축한 자동화가 명세서대로 동작하는지 테스트하고 확인할 필요가 있다. 소프트웨어 테스트 자동화 프레임워크 및

이와 관련된 산출물의 테스트는 불필요하거나 또는 무한 루프 같은 끝없는 작업 같아 보이지만 소프트웨어 테스트 자동화 프레임워크가 기대한 대로 동작하는지 확인하는 일은 중요하다. 예를 들어, 소프트웨어 테스트 자동화 프레임워크가 테스트 대상 시스템을 요구사항대로 테스트하는지 확인할 필요가 있다. 그리고 테스트 대상 소프트웨어와 테스트 필요에 따라 확장할 수 있는지, 그리고 거짓 양성false positive 또는 거짓 음성false negative 없이 정확한 결과를 생성하는지 확인할 필요가 있다.

소프트웨어 테스트 자동화 프레임워크를 테스트하기 위해 전체 테스트 프로그램을 다시 만드는 데 많은 시간이 소요되고 비용이 너무 많이 들면 이것은 효율적이지 못하다. 일반적으로 소프트웨어 테스트 자동화 프레임워크 및 이와 관련된 산출물은 고객에게 상품으로 제공되기보다는 인하우스에서 테스트 프로그램의 일부분으로 사용된다. 하지만 소프트웨어 테스트 자동화 프레임워크가 고객에게 상품으로 제공될 때는 고품질로 만든다. 일반적으로 내부적으로 유지보수하거나 사용하는 소프트웨어 테스트 자동화 프레임워크에서 발견된 이슈는 재빠르게 패치될 수 있다. 하지만 상품 형태로 출시된 소프트웨어 테스트 자동화 프레임워크에서 발견된 이슈는 인지하기 어려울 수 있다. 하지만 우리는 소프트웨어 테스트 자동화 프레임워크를 내부에서 사용하든 외부에서 사용하든 상관없이 여타 소프트웨어 개발 프로젝트와 마찬가지로 항상 고품질을 유지해야 함을 강조한다.

개발한 소프트웨어 테스트 자동화 프레임워크가 기대한 대로 동작한다고 충분한 자신감을 얻을 수 있는 간단한 개념을 설명할 텐데, 여기서 설명하는 소프트웨어 테스트 자동화 프레임워크의 테스트 작업을 모두 구축하거나, 또는 소프트웨어 테스트 자동화 프레임워크의 복잡도에 맞춰서 여기서 제안된 것들 중 일부를 선택할 수 있다. 소프트웨어 테스트 자동화 프레임워크가 내부적으로만 사용되든 상품 형태로 고객에게 제공되든 관계없이 테스트 케이스의 동료 리뷰peer reviewing는 반드시 수행해야 한다.

우리는 소프트웨어 테스트 자동화 프레임워크의 테스트 업무를 다음과 같이 수행하도록 권고한다.

1. 소프트웨어 테스트 자동화 프레임워크가 요구사항 명세를 만족하고 기능이 기대한 대로 동작하는지 확인한다.

2. 소프트웨어 테스트 자동화 프레임워크와 관련된 모든 산출물을 동료 리뷰한다. 여기에는 설계, 개발, 그리고 관련된 테스트 케이스가 포함된다.

3. 테스트 대상 시스템의 요구사항과 커버리지를 확인한다.

4. 고객 리뷰를 진행한다.

7.1 ASTF가 요구사항 명세를 만족하고 기능이 기대한 대로 동작하는지 검증

소프트웨어 테스트 자동화 프레임워크를 벤더 제공 기반으로 구축하든 오픈소스 테스트 툴로 구축하든 간에, 테스트 요구사항을 맞추기 위해 추가 기능 및 개선사항을 개발할 필요가 있다. 소프트웨어 테스트 자동화 프레임워크 기능을 점진적이고 반복적인 방식으로 구현할 수 있다. 이를 통해 점진적 테스트와 소프트웨어 테스트 자동화 프레임워크의 요구사항을 충족시킬 수 있다. 실제 구현은 우선순위에 따라서 진행될 것이다. 6장에서 소프트웨어 테스트 자동화 프레임워크 요구사항의 샘플을 설명했으니 참고하기 바란다. 이제 프로젝트에 특화된 소프트웨어 테스트 자동화 프레임워크와 정의한 요구사항을 우선순위에 맞춰 구현했는지 확인할 필요가 있다. 이것은 소프트웨어 테스트 자동화 프레임워크를 테스트하는 부분이다. 여기서 소프트웨어 테스트 자동화 프레임워크의 요구사항을 실제 기능 구현에 매핑하고 커버지리를 평가할 수 있는 미니 RTM을 구축할 수 있다.

일단 소프트웨어 테스트 자동화 프레임워크가 구현됐음을 확인했으면, 이것을 테스트할 수 있다. 가장 먼저 수행하는 테스트는 벤더 제공 또는 오픈소스 툴로 구현된 자동화 프레임워크의 기능이 기대 결과대로 동작하는지 파악하는 것이다. 여기서는 조금의 시간만 투입한다. 대부분의 기능 검증은 툴 평가 기간에 수행되기 때문이다. 이와 관련된 내용은 부록 C를 참고할 수 있다. 소프트웨어 테스트 자동화 프레임워크의 추가 기능 테스트는 인하우스에서 새로 개발하든 단순히 기존 툴을 통합하든 간에, 동료 리뷰를 진행하고(동료 리뷰에 대해서는 7.2절에서 설명한다), 실제로 기능을 실행해 사용함으로써 테스트를 수행할 수 있다. 예를 들어, 테스트를 실행하는 동안 이전의 수동 테스트 결과와 자동화 실행/결과를 비교해볼 수 있다.

두 결과가 일치하고, 모든 동료 리뷰에서 발견된 이슈가 만족스럽게 해결된다면, 소프트웨어 테스트 자동화 프레임워크는 정확하게 동작할 가능성이 높다. 하지만 기대 결과를 받아서 비교할 때 그것이 거짓 양성false positive은 아닌지 확인하기 위해 몇 개의 추가 시나리오를 실행하는 편이 좋다. 테스트가 실패한다면, 즉 기대 결과와 실제 결과가 일치하지 않으면, 거짓 양성을 구분해서 소프트웨어 테스트 자동화 프레임워크의 이슈로 등록하기 위한 분석이 필요하다. 이 외의 요구사항들, 예를 들어 테스트 자동화 프레임워크의 확장성scalability 또는 1장의 그림 1-1에서 설명한 테스트의 분산 부하를 처리하는 요구사항도 테스트 및 검증할 필요가 있다.

효과적인 ASTF 개발 프로세스 적용 여부 검증

버그가 아주 많은 테스트 대상 시스템을 테스트할 때, 우리는 개발자가 좀 더 효과적인 개발 프로세스를 적용하길 희망한다. 소프트웨어 테스트 자동화 프레임워크의 코드를 개발하는 동안 다음과 같은 효과적인 프로세스를 적용하고 있다. 다음의 프로세스를 적용해보길 추천한다.

- 애자일 개발 프로세스를 사용하고 그것을 잘 지키는지 확인한다. 애자일에 관한 좀 더 많은 정보는 http://agilemanifesto.org/를 참고한다.
- JUnit, NUnit 같은 오픈소스 단위 테스트 툴을 사용해 단위 테스트 자동화 프레임워크를 개발한다. 소프트웨어 테스트 자동화 프레임워크의 시스템 테스트 검증을 자동화하도록 권하지는 않는다. 하지만 테스트 자동화 프레임워크에 단위 테스트 자동화 프레임워크를 포함하는 것은 필요하다.
- 소프트웨어 테스트 자동화 프레임워크를 개발할 때, 다양한 테스트 자동화 툴을 포함한다. 예를 들어 코드 체커, 메모리 누수 탐지, 성능 테스트 툴을 포함시킬 수 있다. 7.2절에 설명하는 PCLint 예제를 참고한다.
- 빌드 자동화와 형상 관리 프로세스를 사용한다.

7.2 설계, 개발, 테스트 케이스 등 ASTF와 관련된 모든 산출물의 동료 리뷰

이번 절에서는 동료 리뷰 활동의 중요성을 설명한다. 이미 수많은 출판물에서 동료 리뷰에 대해 상세히 설명하고 있으므로, 그런 입증된 전략들을 반복해서 설명하진 않을 것이다. 대신에 이 장을 읽은 후에는 동료 평가를 통해 고품질의 소프트웨어 테스트 자동화 프레임워크를 만들 수 있는 방법이 확실하게 이해될 것이다.

소프트웨어 개발 수명주기에서의 동료 리뷰

소프트웨어 세계에서 동료 리뷰는 상당히 일반적이면서 매우 효과적인 방법이다. 동료 리뷰가 정확하게 수행된다면 결함을 소프트웨어 개발 사이클의 초기에 발견할 수 있고, 그 결과 고품질의 상품을 만들 수 있다. 동료 리뷰의 개념은 소프트웨어 테스트 자동화 영역에서도 많은 도움을 받을 수 있다. 다음 절에서 계속해서 보겠지만 동료 리뷰, 특히 자동화 테스트 케이스의 리뷰는 소프트웨어 테스트 자동화를 구축할 때 중요하고 가치 있는 일이다.

소프트웨어 테스트 자동화 프레임워크의 동료 리뷰에 대해 설명하기에 앞서, 명심해야 할 사항이 있다. 동료 리뷰는 동료의 업무 성과를 평가하는 게 아니라는 점이다. 동료 리뷰를 효과적으로 하려면 다음과 같이 진행하면 된다.

- 소프트웨어 테스트 자동화 프레임워크 및 관련된 산출물의 설계 로직에서 에러를 찾을 수 있게 설계한다. 6장에서 소프트웨어 테스트 자동화 프레임워크의 설계 및 아키텍처와 관련된 사례 연구를 살펴봤고 구현했다. 이상적으로는 모든 산출물을 동료 리뷰해서 설계 표준을 온전히 따르고 있는지 확인하는 것이 좋다.
- 소프트웨어 테스트 자동화 프레임워크 요구사항 커버리지를 평가한다.
- 테스트 케이스와 연관된 단계를 평가한다. 테스트 로직과 테스트 커버리지가 포함된다.
- 사용된 테스트 데이터를 평가한다.
- 누구나 개선을 위해 가치 있는 제안을 할 수 있는 환경을 제공한다.

IBM 리포트에 따르면, 동료 리뷰를 1시간 진행하면 테스트 시간 20시간을 절약할 수 있고 재작업에 소요되는 82시간을 줄일 수 있다고 한다. 릴리스된 상품에서 발견될 뻔한 결함을 동료 리뷰를 통해 미리 발견할 수 있기 때문이다.[1]

동료 리뷰는 프로젝트 일정에 포함시켜야 한다. 그림 7-1은 프로젝트 일정에서 일부 발췌한 부분으로, 동료 리뷰가 포함된 모습을 볼 수 있다. 고객과의 테스트 케이스 리뷰 미팅에 앞서 동료 리뷰 미팅을 진행한다. 그리고 요구사항과 소프트웨어 테스트 자동화 설계 및 코드에 대해 동료 리뷰 미팅을 진행한다.

업무명
- 프로젝트 X 테스트 자동화
- 프로젝트 요구사항 단계
킥오프(kickoff) 미팅
요구사항 수집
30일 후속(follow-up) 미팅
테스트 전략 작성(초안)
선행 설계 리뷰(PDR, Preliminary Design Review)
크리티컬 설계 리뷰(CR, Critical Design Review)
테스트 전략 작성(최종)
- 1단계
1단계 요구사항 작성(I/F & 테스트 툴)
요구사항 리뷰 미팅
테스트 케이스 작성(RTM)
테스트 케이스 동료 리뷰 미팅
1단계 테스트 케이스 리뷰 미팅
1단계 RTM 공유
인터페이스 리뷰 미팅
1단계 컴포넌트 설계(상세 설계)
코드 개발
코드 동료 리뷰
내부 데모 시연
고객 데모 시연
통합
테스트 툴 소프트웨어 전달
고객 프레젠테이션/데모 시연

그림 7-1 동료 리뷰를 포함한 프로젝트 일정 샘플

그림 7-2와 그림 7-3을 보면, 대부분 소프트웨어 결함은 소프트웨어 개발 수명 주기의 초기 단계인 설계와 코딩 단계에서 발견되어 적은 비용으로 수정됨을 볼 수

---

1   딕 홀랜드(Dick Holland), '에이전트 변경으로 문서 검사', 『software Quality Professional 2』, no. 1(1999): 22–33

있다. 이것은 누구나 예상 가능하고 이해할 수 있는 부분이다. 하지만 일반적으로 결함은 다른 단계에서도 계속 발견된다. 심지어는 출시 후에도 발견된다. 그림 7-3 을 살펴보면 앞 단계에서 결함을 발견하면 나중에 발견했을 때보다 비용이 훨씬 적게 든다는 사실을 볼 수 있다. 출시 후에 발견된 결함 하나를 수정하는 데 평균 14,102달러가 드는 반면, 준비 코드pre-code 상태에서는 25달러면 된다. 실제로 출시 단계로 개발이 진행될수록 결함을 수정하는 비용은 더 많이 든다. 결함이 일찍 발견될수록 전체 프로젝트에 도움이 된다. 결함을 수정하기 위해 재작업을 하는 데는 일반적으로 비용이 많이 들고 프로젝트에 해가 될 수 있기 때문이다.

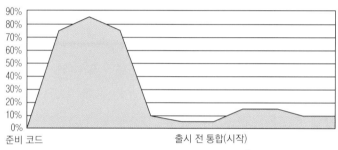

그림 7-2 소프트웨어 개발 단계에서 결함이 발견되는 비율[2]

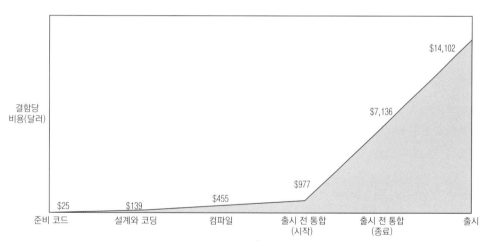

그림 7-3 소프트웨어 개발 단계마다 결함 수정 비용[3]

2   G. D. 에버렛(Everett), R. 맥레오드 주니어(McLeod Jr.), 『Software Testing: Testing across the Entire Software Development Life Cycle』(Wiley, 2007)

3   G. D. 에버렛(Everett), R. 맥레오드 주니어(McLeod Jr.), 『Software Testing: Testing across the Entire Software Development Life Cycle』(Wiley, 2007)

우선순위가 좀 더 높은 결함을 찾는 것 외에, 소프트웨어 개발 수명주기에서 가능하면 초기에 결함을 발견하는 것을 목표로 삼을 수 있다. 자동화를 구축할 때 초기 단계부터 테스트 케이스에 대해 생각하고 준비 작업을 시작해야 한다. 마찬가지로, 소프트웨어 테스트 자동화 프레임워크 리뷰의 일부분으로 테스트 케이스 동료 리뷰도 가능하면 초기에 진행하는 것이 좋다.

ASTF의 모든 컴포넌트 평가

앞서 6장에서는 소프트웨어 테스트 자동화 프레임워크의 아키텍처와 설계를 살펴봤다. 이제 리뷰 관점으로 각 컴포넌트에 대해 동료 리뷰를 진행하고 다음과 같은 질문을 할 필요가 있다. "아키텍처가 소프트웨어 테스트 자동화 프레임워크의 모든 요구사항을 만족시키는가? 설계 컴포넌트가 아키텍처 요구사항을 만족시키는가?" 이렇게 소프트웨어 테스트 자동화 프레임워크 컴포넌트를 동료 리뷰할 때, 일반적인 개발 업무에 적용되는 아키텍처와 설계가 필요하다.

테스트 케이스 리뷰

테스트 케이스는 소프트웨어 테스트 자동화 프레임워크의 또 하나의 컴포넌트다. 여러분의 상품이 무엇이든 간에 모든 업무 영역에서 리뷰가 필요하다. 테스트 케이스 리뷰도 예외가 될 수 없다. 우리의 경험에 비춰볼 때, 얼마 남지 않은 출시일 전에 상품을 완성하려고 서두르면서 불행히도 리뷰가 종종 생략되곤 한다. 테스트 케이스를 잘 정의해서 실행하는 것이야말로 소프트웨어 상품에서 결함을 찾는 가장 중요한 부분이다.

테스트 케이스 리뷰는 표 7-1의 예제처럼 다양한 카테고리로 분류될 수 있다. 동료 리뷰를 진행할 때는 여기서 충분한 시간을 할애하는 것이 좋다.

표 7-1 테스트 케이스 리뷰 고려사항 샘플

리뷰 체크리스트	
☐ 테스트 단계 리뷰	테스트 단계가 명확하고, 타당하며, 정확한지 확인한다.
☐ 테스트 로직 리뷰	테스트 케이스가 로직 플로우를 정확하게 따르고 있는지 확인한다.
☐ 테스트 자동화 코드 리뷰	테스트 단계와 로직을 구현하기 위해 작성한 테스트 코드를 확인한다.
☐ 테스트 커버리지 확인	테스트가 기존 테스트와 중복되지 않는지 확인하고, 새로운 요구사항을 커버하는지, 그리고 모든 요구사항을 커버하는지 확인한다.
☐ 테스트 템플릿 준수 리뷰	앞서 5장에서는 소프트웨어 테스트 자동화 프레임워크 내에서 테스트 템플릿 또는 표준을 사용해야 하는 필요성에 대해 설명했다. 여기서는 테스트 케이스가 그 템플릿 프레임워크 요구사항을 만족하는지 확인한다.
☐ 테스트 데이터 리뷰	테스트 데이터가 유효한지 확인하고, 요구되는 깊이 및 너비를 커버하는지, 그리고 전체 테스트 커버리지 목표를 지원하는지 확인한다.

테스트 단계가 명확하게 구현됐는지 확인하면 여러 방면에서 이득을 얻을 수 있다. 가장 확실한 이득 한 가지는 테스트 케이스를 통해 실제로 수행하고자 하는 것을 테스터가 분명하게 이해할 수 있다는 점이다. 테스트 단계를 명확히 하면 모호성이 제거되기 때문이다. 가능하다면 각 테스트 단계는 불리언Boolean 결과(예: true/false, yes/no, 0/1 등)를 만들도록 작성한다. DDS 미들웨어에서 테스트 네트워크 통신을 사용하는 테스트 케이스의 테스트 단계 중 하나로 "'TEST-MIXED-DATA' 토픽을 사용해 구독자subscriber를 생성하도록 테스트 픽스처를 실행한다."를 살펴보자.

여기서 테스트 픽스처가 'TEST-MIXTED-DATA' 토픽을 사용해 구독자를 생성했다면 불리언 결과는 TRUE가 될 것이다. 반면에 테스트 픽스처가 구독자를 생성하지 못했으면 결과는 FALSE가 될 것이다. 이런 식으로 테스트 단계의 기대 결과를 쉽게 식별하고 얻을 수 있다.

테스트 단계를 리뷰하는 동안 테스트 단계가 명확하고, 타당하며, 정확한지 확인한다. 표 7-2는 불리언 테스트 단계의 예다. 각 테스트 단계의 결과는 명확하게 TRUE 또는 FALSE가 될 것이다.

표 7-2 불리언 테스트 단계

테스트 단계	설명
1	'TEST-MIXED-DATA' 토픽을 사용해 구독자를 생성하도록 테스트 픽스처를 실행한다. [테스트 픽스처가 'TEST-MIXED-DATA' 토픽을 사용해 구독자를 생성했으면 TRUE이다. 또는 테스트 픽스처가 'TEST-MIXED-DATA' 토픽을 사용해 구독자를 생성하지 못했으면 FALSE이다.]
2	'TEST-MIXED-DATA' 토픽을 사용해 발행자를 생성하도록 테스트 픽스처를 실행한다. [테스트 픽스처가 'TEST-MIXED-DATA' 토픽을 사용해 발행자를 생성했으면 TRUE이다. 또는 테스트 픽스처가 'TEST-MIXED-DATA' 토픽을 사용해 발행자를 생성하지 못했으면 FALSE이다.]

시나리오에 맞게 작성된 각 테스트 단계의 불리언 특성을 확인하고, 각 단계가 정말 필요한지 또는 불필요한 단계인지 검토해야 한다. 소프트웨어 개발에서와 마찬가지로 동일한 작업을 수행할 수 있는 수많은 방법이 있다. 동료 리뷰를 통해 불필요한 단계를 제거할 수 있다. 자동화의 목표 중에는 테스트를 자동화하는 것과 더불어 지혜롭게 자동화하는 것도 포함된다.

테스트 로직 리뷰

테스트 로직을 리뷰할 때는 테스트 케이스가 논리적인 플로우를 잘 따르고 있는지 확인한다. 테스트 단계를 리뷰하는 것과 마찬가지로 테스트 로직의 동료 리뷰도 반드시 진행해야 한다. 테스트 로직이 테스트 케이스의 의도를 정확하게 포함하고 있는지 리뷰한다. 로직이 효율적인지 그리고 테스트 케이스의 의도를 정확하게 적용하고 있는지 리뷰한다. 표 7-3의 테스트 단계를 살펴보자.

이 단계에서 테스트 케이스의 의도는 혼합 데이터 타입을 사용해 DDS의 메시지 송수신 기능을 테스트하는 것이다. 전체 로직을 빠르게 리뷰해보면, 3단계의 혼합 타입mixed-type 데이터 파일을 읽은 후에 바로 4단계에서 수정 타입fixed-type 데이터 파일을 읽는 것을 볼 수 있다. 비록 이 단계 자체로는 잘못된 부분이 없지만 필요 없는 단계이며, 테스트 케이스의 의도와 관련이 없는 부분이다. 이대로 둔다면 쓸모없는 단계가 될 것이다. 7단계 역시 필요 없다. 불필요한 단계로 목적에 부합하지 않는다.

표 7-3 테스트 로직 예

테스트 단계	설명
1	'TEST-MIXED-DATA' 토픽을 사용해 구독자를 생성하도록 테스트 픽스처를 실행한다.
2	'TEST-MIXED-DATA' 토픽을 사용해 발행자를 생성하도록 테스트 픽스처를 실행한다.
3	'sampleMixedDataTypes.msg' 메시지 파일을 읽어들이는 테스트 픽스처를 실행한다.
4	'sampleFixedDataTypes.msg' 메시지 파일을 읽어들이는 테스트 픽스처를 실행한다.
5	앞에서 생성한 발행자를 사용해, 앞 단계에서 읽어들인 메시지를 전송하는 테스트 픽스처를 실행한다.
6	DDS가 작업을 완료할 때까지 x밀리초(ms) 동안 대기한다.
7	계속하기 전에 x밀리초가 통과인지 확인한다.
8	앞에서 생성한 구독자가 수신한 메시지를 검색한다.
9	수신된 메시지와 전송한 메시지가 일치하는지 확인한다.

테스트 데이터 리뷰

테스트 데이터 생성과 관련된 주제는 5장에서 설명했다. 여기서는 테스트 데이터가 유효한지 그리고 테스트 데이터가 전체 테스트 커버리지 목표를 지원하는지 판단하는 부분을 설명한다.

지금까지 테스트 단계와 테스트 로직을 리뷰했고, 이제 테스트 데이터를 검증하는 부분으로 넘어가자. 최고의 테스트 케이스라 할지라도 적절한 테스트 데이터 없이는 알맞은 결과가 나올 수 없고 거대한 테스트 구멍이 생길 수밖에 없다. 많은 테스트 프로그램에서 테스트 데이터 생성 툴을 사용한다. 하지만 툴을 사용한다고 할지라도 테스트 데이터의 동료 리뷰가 필요함을 우리는 항상 강조한다. 이렇게 할때, 테스트 데이터가 유효하고 이 데이터가 전체 테스트 커버리지 목표를 지원하고 있음을 보증할 수 있다.

테스트 데이터를 리뷰할 때 확인해야 할 영역 중 하나로 경계 값 조건boundary condition이 있다. 경계 값 조건에 대해서는 5장에서 설명했다. 에러는 주로 유효한 입력 값과 유효하지 않은 입력 값의 경계 주변에 모이는 경향이 있다. 그림 7-4는 경계 값 테스트 데이터를 사용한 워크시트다. 물론 전체 경계 값을 모두 나타낸 것은 아니다. 테스트 데이터를 생성하는 그 밖의 접근 방법으로는 앞에서 설명한 등가 분할 또는 리스크 기반 접근 방식이 있다. 테스트 데이터를 리뷰할 때 데이터가 충분한 너비(모든 비즈니스 데이터 시나리오)와 깊이(테스트를 완료해도 될 만큼 충분한 볼륨이 되도록)가 되는지 평가해야 한다(2장과 5장에서 우리가 권고하는 테스트 데이터에 대해 상세하게 설명하고 있으니 참고하기 바란다). 테스트 데이터 동료 리뷰를 통해 권고사항들이 적용됐는지 확인하자.

테스트 자동화 코드 리뷰

테스트 자동화가 정확하게 구축되지 않으면 상세 테스트 단계와 테스트 로직의 동료 리뷰는 쓸모없는 활동이 될 것이다. 테스트 자동화 코드가 앞에서 설명한 모든 단계대로 실제로 구현됐고, 모든 조건을 정확하게 만족하는지 확인할 필요가 있다.

그림 7-5는 간단한 자동화 테스트 케이스 예로 테스트 단계 번호, 액션, 타입, 기대 결과, 테스트 결과를 보여준다. 이 부분 역시 동료 리뷰로 검증할 필요가 있다. 모든 컬럼이 채워져 있는지 확인하고, 상위 테스트 케이스에서 정의한 테스트 조건을 만족하는지 확인한다.

이렇게 작성한 테스트 케이스 단계는 테스트 자동화 코드로 변환된다. 변환된 테스트 코드는 검증할 필요가 있다. 그림 7-6은 이 테스트 케이스를 XML로 작성한 코드 중 일부분이다. 물론 테스트 케이스를 XML 코드로 완벽하게 구현할 수는 없다. 여기서는 테스트 케이스를 XML로 구현할 수 있음을 보여준다. XML에 대해 좀더 알고 싶으면 XML을 상세히 설명하는 웹사이트를 참고하기 바란다. 단순히 구글에서 검색만 해도 수천 개의 검색 결과를 얻을 수 있다.

필드 설명

전송 시간 64비트 FP/초/ (0~86,410.0)	위도 64비트 FP/도/ (-90.0~+90.0)	경도 64비트 FP/도/ (-180.0~+180.0)	수직 위치(32비트 FP/피트/-120,000 ~+20,000.0)	북쪽 속도(32비트 FP/노트/ -128~+128)	동쪽 속도(32비트 FP/노트/ -128~+128)	아래쪽 속도(32비트 FP/노트/ -128~+128)	...
Tot	lat	lon	vp	nv	ve	vd	
-1	-90.1	-180.1	0	0	0	0	
0	-90.0	-180.0	-120,000	-128	-128	-128	
31	0	180	20,000	-128	-129	-129	
209	90.0	180.1	20,001	128	128	128	
316	90.1	180.0	-120,001	129	129	129	
...	...	0	...	...	...	...	

그림 7-4 테스트 데이터 워크시트 샘플

단계	액션	결과		테스트 결과
		타입	기대 결과	성공/실패
1	'TEST-MIXED-DATA' 토픽을 사용해 구독자를 생성하도록 테스트 픽스처를 실행한다.	Boolean	TRUE: 성공적으로 실행된다.	성공
2	'TEST-MIXED-DATA' 토픽을 사용해 발행자를 생성하도록 테스트 픽스처를 실행한다.	Boolean	TRUE: 성공적으로 실행된다.	성공
3	'sampleMixedDataTypes.msg' 메시지 파일을 읽어들이는 테스트 픽스처를 실행한다.	Boolean	TRUE: 성공적으로 실행된다.	성공
4	앞에서 생성한 발행자를 사용해, 앞 단계에서 읽어들인 메시지를 전송하는 테스트 픽스처를 실행한다.	Boolean	TRUE: 성공적으로 실행된다.	성공
5	DDS가 작업을 완료할 때까지 x밀리초 대기한다.	Boolean	TRUE: 성공적으로 실행된다.	성공
6	앞에서 생성한 구독자가 수신한 메시지를 검색한다.	Boolean	TRUE: 성공적으로 실행된다.	성공
7	수신된 메시지가 전송한 메시지와 일치하는지 확인한다.	Boolean	TRUE: 성공적으로 실행된다 (데이터 메시지는 사용 가능하고 전송 메시지와 동일하다).	성공

그림 7-5 간단한 자동화 테스트 케이스 단계

```xml
<?xml version="1.0" encoding="UTF-8" standalone="no"?>
<!DOCTYPE stax SYSTEM "stax.dtd">

<!--
TestCase_1.1.1.3.xml - STAX 정의 파일
작업 설명:
이 작업은 혼합된 데이터로 구성된 TOPIC을 발행하는 구독자와 발행자를 실행한다.
-->

<stax>
  <!--
    -->
  <script>
    testCaseIdentifier    = 'TestCase_1.1.1.3'
    setCurrentJobName     = 1
    standaloneRun         = 1
  </script>

<defaultcall function="startTestCase">{ 'pubMachList': PubMachList_tc_1_1_1_3, \
     'subMachList'          : SubMachList_tc_1_1_1_3, \
     'PubParams'            : PubParams_tc_1_1_1_3, \
     'ScsmPubParamList'     : PubParamsList_tc_1_1_1_3, \
     'dataFilesDir'         : dataFilesDir_tc_1_1_1_3, \
     'xlsPath'              : originalXlsPath, \
     'dataFileList'         : dataFiles_tc_1_1_1_3, \
     'dataFilesSheetList'   : dataFilesSheetNames_tc_1_1_1_3, \
     'standaloneRun'        : standaloneRun, \
```

(이어짐)

```
          'outputXlsPath'          : outputXlsPath, \
          'senderDataRatePerSec' : senderDataRate_tc_1_1_1_3, \
          'periodLength'          : periodLength_tc_1_1_1_3 }
</defaultcall>


<function name="startTestCase" scope="local">
  <function-map-args>
    <function-optional-arg name="ScsmPubParamList" default="['local']">
      List of Publisher parameters for executing tm_scsm.
    </function-optional-arg>
    <function-optional-arg name="PubParams" default="['local']">
      List of Publisher parameters for executing tm_scsm.
    </function-optional-arg>
    <function-optional-arg name="pubMachList" default="['local']">
      List of machines where the publishers will be run.  The default is set
      to the local machine.
    </function-optional-arg>
    <function-optional-arg name="subMachList" default="['local']">
      List of machines where the subscribers will be run.  The default is set
      to the local machine.
    </function-optional-arg>
    <function-required-arg name="dataFilesDir">
        Path that contains the input data file(s) for this test case.
    </function-required-arg>
    <function-required-arg name="xlsPath">
        Path that contains the xls test case file(s).
    </function-required-arg>
    <function-required-arg name="dataFileList">
        List of data files that need to be published.
    </function-required-arg>
    <function-required-arg name="dataFilesSheetList">
        List of data file sheets in test case.
    </function-required-arg>
    <function-optional-arg name="standaloneRun" default="1">
        Indicates that this test is one test case opposed to a job
        which is 1..n test cases.
    </function-optional-arg>
    <function-required-arg name="outputXlsPath">
        Path that contains the filled in test case.
    </function-required-arg>
    <function-optional-arg name="senderDataRatePerSec" default="1">
        Data rate for the sender to output data.
    </function-optional-arg>
    <function-optional-arg name="periodLength" default="5">
        Length of time to send data for.  The value is in seconds.
    </function-optional-arg>
    </function-map-args>
        <testcase name = "'%s' % (testCaseIdentifier)">
  <sequence>
    <script>
```

(이어짐)

```
        SubParams = ''
        runNumber = 0
                </script>
    <import machine="importMachine" file="importFile"/>
    <import machine="importMachine" file="importCniFile"/>
    <message>'Executing %s ...' % (testCaseIdentifier)</message>


                        .
                        .  (참고: 이 부분은 생략)
                        .
<!--
    다음은 출력으로 CSV 파일을 만드는 부분이다.
    CSV 파일은 결과를 리포팅하기 위해 사용된다.
    CSV 포맷은 엑셀에서 스프레드시트 포맷으로 볼 수 있다.
-->
<call-with-map function="'generateFinalReport'">
    <call-map-arg name="'testCaseIdentifier'">testCaseIdentifier
    </call-map-arg>
    <call-map-arg name="'originalXlsDir'">xlsPath</call-map-arg>
    <call-map-arg name="'outputXlsDir'">outputXlsPath</call-map-arg>
    <call-map-arg name="'standaloneRun'">standaloneRun</call-map-arg>
</call-with-map>
    <if expr="standaloneRun">
        <sequence>
            <call-with-map function="'incrementTestCaseCountVAR'">
            </call-with-map>
            <script>
                import time
                time.sleep(1)
            </script>

            <call-with-map function="'updateTaskDescription'">
            <call-map-arg name="'taskDescription'">"Test Complete!"
            </call-map-arg>
            <call-map-arg name="'incrementStepCount'">0</call-map-arg>
            </call-with-map>

            <call-with-map function="'updateDBTaskDescription'">
            <call-map-arg name="'taskDescription'">"Test Complete!"
            </call-map-arg>
            <call-map-arg name="'incrementStepCount'">0</call-map-arg>
            </call-with-map>
        </sequence>
    </if>
    </sequence>
    </testcase>
    </function>
</stax>
```

그림 7-6 XML 포맷으로 작성한 테스트 케이스 일부분

예제의 XML을 테스트 자동화 프레임워크에서 읽어들여 실행할 수 있다. 실제 결과는 저장하고 있는 기대 결과와 비교해서 분석될 것이다. 이렇게 해서 테스트 케이스 상태가 결정되어 다시 RTM으로 리포팅될 것이다. 여기서 관련된 모든 활동은 동료 리뷰를 진행할 필요가 있다.

코딩 표준을 검사하고 그리고 심지어는 보안 이슈를 해결하기 위해 다양한 툴을 사용할 수 있다. 물론, 소프트웨어 테스트 자동화 프레임워크에서도 보안 이슈를 고려해야 한다. 예를 들어, 우리는 소프트웨어 테스트 자동화 프레임워크를 이클립스 내에 구성해서 PCLint[4]와 통합했다. PCLint의 주요 기능 중 하나는 코드를 정적 분석해서 에러를 다양한 카테고리로 분류해주는 기능이다. PCLint와 이클립스를 통합할 때 맨 처음 한 작업은 PCLint 결과를 이클립스 내에 표시되게 하는 것이었다. 그림 7-7은 결과가 어떻게 표시되는지 보여주는 예다. 툴을 통해 결과를 수집해서 파싱된 데이터를 정적 데이터 저장소에 저장한 후 저장된 데이터를 사용자에게 표 형태로 보여준다.

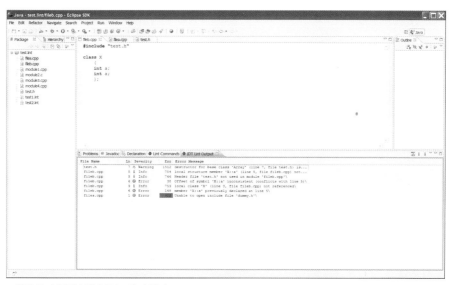

그림 7-7 이클립스와 PCLint 에러 결과

다양한 테스트 툴을 프레임워크에 통합하는 것은 최종 결과의 품질을 높이는 데 중요한 역할을 한다.

---

4 www.gimpel.com/

7.3 요구사항과 커버리지 검증

효과적인 테스트 대상 소프트웨어^{SUT} 요구사항 수집 테크닉은 다양하게 개발돼왔고, 수많은 책과 인터넷에서도 찾아볼 수 있다. 이번 절에서는 효과적인 요구사항을 개발하는 방법에 대해서는 언급하지 않는다. 다만 소프트웨어 테스트 자동화 프레임워크 검증 및 동료 리뷰의 일부분으로 요구사항을 검증하는 방법에 초점을 맞출 것이다. 그래서 모든 요구사항(하나 또는 여러 개의 테스트를 커버하는)이 온전히 그리고 효과적으로 테스트될 수 있는지 확인한다. 이런 활동은 앞에서 설명한 테스트 케이스 리뷰의 일부분이기도 하다. 테스트 케이스 개발이 심도 있게 진행되기 전에 요구사항을 상세하게 그리고 반복해서 확인하는 시간을 좀 더 갖는 편이 좋다. 요구사항이 명확한지, 그리고 이해되는지 확인한다. 요구사항의 이해 없이 테스트 케이스 개발 및 자동화를 성급하게 시작하다 보면 시간과 리소스의 낭비가 있을 수 있고 품질을 타협할 수밖에 없는 경우가 발생한다. 재작업을 최소화하고 소프트웨어 테스트 자동화 프레임워크 프로젝트가 자리를 잡는 데 도움이 될 수 있도록 요구사항을 점검하자. 여기서 확인 및 재확인이 필요한 중요한 두 가지 영역은 요구사항 커버리지와 요구사항 추적성^{traceability}이다. 표 7-4를 참고하기 바란다.

표 7-4 기본적인 요구사항 고려사항

요구사항 확인	
☐ 요구사항 커버리지	테스트 케이스가 요구사항을 정확하고 효과적으로 테스트하는가?
☐ 요구사항 추적성	테스트 케이스와 상태가 요구사항과 정확하게 매핑되어 있는가?

추적성

테스트 케이스의 상태가 요구사항 문서에 정확하게 매핑되어 있는가? 요구사항이 실제로 만족스러운가? 요구사항 추적성은 다음과 같이 정의할 수 있다.

> "요구사항 추적성은 소프트웨어 개발 환경 내 구성요소가 요구사항을 추적할 수 있도록 그리고 반대로 요구사항에서 그 구성요소를 추적할 수 있도록 요구사항의 자취를 정의하고 캡처하고 추적하는 능력을 말한다."[5]

---

5 F. A. C. 핀헤이로(Pinheiro), J. A. 고구엔(Goguen), 'An Object-Oriented Tool for Tracing Requirements', *IEEE Software 13*, no. 2(1996): 52 - 64

다시 말해, 추적성은 2개의 소프트웨어 개발 객체 또는 컴포넌트 사이의 관계를 정의하고 추적할 수 있음을 말한다. 요구사항을 가지고 말한다면, 두 번째 객체는 첫 번째 객체로부터 유도된다. 따라서 다양한 구성요소 또는 소프트웨어 개발 환경의 다양한 단계에서도 두 번째 객체에서 다시 첫 번째 객체로 추적할 수 있어야 한다.

커버리지

다음 질문으로 "테스트 케이스가 요구사항을 정확히 테스트하고, 각 요구사항을 위한 테스트 케이스가 있는가?"가 있다.

요구사항의 커버리지는 프로젝트의 성공을 가늠하는 가장 핵심이 되는 요소다. 이전 장들에서, 특히 5장에서 살펴본 것과 같이 프로젝트는 요구사항으로 구성된다. 수명주기의 모든 단계에서 최종 목표를 달성할 수 있는지 요구사항을 지속적으로 점검하는 일은 아주 중요하다. 테스트 케이스를 작성하고 코딩하는 데 너무 많은 시간과 리소스를 사용하면 실제로 특정 요구사항을 만족시키지 못하게 된다.

RTM을 자동화하는 접근 방식에 대해서는 6장에서 설명했으니 참고하기 바란다.

7.4 고객 리뷰 수행

자동화 전략, 요구사항, 테스트 케이스 접근 방법, 구현에 대해 여러분의 내부 또는 외부 고객으로부터 리뷰를 받는 것이 좋다. 고객 리뷰가 성공적으로 이뤄지면 제품의 품질과 관련된 잠재적인 문제와 이슈를 사전에 발견할 수 있다. 결국 제품은 고객에게 전달될 것이다. 따라서 고객이 테스트 자동화 및 소프트웨어 테스트 자동화 프레임워크와 관련해서 기대하는 부분을 확인할 때, 우리가 제안하는 다음 두 가지 사항을 고려하면 고객 리뷰에서 많은 도움이 될 것이다. 요약하면, 관심 있는 부분에 대한 모든 가정을 명확히 하고 리뷰를 통해 동의했던 부분을 문서화하는 것이다 (표 7-5 참조).

표 7-5 고객 리뷰 고려사항

고객 리뷰	
☐ 가정	자동화 목표와 목적을 명확하게 설명한다. 모든 잠재적인 가정을 글로 작성하고 리뷰한다.
☐ 접근 방식	소프트웨어 테스트 자동화 접근 방식을 정의했으면, 그것이 단순한 테스트 자동화 개발이든 정교한 소프트웨어 테스트 자동화 프레임워크 개발이든 관계없이 그것을 설명한다. 모든 동료 리뷰에서 고객을 참여시킨다. 물론 그들이 원한다면 말이다.
☐ 동의	고객과 당신 사이에 동의한 모든 내용을 문서로 작성한다.

고객 리뷰를 진행하는 동안 자동화 목표를 명시한다. 다음과 같은 질문에 대한 답을 생각해보자.

- 얼마만큼 자동화하기로 계획됐는가(예: 자동화의 범위는 어떻게 되는가, 모든 것을 자동화할 것인가 또는 일부 영역만 자동화할 것인가)?
- 소프트웨어 테스트 자동화 프레임워크의 어떤 기능이 개발됐는가? 모든 산출물의 리뷰에 고객을 참여시키자.
- 자동화의 성공을 측정하는 데 어떤 지표를 사용하는가?
- 기존 테스트 케이스 중에 자동화된 것이 있는가? 그렇다면, 어느 테스트 케이스인가? 자동화된 모든 테스트 케이스에 대해 동료 리뷰를 진행할 때 고객을 참여시키자.

우리는 고객 리뷰의 종료 조건으로 가정과 동의를 설정하도록 제안한다. 종종 사람마다 자동화에 대한 생각이 다른 경우가 발견되곤 한다. 고객 리뷰는 이런 잠재적인 오해를 완화하는 데 도움이 될 것이다.

7.5 정리

소프트웨어 테스트 자동화 프레임워크 및 관련 산출물을 포함한 모든 산출물을 면밀히 검토하고 검사하면 고품질의 테스트 자동화를 만들 수 있다. 7장에서는 소프트웨어 테스트 자동화 업무 검증의 중요성을 설명했다. 고품질의 상품이라는 목표를 달성하기 위해 동료 리뷰와 테스트 자동화 지원 툴 및 프로세스의 사용을 살펴봤다.

최종 목표는 고품질의 소프트웨어 자동화 테스트 제품을 만드는 것이다. 리뷰는 나중에 시간이 남으면 하는 활동이 아니라 프로젝트 일정에 포함돼야 한다. 환경에 맞는 최상의 접근 방법을 선택해서 리뷰를 진행하는 데 시간을 할당하면 결과물에 긍정적인 효과를 줄 수 있다.

핵심 활동 4: 지속적인 진척 현황 추적에 따른 적절한 대응

> "당신이 말하고 있는 것을 측정할 수 있고 그것을 숫자로 표현할 수 있다면,
> 당신은 그것을 아는 것이다. 하지만 당신이 그것을 측정할 수 없고 숫자로 표현할 수 없다면,
> 당신의 지식은 빈약하고 불충분하다."
>
> – 로드 켈빈(Lord Kelvin)

핵심 활동 1: 요구사항 이해

핵심 활동 2: 테스트 자동화 전략 수립

핵심 활동 3: 소프트웨어 테스트 자동화 프레임워크 테스트

핵심 활동 4: 지속적인 진척 현황 추적에 따른 적절한 대응

핵심 활동 5: 소프트웨어 테스트 자동화 프로세스 구현

핵심 활동 6: 적합한 인력을 프로젝트에 투입(필요한 스킬 세트 파악)

프로젝트를 진행하면서 최상의 계획이라고 생각했던 것들이 틀어지는 경험을 적어도 한 번씩은 해봤을 것이다. 하물며 그 프로젝트에서 실패할 이유를 전혀 찾지 못하기도 한다. 사람, 일정, 프로세스, 예산 모두가 원인일 수 있다.[1] 이런 과거의 경험을 토대로 성공적인 테스트 자동화 프로그램을 만드는 방법을 배운다. 적합한 스킬을 가진 사람을 고용하고(10장에서 다룬다), 목표와 전략을 정의해야 하며(6장에서 설명했다), 구축한 후 단계들을 지속적으로 추적 및 측정하고, 필요하다면 조정해서 정의했던 목표와 전략에 맞춘다. 9장에서는 상위 소프트웨어 테스트 자동화 프로세

---

1 E. 더스틴, '인적 문제'(www.stpmag.com/issues/stp-2006-04.pdf), '일정 문제'(www.stpmag.com/issues/stp-2006-05.pdf), '프로세스 및 예산 문제'(www.stpmag.com/issues/stp-2006-06.pdf)

스를 정의하는데, 품질 게이트^{quality gate}를 사용해 프로세스 구현을 측정하는 부분을 설명할 것이다. 부록 A에서는 이 프로세스 단계를 검증하는 데 사용하는 체크리스트를 소개한다. 8장에서는 소프트웨어 테스트 프로그램 추적의 중요성에 대해 계속 설명하고자 한다. 물론 다양한 결함 방지 테크닉들, 예를 들어 책 전반에 걸쳐 설명하는 동료 리뷰 같은 내용도 함께 설명할 것이다. 그러고 나서 프로세스를 측정할 수 있는 소프트웨어 테스트 자동화 지표 타입을 주목해서 살펴볼 것이다. 이것을 사용하면 소프트웨어 테스트 자동화 작업의 효과를 측정할 수 있고, 지속적으로 추적할 수 있으며, 필요하다면 조정할 수 있다. 마지막에는 결함 또는 이슈가 발견됐을 때 근본 원인 분석^{root cause analysis}이 왜 중요한지 설명할 것이다.

이런 다양한 노력의 결과에 따라 조정이 필요할 수 있다. 즉, 테스트 기간에 수정돼야 할 결함이 계속 남아 있어서 일정이 조정될 수 있고 목표도 낮출 수 있다. 예를 들어, 기능에 중요도가 높은 결함이 많이 남아 있으면 출시일을 연기하는 의사결정을 할 수 있다. 또는 현재 시스템을 그대로 출시하거나(출시 후 빠른 패치를 하지 않는다면 이 방법은 현명하지 않다), 특정 기능은 빼고 출시할 수도 있다.

의사결정권자와 고객의 기대를 만족시키기 위해 설정한 목표를 얼마나 달성하느냐에 따라 성공을 가늠할 수 있다.

8.1 소프트웨어 테스트 자동화 프로그램 추적과 결함 방지

5장에서는 유효한 요구사항과 이 요구사항을 평가하는 일의 중요성을 살펴봤다. 6장에서는 자동화 대상을 결정할 때 고려해야 하는 항목들을 살펴봤다. 7장에서는 동료 리뷰의 중요성에 대해 상세하게 설명했다. 이제 8장에서는 결함 방지 작업에 도움이 될 수 있는 아이디어들을 설명하고자 한다. 여기에는 기술 교류^{technical interchanges}와 검토 회의^{walk-throughs}, 내부 인스펙션^{internal inspection}, 제약사항과 이와 관련된 리스크 검토, 리스크 완화 전략, 형상 관리를 통한 소프트웨어 테스트 자동화 프로세스와 환경 보호, 그리고 일정, 비용, 액션 아이템, 이슈/결함을 정의하고 추적하는 내용이 포함된다.

기술 교류와 검토 회의 진행

7장에서 이미 설명했듯이, 고객 및 내부 소프트웨어 테스트 자동화 팀에서 진행하는 동료 리뷰, 기술 교류, 검토 회의는 소프트웨어 테스트 자동화 업무 전 영역에서 수행해야 하는 평가 기술이다. 이 기술은 소프트웨어 테스트 자동화의 모든 결과물에 적용할 수 있다. 이 결과물에는 테스트 요구사항, 테스트 케이스, 소프트웨어 테스트 자동화 설계와 코드, 그리고 기타 소프트웨어 작업에서 얻게 되는 테스트 프로시저와 테스트 자동화 스크립트가 포함될 수 있다. 이 결과물은 제작자가 아닌 개인 또는 그룹이 상세 검토를 하게 된다. 이런 기술 교류 및 검토 회의는 결함뿐 아니라 소프트웨어 테스트 자동화 표준을 따르지 않는 부분, 그리고 테스트 프로시저 이슈와 그 외의 문제점들을 찾기 위해 진행한다.

기술 교류 미팅의 예로 테스트 요구사항 문서 검토가 있다. 소프트웨어 테스트 자동화 요구사항이 테스트 가능하고 정확하게 정의되면, 애초에 소프트웨어 테스트 자동화 개발 파이프라인에 에러가 들어오는 것을 막을 수 있고, 이를 통해 결과물에 결함이 반영되지 않게 할 수 있다. 또한 소프트웨어 테스트 자동화 설계 컴포넌트 검토 회의를 진행해서 정의된 요구사항대로 설계가 됐는지 확인할 수 있다. 즉, 자동화 표준과 적당한 설계 방법론이 사용됐는지 확인해서 에러를 최소화할 수 있다.

기술적인 리뷰 및 검사는 오해의 소지가 있는 부분을 사전에 예방해서 결함을 찾아 제거할 수 있는 가장 효과적인 방법으로 입증되고 있다.

내부 검사 진행

고객이 참여하는 기술 교류 및 검토 회의 외에도, 출시될 제품의 내부 검사를 진행한다. 내부 검사는 고객에게 무엇이든 전달되기 전에 진행한다. 이를 통해 소프트웨어 테스트 자동화 개발 초기에 결함을 발견해서 제거하고 프로세스/지침의 누락 또는 부족한 부분을 보완할 수 있다. 또한 결함이 이후 단계로 전이되는 것을 막을 수 있고, 품질과 생산성을 향상할 뿐만 아니라, 비용과 시간, 유지보수 노력을 줄일 수 있다.

제약사항과 관련된 리스크 검토

목표와 제약사항, 그리고 이와 관련된 리스크를 주의 깊게 검토해야 한다. 이를 통해 체계적인 소프트웨어 테스트 자동화 전략을 세울 수 있고, 예상 가능한 고품질의 결과물을 만들 수 있으며, 성공 수준을 높일 수 있다. 제약사항의 주의 깊은 검토와 결함 탐지 기술을 접목할 때 최상의 결과를 얻을 수 있다.

모든 제약사항과 관련된 리스크는 고객에게 공유돼야 하고, 필요하다면 리스크 완화 전략을 수립해야 한다.

리스크 완화 전략 수립

9장에서 설명하는 것과 같은 프로세스 정의를 통해 지속적인 리스크 평가와 리뷰를 할 수 있다. 일단 리스크가 식별되면 적당한 완화 전략을 수립할 수 있다. 잠재적인 문제가 너무 늦게까지 드러나지 않는 상황이 발생하지 않도록 비용, 일정, 프로세스, 그리고 구현된 부분에 대한 리뷰가 필요하다. 문제를 파악해서 바로 수정할 수 있는 프로세스가 필요하다. 예를 들어, 여러분의 '스타' 개발자가 그만둔다면 이에 대한 리스크는 어떻게 완화할 수 있을까? 수많은 해결책이 있을 수 있다. 소프트웨어 개발은 팀 전체 노력의 산물이지 절대로 '스타' 개발자 한 사람의 결과물이 아니다. 자격 요건이 되는 개발자를 고용해 팀에 소속시키자. 이들은 각자 역량에 따라 다양한 방식으로 업무를 진행할 수 있다. 팀의 한 구성원은 다른 구성원보다 더 많은 경험을 했을 수 있지만 그 누구라도 대체할 수 있어야 한다. 팀원 중 한 사람이 나갔다고 해서 프로젝트에 치명적인 영향을 주면 된다. 좋은 사람을 뽑고 소프트웨어 개발 지침(소프트웨어 테스트 자동화와 관련된 모든 산출물의 문서화 및 유지보수 같은)을 따르며 적절한 사람을 프로젝트에 투입하자. 고용과 관련된 부분은 10장에서 자세히 설명하고 있으니 참고하기 바란다. 그 밖의 리스크로는 마감일을 못 지킨다거나 예산이 초과될 수 있다. 식별된 리스크가 드러날 때를 대비해서 리스크 완화 기술을 검토하고 결정해두는 편이 좋다.

소프트웨어 테스트 자동화 프로세스 및 환경의 무결성 보호

경험을 통해 볼 때, 소프트웨어 테스트 자동화 프로세스 및 환경의 무결성^{integrity} 보호는 중요하다. 6장에서 테스트 환경을 독립시키고 형상 관리하는 일이 중요함을 설명했다. 예를 들어, 소프트웨어 테스트 자동화 업무에 적용하기 원하는 신기술을 독립된 환경에서 테스트하고 싶을 수 있다. 그리고 툴이 테스트 대상 애플리케이션이나 고객 테스트 환경에 배포되기 전에 제품의 명세서와 영업 요구사항을 잘 수행하고 있는지 검증하고 싶을 수 있다.

또한 자동화 엔지니어는 기술이 업그레이드될 때마다 현재 환경에서 정상 동작하는지 확인해야 한다. 이전 버전의 툴에서는 정확하게 동작했을 것이고, 새롭게 업그레이드된 버전에서도 대부분 환경에서는 잘 동작할 것이지만, 팀 내 특정 버전에서는 비정상적으로 동작할 수 있다. 새로운 툴로 업그레이드했을 때 이메일 소프트웨어 패키지가 더 이상 호환되지 않는 경험을 한 적이 있는데, 이 이슈를 접한 것은 행운이었다. 그렇지 않았다면 업그레이드 설치를 했을 때 툴을 사용할 수 없었을 것이다. 일례로 우리는 결함이 발생했을 경우 이메일 알림^{notification}에 매우 의존하고 있다.

이 외에, 형상 관리 툴을 사용해서 테스트 저장소^{repository} 기준을 만들면 테스트 자동화 프로세스의 무결성을 보호하는 데 도움이 된다. 예를 들어, 소프트웨어 테스트 자동화 프레임워크의 모든 컴포넌트, 스크립트 파일, 테스트 케이스와 테스트 프로시저 문서, 일정, 비용 추적, 그리고 그 외 관련된 자동화 산출물들은 형상 관리로 관리할 필요가 있다. 형상 관리 툴을 사용하면 소프트웨어 테스트 자동화 산출물 및 제품의 가장 최신 버전을 유지할 수 있고, 버전 컨트롤과 기록을 아주 정확하게 유지관리할 수 있다. 예를 들어, 우리는 소프트웨어 테스트 자동화 제품의 무결성을 유지관리하기 위해 오픈소스 툴인 서브버전^{Subversion}을 사용하고 있다. 지속적으로 가장 효율적인 관리를 위해 사용 가능한 최적의 제품을 검토한다.

일정과 비용의 정의, 공유, 추적

마케팅 부서에서 지정해준 마감일을 따라 일정을 정하는 것은 좋지 않다. 그보다는 과거에 달성한 성과와 모든 의사결정권자로부터 얻은 최상의 예측을 토대로 일징과 직업 시간을 징힐 필요가 있다. 추가로 모든 일징 및 임게 경로 요소^{critical path} ^{element} 의존도를 우선 고려해서 일정에 포함시킬 필요가 있다. 프로젝트 일정을 정의해서 지속적으로 추적하고 공유할 필요가 있다.

예를 들어, 마감 일정이 타이트한 프로젝트를 진행한다면 주어진 시간 내에 성공적으로 완료할 수 있는 소프트웨어 테스트 자동화 작업만 일정에 포함한다. 소프트웨어 테스트 자동화 1단계에서는 테스트 요구사항에 우선순위를 매긴다. 이에 대해서는 9장의 프로세스 설명을 참고한다. 이렇게 매긴 우선순위를 통해 소프트웨어 테스트 자동화 작업 중 우선순위가 높고 가장 핵심이 되는 부분을 먼저 완료할 수 있다. 그리고 덜 중요하고 우선순위가 낮은 작업은 뒤로 미뤄서 진행할 수 있다. 예를 들어, 소프트웨어 테스트 자동화 1단계가 진행된 후에 초기 일정을 고객에게 설명해서 테스트 대상 소프트웨어 테스트 자동화 요구사항과 이와 관련된 작업을 이해시킨 후 승인받을 수 있다.

기술 교류와 검토 회의를 진행하는 동안 지속적으로 공유하고 모니터링할 수 있게 일정을 산정하고 조정한다. 잠재적인 일정 리스크는 미리 잘 공유돼야 하고, 필요하면 리스크 완화 전략을 찾아서 적용한다. 약간의 일정이라도 잘못된다면 즉시 고객과 공유해 일정을 조정해야 한다.

일정과 그 외 필요한 소프트웨어 테스트 자동화 리소스를 면밀하게 추적함으로써 비용 추적 및 비용 제어 프로세스를 확인할 수 있다. 내부 검사, 검토 회의, 그리고 그 외 상태 리포팅을 통해 면밀한 비용 제어 및 추적을 할 수 있다. 비용, 일정 등의 추적을 통해 프로젝트의 성과를 추적할 수 있다.

액션, 이슈, 결함 추적

액션 아이템이 완료되는 것을 정의하기 위해 상세한 프로시저를 정의할 필요가 있다. 액션 아이템 리포트에 들어가는 모든 구성요소를 기술하는 템플릿을 사용해야 한다.

추가로 이슈, 소프트웨어 테스트 리포트^{STR}, 또는 완료될 결함을 추적할 수 있는 프로시저가 준비돼야 한다. 이것을 결함 추적 수명주기^{defect tracking lifecycle}라고 부른다. 9장에서 오픈소스 결함 추적 툴인 버그질라^{Bugzilla}를 사용한 결함 추적 수명주기의 예를 설명하고 있으니 참고하기 바란다. 현재 다양한 결함 추적 수명주기가 있다. 이 중 하나를 선택해서 여러분의 환경, 툴, 프로젝트에 맞게 적용하자. 일단 정의한 후에는 결함 또는 액션 아이템 수명주기를 잘 준수하고 있는지 확인할 수 있는 기준을 만들자.

이슈 또는 결함이 발견된다면 근본 원인 분석root cause analysis을 수행해야 한다. 근본 원인 분석에 대해서는 8.3절에서 자세히 설명한다.

8.2 소프트웨어 테스트 자동화 지표

지표를 활용하면 조직에서 사용 중인 테스트 자동화 프로세스와 추적 시스템을 개선하는 데 도움이 될 수 있다. 이미 수많은 사람들이 지표는 조심해서 사용해야 하며, 지표가 업무보다 앞서서는 안 된다고 언급해왔다. 즉, 측정을 위한 측정이 되어서는 안 된다. 9장에서 추천하는 조정 가능한 경량 프로세스와 같이, 소프트웨어 테스트 자동화 업무를 개선하는 목적으로 이런 지표를 사용하는 것을 추천한다. 물론 이것이 업무보다 우선되는 것은 아니다. 우리의 소프트웨어 테스트 팀은 여기서 설명하는 지표와 테크닉을 성공적으로 사용하고 있다. 8장 도입부에 인용한 글귀처럼 당신이 무언가를 측정할 수 있으면, 당신은 정량화할 수 있는 무언가를 갖고 있는 것이다.

기능이 덧붙여지고 버그가 수정될 때마다 라인 코드 수가 늘어날 것이기 때문에, 시간이 지날수록 소프트웨어 프로젝트는 점점 더 복잡해진다. 또한 주어진 업무를 좀 더 적은 시간과 적은 인원으로 수행해야 한다. 복잡도가 높은 프로젝트는 시간이 지날수록 테스트 커버리지가 낮아지는 경향이 있고, 이것은 결국 품질에 영향을 준다. 그 외에 제품의 전체 비용과 소프트웨어 출시 시간에도 영향을 준다. 지표를 잘 정의하면 진행 중인 테스트 자동화 업무에 인사이트를 제공할 수 있다.

소프트웨어 테스트 자동화를 잘 구축하면 부정적인 상황을 뒤집는 데 도움을 줄 수 있다. 그림 8-1에서와 같이 자동화는 테스트 커버리지를 높일 수 있고 제품 전체 품질을 향상할 수 있다. 이 그림을 통해 자동화의 궁극적인 목표가 테스트 시간과 출시 비용은 줄이는 반면 테스트 커버리지와 품질은 높이는 것임을 알 수 있다.

이런 효과는 일반적으로 디수의 테스트 및 프로젝트 릴리스 시이클이 진행될 때 확실히 볼 수 있다.

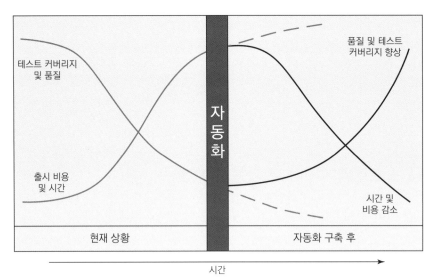

그림 8-1 현재 상황과 자동화 구축 후를 비교한 소프트웨어 테스트 자동화 목표를 보여주는 예

테스트 자동화 지표는 커버리지, 진척 현황, 품질 목표를 만족하는지 평가할 수 있는 항목을 만드는 데 도움을 줄 수 있다. 이런 목표를 어떻게 달성할 수 있는지 논하기 전에 우선 지표와 테스트 자동화 지표, 그리고 좋은 테스트 자동화 지표를 만드는 방법을 살펴보자.

지표란 무엇인가? 지표metric의 기본 정의는 측정을 표준화하는 것이다. 또한 특정한 특성을 정량화해서 측정 가능한 시스템으로 설명할 수 있다.[2] 우리의 목적에 맞춰 보면, 지표는 과거와 현재 그리고 미래의 성과를 표현할 수 있는 측정 수단으로 볼 수 있다.

지표 카테고리: 대부분의 소프트웨어 테스트 지표(여기서 설명하는 지표도 포함해서)는 다음 세 가지 카테고리 중 하나에 해당한다.

---

2   www.thefreedictionary.com/metric

- **커버리지**coverage: 테스트 범위와 성공을 측정하기 위한 의미 있는 파라미터
- **진행 상황**progress: 테스트 성공 조건을 만족하는지 테스트 진행 상황을 식별하는 데 도움이 되는 파라미터. 진행 상황 지표는 계속 반복해서 수집된다. 이 지표를 사용해 진행 상황 자체를 그래프로 그릴 수 있다(예: 결함 수정 시간, 테스트 시간 등).
- **품질**quality: 테스트 제품의 품질을 나타내는 의미 있는 측정 방법. 예를 들어 사용성, 성능, 확장성, 전체 고객 만족도, 결함 리포트가 있다.

테스트 자동화 지표란? 테스트 자동화 지표는 구축된 테스트 자동화 프로세스 및 이와 관련된 업무와 산출물의 성과(과거, 현재, 미래)를 측정하는 지표다. 여기서 단위 테스트 자동화 지표와 통합 또는 시스템 테스트 자동화 지표를 구분할 수 있다. 소프트웨어 테스트 자동화 커버리지, 진행 상황, 품질 같은 테스트 자동화 지표를 제공함으로써 일반적인 테스트 지표를 개선하거나 보완할 수 있다.

좋은 테스트 자동화 지표는 어떻게 만들 수 있는가? 여타 지표들과 마찬가지로 테스트 자동화 지표는 자동화 업무의 목표를 명확하게 정의해야 한다. 측정을 위한 측정이 되어서는 안 된다. 의미 있는 지표가 되기 위해서는 업무의 성과와 관련 있어야 한다.

테스트 자동화 지표를 정의하기에 앞서, 검토해보고 싶은 기본적인 지표들이 있을 수 있다. 지표를 측정하기 전에 먼저 목표를 설정해야 한다. 무엇을 달성하려고 하는가? 목표는 중요하다. 목표가 없으면, 측정하는 것이 무슨 소용이 있는가? 또한 지속적으로 추적하고 측정하는 것도 중요하다. 이렇게 얻은 지표 결과를 가지고 마감일, 기능 리스트, 프로세스 전략 등을 변경해야 할지 결정할 수 있고, 필요하다면 적절히 조정할 수 있다. 목표를 설정할 때는 현재 작업의 상태와 관련된 몇 가지 질문을 해볼 수 있다. 즉, 정의된 목표를 추적하고 있는지 판단할 수 있는 질문을 할 수 있어야 한다. 예를 들어, 다음과 같은 질문을 할 수 있다.

- 얼마나 많은 테스트를 선택해서 실행하는가?
- 전체 테스트를 수행하는 데 걸리는 시간은?
- 테스트 커버리지는 얼마로 정의했는가? 테스트 케이스를 요구사항과 비교해서 측정하는가(일반적으로 시스템 테스트를 진행할 때), 또는 테스트 케이스를 단위 및 컴

포닌트 간의 모든 가능한 경로와 비교해서 측정하는가(일반적으로 단위 테스트에서 사용)? 다시 말해 단위 테스트 커버리지, 코드 커버리지, 또는 요구사항 커버리지를 측정하는가?

- 데이터 분석하는 데 걸리는 시간은? 분석 작업을 자동화하는 게 더 나은가? 분석 자동화를 만들기 위해 무엇이 필요한가?
- 시나리오와 필요한 드라이버를 빌드하는 데 걸리는 시간은?
- 선택된 테스트를 얼마나 자주 실행하는가?
- 선택된 테스트를 실행하는 데 얼마나 많은 사람이 필요한가?
- 선택된 테스트를 실행하는 데 얼마나 많은 시스템 시간과 실험 시간이 필요한가?

일반적으로 훌륭한 테스트 자동화 지표는 다음과 같은 특징이 있다.

- 목표가 있다.
- 측정 가능하다.
- 의미가 있다.
- 쉽게 수집 가능한 데이터다.
- 테스트 자동화의 개선할 수 있는 영역을 식별하는 데 도움을 준다.
- 단순하다.

지표는 단순해야 하는 것과 관련된 문구가 있다. 알베르트 아인슈타인^{Albert Einstein}은 이렇게 말했다. "가능하면 모든 것을 단순하게 만들어야 한다. 하지만 너무 단순하면 안 된다." 이것을 소프트웨어 테스트 자동화 및 관련 지표에 적용해보면 다음과 같다.

- 단순할 때 에러를 줄일 수 있다.
- 단순할 때 좀 더 효과적일 수 있다.
- 단순할 때 집중할 수 있다.

자동화의 가치를 계산하는 지표를 만드는 일은 중요하다. 특히 테스트 자동화 접근 방식을 처음 프로젝트에서 사용할 때 그렇다. 3장에서 ROI 측정에 대해 자세히 설명했다. 그리고 소프트웨어 테스트 자동화 ROI를 계산할 수 있는 기준이 될 수 있는 다양한 워크시트를 소개했다. 예를 들어, 테스트 팀이 테스트 스크립트를 작성하고 실행해서 결과를 얻는 데 소요되는 시간을 측정할 필요가 있다고 언급했다. 그리고 필요하다면, 테스트 팀은 수동 테스트로는 거의 발견할 수 없지만 자동화를 사용해서 발견 가능한 결함 수를 보여줄 수 있다. 이를 통해 소프트웨어 테스트 자동화를 개발하고 실행하는 데 투자하는 시간의 타당함을 입증할 수 있다. 수동 테스트로는 그 결함을 발견할 수 없었던 이유를 상세하게 설명할 수 있을 것이다. 이전 수동 테스트에서는 사용하지 않았던 데이터를 테스트 자동화에서 사용했을 수 있고, 또는 이전 수동 테스트에서는 불가능했던 시나리오와 경로 커버리지를 테스트 자동화에서 수행했을 수 있다. 예를 들어 수동 테스트에서 테스트 데이터 조합으로 x개의 테스트를 수행할 수 있었다면, 자동화 테스트로는 $x + y$개의 테스트를 수행할 수 있다. 여기서 y 조합을 수행해 발견되는 결함은 수동 테스트에서는 결코 발견할 수 없는 결함이다. 이런 상세한 설명을 통해, 앞으로 있을 릴리스에서 테스트 커버리지를 늘릴 수 있음을 보여줄 수 있다.

자동화 효과를 정량화하거나 측정할 수 있는 한 가지 방법으로 수동 테스트로는 거의 수행할 수 없었던 테스트를 자동화해서 수행할 수 있음을 보여줄 수 있다. 예를 들어 1,000명의 가상 사용자로 특정 기능을 실행하는 스트레스 테스트를 수행해 시스템 크래시가 발생하는 모습을 보여줄 수 있다. 1,000명의 테스트 엔지니어를 고용하거나 또는 여전히 요즘 매우 일반적으로 사용되고 있는 추론만으로 이런 문제를 찾아내기란 매우 어렵다.

소프트웨어 테스트 자동화는 또한 테스트에 들어가는 노력을 최소화할 수 있다. 예를 들어, 데이터 입력이나 레코드 셋업을 할 수 있는 테스트 자동화 툴을 사용해서 말이다. 다음과 같이 시스템 요구사항이 있을 때 필요한 테스트 분량을 생각해보자. "시스템은 새로운 계정 10,000개를 추가할 수 있어야 한다." 이 요구사항을 테스트하기 위해 수동으로 10,000개의 계정을 시스템에 일일이 입력한다고 상상해보자! 이런 요구사항은 테스트 자동화 스크립트로 쉽게 해결할 수 있다. 반복문을 사용하거나 또는 단순히 배치 파일을 사용해 파일로부터 계정 정보를 읽어들일 수 있다. 데이터 파일은 데이터 생성기를 사용해 쉽게 생성할 수 있다. 이런 시스템 요구사항을 검증할 때 테스트 자동화를 사용하면, 수동 테스트 방법을 사용해 수행할 때보다 훨씬 직은 공수$^{man\ hour}$로 수행할 수 있다.[3] 이 경우에 직용 가능한 ROI 지표는 수동으로 레코드를 셋업할 때 필요한 시간과 자동화 툴을 사용해서 레코드를 셋업하는 데 필요한 시간을 측정해 비교하면 된다.

다음으로 소프트웨어 테스트 자동화의 진행 상황을 추적하는 데 도움을 줄 수 있는 지표들을 설명한다. 여기서 지표들은 테스트 케이스 및 진행 상황 지표와 결함 및 결함 제거 지표로 구분될 수 있다.

자동화 가능률 또는 자동화 지수

소프트웨어 테스트 자동화 작업을 보면, 프로젝트에서 수동 테스트 프로시저를 기반으로 자동화를 하거나, 처음부터 또는 일부 조합해서 새롭게 자동화를 시작하거나, 또는 단순히 자동화를 유지보수하는 작업이 있다. 어떤 작업이든 간에, 자동화 가능률 지표 또는 자동화 지수를 정의할 수 있다.

자동화 가능률$^{percent\ automatable}$은 주어진 테스트 케이스 중 자동화 가능한 퍼센트로 정의할 수 있다. 방정식으로 나타내면 다음과 같다.

$$PA\ (\%) = \frac{ATC}{TC} = \left(\frac{\text{자동화 가능한 테스트 케이스 수}}{\text{전체 테스트 케이스 수}} \right)$$

PA = 자동화 가능률$^{percent\ automatable}$

ATC = 자동화 가능한 테스트 케이스 수$^{number\ of\ test\ cases\ automatable}$

TC = 전체 테스트 케이스 수$^{total\ number\ of\ test\ cases}$

언제 테스트 케이스를 평가해야 하고, 자동화 가능하려면 무엇을 고려해야 하며, 또 어떤 기준으로 자동화 가능하지 않다고 판단할 수 있을까? 충분한 기술과 리소스만 주어진다면 모든 것을 다 자동화할 수 있다고 말하는 사람도 있을 수 있다. 그러면 어떻게 그 기준선을 그어야 할까? 예를 들어 '자동화할 수 없는 것'으로 고려할 수 있는 부분은 아직 설계 중이거나, 안정적이지 않고, 빈번하게 변경이 있는 애플리케이션 영역이 될 수 있다. 이와 같은 경우에 자동화하는 것은 적합한지 평가해야 한다. 6장에서 무엇을 자동화해야 하는지 자세히 설명하고 있으니 참고하기

---

3   『Automated Software Testing』(더스틴 외)의 내용을 각색했다.

바란다. 거기서 우리는 어떤 테스트 케이스를 자동화할 경우 가장 큰 투자 대비 수익을 줄 수 있는지 설명하고 있다. **단지 테스트가 자동화 가능하다고 해서 이것이 어쩔 수 없이 자동화해야 한다는 뜻은 아니다.**

'무엇을 자동화할 것인가' 평가를 통해 얻은 결과를 바탕으로 자동화 작업의 우선순위를 정해야 한다. 예를 들어, 그림 8-2는 다양한 프로젝트 또는 컴포넌트에서 자동화 가능률을 요약하고 자동화 목표를 설정하기 위해 사용할 수 있는 지표다. 일단 자동화 가능률을 파악하고 나면, 이것을 소프트웨어 테스트 자동화 구현 진행 상황의 기준으로 사용할 수 있다.

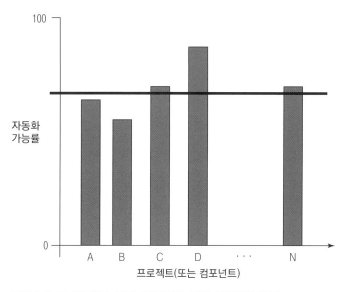

그림 8-2 프로젝트(또는 컴포넌트)당 자동화 가능률(자동화 지수)

자동화 진행 상황

자동화 진행 상황automation progress은 전체 자동화 가능한 테스트 케이스에서 자동화한 테스트 수의 비율로 나타낼 수 있다. 기본적으로 테스트 자동화의 목표를 얼마나 잘 수행하고 있는가? 궁극적인 목표는 '자동화 가능한' 테스트 케이스를 100% 자동화하는 것이다. 목표는 진행 단계 내에서 달성할 수 있어야 하기 때문에, 자동화해야 하는 자동화 퍼센트를 언제까지 달성할 것인지 마감일을 설정하는 것이 중요하다. 테스트 자동화 개발을 진행하면서 여러 단계를 거쳐 갈 때 이 지표를 지속적으로 추적해보면 유용하게 쓸 수 있다.

$$AP(\%) = \frac{AA}{ATC} = \left(\frac{\text{자동화한 테스트 케이스 수}}{\text{자동화 가능한 테스트 케이스 수}} \right)$$

AP = 자동화 진행 상황[automation progress]

AA = 자동화한 테스트 케이스 수[number of test cases automated]

ATC = 자동화 가능한 테스트 케이스 수[number of test cases automatable]

자동화 진행 상황 지표는 보통 지속적으로 추적되는 지표다. 그림 8-3은 주간 추이를 보여준다.

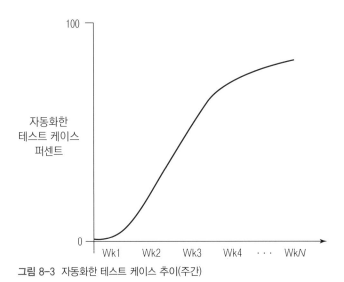

그림 8-3 자동화한 테스트 케이스 추이(주간)

테스트 진행 상황

자동화 진행 상황과 관련해서 일반적으로 사용되는 지표로(물론 자동화에서만 사용되는 것은 아니지만), 테스트 진행 상황[test progress]이 있다. 테스트 진행 상황은 단순히 실행된 테스트 케이스 수(수동 및 자동)로 정의할 수 있다.

$$TC = \frac{TC}{T} = \left(\frac{\text{실행된 테스트 케이스 수}}{\text{전체 테스트 케이스 수}} \right)$$

TP = 테스트 진행 상황test progress

TC = 실행된 테스트 케이스 수number of test cases executed

T = 전체 테스트 케이스 수total number of test cases

이 지표의 목적은 테스트 진행 상황을 추적하는 것이다. 그리고 전체 프로젝트에서 테스트가 어떻게 수행되고 있는지 추이를 보여주는 데 사용할 수 있다.

테스트의 성공/실패를 결정하기 위해서는 더 상세한 분석이 필요하다. 좀 더 정제된 지표가 필요할 수 있다. 즉, 얼마나 많은 테스트를 수행했고 얼마나 더 많은 테스트가 수행돼야 하는지를 보여줄 뿐만 아니라, 실제로 얼마나 많은 테스트가 실패 없이 지속적으로 성공해서 테스트가 실제로 완료됐는지 볼 수 있어야 한다. 테스트 진행 상황 지표에서, '실행된 테스트 케이스 수'를 '완료된 테스트 케이스 수'로 치환할 수 있다. 실제로 테스트 케이스가 지속적으로 성공한 수를 세면 된다.

테스트 자동화 커버리지율

또 다른 소프트웨어 테스트 자동화 지표로 테스트 자동화 커버리지율percent of automated test coverage이 있다. 이 지표는 테스트 자동화를 통해 실제로 수행한 테스트 커버리지율을 볼 수 있다. 프로젝트와 정의된 목표에 따라 테스트 커버리지의 수준은 다양할 수 있다. 또한 테스트의 종류에 따라서도 다를 수 있다. 단위 테스트 자동화 커버리지는 모든 단위에 대해 측정될 것이고, 기능 시스템 테스트 커버리지는 모든 요구사항에 대해 측정될 수 있다. 수동 테스트 커버리지와 함께 이 지표를 사용하면 테스트 커버리지의 완성도를 측정할 수 있고, 자동화가 전체 테스트 수에서 얼마나 수행되고 있는지 측정할 수 있다. 하지만 자동화의 품질에 대해 알려줄 수 있는 부분은 없다. 예를 들어, 테스트 케이스 2,000개를 동일하거나 유사한 데이터 경로로 엄청난 시간과 노력을 기울여서 테스트한다고 해서 이것이 테스트 커버리지를 높였다고 말할 수는 없다. 이전 장들에서도 설명했지만 동일한 또는 유사한 데이터 경로를 테스트할 때는 테스트 데이터 수를 효과적으로 조절하는 테스트 데이터 테크닉을 사용할 필요가 있다. 테스트 자동화 커버리시율은 테스트가 얼마나 효과적으로 수행되는지 보여주는 지표는 아니고, 테스트 자동화의 규모를 측정하는 지표라고 생각하면 된다. 코드 커버리지 테스트와 관련해서는 부록 B.5절에서 설명하고 있으니 참고하기 바란다.

$$PTC\,(\%) = \frac{AC}{C} = \left(\frac{\text{자동화 커버리지}}{\text{전체 커버리지}} \right)$$

PTC = 테스트 자동화 커버리지율percent of automated test coverage

AC = 자동화 커버리지automation coverage

C = 전체 커버리지total coverage(예: 요구사항, 단위/컴포넌트, 코드 커버리지)

시스템의 크기 또는 커버리지와 관련해서 수많은 참고 자료가 있다. 추천 서적 중 하나로 스테판 칸Stephen H. Kan의 『Metrics and Models in Software Quality Engineering소프트웨어 품질 공학의 지표와 모델』이 있으니 참고하기 바란다.[4]

그림 8-4는 이터레이션iteration이 진행되는 동안 프로젝트 A와 프로젝트 B의 테스트 커버리지를 비교한 그래프다. 프로젝트 A의 커버리지에서 중간에 움푹 패인 부분은 아마도 테스트가 진행되지 않은 채로 신규 기능이 출시되어 그 영역은 커버리지가 없기 때문일 것이다.

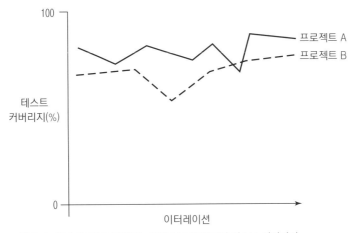

그림 8-4 이터레이션이 진행되는 동안 각 프로젝트의 테스트 커버리지

---

4 스테판 칸, 『Metrics and Models in Software Quality Engineering』(제2판, Addison-Wesley, 2003)

결함 밀도

결함을 측정하는 것은 테스트 업무를 자동화하든 하지 않든 간에 진행할 수 있다. 결함 밀도defect density는 자동화 영역을 결정하는 데 유용한, 널리 알려져 있는 지표다. 컴포넌트의 결함 밀도가 높아서 수많은 재테스트가 필요하다면 그 자체로 테스트 자동화 대상이 된다. 결함 밀도는 발견된 전체 결함을 소프트웨어 엔티티의 크기로 나눈 값이다. 예를 들어, 일부 기능이 높은 결함 밀도를 갖는다면 원인 분석casual analysis을 하는 것이 중요하다. 이 기능은 매우 복잡하기 때문에 결함 밀도가 높을 것으로 예상되는가? 기능의 설계 또는 구현상의 문제는 없는가? 기능에 리소스가 잘못 할당됐거나 또는 충분히 할당되지 않아서, 부정확한 리스크가 포함되어 복잡도를 이해할 수 없었던 것은 아닌가? 또한 개발자가 해당 기능을 구현하기 위해 좀 더 숙련될 필요가 있을 수도 있다.

$$DD = \frac{D}{SS} = \left(\frac{\text{발견된 결함 수}}{\text{소프트웨어 엔티티 크기}} \right)$$

DD = 결함 밀도defect density

D = 발견된 결함 수number of known defects

SS = 소프트웨어 엔티티 크기size of software entity

소프트웨어 컴포넌트 크기가 거대하다고 해서 결함 밀도가 높을 것이라고 말할 수 없다. 일반적으로 작은 컴포넌트에서보다 거대 컴포넌트에서 결함 밀도가 높은 것이 타당하다고 생각할 수 있지만, 작은 컴포넌트가 훨씬 더 복잡할 수 있다. 결함 밀도를 측정할 때는 소프트웨어 테스트 자동화 복잡도를 고려해야 한다.

결함 밀도를 측정할 때 그 외에 고려할 부분으로 결함의 중요도가 있다. 예를 들어, 애플리케이션 요구사항에서 중요도가 낮은 결함이 50개나 있다고 해도 인수 조건은 만족하기 때문에 통과pass될 수 있다. 하지만 중요도가 높은 결함이 1개가 있어서 인수 조건을 만족시키지 못하기도 한다. 그래서 결함 밀도를 측정할 때 중요도가 높은 결함에 높은 가중치를 주는 것이 일반적이다.

결함 트렌드 분석

일반적으로 많이 사용하는 또 다른 테스트 지표로 결함 트렌드 분석defect trend analysis이 있다. 결함 트렌드 분석은 다음과 같이 계산한다.

$$DTA = \frac{D}{TPE} = \left(\frac{발견된 \ 결함 \ 수}{실행된 \ 테스트 \ 프로시저 \ 수} \right)$$

DTA = 결함 트렌드 분석defect trend analysis

D = 발견된 결함 수number of known defects

TPE = 실행된 테스트 프로시저 수number of test procedures executed over time

결함 트렌드 분석은 지속적으로 발견되는 결함의 트렌드를 분석하는 데 도움을 줄 수 있다. 테스트 단계가 마무리되고 있는데, 결함 트렌드도 개선되고 있는가? 또는 변화 없이 그대로이거나 나빠지고 있지는 않은가? 소프트웨어 테스트 자동화의 테스트 프로세스가 진행되는 동안, 우리는 트렌드 분석이 프로젝트의 건강 상태를 볼 수 있는 유용한 지표임을 보아왔다. 그림 8-5는 시간이 지남에 따라 전체 결함 수가 어떻게 변하고 있는지 보여주는 트렌드다.[5]

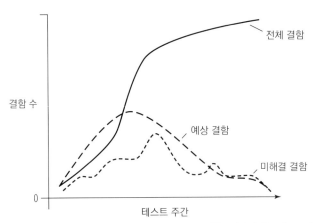

그림 8-5 결함 트렌드 분석: 시간에 따른 전체 결함 수(여기서는 테스트가 진행되는 몇 주간의 추이)

결함 추적 분석을 효과적으로 진행하면 전체 프로젝트에서 테스트의 상태를 명확하게 볼 수 있다.

---

5 http://www.teknologika.com/blog/software-development-metrics-defect-tracking/의 내용을 각색했다.

결함 제거 효율

가장 유명한 지표 중 하나로 결함 제거 효율$^{\text{DRE, defect removal efficiency}}$이 있다. 이 지표는 특정 자동화에서만 사용되는 것이 아니라 전체 자동화 작업과 함께 사용할 때 매우 유용하게 쓸 수 있다(그림 8-6). 결함 제거 효율은 결함 제거 작업의 효과를 판단하기 위해 사용한다. 또한 제품의 품질을 간접적으로 가늠해볼 수 있다. 결함 제거 효율의 값은 백분율로 계산한다. 그 값이 클수록 제품의 품질에 잠재적으로 더 큰 긍정적인 효과를 줄 수 있다. 현재 어떤 단계에 있든지 간에 각 시점의 결함 제거 정도를 파악할 수 있다.

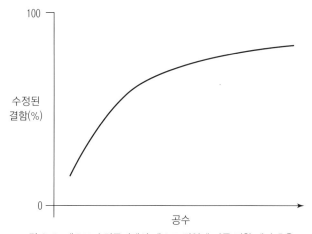

그림 8-6 테스트 수명주기에서 테스트 작업에 따른 결함 제거 효율

$$DRE = \frac{DT}{DT + DA} = \left(\frac{\text{테스트 진행 중 발견된 결함 수}}{\text{테스트 진행 중 발견된 결함 수} + \text{출시 후 발견된 결함 수}} \right)$$

DRE = 결함 제거 효율$^{\text{defect removal efficiency}}$

DT = 테스트 진행 중 발견된 결함 수$^{\text{number of defects found during testing}}$

DA = 출시 후 발견된 결함 수$^{\text{number of defects found after delivery}}$

결함 제거 효율의 값이 될 수 있는 가장 큰 값은 1로, 즉 100%이다. 우리의 경험상 실제 현실에서 결함 제거 효율이 100%가 되는 건 거의 불가능하다. 케이퍼 존스$^{\text{Capers Jones}}$의 말에 의하면, 세계 최상급의 조직에서는 결함 제거 효율이 95% 이

상 된다고 한다.[6] 결함 제거 효율은 여러 개발 단계가 진행되는 동안 측정돼야 한다. 예를 들어, 분석 및 설계 단계에서 낮은 결함 제거 효율을 보인다면 이것은 정규 기술 리뷰가 진행되는 방식을 개선하는 데 좀 더 시간을 투자해야 함을 보여주는 것일 수 있다.

이런 방식의 계산을 출시된 제품으로 확장해서, 제품 개발 또는 테스트 단계에서 발견되지 않은 제품 내 결함 수를 측정하는 데 사용할 수 있다.

소프트웨어 테스트 자동화 ROI

앞서 설명했듯이, 지표는 테스트 자동화 작업의 진행 상황, 건강 상태, 품질을 정의하는 데 도움을 준다. 이런 지표 없이 품질을 정량화하거나, 또는 확신을 가지고 설명을 한다거나 증명하는 일은 실제로 불가능하다. 품질과 함께, 지표 또한 ROI를 증명하는 데 도움을 준다. ROI에 대해서는 3장에서 자세히 설명하고 있으니 참고하기 바란다. ROI 측정은 대부분의 지표와 마찬가지로, 지속적인 수집과 면밀한 유지관리가 필요하다. 소프트웨어 테스트 자동화의 품질과 가치를 조사할 때는 ROI와 다양한 테스트 지표를 고려하는 것이 좋다. 그림 8-7에서와 같이 지표는 자동화 작업의 ROI를 보여주는 데 도움을 줄 수 있다. 3장에서 설명한 ROI 지표의 모든 측면을 다 포함했는지 확인하자.

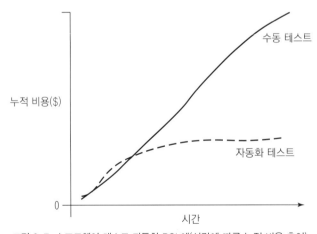

그림 8-7 소프트웨어 테스트 자동화 ROI 예(시간에 따른 누적 비용 추이)

---

6 C. 존스(Johns)의 제5회 소프트웨어 품질 국제 컨퍼런스 키노트(1995년 텍사스 오스틴)

기타 소프트웨어 테스트 지표

앞 절에서 설명한 지표들 외에 전체 테스트 영역에서 유용하게 쓰이는 지표들이 있다. 표 8-1은 이런 유용한 지표들을 요약해 간단하게 설명하고 있다.

표 8-1 일반적으로 유용하게 쓰이는 소프트웨어 테스트 지표[7]

지표명	설명	범주
에러 발견 비율 (error discovery rate)	발견된 전체 결함 수 / 실행된 테스트 프로시저 수. 에러 발견 비율은 합리적인 제품 릴리스 결정을 분석하고 지원하는 데 사용된다.	진행 상황
결함 에이징 (defect aging)	결함이 등록된 날짜와 수정된 날짜를 비교한다. 결함 에이징 지표는 결함이 호전되는 정도를 보여준다.	진행 상황
결함 수정 재테스트 (defect fix retest)	새 빌드에서 결함이 수정 및 릴리스된 날짜와 결함이 재테스트된 날짜를 비교한다. 결함 수정 재테스트 지표는 테스트 팀에서 수정된 결함을 빠르게 충분히 테스트하는지 보여준다. 정확한 진행 상황 지표를 얻기 위해 사용한다.	진행 상황
현재 품질 수준 (current quality ratio)	결함 없이 성공적으로 실행된 테스트 프로시저 수와 테스트 프로시저 수를 비교한다. 현재 품질 비율 지표는 성공적으로 수행된 기능의 수를 보여준다.	품질
우선순위로 분류한 이슈 등록 (problem reports by priority)	우선순위로 분류한 소프트웨어 이슈 등록 수. 이슈 등록 지표는 우선순위에 따른 소프트웨어 이슈 등록 수를 나타낸다.	품질

8.3 근본 원인 분석

소프트웨어 테스트 자동화 프로그램을 구현하고 나서 배운 점을 정리하는 것으로는 충분하지 않다. 대신에, 문제가 발견되면 즉시 이슈의 단계나 타입(즉, 일정, 예산, 또는 소프트웨어의 결함 문제)에 상관없이 근본 원인 분석root cause analysis을 수행해서 수정 조치corrective actions나 조정을 할 수 있어야 한다. 근본 원인 분석을 할 때는 책임을 탓하는 데 집중해서는 안 되고, 문제가 야기된 원인에 대해 중립적인 입장에서

---

7 『Automated Software Testing』(더스틴 외)의 내용을 각색했다.

조사를 진행해야 한다. 예를 들이, 결함이 프로덕션에서 발견될 때 의사결정권자들이 각자의 파트를 채워넣을 수 있게 근본 원인 템플릿을 작성할 수 있다. 이 템플릿에는 다음과 같은 중립적인 시각으로 문제를 바라볼 수 있는 질문들을 포함할 수 있다. "정확한 문제는 무엇이고 이 문제로 인한 영향은 무엇인가? 어떻게 이 문제가 발견됐고 누가 등록했는가? 이슈가 언제 등록됐는가? 이 문제로 인해 누가 영향을 받는가 또는 받았는가? 이 문제의 중요도는?" 이런 모든 정보를 수집한 후 의사결정권자들은 회의를 통해 근본 원인이 무엇인지, 이슈를 어떻게 해결하는지(수정 조치를 취한다), 그리고 이슈를 해결하고 재테스트하기 위한 중요도를 판단해야 하고, 재발 방지 대책을 세워야 한다.

계획을 아무리 잘 세워서 구현을 했을지라도 결함은 발견될 수 있다. 따라서 수정 조치 및 조정은 항상 필요하다. 즉, 예상했든 예상하지 못했든 간에 이것을 해결하기 위한 계획이 있어야 한다. 효과적인 소프트웨어 테스트 자동화 프로세스가 되려면 필요한 수정 조치를 구현할 수 있게 지원해야 한다. 또한 전략의 궤도 수정, 일정 조정, 그리고 프로젝트의 요구사항에 맞게 자동화 단계를 조정할 수 있어야 하고, 지속적인 개선 프로세스를 지원해서 궁극적으로는 성공적인 출시를 할 수 있어야 한다.

근본 원인 분석은 수없이 연구되고 수많은 논문이 나오는 인기 영역이다. 여기서 우리가 소개한 부분은 이를 구현하기 위해 우리가 접근한 방식에 대해 설명했다. 근본 원인 분석과 샘플 템플릿에 대한 좀 더 상세한 정보를 얻기 원한다면, '근본 원인 분석을 통한 최종 해결책(템플릿을 사용해서)'에 대해 설명하고 있는 식스 시그마 Six Sigma를 참고하기 바란다.[8]

---

8   www.isixsigma.com/library/content/c050516a.asp

8.4 정리

소프트웨어 테스트 자동화 프로그램이 성공하려면 자동화의 목적을 정의해야 할 뿐만 아니라 지속적인 추적이 필요하다. 결함 방지, 소프트웨어 테스트 자동화 및 기타 소프트웨어 지표들, 그리고 근본 원인 분석을 구현하면, 프로세스 이슈 및 테스트 대상 시스템 결함을 예방하고, 탐지하고, 해결하는 데 큰 도움을 줄 수 있다. 이런 도움과 함께 소프트웨어 테스트 자동화 작업의 건강 상태, 품질, 진행 상황을 추적할 수 있다. 이런 활동을 통해 또한 과거의 성능, 현재 상태, 그리고 미래의 트렌드를 파악할 수 있다. 좋은 지표는 객관적이고, 측정 가능하며, 의미를 지니고, 단순하다. 그래서 데이터를 쉽게 수집할 수 있다. 소프트웨어 품질 엔지니어링에서 사용되는 전통적인 소프트웨어 테스트 지표를 소프트웨어 테스트 자동화 프로그램에 맞춰 적용할 수 있다. 테스트 자동화에 다음과 같은 지표를 사용할 수 있다.

- 자동화 가능률
- 자동화 진행 상황
- 테스트 자동화 커버리지율
- 소프트웨어 자동화 ROI(자세한 설명은 3장을 참고)
- 테스트 자동화 효과(ROI와 연관해서)

지표 결과를 평가해서 적당히 조정하자.

계획을 확인하기 위한 예산, 일정, 그리고 모든 소프트웨어 테스트 자동화 프로그램과 연관된 활동을 추적하는 것은 성공적으로 구현될 것이다. 동료 리뷰 및 인스펙션, 그리고 결함 방지에 효과적이라고 증명된 활동들을 적극 활용하자.

6장에서 설명했듯이, 테스트 케이스 요구사항 수집 단계에서 무엇을 자동화하는 것이 타당한지 검토해야 한다. 자동화 가능한 테스트 케이스를 받으면, 무엇을 자동화할 때 가장 큰 ROI를 낼 수 있는지 파악해야 한다. 단지 테스트를 자동화할 수 있기 때문에 자동화해야 하는 건 아님을 명심한다. 무엇을 자동화할지 결정할 때 이런 전략으로 접근하고 있다면, 당신의 소프트웨어 테스트 자동화는 성공을 향해 잘 나아가고 있다.

9장

핵심 활동 5: 소프트웨어 테스트 자동화 프로세스 구현

경량 프로세스와 그 프로세스를 지속적으로 추적하는 것이 성공으로 가는 또 하나의 키다.

핵심 활동 1: 요구사항 이해

핵심 활동 2: 테스트 자동화 전략 수립

핵심 활동 3: 소프트웨어 테스트 자동화 프레임워크 테스트

핵심 활동 4: 지속적인 진척 현황 추적에 따른 적절한 대응

핵심 활동 5: 소프트웨어 테스트 자동화 프로세스 구현

핵심 활동 6: 적합한 인력을 프로젝트에 투입(필요한 스킬 세트 파악)

우리의 경험과 2장에서 설명한 IDT 조사 결과를 보면, 수많은 소프트웨어 테스트 자동화가 프로세스 부족으로 실패한다는 사실을 알 수 있다.

소프트웨어 테스트 자동화를 성공적으로 구축하려면 잘 정의된 그리고 구조화된 프로세스가 필요하다. 또한 부하overhead를 최소한으로 하는 기술적으로 경량화한 프로세스가 필요하다. 이런 프로세스와 관련된 내용을 9장에서 설명하려고 한다. 소프트웨어 테스트 자동화의 기술적인 프로세스, 즉 테스트 자동화 수명주기 방법론ATLM, automated testing lifecycle methodology은 소프트웨어 엔지니어링 프로세스[1]에서 증명된 방법론을 기반으로 한다. ATLM은 6단계로 구성되며, 각 단계에서 다음 단

---

1   이 프로세스는 『Automated Software Testing』(더스틴 외)에서 설명한 ATLM을 기반으로 한다.

게로 넘어가려면 '가상virtual' 품질 게이드를 통과해야 한다. 진 신업 분야의 수많은 회사들이 ATLM을 소프트웨어 테스트 자동화 프로세스의 일부분으로 그들의 환경에 맞게 구축하고 있다. 그림 9-1은 IDT에서 수정한 ATLM의 예다. ATLM의 한 부분인 '가상' 게이트는 소프트웨어 테스트 자동화의 품질을 유지하는 역할을 한다. 이를 통해 일정 지연과 비싼 재작업을 막을 수 있다(그림 9-3 참조).

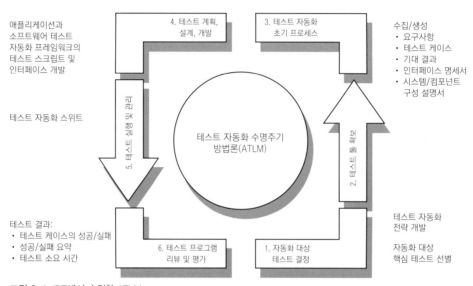

그림 9-1 IDT에서 수정한 ATLM

전체 프로세스 구축은 인스펙션inspection, 품질 체크리스트, 그 외 감사audit 활동들을 통해 검증할 수 있다. 이와 관련해서는 8장에서 자세히 설명했으니 참고하기 바란다.

소프트웨어 테스트 자동화의 기술적인 프로세스는 유연성이 있어야 한다. 즉, 지속적으로 반복 및 점진 개선 피드백을 받을 수 있어야 하고, 프로젝트의 상황에 맞게 조정할 수 있어야 한다. 예를 들어, 프로젝트에서 테스트 요구사항과 테스트 케이스가 이미 작성되어 있다면 자동화에 적당한지 평가해야 한다. 테스트 케이스가 자동화에 적합하다고 판단되면(6장에서 설명한 조건들을 사용해서), 테스트 케이스에 '자동화 대상' 표시를 하면 된다. 될 수 있으면 기존 컴포넌트 및 산출물을 재사용하거나 적절히 수정해서 중복 작업을 피하고 재사용할 수 있어야 한다.

소프트웨어 테스트 자동화 단계들과 선택한 성공 사례들은 각 작업에 맞춰서 적합하게 적용해야 하며, 그 효과에 대해 지속적으로 논의하고 검토해야 한다. 이를 위한 방법을 이번 장에서 설명할 것이다.

최고의 표준과 프로세스를 갖고 있다고 할지라도 의사결정권자들이 그 내용을 모르거나 지키지 않는다면 아무 소용이 없다. 소프트웨어 테스트 자동화 프로세스와 프로시저는 문서화해야 하고, 공유해서 지키게 해야 하며, 추적할 수 있어야 한다. 또한 소프트웨어 테스트 자동화 프로세스에 대한 교육을 진행해야 한다.

프로세스는 소프트웨어 테스트 자동화 수명주기의 전 영역을 대상으로 한다. 예를 들어, 요구사항 단계에서 최초 일정을 수립하고 소프트웨어 테스트 자동화 구현의 각 단계를 지날 때마다 일정을 관리한다(즉, 8장에서 설명한 테스트 진행 상황 지표 및 기타 지표들을 업데이트해서 프로그램의 상태 추적을 할 수 있다). 그리고 가상 품질 게이트를 준수하는 데 도움이 되는, 8장에서 설명한 다양한 리뷰 활동을 진행한다.

9장의 목표는 소프트웨어 테스트 자동화 프로그램을 관리하는 방법을 제공하고, 의사결정권자들에게 보여줄 수 있는 그 외 모든 소프트웨어 테스트 자동화의 기술적인 프로세스 예제와 권고사항(각 항목들의 상세 설명은 책 전반에 걸쳐 설명하고 있다)을 요약해서 제공하는 데 있다. 궁극적인 목표는 소프트웨어 테스트 자동화 프로그램의 품질을 향상하고, 일정과 작업의 생산성을 증가시켜, 소프트웨어 테스트 자동화 업무가 실패를 피하고 성공하도록 도움을 주는 것이다.

9.1 소프트웨어 테스트 자동화 단계와 마일스톤

테스트 대상 시스템에만 특화된 요구사항과는 관계없이 독립적으로 ATLM(테스트 자동화 수명주기 방법론) 또는 ATLM을 수정해서 구조화된 기술적인 프로세스를 제공할 수 있다. 그래서 테스트 자동화를 시작해서 각 프로그램의 단계 및 마일스톤을 만들 수 있다. IDT에서 만든 ATLM에서는 다음과 같은 단계를 제안한다.

- 소프트웨어 테스트 자동화 1단계: 요구사항 수집(테스트 자동화 요구사항을 분석해서 테스트 자동화 상위 전략을 수집. 5장과 6장 참고)
- 소프트웨어 테스트 자동화 2단계: 테스트 케이스 설계 및 작성(5장 참고)
- 소프트웨어 테스트 자동화 3단계: 자동화 프레임워크 및 테스트 스크립트 개발(6장과 7장 참고)

- 소프드웨어 테스드 자동화 4단계: 테스트 자동화 실행 및 결과 리포팅(8장 참고)
- 소프트웨어 테스트 자동화 5단계: 프로그램 리뷰 및 평가(8장 참고)

이렇게 전체 프로젝트에서 ATLM을 반영하는 접근 방식을 다음 절에서 간략히 설명한다.

9.2 소프트웨어 테스트 자동화 1단계: 요구사항 수집(테스트 자동화 요구사항 분석)

일반적으로 1단계는 킥오프 미팅과 함께 시작한다. 킥오프 미팅의 목적은 테스트 대상 애플리케이션에 대한 배경지식, 테스트 프로세스, 테스트 자동화 요구사항, 일정을 파악하는 것이다. 추가적으로 분석을 통해 테스트 대상 애플리케이션^{AUT}과 관련된 그 외의 정보를 수집할 수 있다. 1단계는 효과적인 소프트웨어 테스트 자동화 프로그램을 만들기 위한 토대를 제공한다. 테스트 요구사항은 전체 소프트웨어 테스트 자동화 업무의 청사진이 된다. 요구사항 수집 테크닉에 대해서는 5장에서 자세히 설명하고 있으니 참고하기 바란다.

다음과 같은 정보를 수집하는 것이 좋다. 없다면 소프트웨어 테스트 자동화 업무를 진행하면서 결국은 만들게 될 것이다.

- 테스트 대상 시스템^{SUT}의 테스트 요구사항
- 테스트 대상 시스템의 아키텍처 및 설계 문서
- 테스트 케이스
- 기대 결과
- 테스트 환경 요구사항
- 인터페이스 명세서

필요한 정보를 구할 수 없는 경우에 자동화 엔지니어는 고객과 함께 작업을 진행해서 필요한 정보를 유도하거나 개발한다. 필요한 정보가 없을 때, 정보를 수집할 수 있는 다양한 테크닉에 대해 5장에서 자세히 설명하고 있으니 참고하기 바란다.

추가적으로, 1단계를 진행하면서 소프트웨어 테스트 자동화 업무는 다음과 같은 프로세스를 따른다.

1. 테스트 대상 애플리케이션의 수동 테스트 프로세스의 현재 상태를 평가한다.

   a. 테스트 테크닉 개선을 위한 영역을 정한다.

   b. 테스트 자동화 영역을 정한다.

   c. 적용 가능하다면 테스트 대상 애플리케이션의 현재 품질 지수를 정한다.

   d. 초기 수동 테스트의 타임라인^{timeline}과 기간^{duration} 지표를 수집한다(이것은 기준을 비교할 때 사용되는데, 소프트웨어 테스트 자동화 ROI의 계산을 위해 필요한 수많은 입력 값 중 하나다. 그 외 소프트웨어 테스트 자동화 ROI 계산에서 필요한 입력 값들의 상세 내용은 3장을 참고하기 바란다).

   e. 자동화 지수$^{automation\ index}$를 정한다(자동화 지수의 정의는 8장을 참고하기 바란다).

2. 테스트 대상 애플리케이션의 기존 테스트 요구사항을 분석한다(이와 관련된 내용은 6장에서 설명하고 있으니 참고하기 바란다).

   a. 프로그램 요구사항 또는 테스트 요구사항이 문서화되어 있지 않으면, 요구사항 추적 매트릭스$^{RTM,\ requirement\ traceability\ matrix}$에서 사용할 수 있도록 자동화가 필요한 요구사항을 문서화하는 작업이 필요하다.

   b. 요구사항은 다음과 같은 다양한 조건(테스트 자동화 조건 체크리스트에 대한 상세 내용은 6장을 참고)을 만족할 때 자동화 대상이 될 수 있다.

   i. 가장 핵심 기능 시나리오

   ii. 가장 빈번히 재사용되는 것(한 번만 실행되는 요구사항을 자동화하는 것은 비용 낭비일 수 있다.)

   iii.가장 복잡해서 가장 에러가 발생하기 쉬운 것

   iv. 데이터 조합이 가장 많은 것. 모든 순열과 조합을 수작업으로 만드는 일은 시간이 너무 많이 소요되거나 심지어 불가능할 수 있다.

   v. 가장 리스크가 큰 것

   vi. 가장 시간 소요가 많은 것. 예: 성능 테스트 데이터의 수집과 분석

3. 테스트 요구사항의 테스트 자동화 ROI를 평가한다(이에 대한 자세한 내용은 3장을 참고한다). 평가 결과를 바탕으로 가장 큰 ROI순으로 테스트 자동화 구현의 우선순위를 정할 수 있다.

4. 테스트 대상 애플리케이션의 현재 수명주기 툴 사용을 평가하고 기존 툴로 테스트 자동화 재사용 여부를 평가한다(적합한 툴을 선택하는 방법과 관련된 내용은 부록 C를 참고한다). 즉, 추가적으로 필요한 툴은 없는지 또는 인하우스 개발이 필요하진 않은지 평가하고 추천한다.

기술적인 목표의 핵심은 소프트웨어 테스트 자동화를 사용해 테스트 실행 효율을 높이고, 이를 통해 리그레션 테스트 시간을 줄이는 것이다. 따라서 이 단계에서는 테스트를 수동으로 실행하고 결과를 검증하는 데 필요한 시간을 상세 평가한다. 이 평가에는 수동으로 테스트를 작성하는 데 들어가는 테스트 시간을 포함할 뿐만 아니라, 테스트 환경을 설정하고 테스트를 실행하며 결과를 검증하는 모든 시간까지 포함한다. 애플리케이션과 테스트의 스타일에 따라, 결과 검증이 실제 테스트를 실행하는 시간보다 훨씬 더 오래 걸릴 수 있고, 이런 이유로 자동화를 고려하기도 한다.

테스트 대상 애플리케이션의 요구사항과 자동화 지수를 파악하고 나면, 테스트 대상 애플리케이션에 가장 잘 호환되는 테스트 툴 및 제품에 맞는 요구사항 리스트를 작성한다. 테스트 대상 애플리케이션을 대상으로 툴 및 제품의 임시 라이선스를 얻어서 평가하는 이런 중요한 단계가 때로는 간과되어 툴을 먼저 구입하고 보는 경우가 있다. 애플리케이션의 기술 또는 아키텍처 또는 심지어 테스트 필요조차 전혀 고려하지 않고 말이다. 그 결과 아무리 잘해도 최고의 결과를 얻지 못하고, 최악의 경우에는 툴을 사용할 수 없는 경우도 발생한다.

여기서 소프트웨어 테스트 자동화를 지원할 수 있는 추가 소프트웨어를 파악해서 개발할 수 있다. 이미 선택한 오픈소스 프레임워크 또는 벤더 제공 툴을 사용하면 무료로 사용 가능한 컴포넌트와 상용제품COTS, commercial off-the-shelf의 사용을 극대화할 수 있다. 반면에 오픈소스 프레임워크나 벤더 제공 툴에서는 제공하지 않는 요구사항을 지원하려면 이런 기능을 제공하는 인터페이스와 유틸리티를 지원하는 소프트웨어를 만들 수 있다.

소프트웨어 테스트 자동화 1단계의 마지막에는 제품 조달 요구사항procurement requirement을 정리하고, 추천 테스트 툴과 제품을 설치하는 부분이 포함된다. 물론 추가 소프트웨어 유틸리티 개발 요구사항도 포함된다. 일반적으로 소프트웨어 테스트 자동화 1단계의 산출물은 다음과 같다.

1. 테스트 개선 기회와 관련된 리포트. 예를 들어, 좀 더 효과적인 테스트 테크닉의 사용, 독립된 테스트 환경의 사용 등

2. 자동화 대상이 되는 테스트(자동화 대상 테스트 요구사항)를 추천하는 리포트를 포함한 자동화 점수

3. 의사결정권자들의 확인을 받은 소프트웨어 테스트 자동화 요구사항의 상세 설명

4. 상위 테스트 자동화 접근 방법의 초기 요약 설명

5. 테스트 툴 요구사항, 초기 평가 내용, 인하우스 소프트웨어 테스트 자동화 개발 필요성, 필요한 소프트웨어 유틸리티에 대한 권고사항 리포트

6. 테스트 환경 및 제품 조달 필요성 요약 설명

7. 초기 예산, 일정, 타임라인

8. 테스트 자동화 ROI 측정 시 사용할 수 있는 현재 수동 테스트의 업무 수준 요약 설명

일단 의사결정권자들이 자동화할 테스트 요구사항 리스트를 동의하고 나면, 이 요구사항들을 요구사항 관리RM, requirement management 툴과 테스트 관리TM, test management에 입력해 문서화 및 추적할 수 있어야 한다.

9.3 소프트웨어 테스트 자동화 2단계: 테스트 케이스 설계 및 작성

1단계에서 정리한 자동화 대상이 되는 테스트 요구사항을 가지고, 테스트 자동화 케이스를 준비하기 위해 테스트 케이스 개요outline를 작성할 수 있다. 테스트 케이스가 이미 있다면 그것을 분석해 테스트 자동화 요구사항에 적절히 매핑해서 재사용할 수 있다는 점을 기억해두자. 하지만 수동 테스트 케이스가 테스트 자동화 케

이스로 일대일 진환되는 경우는 기의 드물다. 이에 대헤서는 6장의 '수동 프로시저를 자동화에 맞추기' 절에서 설명했다. 일반적으로 성공한 사례를 보면, 어떤 테스트인지 간에 자동화하기 전에 그 목적과 개요를 문서화하고 고객(내부 또는 외부)의 검토를 진행한다. 테스트 요구사항을 정확하게 이해하고 있는지 담당 의사결정권자의 확인을 받을 필요가 있다. 이런 활동은 테스트 케이스 작성 전반에 걸쳐 진행하는데, 자세한 내용은 7.2절에서 설명했으니 참고하기 바란다.

소프트웨어 테스트 자동화가 성공하기 위해서는 효과적이고 정확한(즉, 실제로 테스트 요구사항을 검증하는) 테스트 케이스가 중요하다. 비효율적인 테스트 케이스를 자동화하면 소프트웨어 테스트 자동화의 질을 떨어뜨리는 결과를 초래할 것이다.

소프트웨어 테스트 자동화 테스트 케이스를 작성하기 위해 테스트 프로시저 외에 추가로 다른 문서, 즉 설계 문서와 인터페이스 명세서(자동화 업무에서 사용할 수 있는 샘플 문서를 5장에서 설명했다)를 평가해야 한다. 테스트 대상 시스템의 설계와 아키텍처를 이해하면 테스트 자동화 스크립트에서 필요한 시나리오와 경로를 뽑을 수 있다. 2단계에는 테스트 관리자 또는 RM 툴을 사용해 1단계에서 작성한 요구사항과 테스트 케이스의 유지보수를 지속적으로 유지하는 일도 포함된다. 최종 결과는 요구사항과 테스트 케이스를 연결해서 생성한 RTM이다. 이렇게 만들어진 중앙 저장소는 테스트 케이스와 요구사항을 사용해 테스트 결과를 조직화하고 추적하는 메커니즘을 제공할 수 있다. 또한 테스트 케이스와 테스트 프로시저, 테스트 입력 데이터, 그리고 각 테스트 케이스의 기대 결과가 수집되고, 문서화 및 체계화되며 검증된다. 소프트웨어 테스트 자동화에서는 기대 결과를 가지고 테스트가 성공인지 실패인지 판단한다. 테스트 프로시저와 기대 결과를 검증하는 방법은 7장에서 자세히 설명하고 있으니 참고하기 바란다.

일반적으로 소프트웨어 테스트 자동화 2단계의 산출물은 다음과 같다.

1. 자동화할 테스트 케이스를 문서화해서 소프트웨어 테스트 자동화 요구사항의 기준으로 사용한다.

2. 소프트웨어 테스트 자동화 테스트 케이스 상세 설명 및 우선순위 동의안
   agreement

3. 단계/우선순위 및 타임라인을 따라 소프트웨어 테스트 자동화 테스트 케이스 작성

4. 자동화 및 생성된 RTM

5. 수동 테스트 실행과 관련된 모든 소프트웨어 이슈 리포트(7장 참고)

6. 소프트웨어 테스트 자동화 프로젝트 전략 문서 초안(6장 참고)

9.4 소프트웨어 테스트 자동화 3단계: ASTF 및 테스트 스크립트 개발

6장에서는 소프트웨어 테스트 자동화 프레임워크 및 테스트 스크립트 개발의 필요성을 자세히 설명하고 있다. 3단계에서는 새로운 프레임워크 및 스크립트의 개발을 지원할 뿐만 아니라 기존 프레임워크 및 소프트웨어 테스트 자동화 산출물에 대한 분석과 평가도 진행한다. 소프트웨어 테스트 자동화를 구축하고 나면, 다음에 재사용할 수 있는 소프트웨어 유틸리티 및 테스트 스크립트가 있을 것이다.

소프트웨어 테스트 자동화 프레임워크 및 테스트 스크립트의 개발을 위한 우리의 프로세스를 살펴보면, 본질적으로 소프트웨어 애플리케이션 개발 프로세스와 동일하다. 즉, 최소한의 개발 수명주기가 적용된다. 요구사항을 수집하고(핵심 활동 1), 소프트웨어 테스트 자동화 전략을 세워서 구현을 위한 설계와 아키텍처를 만들고(핵심 활동 2), 소프트웨어 테스트 자동화 프레임워크를 테스트한다(핵심 활동 3). 이런 기술적인 접근 방식으로 테스트 스크립트를 개발하는 이유는 소프트웨어 테스트 자동화 구축이 일반적인 개발 표준을 따르기 때문이다.

일반적으로 소프트웨어 테스트 자동화 3단계의 산출물은 다음과 같다.

1. 새로운 또는 수정한 테스트 프레임워크. 새로운, 수정된, 또는 재사용할 수 있는 테스트 스크립트. 기술적으로 뒤처진 부분 및 자동화 툴 기능 중 삭제 대상 검토

2. 테스트 케이스 자동화(소프트웨어 테스트 자동화 표준을 따라 새롭게 테스트 스크립트 개발)

3. 고객이 참여해서 작성한 테스트 자동화 케이스의 상위 상세 설명(여기에는 데모시연도 포함될 수 있다.)

4. 소프트웨어 테스드 자동화 프로젝트 전략 및 문서 최종본의 일부인 테스트 자동화 커버리지 리포트

5. RTM 업데이트

9.5 소프트웨어 테스트 자동화 4단계: 테스트 자동화 실행 및 결과 리포팅

이제 소프트웨어 테스트 자동화 및 프레임워크, 그리고 개발된 스크립트를 사용해 테스트가 실행된다. 테스트 관리자 같은 자동화 프레임워크에서 성공/실패 상태가 수집되고 기록된다. 결함은 리포팅되고, 추적되며, 측정된다. 결함 추적 수명주기가 가동되고 적용된다. 8장에서 설명한 것처럼, 결함 추적 수명주기는 환경에 맞춰 설정할 수 있다. 그림 9-2는 오픈소스 결함 추적 툴인 버그질라^{Bugzilla}를 사용한 결함 추적 수명주기의 예다.[2] 수동 테스트와 자동화 테스트의 테스트 시간과 발견한 결과(성공/실패)의 비교 분석이 수행된 후 테스트 프레젠테이션 리포트로 요약 정리된다.

애플리케이션과 테스트의 특성에 따라 애플리케이션의 수행 범위를 분석할 수 있다. 8장에서 설명한 커버리지 및 진행 상황 지표도 적용된다. 이렇게 해서 품질 지수^{QI, quality index}가 결정된다.

일반적으로 소프트웨어 테스트 자동화 4단계의 산출물은 다음과 같다.

1. 테스트 케이스 및 요구사항의 성공/실패 상태를 보여주는 테스트 리포트(RTM 업데이트도 포함됨)

2. 테스트 실행 시간(수동 및 자동화), 초기 ROI 리포트

3. 테스트 요약 프레젠테이션

4. 필요하다면 IDT에서 제공하는 소프트웨어 테스트 자동화 교육

5. QI를 포함해서 다양하게 수집된 자동화 지표

6. 적용 가능하다면 근본 원인 분석 문서

---

2 https://bugzilla.mozilla.org/

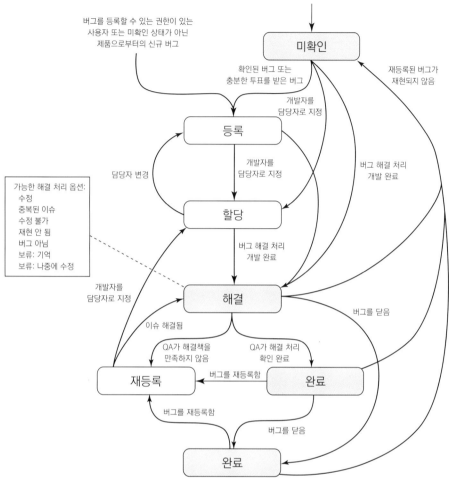

그림 9-2 버그질라의 결함 추적 수명주기 예

9.6 소프트웨어 테스트 자동화 5단계: 프로그램 리뷰 및 평가

소프트웨어 테스트 자동화 구축의 목표 중 하나는 지속적으로 개선될 수 있게 하는 것이다. 5단계에서는 소프트웨어 테스트 자동화 프로그램의 수행을 리뷰해서 개선 포인트를 찾는다.

소프트웨어 테스트 자동화 작업 전반에 걸쳐 다양한 테스트 지표가 수집되는데, 특히 테스트 실행 단계에서 많은 지표가 수집된다. 프로시저 개선 방법 문서를 작성하기 위해 소프트웨어 테스트 자동화 작업이 끝날 때까지 기다리는 깃은 좋지 않다. 대신에 진행 중인 활동activity에서 효율성 개선이 필요한 부분이 발견되면 바로 상세 프로시저를 변경하는 편이 좋다.

그 외 테스트 프로그램 리뷰 시 집중해서 확인할 부분은 소프트웨어 테스트 자동화 작업이 완료 조건을 만족하는지 그리고 테스트 대상 애플리케이션의 자동화 작업이 완료됐는지 평가하는 것이다. 또한 진행 상태 측정 및 수집된 기타 지표들에 대한 평가도 리뷰에 포함될 수 있다.

테스트 지표를 평가할 때는 기존 테스트 프로그램의 소요 시간과 크기에 비해 소프트웨어 테스트 자동화 작업을 수행하는 데 실제로 얼마만큼의 시간이 들어갔고 개발된 테스트 프로시저 크기는 어느 정도인지 비교해야 한다. 테스트 지표 리뷰를 끝맺을 때는 필요하다면 개선 포인트까지 제시하는 것이 좋다.

성과가 좋은 소프트웨어 테스트 자동화 작업과 교정해서 수행하는 활동들을 문서화하는 일은 중요하다. 문서화를 통해 성공적으로 실행되는 프로세스를 다음에도 반복 적용할 수 있다.

프로젝트가 일단 완료되면, 교정된 활동들은 확실히 다음 프로젝트에서도 효과적일 것이다. 또한 테스트 프로그램을 수행하는 동안 교정된 활동들이 적용되면 훨씬 더 개선된 최종 결과를 얻을 수 있다.

소프트웨어 테스트 자동화 작업을 제대로 한다면, 지속적으로 '배운 점lessons learned' 활동을 진행한다. 배운 점 활동에서는 소프트웨어 테스트 자동화를 구축하는 사람이 즉각적으로 교정된 액션을 할 수 있는 권한을 갖게 해서, 잠재적으로 테스트 프로그램의 성과에 중요한 영향을 줄 수 있게 한다. 우리의 경험에서도 소프트웨어 테스트 자동화 의사결정권자에게 이런 리더십을 갖도록 승진시킴으로써 성공한 사례가 있다.

소프트웨어 테스트 자동화 5단계의 산출물은 최종 테스트 리포트다. 여기에는 지금까지 설명한 모든 테스트 산출물과 결과의 레퍼런스가 포함된다.

9.7 가상 품질 게이트

우리의 경험에 비춰볼 때 이상적인 품질 보증quality assurance 프로세스는 제품의 출시뿐만 아니라 모든 서비스의 품질과 타임라인을 내부적으로 제어할 수 있다. 또한 이런 프로세스는 비용을 추적하고 제어할 수 있는 방법을 갖고 있다. 이런 프로세스에 대한 상세 설명을 여기서 하고자 한다. 실제 사례는 7장과 8장에서 자세히 설명하고 있으니 참고하기 바란다.

이상적인 품질 프로세스와 내부 제어는 반복해서 수행할 수 있다. 반복성 repeatability은 프로세스를 문서화하고 모든 의사결정권자에게 공유함으로써 얻을 수 있다. 물론 지속적으로 교정하고 개선하는 활동이 포함된다. 품질 프로세스는 품질을 반복하고 효율성을 개선하는 방향으로 맞춰진다.

경험에 비춰볼 때, 내부 제어와 품질 보증 프로세스는 각 단계가 성공적으로 완료되는지를 보여주며, 그 과정 속에서는 의사결정권자들에게 지속적인 확인을 받아야 한다.

이런 제어를 '가상 품질 게이트virtual quality gates'라고 부른다. 다양한 단계 중 일부 활동들은 병렬로 동시에 실행될 수 있지만, 일반적으로는 순차적으로 실행된다. 프로세스에서 규정하는 활동을 성공적으로 완료해야만 다음 단계로 넘어갈 수 있다는 승인을 받을 수 있다. 이런 승인 활동 또는 품질 게이트에는 기술 교류, 검토 회의, 내부 감사, 제약사항 및 연관된 리스크 조사, 형상 관리, 일정과 비용 추적 및 모니터링, 교정 활동이 포함된다. 상세 내용은 8장에서 설명하고 있으니 참고하기 바란다. 그림 9-3은 소프트웨어 테스트 자동화 마일스톤에 적용 가능한 일반적인 가상 품질 게이트를 보여준다.

그림 9-3의 각 단계의 결과를 다음 단계의 입력으로 사용할 때 적합한지 검증할 수 있는 프로세스 제어process control를 사용해볼 것을 추천한다. 결과를 검증하는 프로세스는 반복되는 프로세스로, 고객 리뷰 미팅, 내부 미팅을 통해 정의된 표준 및 프로젝트 특화 기준과 결과를 비교한다. 이런 목표를 달성하기 위해 8장에서 설명한 각각의 리뷰 활동을 평가하고 적용한다.

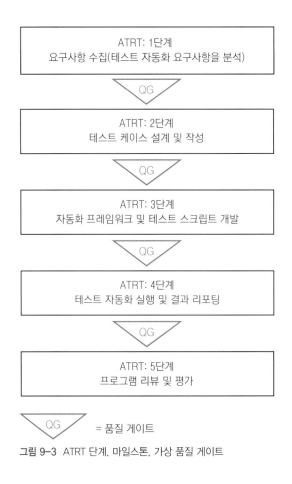

그림 9-3 ATRT 단계, 마일스톤, 가상 품질 게이트

9.8 프로세스 측정

프로세스를 수정한 ATLM은 내부 활동들이 정의된 계획과 일치하는지 확인하기 위해 검토 및 측정된다. 예를 들어, 테스트 리드는 현재 기준에 맞게 프로세스가 적당히 구축됐는지를 검증한다. 여기서 적용할 수 있는 기준은 다음과 같다.

- **프로세스 수행 평가**: 프로세스 수행 평가를 진행한다. 누락된 단계는 없는가? 너무 과부하 걸리는 프로세스가 있는가? 현재 사용하는 툴과 프로시저가 의도대로 수행하는 데 효과적인가? 알맞게 수정해서 사용한다.

- **프로세스 준수**: 구성원들이 프로젝트에 대해 교육받고 이해하고 있는가? 제공된 툴이 프로세스를 실행하는 데 필요한가? 프로세스를 일관성 있게 실행하는 것이 필요한가? 프로세스가 정의된 대로 실행되고 있는가?

9.9 정리

소프트웨어 테스트 자동화는 소프트웨어 개발이다. 따라서 실제 소프트웨어 개발 업무와 별개로 소규모의 소프트웨어 개발 수명주기가 필요하다. 효과적인 소프트웨어 개발 수명주기와 마찬가지로, 효과적인 프로세스를 정의해서 구축하고 따라야 한다. 9장에서는 IDT에서 수정한 테스트 자동화 수명주기 방법론ATLM에 대해 설명했다. ATLM의 초기 버전은 『Automated Software Testing』[3]에 설명되어 있다. 소프트웨어 테스트 자동화를 구축할 때는 여기서 설명한 5단계로 경량화한 프로세스를 사용하는 것이 좋다. 각 단계의 일부는 병렬로 실행할 수 있지만, 가상 품질 게이트를 통해 한 단계에서 생성된 산출물이 다음 단계의 입력 값으로 사용할 수 있을 정도로 충분히 품질이 높은지 검증할 수 있다.

8장에서 설명한 리뷰 및 평가 활동은 가상 품질 게이트의 측정 수단으로 사용하면 좋다.

프로세스는 사람들이 구현한 만큼 좋기 마련이다. 지속적으로 프로세스의 성과와 프로세스를 준수하는지 리뷰해야 한다.

부록 A에서는 프로세스를 만들고 프로세스를 준수하는지 측정할 때 사용할 수 있는 체크리스트를 설명하고 있으니 참고하기 바란다.

---

3   더스틴 외, 『Automated Software Testing』

10장

핵심 활동 6: 적합한 인력을 프로젝트에 투입
(필요한 스킬 세트 파악)

소프트웨어 테스트 자동화 프로그램을 효과적으로 만들려면 스킬, 전문성, 그리고 경험이 필요하다.

핵심 활동 1: 요구사항 이해

핵심 활동 2: 테스트 자동화 전략 수립

핵심 활동 3: 소프트웨어 테스트 자동화 프레임워크 테스트

핵심 활동 4: 지속적인 진척 현황 추적에 따른 적절한 대응

핵심 활동 5: 소프트웨어 테스트 자동화 프로세스 구현

핵심 활동 6: 적합한 인력을 프로젝트에 투입(필요한 스킬 세트 파악)

지금까지 소프트웨어 테스트 자동화가 무엇이고, 어떻게 하면 안 되는지, 그리고 왜 필요한지 알아봤다. 또한 소프트웨어 테스트 자동화 프로그램 성공에 필요한 중요한 5가지 핵심 활동을 살펴봤다. 이제 역할과 책임을 명확하게 이해하고 다양한 스킬을 소유한 직원이 필요하다. 이들은 각자의 업무를 효과적으로 수행해서 소프트웨어 테스트 자동화 프로그램을 성공적으로 만들 수 있어야 한다. 사람은 성공적인 구축을 위한 핵심 요소다. 뒤집어서 말하면 사람은 프로젝트가 실패하는 핵심 요인이기도 하다. 따라서 능숙하고 필요한 스킬을 갖춘 사람을 고용하는 일은 소프트웨어 테스트 자동화 프로그램의 성공에 대단히 중요한 영향을 미친다.

예를 들어, (이미 언급했듯이) 캡처/플레이백 툴을 사용하면 누구나 소프드웨어 테스트 자동화를 만들 수 있다는 벤더의 과장된 광고를 믿으면 안 된다. 분명히 개발 스킬이 필요하다. 또한 최저 임금으로 고용하려고 한다든지 또는 상위 직급 역할을 할 사람으로 대학을 갓 졸업한 사람을 채용하는 것은 좋지 않다. 가장 복잡하고 핵심적인 업무에는 가장 탁월한 사람을 뽑아야 한다. 즉, 주니어를 뛰어넘는 멘토급 인재를 뽑아야 한다. 테스트 팀에서 주니어에게 적당한 업무가 있긴 하지만, 단지 비용을 낮추는 목적으로 채용을 진행한다면 프로젝트가 성공하기 힘들 것은 자명한 사실이다. 가트너 그룹Gartner Group의 최근 리서치와 그 밖의 신뢰할 만한 자료를 보면, 모든 IT 프로젝트의 90% 이상이 정해진 시간과 예산으로 완료되지 않음을 보여준다. 자격이 되지 않는 리소스를 투입하면 반드시 암울한 통계 결과를 얻을 수밖에 없다.

테스트 자동화 프로그램을 성공적으로 만들기 위해 기업은 채용 실태를 평가 및 재고해서 탁월한 인재의 관심을 끌 수 있어야 하고, 이들을 붙들어둘 수 있어야 한다. 전문 산업 기관 인증 자격증[1], 레퍼런스 체크, 중개인middlemen 제거, 배경 조사 등을 통해 자격 없는 후보자들을 걸러낼 수 있다.

면접관의 스킬을 보는 것 또한 중요하다. 기술 직군 면접에서 비기술적인 관리자가 면접을 진행하고 있는가? 비기술적인 관리자는 면접 후보자의 협업 능력, 꼼꼼함, 기타 소프트 스킬은 평가할 수 있지만, 후보자의 기술적인 업무 능력은 상세하게 평가할 수 없다. 프로젝트 멤버 중 높은 기술 능력을 지닌 사람이 면접을 진행해 후보자의 설계 지식을 비롯한 기술적인 전문성을 면밀히 검토할 수 있어야 한다.

사람이 가진 스킬은 중요하다. 이전 회사에서 비현실적으로 마감일만을 요구하는 개발 관리자가 있었다. 그는 오직 개발 완료 날짜만을 원했다. 그에게 진실을 말하면 항상 모욕적인 대답만 돌아올 뿐이었다. 현재 상황이 어려운데 개발 관리자가 일정을 가지고 압박하면, 개발자들은 진실을 숨기게 된다. 여기서 인지된 진행 상황perceived progress이 탄생했고, 껍데기뿐인 약속들이 만들어졌다. 예를 들어, 개발 관리자는 일단 개발자들이 그들의 업무를 완료하면 테스트 자동화를 도울 것이라

---

1 산업계에서 인정해주는 테스트 자격증은 드물다. 좀 더 잘 알려져 있고 인정해주는 마이크로소프트 자격증이나 보안 자격증에 집중하는 편이 나을 수 있다.

고 자동화 팀에게 약속했다. 하지만 개발자들은 개발 업무를 한 번도 완료할 수 없었기 때문에, 이 약속은 지켜질 수 없었다. 결국 이런 종류의 지원 약속을 어느 팀도 신뢰할 수 없었다.

효과적인 인재 스킬은 '인지된 진행 상황' 현상을 피하는 데 도움을 줄 수 있다. 진실된 커뮤니케이션 채널을 항상 열어두는 것이 중요하다. 불가능한 마감일을 지키라고 강요하는 것은 이해되지 않는 일이다. 관리자는 현실적인 마감일을 지시하고 모니터링하며 관리할 필요가 있다. 관리자는 타이트한 관리를 할 뿐 아니라(현실적인 마감일 설정) 느슨한 관리를 할 필요도 있다(진실한 대화를 통해).

4장에서 설명했듯이, 소프트웨어 테스트 자동화 프로그램의 성공적인 구축과 관련된 수많은 미신과 오해가 있다. 사람들은 소프트웨어 테스트 자동화를 위한 필요한 스킬 세트는 '테스터' 스킬의 하나라고 생각한다. 그리고 수동 테스터 누구나 테스트 자동화 툴을 선택할 수 있고, 사용할 수 있으리라 생각한다. 어떤 사람에게 스킬과 능력이 있어도, 즉 테스트 테크닉이 있고, 테스트 케이스를 유도할 수 있으며, 어떤 문제에 대한 전문지식이 있다고 해도, 여전히 소프트웨어 테스트 자동화를 구축할 수 있어야 하고, 소프트웨어 제품 자체를 개발할 수 있는 광범위한 스킬 세트 또한 필요하다.

또한 벤더 제공 툴 하나만을 사용하더라도 테스트 자동화 툴을 다양하게 활용하려면 소프트웨어 개발 스킬이 필요하다. 어떤 툴은 다른 툴들보다 전문성이 필요 없을 수 있다. 하지만 테스트하기 위해 전달받은 제품은 소프트웨어이고, 테스트 수행에 도움을 주는 자동화 툴도 소프트웨어다. 또한 자동화 툴과 함께 동작시키기 위한 소프트웨어를 개발해야 할 수도 있다. 때문에 소프트웨어 개발 경험과 스킬은 필요하다. 효율성과 유지보수를 위해, 그리고 테스트 자동화 스크립트 및 소프트웨어 재사용을 위해 입증된 테크닉을 사용하기를 권고한다.

소프트웨어 제품 개발에는 프로젝트 일정, 요구사항 작성, 소프트웨어 설계 및 구현, 제품의 기준 설정 관리, 프로젝트 전반에 걸친 품질 보증이 포함된다. 여기서 제품은 소프트웨어 테스트 자동화이고 테스트를 위해 사용될 것이다. 사실 자동화 업무에서 문제가 발생하는 주요 원인 중 하나는 소프트웨어 테스트 자동화를 소프트웨어 개발 프로젝트로 다루지 않기 때문이다.

이전 장들에서 설명했듯이, 소프트웨어 테스트 자동화 프로젝트를 위한 일정이 우선적으로 산정돼야 하고 지속적인 관리가 필요하다. 테스트 대상이 되는 요구사항들을 만들어서 검증해야 한다. 그리고 소프트웨어를 설계해서 개발할 필요가 있다. 제품을 개발하는 팀에서 적용하고 있는 훌륭한 테크닉과 사례를 동일하게 소프트웨어 테스트 자동화 소프트웨어 팀에서도 적용할 필요가 있다. 소프트웨어 테스트 자동화 소프트웨어는 반드시 견고해야 하고 7장에서 설명한 테스트 활동들을 수행해야 한다. 그렇지 않으면 이 자동화 소프트웨어는 프로젝트에서 쓸모가 없을 수 있다.

소프트웨어 테스트 자동화를 위해 필요한 스킬 세트와 소프트웨어 제품을 개발하는 데 필요한 스킬 세트의 주요 차이점으로 소프트웨어 테스트 자동화 팀에서는 테스트 자동화 툴에 대한 상세한 지식, 소프트웨어 테스트 자동화 프레임워크에 대한 지식과 이것을 구축할 수 있는 지식, 그리고 테스트 테크닉을 적용할 수 있고 소프트웨어 테스트 자동화 프로그램을 구축할 수 있는 방법(이 책 전반에 걸쳐 설명하고 있음)에 대한 이해가 추가로 필요하다. 부록 C에서는 현재 상업적으로 사용할 수 있으며 벤더에서 제공하는 다양한 자동화 툴을 설명한다. 그리고 오픈소스 테스트 툴도 소개하고 있으니 참고하기 바란다.

소프트웨어 테스트 자동화 팀은 이런 종류의 툴을 사용할 수 있는 경험과 배경지식은 당연히 갖춰야 하고, 어떤 애플리케이션이 업무에 가장 효과적이며 테스트 대상 소프트웨어에 적합한지도 평가할 수 있어야 한다.

소프트웨어 테스트 자동화 프레임워크, 테스트 스크립트, 소프트웨어를 개발할 때 소프트웨어 테스트 자동화 팀은 이 책 전반에 걸쳐 설명하는 핵심 내용들을 파악해야 하고, 다음에 소개하는 개발 테크닉과 베스트 프랙티스를 따르는 것이 좋다. 4장에서 소프트웨어 개발자는 테스트 가능하도록 만들어야 하고 소프트웨어 테스트 자동화는 소프트웨어 개발이라고 정의했다. 자동화 엔지니어는 6장과 여기서 설명하는 다양한 소프트웨어 개발 가이드라인을 따르며, 선별된 베스트 프랙티스를 고려해보는 것이 좋다.

- 활용 가능한 소프트웨어 테스트 자동화 프레임워크를 알고, 구축하기 위한 접근 방법을 이해한다.

  다양한 소프트웨어 테스트 자동화 프레임워크와 접근 방법들을 상세히 파악한 후 개발을 시작한다. 이때 6장에서 설명한 인하우스에서 개발한 툴이나 오픈소스 툴을 사용할 수 있다. 예를 들어, 키워드 기반 프레임워크와 데이터 기반 프레임워크 접근 방법의 차이를 이해할 필요가 있다. 키워드 기반keyword-driven 접근 방법에서는 키워드를 사용해 공통 테스트 단계를 정의한다. 소프트웨어 테스트 자동화 프레임워크의 기술과는 독립적으로, 프레임워크는 이 키워드를 사용한다. 프레임워크는 키워드 액션에 연결되어 있는 테스트 단계와 테스트 스크립트 코드를 실행한다. 데이터 기반data-driven은 테스트 프로시저 스크립트에 하드코딩된 데이터 값을 사용하는 것이 아닌, 스프레드시트나 툴 제공 데이터 풀pool 또는 외부 데이터베이스로부터 데이터 값을 읽어들인다. 이런 접근 방식은 항상 선호되는데, 하드코딩된 값으로는 정확히 검증하기가 어렵기 때문이다. 이전 장들에서 언급했듯이, 다양한 데이터, 데이터 세트, 데이터 볼륨으로 현실적인 깊이와 너비로 테스트하는 것이 결함을 탐지할 수 있는 핵심 키가 된다. 입력 데이터를 외부로부터 받게 되면 데이터 유지보수를 줄이고 유연성 또한 높일 수 있다. 다른 데이터 세트로 테스트 프로시저의 재수행이 필요하면, 단순히 데이터 소스를 필요에 맞게 업데이트하거나 변경하고 기대 결과도 데이터에 맞춰서 업데이트하면 된다. www.ibm.com/developerworks/rational/library/591.html 페이지에서 '테스트 자동화 프레임워크 선택'이라는 글을 보면 키워드 기반 접근 방법을 멋지게 설명하고 있으니 참고하기 바란다.

- 소프트웨어 테스트 자동화 프레임워크의 아키텍처와 설계를 모듈화한다.

  6장에서 모듈화된 소프트웨어 테스트 자동화 프레임워크 설계의 예제를 설명했다. 소프트웨어 자동화 프레임워크의 모든 컴포넌트를 개별로 관리해서 '조립할 수 있는pluggable' 프레임워크를 만든다. 그래서 신규 컴포넌트가 추가되거나 오래된 컴포넌트를 제거할 때도 쉽게 유지보수 가능하게 한다. 또한 소프트웨어 테스트 자동화 프레임워크가 다양한 프로젝트를 지원 가능하게 하려면 프로젝트 독립 컴포넌트와 프로젝트 종속 컴포넌트를 따로 개발할 수 있음을 기억한다. 이에 맞춰 컴포넌트 구현을 평가하고 검토해야 한다.

- **스크립트 개발을 모듈화한다.**

  모든 소프트웨어 테스트 자동화 프레임워크와 스크립트 개발 업무에 소프트웨어 개발의 베스트 프랙티스를 적용할 필요가 있다. 예를 들어, 일반적인 소프트웨어 개발 테크닉은 소스 코드의 유지보수와 가독성을 높이기 위해 코드를 논리적인 단위 모듈로 나눠 잡^{job}을 여러 조각으로 수행한다. 이런 조각 또는 모듈은 스크립트 또는 테스트 소프트웨어 내에서 다양하게 재사용할 수 있기 때문에 동일 코드를 매번 재작성할 필요가 없다. 이것은 모듈 중 하나가 변경될 때 특별히 중요하다. 변경을 오직 대상 모듈에만 제한할 수 있고, 결과적으로 유지보수 비용이 줄어든다. 스크립트 개발을 모듈화하는 것은 소프트웨어 개발의 베스트 프랙티스로 소프트웨어 테스트 자동화에도 그대로 적용할 필요가 있다. 일반적으로, 소프트웨어 개발의 베스트 프랙티스 대부분을 소프트웨어 테스트 자동화에도 그대로 적용하는 것이 좋다.

- **사용자 인터페이스/GUI 내비게이션을 모듈화한다.**

  테스트 스크립트와 소프트웨어에서 모듈화해야 하는 부분 중 특별히 중요한 부분은 애플리케이션의 그래픽 사용자 인터페이스^{GUI} 내비게이션이다. 테스트 스크립트의 상위 단에서부터 재사용을 하기 위해, 테스트 엔지니어는 GUI 내비게이션 함수를 사용해 애플리케이션의 사용자 인터페이스가 변경돼도 영향을 덜 받게 할 필요가 있다. 내비게이션 함수는 테스트 라이브러리의 일부분으로 개별 모듈화해서 유지관리해야 한다.

- **재사용 함수 라이브러리를 개발한다.**

  일반적으로 테스트 스크립트와 소프트웨어는 동일 제품 또는 심지어는 동일 타입의 다른 제품을 만들 때도(예를 들면 웹 애플리케이션) 수많은 비슷한 액션을 수행한다. 이런 공통 액션을 공유 스크립트 라이브러리로 만들어서 조직 내 모든 테스트 엔지니어들이 사용할 수 있게 하면 테스트 업무에 엄청난 효율을 가져다줄 수 있다. 또한 기능 분해^{functional decomposition}를 통해, 스크립트 개발의 모듈화에서 설명한 것처럼 애플리케이션이 변경될 때 테스트 스크립트 변경을 제어할 수 있다.

- **기존 라이브러리를 재사용한다.**

    인터넷을 찾아보면 테스트 툴에서 사용할 수 있는 라이브러리가 이미 많이 있다. 예를 들어 테스트 스크립트 템플릿, 테스트 스크립트 언어 확장, GUI 테스트를 위한 표준 테스트 프로시저 같은 라이브러리가 있다. 또한 www.koders.com과 www.krugle.com 사이트 같은 컴포넌트 재사용 사이트도 있다. 기존 컴포넌트 및 조각 코드를 직접 만든 소스와 조합해서 사용하면 효과적으로 소프트웨어 테스트 자동화 프레임워크를 개발할 수 있다.

- **버전 컨트롤을 사용한다.**

    소프트웨어 개발 프로젝트에서 버전 컨트롤version control은 두말할 것 없이 반드시 필요하다. 모든 소프트웨어 테스트 자동화 프레임워크 코드, 테스트 스크립트 소프트웨어, 그리고 그 외의 소프트웨어 테스트 자동화 산출물은 버전 컨트롤 툴에 저장해야 한다. 이렇게 할 때, 형상 관리가 가능하고 테스트 엔지니어들이 산출물을 동시에 변경하는 일을 막을 수 있으며 각 파일의 변경 이력을 유지관리할 수 있다. 버전 컨트롤 툴이 없으면 다수의 소프트웨어 테스트 자동화 프레임워크와 스크립트 개발자들이 동일한 코드를 너무 쉽게 수정할 수 있기 때문에 변경된 내용들을 수동으로 머징merging하다 보면 에러 발생 확률이 높을 수밖에 없다. 스크립트와 테스트 소프트웨어의 작업을 추적하는 일도 버전 컨트롤 툴을 사용하면 훨씬 쉽게 관리할 수 있다. 스크립트 세트에 '레이블label'을 붙여서 언제든지 단일 개체 형태로 검색할 수 있기 때문이다.

- **소프트웨어 테스트 자동화 프레임워크 코드를 자동으로 생성한다.**

    IDL과 C 스타일 헤더 파일 같은 다양한 입력 타입을 사용해 소프트웨어 테스트 자동화 프레임워크 코드를 생성한다. 이 코드는 테스트 대상 시스템의 그루glue나 API로 사용할 수 있다. 부록 D에서 이와 관련된 예제를 설명하고 있으니 참고하기 바란다. 이렇게 하면 다양한 이득을 얻을 수 있다. 예를 들어, 테스트 소프트웨어가 예측 가능해서 확장 가능하며scalable 이식하기 쉽다portable. 그래서 문제를 한 곳에서 고쳐서 프로젝트마다 동일한 접근 방식으로 재사용할 수 있다. 우리는 이런 접근 방식을 사용해 실제로 프로젝트당 소프트웨어 테스트 자동화 개발 시간이 줄어드는 모습을 봐왔다. 테스트 자동화를 좀 더 효과적으로 만들 수 있기 때문이다.

- **테스트 케이스 코드를 자동으로 생성한다.**

  우리는 모델, 규칙 검사, 알고리즘, 테스트 명세서를 가지고 테스트를 생성할 수 있는 테스트 자동 생성 제품과 다양한 툴에 대해 시장 조사했다. 예를 들어 텔레로직 랩소디 ATG^{Telelogic Rhapsody ATG}, 테라다인 테스트마스터^{Teradyne TestMaster}, 컨포미크 테스트 제너레이터^{Conformiq Test Generator}, T-VEC 같은 툴이 있다. 하지만 이런 툴을 사용하면 테스트가 벤더 소프트웨어 내에 생성된다는 한계가 있다. 그래서 우리는 이것을 인하우스 툴로 개발했다. 오픈소스 툴의 장점을 모두 살리고, 다음과 같은 테크닉을 적용해 테스트 케이스 코드를 자동으로 생성할 수 있었다.

  - 테스트 케이스가 이미 존재하지만 표준화되어 있지 않다면, .csv 파서를 사용해 테스트 케이스를 표준 포맷으로 만든다.
  - 표준 테스트 케이스 포맷을 사용하면 자동화 단계 프로시저를 추출할 수 있다.
  - 테스트 케이스 프로시저 내의 각 단계는 동작^{behavior}을 실행할 수 있는 생성된 코드를 갖는다.
  - 추출된 테스트 단계 정보는 XML로 정의해서 자동생성 프로세스의 입력 값으로 사용한다.
  - 스트링템플릿^{StringTemplates}[2]은 공통 코드 세트와 프로젝트 한정 세트를 제공한다.

  그림 10-1은 성공적으로 소프트웨어 테스트 자동화를 구축하기 위해 필요한 스킬들을 보여준다.

---

2 www.stringtemplate.org/

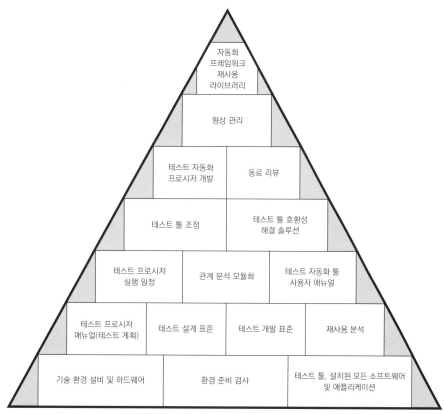

그림 10-1 성공적인 소프트웨어 테스트 자동화 프로그램의 구성요소 예

10장에서는 소프트웨어 테스트 자동화를 성공적으로 구축하는 데 필요한 스킬의 종류를 살펴보려고 한다. 그리고 이전 장들에서 언급한 핵심 내용도 여기서 설명할 것이다. 9장에서 설명한 소프트웨어 자동화 테스트 프로세스 각 영역에서 이런 스킬이 어떻게 사용되는지 예제를 통해 보여줄 것이다. 이번 절을 숙지하고 나면 역할과 책임을 명확히 하는 데 도움이 될 것이다. 이것은 매우 중요한 활동으로, 책임져야 할 부분은 무엇인지 그리고 사람들이 기대하는 것이 무엇인지 알 필요가 있다. 역할과 책임을 정의해서 공유한다면 이와 관련된 성과를 평가할 수 있을 것이다.

역할과 책임, 그리고 이와 연관된 업무들은 다음과 같은 영역으로 나눌 수 있다. 우리의 경험에 비춰볼 때 이 영역들은 소프트웨어 테스트 자동화 프로그램을 성공적으로 구축하는 데 핵심 영역이다. 상황에 따라서 이 영역들이 항상 명확하게 구분되지 않을 수 있다. 예를 들어, 형상 관리 역할은 모든 영역에 포함될 수 있다.

- 프로그램 관리program management
- 시스템 엔지니어링system engineering
- 소프트웨어 개발software development
- 형상 관리configuration management
- 품질 보증quality assurance
- 도메인 전문가subject matter expertise

한 사람이 여러 스킬을 보유할 수 있고, 또는 한 업무에 다양한 사람이 필요할 수 있다. 사람과 스킬을 매핑하는 것은 일대일 관계가 아니다. 또한 경험의 수준도 다양할 것이다. 중요한 것은 소프트웨어 테스트 자동화 구축 팀은 모든 스킬을 종합적으로 갖추고 있어야 한다는 점이다. 그리고 가장 경험이 적은 사람에게 가장 복잡한 업무를 맡겨서는 안 된다. 이것은 단순한 규칙처럼 보이지만 실제로 잘 지켜지지 않는다.

소프트 스킬

앞에서 우리는 스킬의 필요성에 대해 언급했다. 테스트 자동화 프로그램을 성공적으로 구축하려면 특정 기술 스킬이 필요하다(이에 대해서는 다음 절에서 설명한다). 또한 성공의 기회를 높이기 위해서는 소프트 스킬이 필요하다. 이것을 '소프트soft' 스킬이라고 부르는 이유는 소프트 스킬은 일반적으로 테스트 또는 퀴즈를 통해 판단할 수 있는 '하드hard' 스킬과는 다르게 이 스킬을 소유하고 있는지 가늠하기 힘들기 때문이다.

여기서는 테스트 자동화 프로그램을 위한 고용을 진행할 때 고려할 수 있는 소프트 스킬의 예를 소개한다.

테스트 자동화 팀 구성원은 적응력이 강한 사람이어야 한다. 즉, 다양한 기술적인 환경에서 테스트 자동화를 수행할 수 있는 경험이 있어야 한다(다양한 플랫폼과 다양한 기술을 사용하고, 다양한 분야의 전문가다). 이해력이 빨라야 하며 새로운 기술, 다양한 프로세스와 툴 그리고 방법론에 이미 친숙하다면 이상적이다. 테스트 팀 구성원이 다음과 같은 스킬을 소유하고 있다면 유리할 것이다.

- 다양한 업무를 수행하고 새로운 것을 학습하며 수많은 제품들을 사용하는 일을 즐길 수 있는 빠른 학습자
- 복잡한 활동을 개념화할 수 있는 소질을 지닌 자
- 복잡한 테스트 환경을 이해하고, 요구사항에 맞게 테스트 계획을 세우고 접근 방법을 설계할 수 있으며, 동시에 다양한 업무를 수행할 수 있는 자
- 테스트 개발 및 실행 시 발생하는 문제의 해결책을 제시할 수 있는 자
- 시스템 또는 애플리케이션을 수행할 때 무수한 방법을 고안해낼 수 있어서 어떤 상황에서든지 정상 동작함을 확인할 수 있으며, 소프트웨어 또는 시스템이 실패할 수 있는 모든 조건을 판별할 수 있는 창조적인 능력을 소유한 자
- 중요 결함을 리포팅할 때 여러 의사결정권자들에게 친근하고 효과적으로 전달할 수 있는 커뮤니케이션 수완이 있고 언행에 신중한 자
- 어떤 이슈가 발생하더라도 고객 및 의사결정권자들과 커뮤니케이션할 수 있는 있는 능력이 있고 생각을 분명히 표현할 수 있는 탁월한 언어 능력, 문장력, 문법 스킬을 갖춘 자
- 찾기 어려운 결함을 잘 찾고, 소프트웨어 제품의 품질을 향상하는 데 큰 관심이 있으며, 가능하면 모든 결함을 찾으려고 스스로 노력하는 디테일이 강한 자
- 입력 값들, 논리적인 절차 및 기대 결과를 이해하는 능력이 뛰어난 프로세스 기반 스킬을 소유한 자

때로는 프로젝트 팀이 승계되기도 한다. 이런 경우에는 팀의 현재 스킬 세트를 평가하고 이 스킬을 현재 진행 중인 프로젝트에 다시 매핑해서 프로젝트를 시작하기 전에 필요한 스킬을 사용할 수 있는지 확인해야 한다. 이를 통해 현재 보유한 스킬과 필요한 스킬 간의 차이를 분석할 수 있다. 그러고 나서 이런 스킬을 습득하기 위한 교육 또는 고용 계획을 세울 수 있다. 여기서 성공적인 자동화 팀은 스킬과 경력 및 전문성의 수준이 혼합 구성되어 있음을 주목해볼 필요가 있다. **소프트웨어 개발자들 스스로 성공적인 테스트 자동화 프로그램을 구축할 수 있다고 생각하는 것은 잘못된 생각이다.**

다음 절에서는 앞서 설명한 각각의 프로세스 단계들에서 필요한 스킬들을 설명한다.

10.1 프로그램 관리

전통적으로 프로그램 관리자는 전체 프로젝트를 리딩하고, 컨택 담당자로 활동하며, 일정 및 비용 예산을 수립하고, 일정과 예산 대비 비용을 추적하며, 이슈를 해결하거나 프로그램 리스크를 평가하고 완화하는 역할을 한다. 이를 위해 좋은 리더십, 커뮤니케이션 스킬, 계획, 마일스톤을 구분하는 능력, 프로젝트의 기술적인 이해까지 두루 섭렵한 스킬이 필요하다.

이 스킬은 소프트웨어 테스트 자동화를 구축하는 특수한 목적에 사용될 뿐만 아니라 9장에서 설명한 ATLM 프로세스 전반에 걸쳐 적용된다. 다음에 설명하는 내용은 ATLM의 각 단계에서 프로그램 관리자의 담당 업무와 관련된 내용이다. 소프트 스킬을 여기서 다루지는 않는다. 각 단계에서 필요한 스킬은 할당된 업무에 따라 달라진다. 예를 들어 일반적인 프로그램 관리 경험, 소프트웨어 테스트 자동화 관련된 기술적인 스킬, 그리고 가장 중요한 대인 관계 스킬이 있다. 우리는 프로그램 관리자에게 PMP 자격증을 요구하지 않는다. 경험에 비춰볼 때, 이런 종류의 자격증은 너무 포괄적인 영역을 다루고 있어서 소프트웨어 테스트 자동화 프로그램에는 적합하지 않은 경우를 많이 봐왔다. 자격증은 필수 요건이 아니다. 어떤 자격증보다 경험이 훨씬 더 중요하다. 프로그램 관리자는 리포트 작성, 프레젠테이션, 그리고 상세 프로젝트 일정을 작성할 수 있는 마이크로소프트 프로젝트 또는 동일한 기능을 수행할 수 있는 소프트 패키지를 능숙하게 사용할 수 있어야 한다.

AST 1단계: 요구사항 수집(테스트 자동화 요구사항 분석)

1. 프로젝트 킥오프 및 조직을 구성한다.

2. 지켜야 하는 프로세스를 파악하고 지속적인 평가 및 측정(7장과 8장에서 설명)을 통해 이 프로세스를 지키게 한다(예를 들어, RTM의 시작과 추적을 확인한다).

3. 소프트웨어 테스트 자동화 프로그램 수명주기, 테스트 단계, 테스트 대상 시스템의 테스트 일정을 이해하고 언제 소프트웨어 테스트 자동화가 필요한지 파악한다.

4. 초기 제안된 일정, 구성원 할당, 소프트웨어 테스트 자동화 요구사항을 작성한다. 프로젝트 일정에 투입되는 주요 입력 값, 예를 들어 활동, 제약사항, 리소스, 히스토리 정보를 파악한다(업무 기간과 비용을 측정하고 추적하는 수많은 기법이 있다. 예를 들어, 『Automated Software Testing』[3]에 설명되어 있는 성과 가치 지표를 소프트웨어 테스트 업무에 적용할 수 있다). 예산이 필요한 항목들을 파악한다. 예를 들어, 6장에서 설명한 소프트웨어 테스트 자동화 전략을 구축할 때 필요한 다양한 항목들과 테스트 환경 구성요소, 툴 등을 구매할 때 필요한 예산을 파악한다.

5. 필요한 수집 대상 및 리뷰 정보를 조정한다(예: 요구사항, 테스트 케이스, 테스트 프로시저, 기대 결과, 인터페이스 명세서). 그리고 이를 위해 사용할 툴을 파악한다.

6. 현재 수동 테스트 수준에 대한 평가와 자동화를 사용할 때의 ROI 예측을 주도한다. ROI 계산에 필요한 모든 측정 값을 이해한다(이에 대해서는 3장에서 설명했다).

7. 테스트 요구사항을 자동화하기 위한 권고사항을 작성한다. 4장에서 설명한 자동화 가능한 요구사항을 선정하는 데 도움이 되는 프로세스를 파악한다.

AST 2단계: 테스트 케이스 설계 및 작성

1. 기준 일정, 구성원 할당, 소프트웨어 테스트 자동화 구축을 위한 예산을 업데이트하고, 지속적으로 진행 상황을 추적하며, 필요하면 조정한다.

2. 테스트 대상 소프트웨어 제품의 개발과 함께 필요한 요구사항 및 테스트 케이스를 위한 미팅 및 리뷰 계획을 세운다.

3. 액션 항목과 해결해야 하는 이슈들을 문서화하고 이것들을 추적해서 닫는다.

4. 수행되는 테스트 유형을 이해한다. 예를 들어 기능, 성능, 보안, 동시 테스트 등이 있다(부록 B의 예제를 참고한다).

5. 6장에서 설명한 베스트 프랙티스를 참고해 테스트 자동화 전략 수립을 리딩하고, 의사결정권자들의 승인을 얻어낸다.

---

3 『Automated Software Testing』(더스틴 외), 9.3.1절 '성과 가치 관리 시스템'

AST 3단계: ASTF 및 테스트 스크립트 개발

1. 일정, 구성원 할당, 예산을 기준으로 프로젝트 상태를 지속적으로 평가한다.

2. 테스트 대상 소프트웨어를 개발할 때 필요한 소프트웨어 테스트 자동화 프레임
   워크 아키텍처 및 설계 개요, 테스트 케이스 기법, 자동화와 관련된 미팅 및 리
   뷰 계획을 세운다.

3. 필요한 자동화 소프트웨어 테스트 툴과 프레임워크를 선정한다.

4. 오픈소스 사용을 위한 라이선스 요구사항과 고객의 기대 수준을 이해한다.

5. 7장에서 설명한 것과 같이 소프트웨어 테스트 자동화 프레임워크가 테스트되
   는지 확인한다.

6. 테스트 환경이 독립적으로 구성되어 있는지 확인하고 그 외 소프트웨어 테스트
   자동화 요구사항이 구축됐는지 그리고 테스트 실행을 위한 준비가 됐는지 확인
   한다.

7. 테스트 시작 조건이 만들어지고, 공유되어 의사결정권자들이 동의했는지 확인
   한다(시작 및 종료 조건은 2장에서 설명했다).

8. 모든 장애물을 제거해서 소프트웨어 테스트 자동화 실행이 순조롭게 진행되도
   록 한다.

AST 4단계: 테스트 자동화 실행 및 결과 리포팅

1. 일정, 구성원 할당, 예산을 기준으로 프로젝트 상태를 지속적으로 평가한다.

2. 8장에서 설명한 다양한 효과적인 테스트 지표를 만들 수 있게 소프트웨어 테스
   트 자동화 팀과 가깝게 붙어서 작업한다.

3. 정의한 결함 추적 수명주기를 구축해서 지키고 있는지 확인한다. 이런 작업을
   지원할 수 있는 결함 추적 툴이 준비되어 있는지 확인한다.

4. 테스트 요약 프레젠테이션 작성 계획을 세운다.

5. 이슈가 발생했을 때 근본 원인 분석이 수행되는지 확인한다. 이에 대해서는 8장
   에서 설명했다.

6. 종료 조건을 이해하고 공유한다. 정의한 조건들을 만족하면 테스트 실행이 완료된 것으로 볼 수 있다. 예를 들어, 모든 기능에서 중요도가 높은 결함은 수정돼야 하는 조건을 정의할 수 있다(종료 조건에 대한 자세한 내용은 2장을 참고하기 바란다).

AST 5단계: 프로그램 리뷰 및 평가

1. 프로그램 리뷰 및 평가 활동 계획을 세우고 리딩한다.

2. 일정, 구성원 할당, 예산을 기준으로 프로젝트 상태를 평가한다.

3. 구축한 소프트웨어 테스트 자동화가 프로젝트 초기에 계획한 테스트 자동화 전략을 만족하는지 평가한다.

4. 최종 리포트 작성을 리딩한다.

5. 실제 프로덕션에 나간 모든 결함을 추적하고 근본 원인 분석을 수행한다. 이런 정보를 히스토리로 남겨둬서 향후 소프트웨어 테스트 자동화 프로그램을 조정하는 데 사용하고, 동일한 실수를 반복하지 않게 한다.

일단 예산과 일정, 모든 활동이 결정되고 나면 지속적인 추적과 리뷰가 필요하다. 프로그램 관리자는 리포트, 프레젠테이션, 상세 프로젝트 일정을 작성할 수 있는 마이크로소프트 프로젝트 또는 동일한 기능을 수행할 수 있는 소프트 패키지를 능숙하게 사용할 수 있어야 한다. 또한 프로그램 관리자는 소프트웨어 테스트 자동화를 능숙하게 실행해서 완료할 수 있어야 한다. 자동화 툴을 사용할 수 있는 지식 또한 필수적으로 갖고 있어야 한다.

10.2 시스템 엔지니어링

시스템 엔지니어는 일반적으로 프로젝트 또는 시스템과 관련된 도메인 전문가subject matter expertise다. 상위 및 상세 요구사항을 만들고 관리하며, 시스템이 어떻게 동작해야 하고 왜 그런 방식으로 설계됐는지 기술적인 리드를 할 수 있어야 하며, 테스트를 계획하고 요구사항을 만족시킬 수 있는 테스트를 만들어야 한다. 그리고 고객의 기술 지원 담당자 역할을 해야 한다. 커뮤니케이션 스킬이 뛰어나야 하고, 분야 전문 지식과 프로젝트 또는 시스템을 사용하는 방법에 대한 지식을 갖고 있으며, 요구사항을 만들고 문서화할 수 있어야 하고, 요구사항을 검증할 수 있는 테스트를 설계하는 능력까지 모두 시스템 엔지니어가 지녀야 할 중요한 스킬이다.

ATLM의 각 단계에서 시스템 엔지니어링 스킬이 필요하다. 시스템 엔지니어의 핵심 업무를 다음과 같이 정의할 수 있다.

AST 1단계: 요구사항 수집(테스트 자동화 요구사항 분석)

1. 요구사항 문서, 기능 명세서를 검토하고 제품 개발 팀의 협조를 받아 테스트 대상 소프트웨어 제품의 요구사항을 완벽하게 이해한다.

2. 테스트 대상 시스템의 요구사항이 정확하고 테스트 가능한지 확인한다.

3. 테스트 대상 시스템의 아키텍처와 설계를 이해한다. 이것은 효과적인 테스트 시나리오를 만드는 초석이 된다.

4. 다양한 테스트 기법을 이해한다. 예를 들어 경계 값 분석, 등가 분할, 리스크 기반 테스트, 직교 분류, 그 외에 이 책 전반에 걸쳐 설명하고 있는 효과적인 테스트 기법들이 있다.

5. 현재 소프트웨어 제품을 수동으로 테스트하고 있는 테스트 케이스와 테스트 프로시저를 검토 및 이해한다. 무엇을 테스트하는지, 요구사항 추적은 어떻게 하는지, 테스트를 위해 사용되는 시스템 구성과 특수 설비를 체크한다.

6. 테스트 케이스와 테스트 프로시저의 기대 결과를 분석한다. 여기에는 기대 결과의 규모가 포함되고(즉, 레코드 수가 10개, 1,000개, 1,000,000개인가?), 결과의 옳고 그름을 판단할 수 있는 평가 또는 비교의 타입, 그리고 기대 결과가 얼마나 결정적deterministic인지도 포함된다.

7. 테스트 대상 소프트웨어의 GUI 인터페이스와 내부 시스템 인터페이스(API 등)를 검토하고 이해한다. 여기에는 프로토콜, 크기 및 타이밍 요구사항, 그리고 이런 인터페이스를 지원하는 데 필요한 특수 설비가 포함된다.

8. 현재 수동 테스트 업무의 수준을 평가하고, 자동화를 사용할 때의 ROI 측정을 지원한다.

9. 어떤 테스트 요구사항을 자동화할지 추천 항목을 만들 수 있도록 지원한다.

10. 독립된 테스트 환경 요구사항과 니즈를 확인한다.

11. 다양한 테스트 구성 요구사항을 확인한다. 이와 관련된 예는 7장에서 설명했으니 참고하기 바란다.

AST 2단계: 테스트 케이스 설계 및 작성

1. 자동화 대상 테스트 요구사항과 연결되는 테스트 케이스를 검토한다.

2. 현재 수동 테스트 케이스에는 없는 자동화 대상 테스트 요구사항을 분석한다.

3. 자동화 대상 테스트 케이스에 우선순위를 부여하는 업무를 리딩한다.

4. 필요에 따라 테스트 케이스를 설계하고 문서화한다(즉, 자동화 대상 테스트 요구사항에서 문서화되어 있는 테스트 케이스가 없을 경우).

5. 테스트 케이스의 기대 결과를 확인한다.

6. RTM을 완성한다.

7. 테스트 자동화 전략 수립을 지원한다.

8. 수행될 테스트의 타입을 정의한다. 즉 기능, 성능, 보안, 동시성 테스트 등으로 정의할 수 있다(이와 관련된 예제는 부록 B를 참고한다).

AST 3단계: ASTF 및 테스트 스크립트 개발

1. 소프트웨어 테스트 자동화 프레임워크의 설계 및 관련 자동화 테스트 케이스의 리뷰 미팅에 참가한다.

2. 자동화 프레임워크 및 테스트 케이스 작성을 지원하는 모든 소프트웨어 개발 리뷰 미팅에 참가한다.

3. 자동화 테스트 케이스를 테스트하는 접근 방법과 계획을 세운다.

4. 자동화 테스트 케이스의 테스트를 리딩한다.

5. 필요하다면 RTM을 업데이트한다.

AST 4단계: 테스트 자동화 실행 및 결과 리포팅

1. 테스트 자동화 실행을 리딩한다.

2. 테스트 결과(성공/실패 상태 같은)를 수집, 정리, 리포팅한다.

3. 테스트 실행 시간을 수집, 정리, 리포팅해서 수동 테스트와 자동화 테스트의 ROI를 비교한다.

4. 소프트웨어 테스트 자동화를 구축하는 데 필요한 교육 과정 개발을 리딩한다.

5. 테스트 요약 프레젠테이션 작성을 리딩한다.

6. 이슈가 발생했을 때 근본 원인 분석을 지원한다.

AST 5단계: 프로그램 리뷰 및 평가

1. 프로그램 리뷰를 지원한다.

2. 테스트 지표 평가를 지원한다. 특별히 수동 테스트와 비교하는 부분을 포함한다.

3. 최종 리포트 작성을 지원한다.

4. 프로세스 개선 권고사항을 제공한다.

5. 프로덕션에서 결함이 발견된다면 근본 원인 분석을 지원하고 이것을 문서화해서 히스토리로 남기고 이후 프로젝트에서 피드백 루프feedback loop로 활용할 수 있게 한다.

시스템 엔지니어는 프로젝트에서 사용되는 RM 툴을 능숙하게 다룰 수 있어야 한다. RM 툴에는 도어스DOORS, 리퀴짓 프로RequisitePro, 포컬 포인트Focal Point 등이 있다. 일부 프로젝트에서는 요구사항을 정리하고 관리하는 데 마이크로소프트 엑셀을 사용하기도 한다. 시스템 엔지니어가 툴을 사용해 테스트 케이스 내용을 문서화하고 이것을 소프트웨어 테스트 자동화 프레임워크에 입력할 수 있는 역량을 갖추는 것은 매우 중요하다. 또한 시스템 엔지니어는 소프트웨어 테스트 자동화 프레임워크가 어떻게 동작하는지 알아야 하고, 프로젝트에서 사용되는 스크립팅 및 개발 언어와 친숙해야 한다. 여기서 사용되는 언어는 C++에서부터 펄, 자바, 파이썬, 닷넷에 이르기까지 다양할 수 있다. 그리고 시스템 엔지니어는 자동화 툴을 사용하는 데 있어서도 전문가여서 어떤 테스트가 자동화 가능한지 알려줄 수 있어야 하고 자동화 구축을 위한 기술 지원을 할 수 있어야 한다. 소프트웨어 테스트 자동화 프레임워크를 테스트할 수도 있어야 한다.

10.3 소프트웨어 개발

소프트웨어 테스트 자동화 개발을 진행하는 동안 프로세스, 언어, 툴과 관련된 분야 전문가와 마찬가지로, 소프트웨어 개발 업무는 소프트웨어 테스트 자동화 프레임워크와 이와 관련된 테스트 소프트웨어의 설계 및 개발을 포함한다. 소프트웨어 개발의 핵심 스킬로는 뛰어난 커뮤니케이션 스킬, 요구사항을 이해하는 능력, 요구사항을 기초로 소프트웨어 설계, 소프트웨어 프로그래밍 스킬, 소프트웨어 개발 수명주기 프로세스 지식이 포함된다.

ATLM의 각 단계에서 소프트웨어 개발의 핵심 업무는 다음과 같다.

AST 1단계: 요구사항 수집(테스트 자동화 요구사항 분석)

1. 테스트 대상 시스템의 소프트웨어 아키텍처를 검토하고 이해한다.

2. 테스트 대상 소프트웨어가 구동되는 운영체제와 사용된 프로그래밍 언어를 파악한다.

3. 수동 테스트에서 이미 사용 중인 소프트웨어 테스트 툴을 파악하고 소프트웨어 테스트 자동화 업무에서 재사용 가능한지 평가한다.

4. 현재 수동 테스트에서 사용하는 테스트 케이스와 테스트 프로시저의 타입을 검토하고 이해한다.

5. 기대 결과의 타입을 검토하고 제공된 테스트 케이스와 테스트 프로시저의 기대 결과의 규모를 검토한다.

6. 테스트 대상 소프트웨어 제품의 소프트웨어 인터페이스를 검토하고 이해한다. 여기에는 프로토콜, 상세 정보 포맷 및 컨텐트, 크기 및 타이밍 요구사항이 포함되고, 이런 인터페이스를 지원하기 위해 특수 설비 또는 소프트웨어가 필요한지 파악한다.

7. 현재 수동 테스트 수준을 평가하고 자동화를 사용할 때의 ROI 측정을 지원한다.

8. 소프트웨어 테스트 자동화 프레임워크 설계 및 개발 그리고 관련해서 사용될 테스트 자동화 툴에 대해 초기 추천 항목을 만든다. 그리고 소프트웨어 개발이 추가로 필요한지 확인한다.

9. 어떤 테스트 요구사항을 자동화할지 추천 항목을 만들 수 있도록 지원한다.

AST 2단계: 테스트 케이스 설계 및 작성

1. 완성된 RTM을 검토하고 이것을 자동으로 유지보수할 수 있는 전략을 세운다.

2. 테스트 케이스가 기대 결과를 만드는 것을 검증하는 프로세스에서 어떻게 수동 테스트가 수행되는지 상세 설명을 만든다. 그리고 이것을 자동화에서 재사용할 수 있을지 평가한다.

3. 테스트 자동화 전략 수립을 지원한다.

AST 3단계: ASTF 및 테스트 스크립트 개발

1. 소프트웨어 테스트 자동화 프레임워크를 구축하기 위해 소프트웨어 또는 소프트웨어 수정분을 설계하고 개발한다. 여기서 프로젝트에서 사용되는 언어 및 운영체제와 맞는 소프트웨어 스킬과 경험이 필요하다.

2. 자동화 프레임워크를 지원하기 위해 개발되는 모든 소프트웨어 리뷰를 리딩한다.

3. 소프트웨어 테스트 스크립트를 설계하고 개발한다.

4. 소프트웨어 테스트 스크립트의 리뷰를 리딩한다.

5. 소프트웨어 테스트 자동화 프레임워크와 테스트 케이스 자동화의 테스트에 참가한다. 필요하면 수정사항을 반영한다.

6. RTM이 업데이트됐다면, 자동화 RTM을 검토한다.

7. 수행되는 테스트 유형을 파악한다. 테스트 유형에는 기능, 성능, 보안, 동시성 테스트 등이 있다(이와 관련된 예제는 부록 B를 참고한다).

AST 4단계: 테스트 자동화 실행 및 결과 리포팅

1. 필요하다면 테스트 자동화 실행을 지원한다.

2. 소프트웨어 테스트 자동화 구축을 위해 필요한 교육 과정 개발을 지원한다.

3. 테스트 요약 프레젠테이션 작성을 지원한다.

4. 이슈가 발생하면 근본 원인 분석을 지원한다.

AST 5단계: 프로그램 리뷰 및 평가

1. 프로그램 리뷰를 지원한다.

2. 테스트 지표의 평가를 검토한다. 여기서 지표는 특별히 수동 테스트와 비교한 지표다.

3. 최종 리포트 작성을 지원한다.

4. 프로세스 개선 권고사항을 제안한다.

5. 프로덕션에서 결함이 발견된다면 근본 원인 분석을 지원하고 이것을 문서화해 히스토리로 남기고 이후 프로젝트에서 피드백 루프feedback loop로 활용할 수 있게 한다.

소프트웨어 테스트 자동화를 구축할 때는 테스트 대상 제품에서 사용하는 언어 및 운영체제와 최소한으로의 인터페이스가 필요하다. 때문에 소프트웨어 개발자가 동일 프로그래밍 언어 및 운영체제 경험이 있다면 매우 도움이 된다. 또한 소프트웨어 개발자는 프로젝트에서 사용하는 스크립트 언어와 개발 언어를 능숙하게 다룰 수 있어야 한다. 끝으로 소프트웨어 개발자는 자동화 툴과 자동화 프레임워크를 전문적으로 사용할 수 있어야 하고, 테스트 유형을 지원할 수 있는 개발을 할 수 있어야 한다.

10.4 형상 관리

형상 관리CM, configuration management는 제품 기준product baseline의 모든 항목을 관리하는데, 여기에는 버전 컨트롤, 제품 릴리스, 문제 리포트가 포함된다. 이를 위해 탁월한 커뮤니케이션 스킬이 필요하며, 버전 컨트롤 및 제품 릴리스의 기술 지원을 위한 분야 전문가여야 하고, 프로그래밍 스킬을 비롯해 CM 툴과 문제 리포팅 툴을 능숙하게 사용할 수 있어야 하며, 소프트웨어 개발 수명주기 프로세스를 잘 이해하고 있어야 한다.

CM은 지금까지 설명한 역할의 활동들과 반드시 구분할 필요는 없다. 그리고 지금까지 설명한 역할, 즉 프로그램 관리, 시스템 엔지니어링, 소프트웨어 개발의 일부 업무 및 활동은 실제로 CM의 업무이기도 하다. 하지만 어떤 조직에서는 CM 역할이 분리되어 있다.

소프트웨어 테스트 자동화를 구축할 때, ATLM의 각 단계에서 CM의 주요 업무는 다음과 같다.

AST 1단계: 요구사항 수집(테스트 자동화 요구사항 분석)

1. 프로젝트에서 소프트웨어 테스트 자동화를 구축하기 위한 형상 관리 계획을 세운다.

2. 테스트 대상 소프트웨어 제품 관련 모든 문서와 산출물을 형상 제어configuration control에 추가한다.

3. 소프트웨어 테스트 자동화 프로세스, 소프트웨어 제품 수명주기, 사용되는 CM 시스템을 이해하고 잘 지켜지도록 돕는다.

4. 소프트웨어 테스트 자동화 구축이 어떻게 출시돼야 하는지 초기 계획을 세운다.

5. 현재 수동 테스트 업무의 수준을 평가하고, 자동화를 사용할 때의 ROI 측정을 지원한다.

6. 어떤 테스트 요구사항을 자동화할지 추천 항목을 만들 수 있도록 지원한다.

AST 2단계: 테스트 케이스 설계 및 작성

1. 수동 실행 테스트와 관련된 소프트웨어 이슈 리포트의 리뷰를 정리해서 이것을 '무엇을 자동화할 것인가' 평가 활동의 데이터로 사용한다.

2. 자동화 대상 RTM 및 테스트 케이스를 형상 제어에 추가한다.

3. 테스트 자동화 전략 수립을 지원한다.

4. CM 제어에서 관리하는 모든 소프트웨어 테스트 자동화 산출물을 확인한다.

AST 3단계: ASTF 및 테스트 스크립트 개발

1. 구매한 모든 자동화 소프트웨어 툴을 형상 제어에 추가한다.

2. 소프트웨어 테스트 자동화 프레임워크와 그 외 프레임워크를 위해 개발한 소프트웨어와 테스트 스크립트를 형상 제어에 추가한다.

3. 테스트 자동화를 위한 테스트 계획과 테스트 결과를 형상 제어에 추가한다.

4. CM에서 소프트웨어 테스트 자동화 기준을 만들고 유지한다.

AST 4단계: 테스트 자동화 실행 및 결과 리포팅

1. 테스트 리포트를 형상 제어에 추가한다.

2. 교육 과정을 형상 제어에 추가한다.

3. 테스트 요약 프레젠테이션을 형상 제어에 추가한다.

AST 5단계: 프로그램 리뷰 및 평가

1. 프로그램 리뷰를 지원한다.

2. 최종 리포트를 형상 제어에 추가한다.

3. 프로세스 개선 권고사항을 제공한다.

　형상 관리자configuration manager는 프로젝트에서 사용되는 CM 툴을 잘 활용할 수 있어야 할 뿐만 아니라, 프로젝트에서 사용하는 스크립트 언어 및 개발 언어와도 친숙해야 한다. 어떤 경우에는 형상 관리자가 CM 프로시저를 개발해서 스크립트를 빌드할 수 있을 정도로 자동화 툴을 전문적으로 사용할 필요도 있다. CM과 CM 툴에 대해 좀 더 자세한 정보를 알고 싶으면 부록 C.3절 '형상 관리'를 참고하기 바란다.

10.5 품질 보증

품질 보증QA, quality assurance은 계획된 프로세스가 제품 품질을 따르고 지속으로 평가되는지 독립적으로 검증하고 확인한다. QA 엔지니어는 탁월한 커뮤니케이션 스킬이 필요하고, 품질 보증 방법론 분야 전문가여야 하며, 시스템 요구사항과 기능을 파악해 성능을 평가할 수 있어야 한다. 또한 프로젝트에서 사용되는 소프트웨어 프로그래밍 언어를 능숙하게 사용할 수 있어야 하고, CM 및 QA 툴, STR 리포팅 툴을 자유롭게 다룰 줄 알고, 소프트웨어 개발 수명주기 프로세스를 이해할 수 있어야 한다.

　ATLM의 각 단계에서 QA의 핵심 업무를 요약하면 다음과 같다.

AST 1단계: 요구사항 수집(테스트 자동화 요구사항 분석)

1. 소프트웨어 제품 품질을 평가하기 위해 현재 사용된 지표를 파악하고 이해한다.

2. 현재 테스트 리포트를 검토하고 소프트웨어 테스트 자동화로부터 테스트 결과가 어떻게 리포팅되는지 문서화한다.

3. 현재 수동 테스트 업무 수준 평가를 지원하고 6장에서 정의한 것처럼 자동화를

사용할 때 ROI를 측정한다.

4. 어떤 테스트 요구사항을 자동화할지 추천 항목을 만들 수 있도록 지원한다.

AST 2단계: 테스트 케이스 설계 및 작성

1. 요구사항 및 테스트 케이스 리뷰 미팅에 참가한다.

2. 수동 테스트를 실행해서 작성된 소프트웨어 이슈 리포트와 이와 관련된 테스트 리포트를 분석한다.

3. 만약 존재한다면 수동 테스트 실행으로부터 얻은 테스트 요약 리포트를 검토한다.

4. 테스트 자동화 전략 수립을 지원한다.

AST 3단계: ASTF 및 테스트 스크립트 개발

1. 소프트웨어 설계 및 개발 리뷰 미팅에 참가한다.

2. 다양한 입력 테스트 데이터를 평가하고 만든다.

3. 최고의 테스트 커버리지를 얻기 위해 다양한 테스트 데이터 시나리오를 준비하도록 돕는다.

4. 직교 배열 테스트 같은 테스트 데이터 편차deviation 기법을 이해한다.

5. 경계 값 분석, 등가 분할, 리스크 기반 테스트 등 테스트 케이스 작성 기법을 이해한다.

6. 소프트웨어 테스트 자동화 프레임워크와 관련 산출물의 테스트를 지원한다.

AST 4단계: 테스트 자동화 실행 및 결과 리포팅

1. 테스트 리포트와 ROI 분석을 검토한다.

2. 교육 과정을 검토한다.

3. 소프트웨어 테스트 자동화 프로세스 준수 여부를 확인한다.

AST 5단계: 프로그램 리뷰 및 평가

1. 프로그램 리뷰를 지원한다.

2. 테스트 지표 평가를 검토한다. 특별히 수동 테스트와 비교하는 부분을 포함한다.

3. 프로세스 개선 권고사항을 제시한다.

   QA 엔지니어는 프로젝트에서 사용되는 소프트웨어 프로그래밍 언어와 친숙해야 한다. 게다가 QA 툴과 문제 리포팅 툴을 아주 능숙하게 사용할 수 있어야 한다. 또한 사용되고 있는 테스트 자동화 툴과도 친해야 하는데, 분석하는 업무를 지원할 수 있어야 하기 때문이다.

10.6 도메인 전문가

어느 시점이 되면 소프트웨어 테스트 자동화 팀은 도메인 전문가SME, Subject Matter Expert 스킬에 대한 소개가 필요할 수 있다. 하지만 때로는 테스트 대상 시스템의 분야 지식 및 관련된 비즈니스 로직은 매우 복잡할 수 있고, 몇 주간 노력한다고 SME 지식을 얻을 수는 없을 것이다. 때문에 다소 복잡한 테스트 대상 시스템을 자동화할 때 SME는 중요한 역할을 수행함을 기억할 필요가 있다.

교육

역할과 책임 그리고 관련된 업무가 정의되면 누가 어떤 업무를 해야 하는지 충분히 이해할 수 있도록 공유하는 일이 중요하다. 소프트웨어 테스트 자동화 프로그램 구축은 전체 팀의 노력의 산물이다. 때로는 한 사람이 여러 역할을 맡아 다양한 업무를 진행할 수도 있다. 팀 구성원은 공통의 목표하에 업무를 진행하는 것이 중요하다. 그래서 소프트웨어 테스트 자동화 프로그램의 성공을 위해 구성원 모두가 책임을 지고 맡은 업무를 진행해야 한다. 누구 한 사람이라도 성공에 대한 책임을 지지 않으면 실패할 수밖에 없다.

업무 개요 미팅 그리고 역할 및 책임을 공유하는 미팅을 진행해야 한다. 두 가지 이상의 업무를 교육시키고cross-training 좀 더 효과적인 업무를 위해 교육 세션을 열어야 한다. 프로세스를 문서화해서 공유한 후 교육하지 않으면 이 프로세스는 쓸모 없다. 툴 또는 자동화 프레임워크도 마찬가지다. 테스터가 사용법을 모르거나 유지관리할 수 없다면 장식품이나 다름없다. 소프트웨어 테스트 자동화 교육 업무에는 테스트 툴 또는 자동화 스크립트 교육이 포함될 수 있다. 예를 들어, 소프트웨어 테스트 자동화를 구축하는 직원과 그 외 의사결정권자들이 테스트 자동화 활동을 보기 원할 수 있다. 이 테스트 자동화 활동은 분리된 개발 업무 범위에서 전략 및 목표 계획, 테스트 요구사항 정의, 분석, 계획, 코딩이 완료된다. 이런 방식으로 여타 소프트웨어 애플리케이션 개발 업무에서와 같은 방식으로 주의 깊은 설계 및 계획을 통해 테스트 자동화 개발을 효과적으로 할 수 있는 요소들을 학습할 수 있다.

이런 교육의 결과로 모든 의사결정권자는 소프트웨어 테스트 자동화 단계와 마일스톤, 프로세스, 역할과 책임, 그리고 이와 관련된 업무를 이해할 수 있다. 모든 의사결정권자는 소프트웨어 테스트 자동화 추천 툴의 사용법을 알게 될 테고, 소프트웨어 테스트 자동화 프로그램 및 구축과 관련해서 익숙해질 것이다. 예를 들어 의사결정권자들은 소프트웨어 테스트 자동화 프레임워크 및 테스트 자동화 스크립트를 실행하는 방법을 알고, 필요할 때 자동화 툴을 시연해보거나 유지관리할 수 있게 된다.

이렇게 역할과 책임이 공유되고 업무가 이해될 때만 개개인의 성과를 평가할 수 있다.

10.7 정리

10장에서 설명했듯이, 소프트웨어 테스트 자동화 팀은 다양한 스킬 세트를 갖추도록 구성할 필요가 있다. 즉, 소프트웨어 개발과, 테스트 자동화 방법론 및 툴과 관련된 지식이 필요하다. 우리는 앞에서 역할과 책임 그리고 관련 업무를 기초로 필요한 스킬을 주요 분야 및 ATLM의 단계에 맞춰 검토했다. 소프트웨어 테스트 자동화 팀 구성원을 특정 분야 및 영역으로 명확하고 정확하게 분류할 수는 없다. 때때로 업무를 수행하기 위해 다양한 역량을 깃춰야 하기 때문이다. 하지만 중요한 사항은 팀에서 모든 스킬을 갖고 있어야 한다는 것이다. 아래 나열한 항목들은 각 팀 구성원들의 역할과 책임을 정의하기 위해 사용할 수 있다. 또한 소프트웨어 테스트 자동화 팀의 기술적인 강점과 약점을 평가해볼 수 있는 상위 평가 항목들로 사용할 수 있다. 우리는 소프트웨어 테스트 자동화 프로젝트를 완성하기 위해 필요한 추가적인 업무도 고려해야 함을 항상 강조한다. 현재 소프트웨어 테스트 자동화 팀에 아래에 나열한 필수 스킬 중 하나라도 없다면, 해당 스킬을 소유한 사람을 팀에 합류시키거나 해당 스킬을 개발할 수 있게 교육을 진행하는 것이 좋다.

- 테스트 가능한지 시스템 요구사항 분석하기
- 테스트 요구사항과 테스트 전략 유도하기
- 테스트 대상 시스템 자동화 점수 정의하기
- 소프트웨어 테스트 자동화 프레임워크와 테스트 자동화 툴 평가하기
- 테스트 자동화 툴과 테스트 대상 애플리케이션의 호환성 검증하기
- 테스트 툴의 호환성 문제가 발생할 경우 해결책 찾기
- 프로젝트에서 테스트 툴 소개 계획하기
- 소프트웨어 테스트 자동화 활동 계획하기
- 효과적인 테스트 기법을 사용해 수행 가능한 테스트의 종류 구분하기(이와 관련된 예제는 부록 B를 참고한다.)
- 테스트 환경 설정 활동을 계획, 추적, 관리하기
- 소프트웨어 테스트 자동화 프레임워크 아키텍처를 설계하고 관련 테스트 자동화를 설계하기
- 따를 수 있는 개발 베스트 프랙티스를 알기
- 테스트 데이터를 만들고 테스트 실행 중 테스트 데이터베이스를 리프레시하기
- 문서화, 추적, 수집을 통해 문제 리포트 작성하기
- 프로젝트에서 계획했던 기술적으로 동일한 환경에서 테스트 활동 수행하기
- CM 툴의 소프트웨어 입출력 검사하기

부록

부록 A
프로세스 체크리스트

소프트웨어 테스트 자동화 프로세스와 소프트웨어 테스트 자동화 구현 결과물이 품질 게이트quality gate를 만족하도록, 소프트웨어 테스트 자동화의 각 단계마다 상위 수준의 체크리스트를 개발했다. 소프트웨어 테스트 자동화 단계는 9장에서 자세히 기술했으니 참고하기 바란다. 각 단계를 간단히 소개하면 다음과 같다.

- 소프트웨어 테스트 자동화 1단계: 요구사항 수집(테스트 자동화 요구사항을 분석해서 테스트 자동화 상위 전략을 수집)
- 소프트웨어 테스트 자동화 2단계: 테스트 케이스 설계 및 작성
- 소프트웨어 테스트 자동화 3단계: 자동화 프레임워크 및 테스트 스크립트 개발
- 소프트웨어 테스트 자동화 4단계: 테스트 자동화 실행 및 결과 리포팅
- 소프트웨어 테스트 자동화 5단계: 프로그램 리뷰 및 평가

이 체크리스트는 프로세스 갭 분석gap analysis을 진행할 때 샘플 프로세스 절차의 기준baseline으로 사용할 수 있다. 하지만 반드시 지켜야 할 지침은 아니다. 대신에 프로세스 필요성을 평가하고, 각 환경에 적합한 프로세스 절차를 선택하는 데 사용할 수 있다.

A.1 AST 1단계: 요구사항 수집(테스트 자동화 요구사항 분석)

체크리스트

✓ 킥오프 미팅 및 테스트 대상 시스템^{SUT} 개요에 대한 공유를 진행한다.

✓ 현재 테스트 대상 시스템에 대한 테스트 프로세스의 개선점을 찾기 위한 평가를 수행한다.

✓ 테스트와 자동화가 가능한 테스트 대상 시스템의 요구사항을 수집한다.

✓ 자동화 가능한 부분에 대한 평가를 진행한다.

✓ 명확한 절차와 기술적 협의 미팅을 통해 소프트웨어 테스트 자동화 프레임워크^{ASTF} 요구사항을 논의한다.

✓ 수동 테스트가 언제, 얼마동안 수행됐는지에 대한 지표를 수집한다(이는 소프트웨어 테스트 자동화 ROI를 산출할 때 비교 기준으로 사용된다).

✓ 현재 테스트 대상 시스템 수명주기에서 사용하는 툴과 소프트웨어 테스트 자동화에서 재사용되는 툴에 대한 분석을 진행한다.

✓ 추가적으로 필요한 소프트웨어 테스트 자동화 및 테스트 지원 툴을 평가하고 추천 툴을 선정한다.

✓ 이해관계자가 식별된다.

✓ 테스트 환경을 어떻게 얻는지 그리고 언제 사용할 수 있는지에 대한 논의를 진행한다.

✓ 요구사항과 관련된 테스트 유형을 논의한다(예: 기능, 보안, 동시성, 성능, 지속성 테스트).

✓ 소프트웨어 테스트 자동화 프로그램 시작 및 종료 기준을 정의한다.

산출물

1. 테스트 개선 기회에 대한 보고서(가능할 경우)

2. 이해관계자와 소프트웨어 테스트 자동화의 테스트 요구사항에 대한 검토를 통해 합의한 문서

3. 테스트 자동화 대상 후보에 대한 보고서(자동화 대상에 대한 테스트 요구사항)

4. 상위 수준의 테스트 자동화 접근 방법에 대한 초기 요약본

5. 테스트 툴 또는 인하우스 개발 도구에 대한 필요 및 이와 연관된 추천 의견에 대한 보고서

6. 오픈소스 또는 프리웨어 컴포넌트에 대한 조사

7. 소프트웨어 테스트 자동화의 소프트웨어 유틸리티

8. 초기 테스트 데이터 요구사항

9. 애플리케이션에 대한 소프트웨어 테스트 자동화 형상 설정

10. 테스트 환경 요약

11. 초기 시간 계획

12. 테스트 유형 및 테스트 유형에 따른 요구사항

13. 현재 수동 테스트에 들어가는 노력(테스트 자동화 ROI 측정의 기준으로 사용)

14. 위의 내용을 포함하는 '소프트웨어 테스트 자동화 프로젝트 전략' 문서의 초기 버전

15. 소프트웨어 테스트 자동화 프로그램의 시작 및 종료 기준

A.2 AST 2단계: 테스트 케이스 설계 및 작성

체크리스트

✓ 수동으로 진행하는 작업을 이해하고, 테스트 자동화 목표와 연관된 부분에 대해 논의한다(예: 테스트 대상 시스템의 아키텍처와 기반이 되는 컴포넌트 및 연관된 기술 이슈를 이해한다).

✓ 리스크 식별하고 리스크 완화 전략을 세운다.

✓ 수동 테스트 케이스와 프로시저가 있다면, 재사용 가능 여부와 테스트 자동화로 변환이 가능한지 검토한다.

✓ 소프트웨어 테스트 자동화 프레임워크 아키텍처와 설계를 정의한다.

산출물

1. 자동화 대상에 대한 상세 테스트 스텝을 포함하는 상위 수준의 테스트 케이스

2. 검토를 통해 우선순위가 정의된 테스트 케이스

3. 단계/우선순위 및 일정에 따른 테스트 케이스 작성

4. 소프트웨어 테스트 자동화 프레임워크 아키텍처와 설계에 대한 검토

5. 요구사항 추적 매트릭스^{RTM}에 연결

6. 소프트웨어 테스트 자동화 진행에 참고할 수동 테스트 실행과 연관된 소프트웨어 오류 보고서

7. 업데이트된 시간 계획(최종 일정)

8. '소프트웨어 테스트 자동화 프로젝트 전략' 문서의 두 번째 버전

A.3 AST 3단계: ASTF 및 테스트 스크립트 개발

체크리스트

✓ 재사용을 위해 기존의 자동화 프레임워크와 테스트 스크립트를 분석한다. 추가 구현이 필요한 부분을 결정하기 위해 재사용 가능한 부분을 식별한다.

✓ 자동화 프레임워크를 수정하고, 테스트 케이스 요구사항에 맞는 새로운 스크립트를 개발한다.

✓ 일정과 진척사항을 추적한다.

✓ 소프트웨어 테스트 자동화 프레임워크를 테스트한다.

테스트 환경

• 사용 중인 테스트 데이터가 효과적인지 검증한다. 예를 들어, 테스트 데이터의 깊이와 너비에 대해 검토한다.

• 다양한 비즈니스 규칙과 접근 권한에 대한 데이터 세트가 올바른지 확인한다.

• 테스트 환경의 특정 형상을 정의하고, 하드웨어를 주문해 받기까지의 기간을 고려한다.

- 테스트 환경은 성능 테스트를 위해 운영 환경을 반영한다. 또한 기능 테스트를 효과적으로 수행하도록 테스트 환경으로 가상 환경을 사용할지도 결정한다. 테스트를 통해 결과를 예측할 수 있는 방법도 고려한다.
- 애플리케이션 소프트웨어 및 닷넷[.NET]/XML 같은 애플리케이션 컴포넌트와 함께 테스트에 필요한 소프트웨어를 설치할 수 있어야 하고, 테스트 자동화를 수행할 수 있도록 접근과 보안 설정이 올바르게 되어야 한다.
- 테스트 형상을 정의한다.

산출물

1. 구현 또는 수정된 소프트웨어 테스트 자동화 프레임워크

2. 테스트 케이스 자동화(신규로 개발된 테스트 스크립트)

3. 자동화 테스트 케이스에 대한 고객과의 상위 수준의 검토

4. 테스트 환경 형상에 대한 검토

5. 테스트 자동화 커버리지 보고서

6. 업데이트된 RTM

7. 테스트 구성

A.4 AST 4단계: 테스트 자동화 실행 및 결과 리포팅

체크리스트

✓ 시작 및 종료 조건을 확인하고 준수한다.

✓ 개발 환경에 독립적인 테스트 환경을 갖춘다.

✓ 자동화 프레임워크 및 테스트 스크립트가 수행된다.

✓ 각 테스트 수행에 대한 성공/실패가 기록된다.

✓ 소프트웨어 이슈 보고서가 생성되고, 가능할 경우 결함 추적 수명주기를 따라 결함을 추적해 종료한다.

✓ 수동 내비 자동화 테스트 횟수를 비교해 ROI 산출을 시작한다.

✓ 진척사항과 일정을 추적한다.

산출물

1. 테스트 케이스 및 요구사항에 대한 성공/실패 결과를 포함하는 테스트 보고서
   (업데이트된 RTM을 포함함)

2. 테스트 수행 시간(수동과 자동), 초기 ROI 보고서

3. 테스트 요약 프레젠테이션

4. 필요할 경우 소프트웨어 테스트 자동화에 대한 교육, 가능하다면 소프트웨어 테스트 자동화 프레임워크 사용자 가이드를 포함

A.5 AST 5단계: 프로그램 리뷰 및 평가

체크리스트

✓ 소프트웨어 테스트 자동화가 종료 조건을 만족한다.

✓ 소프트웨어 테스트 자동화 작업이 완성된다.

✓ 배운 점을 문서화한다.

✓ 문제에 대한 근본 원인 분석을 수행하고, 필요한 조치를 취한다.

산출물

1. 지금까지 언급된 모든 산출물(다양한 테스트 산출물, 근본 원인 분석 등)을 포함하는 최종 소프트웨어 테스트 자동화 프로그램 보고서

부록 B

다양한 테스트 유형에 적용된 소프트웨어 테스트 자동화

1장에서 정의한 바와 같이, 소프트웨어 테스트 자동화는 소프트웨어 테스트 수명 주기 전반에 사용될 수 있다. 경험에 비춰볼 때, 소프트웨어 테스트 자동화는 반복 수행 같은 중요한 이점뿐 아니라 추가적인 이점이 있다. 예를 들면 단위 테스트에서의 로우 레벨, 상향식 테스트 또는 보안 테스트에서의 정적/동적 코드 분석 등이다. 자동화에 알맞은 주요 테스트 유형 중 일부를 부록 B에서 이야기한다. 주로 개발에서 수행되는 단위 테스트, 테스트 완결성 및 효과성을 측정하는 데 사용되는 테스트 커버리지를 제외하면, 여기서 소개하는 것들은 모두 비기능적 요구사항 테스트와 관련되어 있다. 이들은 시스템의 특정 기능 요구사항을 테스트하기보다는 성능, 보안, 동시성, 지속성 테스트 같이 품질 속성에 관련되어 있다. 부록 B에서는 테스트 유형 전체를 다루지는 않고 샘플로 몇 가지만 다룬다. 각 테스트 유형의 툴과 레퍼런스를 제공하니, 필요하다면 각 주제마다 더 깊이 연구해볼 수 있을 것이다.

B.1 보안 테스트

보안은 비기능적 요구사항이며, 보안 테스트^{security test}는 애플리케이션에 취약점이 없도록 확인하는 과정이다. 소스 코드 분석 같은 방법으로 보안 테스트를 자동화하면 다음과 같은 주요 장점이 있다.

- 전체적인 보안 테스트 리소스를 줄일 수 있다. 즉, 많은 리소스가 들어가는 코드 워크스루를 줄일 수 있다.
- 놓칠 수 있는 취약점이 줄어든다.

취약점^{vulnerability}은 소프트웨어 내의 약점이다. 취약점이 있으면 시스템이나 애플리케이션의 무결성이 공격으로 인해 깨지게 된다. 취약점의 예로는 버퍼 오버플로^{buffer overflow}와 SQL 인젝션^{SQL injection}이 있다. 모든 취약점 테스트는 모델 검토를 수행하거나 정적/동적 분석 툴 또는 퍼저^{fuzzer}나 침투 툴^{penetration tool}을 통해 수행하는 것이 최선이다. 정적/동적 분석 툴과 퍼저 및 침투 툴에 대한 설명은 부록 C에 기술했다.

버퍼 오버플로는 애플리케이션이 정해진 버퍼 공간을 넘어선 영역에 데이터 저장을 시도할 때 나타난다. 벗어난 영역에 덮어쓰인 데이터는 다른 프로그램의 데이터이거나 다른 프로그램의 흐름 제어에 사용되는 데이터일 수도 있다. 이는 데이터 오류와 애플리케이션 크래시를 일으키고, 심지어 시스템에 영향을 주는 악성코드 실행을 일으킬 수도 있다.

그림 B-1의 코드는 버퍼 오버플로로 인해 공격을 받을 수 있는 애플리케이션을 보여준다. IPv4 형식의 주소가 커맨드라인을 통해 전달되어 프로세스가 실행되면, 애플리케이션은 코드의 정상적인 경로를 따라 실행된다. 하지만 '3ffe::1900:4545:3:200:f8ff:fe21:67cf' 형식의 IPv6 주소라면, 애플리케이션은 세 번째 라인의 strcpy에 의해 덮어쓰인 콜 스택의 주소를 반환하기 때문에 세그먼테이션 위반으로 크래시가 날 것이다.

```
1: void f(char *ip){
2:        char buf[15];
3:        strcpy(buf,ip);
4:        printf("ip: %s\n",buf);
5: }
6:
7: void main(int argc,char** argv){
8:        char string[128];
9:        f(argv[1]);
10:}
```

그림 B-1 버퍼 오버플로로 인해 공격받을 수 있는 코드 샘플

SQL 인젝션 취약점은 애플리케이션의 데이터베이스 레이어를 공격한다. 이 공격은 사용자 입력 데이터가 비정상적일 때 일어난다. 이 취약점은 웹 기반 애플리케이션에서 흔히 존재한다. 중요 데이터의 변경에서부터 데이터베이스 테이블의 삭제에 이르기까지 어떤 유형의 공격이든 할 수 있다. 이에 대한 확인 메커니즘은 폼에 이스케이프 문자를 걸러내는 등의 절차를 두는 것이다. 사용자 입력에 이스케이프 문자(예: '')가 걸러지지 않으면, 공격자에 의해 SQL 문이 변형될 수 있다.

그림 B-2는 웹사이트의 로그인에 사용되는 SQL 쿼리의 예를 보여준다. 이 쿼리는 보안이 적용된 사이트에서 사용자 인증을 하는 데 사용될 수 있다. 악의적인 공격은 usr과 passwd에 사용자가 넣은 값이 전달될 때 실행되며, 그림 B-3이 이를 보여준다.

```
'"SELECT * FROM users WHERE usr = '" + usr + "'and passwd = '" +
passwd + "'";
```

그림 B-2 SQL 쿼리 예

```
marcus' OR 'x' = 'x
none' OR 'x' = 'x
```

그림 B-3 usr과 passwd 변수의 값

결국 SQL 문은 그림 B-4와 같이 된다.

```
"SELECT * FROM users WHERE usr = 'marcus' OR 'x' = 'x' and
passwd = 'none' OR 'x' = 'x'";
```

그림 B-4 SQL 인젝션 결과

조건문의 OR 문이 삽입됐기 때문에, 쿼리는 매번 하나의 행은 리턴하게 된다. 이는 간단한 예이지만, 더 복잡한 구문이 들어가면 추가나 삭제 같은 다양한 데이터베이스 커맨드가 실행될 수 있다.

소프트웨어에 대한 보안 취약점을 손수 확인하는 작업은 귀찮고 실수하기도 쉽다. 전체 애플리케이션의 모든 행을 인스펙션하는 데 사람의 노력이 필요하다. 이런 분석에 들어가는 노력은 애플리케이션의 크기와 시스템 무결성이 중요한 정도에 따라 달라진다. 예를 들어, 은행 계정 시스템 같은 경우 테스트 대상 시스템에서 보안 테스트는 매우 엄격히 진행돼야 한다. 이와 같은 웹사이트는 은행 고객 계정 정보가 보호되도록 100% 안전해야 한다. 소스 코드에 대한 라인 단위 리뷰와 휴먼 에러 요소와 관련된 오류 범위에 대한 리뷰에 리소스가 많이 필요하다. 리뷰 팀은 모든 유형의 보안 취약점 및 일반적인 소스 코드 실수를 찾는 데 전문가여야 한다. 만약 SQL 인젝션 및 무엇을 봐야 하는지를 아는 전문가가 리뷰 팀에 없다면, 소스 코드는 실수가 포함된 채로 개발 과정에 들어가게 될 것이다. 리뷰 팀은 정적, 동적 분석 툴의 적용 방법을 이해하고 있어야 한다. 보안 테스트와 다양한 툴에 대한 세부 추가 내용은 부록 C와 www.softwaresecuritytesting.com/의 툴 섹션을 보면 된다. 또한 『The Art of Software Security Testing소프트웨어 보안 테스트 기술』에도 자세한 내용과 많은 취약점 유형이 소개되어 있다.[1]

프리패스트PREFast, 포티파이Fortify, PCLint(7장에서 소개) 같은 코드 분석 툴은 코딩에 보안 요소가 적용됐는지를 검사해주고, 보안에 문제가 있는 영역을 정확히 짚어준다.

---

1   C. 위소팔(Wysopal), L. 넬슨(Nelson), D. 조비(Zovi), E. 더스틴(Dustin), 『The Art of Software Security Testing』 (Addison-Wesley, 2006)

이 책의 초점은 소프트웨어 테스트 자동화다. 하지만 보안 테스트 단계에서는 보안의 다른 측면도 테스트할 필요가 있다. 테스트 환경 네트워크가 그렇다. 예를 들어, 포트 스캐닝 툴은 호스트가 서비스(서버 프로세스)를 노출하고 있는지를 탐지하기 위해 하나의 호스트 또는 여러 호스트의 포트 전체 또는 포트 일부를 스캔한다. 노출된 서비스 중 일부는 알려진 보안 문제점이 있을 수 있기 때문에, 포트 스캐너는 서버상의 엔트리 포인트가 시스템 접근에 사용돼도 되는지를 외부 사용자가 결정할 수 있게 해준다. 여러 종류의 포트 스캐너를 셰어웨어나 프리웨어로 사용할 수 있다. 가장 좋은 방법은 각기 제공하는 기능이 다르기 때문에, 각기 다른 몇 가지 포트 스캐너를 사용하는 것이다. 유용한 툴 하나를 더 소개하자면 네트워크 모니터 또는 스니퍼sniffer라 불리는 것으로, 네트워크상의 전송되는 패킷을 상세하게 검사할 수 있도록 도와주는 툴이다. 또한 운영체제 설정에 대한 보안 이슈도 계속 연구할 부분이 있으며, 예를 들면 다음과 같다. 하지만 여기서 자세히 다루진 않는다.

- 불필요한 사용자 계정
- 파일 및 디렉토리 권한, 특히 중요 환경 설정 파일에 대한 권한
- 네트워크 파일 시스템NFS 또는 윈도우 공유 디렉토리 같은 네트워크 디스크 볼륨
- 로그 파일
- 윈도우 NT/200의 레지스트리
- 불필요한 백그라운드 프로세스
- 암호 정책

B.2 지속성 테스트

지속성 테스트soak test는 의미 있는 부하를 일정 시간 이상으로 시스템에 주어 부하가 증가할 때의 시스템 동작을 평가하는 것이다(지속성 테스트는 로드 테스트load test라고도 한다). 지속성 테스트는 비기능적 요구사항과 관련되며, 이 테스트를 자동화하면 다음과 같은 장점이 있다.

- 필요한 시스템 부하를 쉽게 생성
- 데이터 수집
- 대규모 데이터 결과 세트에 대한 데이터 요약
- 데이터 분석

의미 있게 시스템에 부하를 준다는 것은 기대하는 정상적인 수준보다 더 많은 양의 시스템 입력을 주는 것을 말한다. 지속성 테스트와 성능 테스트에 관련된 좋은 자료가 www.perftestplus.com에 있으니 참고하기 바란다. 지속성 테스트의 예는 은행 계정 데이터베이스 소프트웨어에 평균적으로 처리되는 ATM 트랜잭션의 두 배 정도의 부하를 주는 것이다. 지속성 테스트에서 중요한 것은 단지 부하를 증가시키는 게 아니라 테스트 기간의 길이다. 제대로 된 시스템 안정성 테스트는 오랜 기간 동안 실행하는 것을 포함해야 한다. 이는 수명주기 배포 전 단계의 특정 시점에 이뤄진다. 오래 실행할수록, 짧게 실행할 때는 찾을 수 없던 문제를 더 많이 찾게 된다. 메모리 릭memory leak, 레이스 컨디션race condition, 데이터 무결성 손상 등이 해당된다. 은행 계정 예와 같은 경우, 계정 데이터를 망가뜨릴 수도 있는 시스템 에러를 찾는 데 도움을 주는 이런 유형의 테스트가 더욱 중요하다.

수동으로 의미 있는 부하를 생성하려면 엄청난 양의 리소스가 필요하다. 위의 은행 계정 소프트웨어 예로 보면 폼 기반의 인터페이스에 수천의 ATM 트랜잭션을 생성해야 한다. 이것이 프로젝트의 리소스 범위 내에서 가능하고, 테스트 기간 내에 가능한 만큼 수동으로 시뮬레이션하는 것으로 확장한다 하더라도, 사람의 입력 실수 가능성 또한 증가한다. 이런 입력 실수는 재현 불가능한 에러 컨디션을 만들어낼 수도 있다.

데이터 수집과 분석은 이 테스트 유형의 또 다른 중요한 부분이다. 에러 컨디션을 만나면, 분석을 위해 로그 파일 같은 수집된 데이터가 필요하다. 에러가 난 시간에 따라 달라지지만 테스트 시작 시간부터 수집된 파일은 수동으로 분석하기는 어려운 꽤 큰 파일이 될 수 있다. 이러한 문제를 자동화가 풀 수 있다. 입력은 예측 가능하고 반복적으로 증가한다. 테스트는 대부분의 실행 시간 동안 수행된다. 에러 출력에 대한 스캐닝 및 필터링을 통한 데이터 요약 같은 데이터 분석도 원하는 수준에 맞춰 효과적으로 된다.

다양한 툴이 로드 테스트 또는 지속성 테스트를 지원한다. 사용 가능한 툴은 성능 테스트 절에서 볼 수 있다. 일반적으로 성능 테스트에 사용되는 툴은 로드 테스트 또는 지속성 테스트에서도 사용할 수 있다. 성능 테스트 툴 중 가장 유명한 것은 HP/머큐리Mercury의 로드러너Loadrunner다. 물론 오픈소스 성능 테스트 툴도 있으며, http://opensourcetesting.org에서 추가 정보를 얻을 수 있다.

지속성 테스트에서 메모리 릭 검출 툴을 사용하면 좋을 것이라 생각하겠지만, 성능 테스트 툴에는 해당 기능이 없다. 메모리 릭 결함 검출 툴은 특수 목적으로 사용되는 툴이다. 애플리케이션이 메모리 리소스를 올바르게 사용하고 있는지, 할당받은 메모리를 릴리스하는 데 실패하지는 않았는지, 그 외에 런타임 결함을 찾는 데 사용하는 툴이다. 메모리 문제는 많은 프로그램 결함의 원인이 되며, 성능 문제 역시 그렇다. 때문에 빈번히 애플리케이션의 메모리 사용을 테스트하는 것은 가치가 있다. 메모리 릭 검출을 지원하는 툴로 시장에 나와 있는 것으로는 AutomatedQA의 AQtime, IBM의 래셔널 퓨리파이Rational Purify, 컴퓨웨어Compuware의 바운스체커 BoundsChecker가 있다.

B.3 동시성 테스트

동시성 테스트concurrency test는 비기능적 요구사항 중 하나로, 테스트 대상 시스템에서 리소스가 동시에 접근하게 될 때의 리소스 문제를 검토하기 위해 수행된다. 이 테스트를 자동화하면 다음과 같은 이점이 있다.

- 리소스 문제를 확인하기 위해 동시 수행을 시뮬레이션할 수 있다.
- 동시성 취약점을 발견하기까지 수행 시간을 연장할 수 있다.
- 테스트 수행에 필요한 인력을 줄일 수 있다.

병렬 애플리케이션의 활동성liveness 문제는 시스템 장애를 일으킬 수 있기 때문에 중요하다. 활동성은 적정 시간 내에 기능적 요구사항을 만족시키는 병렬 애플리케이션의 능력을 말한다. 활동성 문제의 유형은 데드락deadlock, 라이브락livelock, 기아 상태starvation라는 세 가지로 분류할 수 있다. 데드락 상황은 애플리케이션의 멀티 스레드가 코드를 실행하려고 할 때 어느 특정 지점에서 교착 상태에 있는 것을 말한다. 이로 인해 애플리케이션은 실행을 완료할 수 없게 되거나 기능적 요구사항을 만족시킬 수 없게 된다.

```
threadA{                            threadB{
      lock semaphore A                    lock semaphore B
      // 임계 섹션 1                        // 임계 섹션 1
      lock semaphore B                    lock semaphore A
      // 임계 섹션 2                        // 임계 섹션 2
      unlock semaphore B                  unlock semaphore A
      // 임계 섹션 3                        // 임계 섹션 3
      unlock semaphore A                  unlock semaphore B

}
```

그림 B-5 데드락이 발생할 수 있는 예

예로 그림 B-5를 보자. 여기서 2개의 스레드가 동시에 lock 구문에 다다르면, 임계 섹션 1 이후에는 두 스레드가 동시에 데드락에 걸린다. 이렇게 두 스레드 모두가 교착 상태에 빠지게 되어 애플리케이션은 실행에 실패하고, 행^{hang} 상태에 걸릴 수 있다. 라이브락은 스레드가 교착 상태에 있지 않고 비활성화되는 것을 말한다. 코드 내에서 더 이상 진행하지 못하는 상태에 빠지게 된다. 각 스레드의 액션은 다른 스레드에 의해 좌우된다. 현실에서의 예를 보면, 두 사람이 좁은 골목에서 마주쳤을 때의 상황이다. 한 사람이 정중하게 왼쪽으로 움직여서 맞은 편 사람을 피하려고 한다. 다른 사람도 정중하게 오른쪽으로 이동해 피하려고 한다. 두 스레드 또는 사람 모두 뒤로 갔다 앞으로 갔다를 반복하게 되고, 누구도 앞으로 진행하지 못하게 된다. 기아 상태는 스레드 사이에 리소스 경합이 발생하는 상황이다. 영향을 받는 스레드가 교착 상태에 빠지지 않는다는 점을 제외하면 데드락과 유사하다. 에스커 다익스트라^{Edsger Dijkstra}는 1971년에 이런 상황을 '철학자들의 만찬 문제^{dining philosophers problem}'를 통해 가장 잘 설명했다.

철학자들의 만찬 문제를 요약하면 다음과 같다. 다섯 명의 철학자가 테이블에 앉아 있고, 먹기 또는 생각하기 중 하나만 할 수 있다. 다섯 명의 철학자가 원형 테이블에 둘러앉아 있고, 테이블의 중앙에는 스파게티가 큰 그릇에 담겨 있다. 철학자들 사이에 포크가 있어, 각 철학자들의 오른쪽과 왼쪽에 포크가 있다. 스파게티를 포크 하나로는 가져오기가 어렵기에, 철학자는 포크 2개로 먹어야 한다는 가정을 세우게 된다. 철학자는 자신의 왼쪽 또는 오른쪽에 있는 포크만 사용할 수 있고, 절대 서로 이야기할 수 없다. 이렇게 되면 모든 철학자가 왼쪽 포크를 잡은 상태에서 오른쪽 포크를 무한정 기다리게 되는 데드락이 발생할 수 있다.[2]

이런 동시성 문제는 비결정적인 성격 때문에 찾아내기가 어렵다. 순차적인 흐름일 경우, 애플리케이션에는 레이스 컨디션이 존재하지 않는다. 동일한 입력으로 수행된다면, 애플리케이션의 동작은 늘 같다. 결국 순차적으로 수행되는 애플리케이션에서는 병렬 애플리케이션과 같은 함정은 중요하지 않다. 이런 숨겨진 함정은 안정성에 문제를 줄 수 있기에, 애플리케이션의 기능 요구사항을 만족시키는 데 큰 위험이 될 수 있다. 이는 레이스 컨디션처럼 예측할 수 없게 발생한다. B.2절의 은행 계정을 예로 들면, 시스템의 병렬 컴포넌트는 매우 상세하게 시간을 많이 갖고 테스트돼야 한다. 이를 통해 병렬 컴포넌트의 장애에도 계정 데이터가 훼손되지 않도록 무결성을 보장해야 한다. 다양한 하드웨어 환경 설정에 대해서도 테스트를 수행해야 한다. 하이퍼스레딩hyper-threading 같은 하드웨어 속성은 병렬 애플리케이션에 영향을 주는 것의 예가 될 수 있다. 이와 같이 진행하면 배포 전에 멀티플랫폼에 대해 시스템 기능을 검증하게 된다.

동시성 테스트의 수동 구현에는 분명히 단점이 있다. 테스터는 스레드 데드락을 추가하는 등의 작업으로 활동성 문제를 주입하려고 할 것이다. 디버깅 환경 외부에서 애플리케이션 스레드 수행에 영향을 주기는 너무 어렵다. 결국 테스트 케이스나 스텝을 일정 시간 동안 반복 수행하거나 문제를 찾아내는 것은 뒷전이 된다. 중요한 질문은 '얼마나 오랫동안 해야 충분히 오랫동안 하는 것인가?', '동시성 문제가 없어졌다고 확신하려면 얼마나 오랫동안 테스트가 수행돼야 하는가?'이다. 이 테스트를 자동화함으로써 커버리지 측정을 계속할 필요가 없어진다. 게다가 동시성 코드 경로가 수행 횟수가 증가하도록 시스템에 부하를 줄 수 있다. 다양한 플랫폼에 대한 테스트에 있어서도, 자동화는 병렬 테스트를 지원해 전체 테스트 시간을 줄인다.

동시성 테스트를 지원하는 다양한 툴이 있다. CHESS는 마이크로소프트 리서치Microsoft Research에서 만든 툴로, 스레드 스케줄의 체계적인 검사를 통해 멀티스레드

---

2   http://en.wikipedia.org/wiki/Dining_philosophers_problem

소프트웨어 내의 에러를 찾아준다.[3] 동시성 테스트에 모델 검사와 동적 분석 기법을 조합할 수도 있다. CHESS는 골디락스 잠금 집합 알고리즘Goldilocks lockset algorithm을 사용해 데드락 및 레이스 컨디션 문제를 찾아준다.

또한 동적 분석 툴로, 인텔 스레드 체커Intel Thread Checker가 있다. 이 툴은 데드락 (잠재적 데드락 포함), 데이터 레이스 및 윈도우 동기화 API가 잘못 사용된 곳 등을 찾아준다. 스레드 체커를 사용하려면 모든 메모리 참조 및 표준 Win32 동기화 참조를 하기 위해 컴파일 바이너리 또는 소스 코드에 계측 코드를 삽입해야 한다.

B.4 성능 테스트

성능 테스트performance test는 동시성 테스트의 일부로, 시스템의 성능 명세 또는 협의된 성능 수준에 대해 테스트한다. 이는 또 하나의 비기능적 요구사항이다. 성능 테스트의 자동화는 다음과 같은 이점이 있다.

- 테스트 입력을 반복적으로 할 수 있다.
- 데이터 수집과 분석을 완벽히 수행한다.
- 수동 테스트로는 어렵거나 할 수 없는 부분을 수행할 수 있다.

예를 들어 '시스템에 평균적으로 얼마나 많은 사용자가 머물게 되는가?', '시스템 트랜잭션의 응답 시간은 얼마인가?'와 같이 성능 테스트는 가능한 한 대상 환경과 가까운 환경에서 실제와 같은 부하를 주는 데 초점을 둔다. 외적인 변수가 테스트 수행에 영향을 미치지 않게 하고, 의미 없는 데이터가 포함되지 않도록 대상 환경에 최대한 가깝게 만드는 것은 중요하다. 이 테스트는 속도speed, 확장성scalability, 안정성stability이라는 시스템의 품질 속성 값을 측정하기 위해 사용된다.

품질 속성 중 속도는 시스템이 어떤 자극에 대해 반응하는 데 걸리는 시간을 말한다. 여기서 자극은 폼을 통한 요청 또는 계정 쿼리 등이 될 수 있다. 수용 가능한 최대 시간은 비기능적 요구사항인 NFR에 정의된다. 예를 들면, 은행 계정 시스템

---

3   http://channel9.msdn.com/shows/Going+Deep/CHESS-An-Automated-Concurrency-Testing-Tool/

의 경우 '새로운 계정은 5초 내에 추가돼야 한다'라는 요구사항이 있을 수 있다.

그림 B-6에서 `accountObject`는 'add account' 액션을 시작하는 컴포넌 트다. GUI일 수도 있고 배치 스크립트가 될 수도 있다. `accountManager`는 `accountObject`의 요청 트랜잭션을 처리한다. 계정 정보를 저장하고 상태를 `accountManager`에 리턴하는 `databaseManager`에 'save new account'를 호출 하고, 몇 가지 추가 액션을 더 수행한다. 결국, 계정이 추가됐음을 알리는 상태가 `accountObject`에 리턴된다.

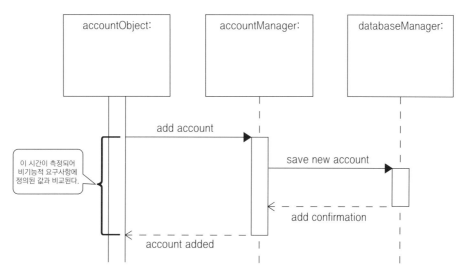

그림 B-6 계정 추가의 성능 측정 예

품질 속성 중 확장성은 부하(사용자의 수, 트랜잭션의 수 등)가 증가할 때 시스템의 행 위와 관련이 있다. 여기서 행위라 하면, 속도에서부터 분산 시스템에서의 네트워크 사용량, 데이터베이스 트랜잭션 횟수에 이르기까지 다양하게 연관되어 있다. 은행 계정 시스템의 예에서, 'ATM 트랜잭션에 대한 시스템 응답 시간은 5초를 넘어서는 안 된다'라는 비기능적 요구사항과 유사하다. 이상적으로는, 성능 테스트 수행 결 과는 그림 B-7과 같이 보일 수 있다. 이를 분석해보면 사용자 수가 증가함에 따라 시스템 응답 시간이 증가하지만, 최대 응답 시간이 5초를 초과하지는 않는다.

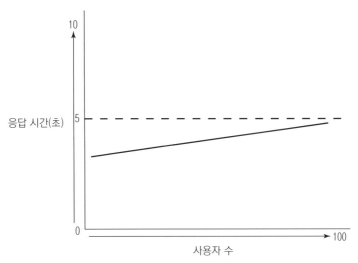

응답 시간(초)

10

5

0

사용자 수

100

그림 B-7 사용자 수에 대한 응답 시간 그래프 예

품질 속성 중 안정성은 장시간 동안의 부하에도 장애 없이 평상시와 같이 시스템이 실행되는 것과 관련이 있다. 이 유형의 테스트는 내구성^{endurance} 테스트와 매우 비슷하다. 내구성 또는 지속성 테스트와의 차이는 실패 없이 계속 수행돼야 한다는 점이다. 실패는 많은 원인에 의해 발생할 수 있고, 리소스 고갈은 매우 흔한 원인 중의 하나다.

성능 테스트는 비기능적 요구사항에 대한 시스템 성능을 측정하기 위해 사용된다. 이는 리그레션 테스트와 시스템 통합 같은 부분에 있어 유용하다. 성능 테스트는 각기 다른 환경 설정을 비교하는 데 사용된다. 최고의 결과를 보이는 환경을 식별해 고객에게 추천해줄 수 있다. 다른 유형의 테스트와 마찬가지로 사람의 실수는 성능 테스트를 더 어렵게 만든다. 여러 플랫폼에서 수행하는 시스템 성능 테스트의 경우 각 케이스의 입력은 동일해야 한다. 그렇지 않으면 결과를 신뢰할 수 없다. 시스템 입력의 복잡성에 때문에 이 테스트를 수동으로 하는 것은 도움이 되지 못한다. 게다가 어떤 테스트에서는 분석을 위해 테이터를 수집해야 하는데, 수동으로 실행하는 것은 방해가 된다. 예를 들어 분산 시스템의 비기능적 요구사항을 만족하는지를 확인하기 위해 네트워크 처리량^{network throughput}을 모니터링해야 할 경우, 테스트가 직접 손으로 데이터를 수집하기 위해 여러 툴을 실행해야 한다. 자동화를 한 경우라면 해당 툴이 테스터의 손을 거치지 않고 자동으로 실행될 것이고, 확실하게 테스트 수행 시마다 정확한 데이터를 기록할 것이다.

마지막으로, 성능 테스트를 수동으로 실행할 경우의 단점은 데이터 분석과 결과 리포팅에 있다. 48시간 또는 72시간 동안 수행되는 테스트를 생각해보자. 3일 이상 분량의 네트워크 트래픽 데이터 또는 수행된 트랜잭션 로그를 손수 걸러내는 것이 가장 성가신 일이 될 것이다. 자동화 테스트를 확장해 에러 필터링과 리포트 생성을 위한 데이터 분석 툴을 제공할 수 있다.

웹 애플리케이션의 성능 테스트에 대한 상세한 내용은 www.codeplex.com/PerfTestingGuide에서 '웹 애플리케이션의 성능 테스트 가이드Performance Testing Guidance for Web Applications' 부분을 참고하면 된다.

성능 테스트에서 주요하게 봐야 할 부분을 요약하면 다음과 같다.[4]

- **일정하지 않은 테스트 결과**: 이는 애플리케이션이 불안정하다는 증거다. 테스트 결과 간의 차이는 결과에 대한 표준편차를 계산해 분석한다.

- **CPU 사용률**: 낮은 CPU 사용률은 데드락과 동기화 오버헤드 같은 동시성 관련 버그가 있다는 신호일 수 있다. 반대로 높은 CPU 사용률이 좋다는 것을 의미하지는 않는다. 라이브락은 높은 CPU 사용률을 유발할 수 있다.

- **가비지 콜렉션**garbage collection: 메모리를 중앙에서 관리해주는 애플리케이션의 경우 메모리 오퍼레이션의 빈번한 사용은 작업 수행에 방해가 되며, 또한 설계나 구현에 오류 발생을 유발하기도 한다.

- **총 스레드 실행 시간**: 이는 프로그램이 순차적으로 실행됐을 경우 총 실행 시간을 어림짐작할 수 있게 해준다. 같은 알고리즘으로 구현된 순차 프로그램의 경과 시간을 비교해 병렬 실행의 오버헤드를 이해할 수 있다.

- **총 메모리 사용량**: 총 메모리 사용량은 애플리케이션의 메모리 프로파일을 이해하는 데 큰 도움을 준다. 메모리를 중앙에서 관리해주는 애플리케이션의 경우 가비지 콜렉터가 애플리케이션의 총 메모리 사용량 변화에 중요한 역할을 하며, 메모리 사용량 확인도 수행한다.

---

4 http://msdn.microsoft.com/en-us/magazine/cc546569.aspx

B.5 코드 커버리지 테스트

코드 커버리지 테스트code coverage test는 시스템의 코드 중 테스트 스위트로 테스트가 진행된 코드가 몇 퍼센트인지를 측정하는 기법이다. 코드 커버리지 테스트의 자동화는 다음과 같은 이점이 있다.

- 인스펙션과 리뷰를 하던 사람이 더 우선순위가 높은 테스트 작업에 시간을 사용할 수 있게 된다.
- 휴먼 에러로 인한 실수를 줄일 수 있다.
- 테스트 대상 시스템의 테스트 커버리지 측정이 가능하다. 테스트로 커버되지 않은 영역을 식별할 수 있다(수동으로는 거의 불가능하다).

코드 커버리지 테스트는 코드에 직접 인터페이스한다. 즉, 화이트박스 테스트의한 종류다. 테스트 스위트는 컴포넌트 코드의 기능성을 검증하는 테스트 케이스의모음으로 구성된다. 보통 테스트 케이스는 단위 테스트 케이스로 구현된다(B.6절 참조). 커버리지 테스트는 테스트되지 않은 애플리케이션 영역을 찾는 데 도움을 준다. 코드 커버리지가 중요할 뿐 아니라 반드시 수행돼야 하는 특정한 분야가 있다. 안전 최우선safety-critical 애플리케이션, 즉 장애 발생 시에 끔찍한 파급 효과를 주는애플리케이션은 코드 커버리지 테스트 결과로 코드의 100%가 테스트돼야 한다는비기능적 요구사항을 담을 수 있다. 은행 계정 정보의 경우가 그러한 예가 된다. 테스트되지 않은 일부 코드로 인해 시스템 오류가 감지되지 않은 상태로 있게 되면, 은행 고객 계정 정보의 손실이라는 결과를 맞닥뜨릴 수도 있다.

코드 커버리지 테스트는 특정 기준으로 결과를 퍼센트로 비교해 나타낸다. 기준의 예로는 함수 커버리지function coverage, 구문 커버리지statement coverage, 결정 커버리지condition coverage가 있다. 함수 커버리지 테스트에서 100%라는 의미는 애플리케이션의 모든 함수/메소드가 테스트 스위트에 의해 호출됐고, 동일한 수준에서 모든 함수가 수행됐음을 말해준다. 구문 커버리지 테스트에서 100%라는 의미는 애플리케이션의 모든 코드 라인이 테스트됐음을 의미한다. 결정 커버리지 테스트의 100%라는 의미는 각 조건문과 모든 결과에 대해 테스트됐음을 의미한다. 일부 커버리지는 겹치기도 한다. 경로 커버리지path coverage 테스트는 구문 커버리지와 함수

```
[EMMA v2.0.4015 (stable) report, generated Sat May 15 12:02:28 CDT 2008]

OVERALL COVERAGE SUMMARY:

[class, %]        [method, %]       [block, %]          [line, %]           [name]
85% (157/185)!    65% (1345/2061)!  60% (44997/74846)!  64% (8346.3/13135)! all classes

OVERALL STATS SUMMARY:

total packages:        8
total classes:         185
total methods:         2061
total executable files: 62
total executable lines: 13135

COVERAGE BREAKDOWN BY PACKAGE:

[class, %]       [method, %]      [block, %]            [line, %]             [name]
25% (1/4)!       25% (3/12)!      40% (3012/7446)!      25% (3/12)!           com.sun.tools.javac.v8.resources
94% (16/17)!     49% (41/83)!     48% (1111/2292)!      45% (201.1/450)!      com.sun.tools.javac.v8
88% (45/51)!     61% (242/397)!   54% (3070/5729)!      52% (809.6/1563)!     com.sun.tools.javac.v8.tree
83% (19/23)!     60% (134/224)!   54% (2746/5063)!      56% (580.1/1041)!     com.sun.tools.javac.v8.util
100% (1/1)       40% (2/5)!       58% (25/43)!          49% (5.9/12)!         com.sun.tools.javac
77% (33/43)!     59% (310/529)!   60% (10584/17674)!    61% (2077.2/3396)!    com.sun.tools.javac.v8.code
91% (39/43)!     75% (521/698)    66% (19701/29863)!    70% (3606.9/5138)!    com.sun.tools.javac.v8.comp
100% (3/3)       81% (92/113)     70% (4748/6736)!      70% (1062.4/1523)!    com.sun.tools.javac.v8.parser
```

그림 B-8 오픈소스 자바 코드 커버리지 툴인 엠마(Emma)의 실행 결과 샘플

다양한 테스트 유형에 적용된 소프트웨어 테스트 자동화 **333**

커버리지를, 구문 커버리지는 함수 커버리지를 간접적으로 테스트하게 된다.

그림 B-8은 오라클의 javac 자바 컴파일러에서 오픈소스 자바 코드 커버리지 툴인 엠마Emma[5]를 실행한 결과의 샘플이다.

수동으로 코드 커버리지 검사를 할 경우 눈으로 코드를 검토하는 작업이 포함될 수 있다. 개별적인 리뷰 시간(리뷰어의 수에 따라 늘어남)과 공식 리뷰 미팅에 리소스가 필요해지며, 이는 애플리케이션 크기에 따라 엄청나게 늘어날 수도 있다. 그렇게 하더라도 여전히 무엇인가를 놓칠 가능성은 높다. 리뷰어가 많아지면 리스크를 줄일 수는 있지만, 어떤 경우에는 이처럼 실제 적용하긴 어려울 수도 있고, 적용한다 해도 허점은 여전히 존재한다. 이렇기에 자동화는 당연한 해법이다. 그림 B-8과 같은 리포트는 원할 때마다 생성할 수 있고, 적은 커버리지 테스트 에러를 포함하는 더 신뢰할 만한 리포트를 얻을 수 있다. 이런 테스트는 소스 코드 변화나 이전 시스템과의 통합이 있을 경우, 리그리션 테스트를 하면서 쉽게 재수행할 수 있다.

B.6 단위 테스트

단위 테스트unit test는 애플리케이션 소소 코드 내의 개별 단위가 정확히 동작하는지 검증하기 위해 사용된다. 단위 테스트의 자동화는 다음과 같은 이점이 있다.

- 단위별 정교한 제어
- 테스트 케이스의 반복 수행
- 자동화 빌드 프로세스 지원. 소스 형상 관리 시스템에 모든 컴포넌트가 체크인되어 있고 빌드가 자동으로 수행된다면, 단위 테스트 자동화는 빌드 이슈를 빠르게 파악하는 데 도움을 줄 것이다.

여기서 단위는 애플리케이션에서 테스트 가능한 가장 작은 부분을 의미한다. 객체지향 패러다임에서는 클래스 메소드에 해당한다. 각 단위의 테스트 케이스는 다른 모든 테스트 케이스에 대해 독립적이어야 한다. 테스트 시 이렇게 단위를 한정

---

5   http://emma.sourceforge.net/

하는 이유는 각 단위가 기능을 잘 제공하는지를 확인하기 위해서다. 단위 테스트를 위해서는 코드에 대한 세부적인 이해가 필요하기 때문에, 대개 단위 테스트 케이스를 작성하고 수행하는 책임은 소프트웨어 개발자에게 돌아간다. 개발자는 각 단위가 기대한 대로 잘 동작하는지에 대한 확인뿐 아니라, GUI를 통해 검증할 수 없는 애플리케이션 요구사항이 만족하는지에 대한 검증도 할 수 있게 된다. 소프트웨어 설계가 안정된 상황이면 이와 같은 상향식 접근 방법은 개발자가 소프트웨어 수명주기의 좀 더 이른 단계에서 구현 오류를 찾게 도와주며, 향후의 기능 오류를 최소화하는 데도 도움을 줄 수 있다.

단위 테스트 케이스 개발은 테스트 프레임워크를 사용하면 유용하다. 언어에 따라 몇 개의 단위 테스트 프레임워크가 있다. xUnit으로 불리는 테스트 프레임워크 군은 비슷한 속성을 갖는다. 초기 xUnit의 개념은 켄트 벡[Kent Beck]이 스몰토크에서 사용하려고 개발했다. xUnit 군의 일부인 프레임워크는 다음과 같은 컴포넌트를 제공한다.

1. **테스트 픽스처**[test fixture]: 다수의 테스트 케이스가 수행되는 경우, 상태나 선행 조건을 생성할 때 사용된다.

2. **테스트 스위트**[test suite]: 동일한 테스트 픽스처를 갖는 테스트의 모음

3. **테스트 실행**[test execution]: 단위 테스트 수행으로, 초기화 및 클린업, 테스트 결과 생성을 포함한다.

4. **어설션 메커니즘**[assertion mechanism]: 단위 테스트의 성공 또는 실패를 결정하는 데 사용하는 방법

가장 안정적인 xUnit 프레임워크 중 하나는 자바에서 사용하는 JUnit이다.[6] 켄트 벡과 에릭 감마[Erich Gamma]가 만든 이 프레임워크는 테스트 주도 개발[test-driven development]로 인해 더 유명해졌다. 표준 자바 소프트웨어 개발 킷에 포함됐고, 이클립스[Eclipse] IDE[7]는 이미 JUnit 관련 기능을 포함해 제공하고 있다.

---

6 http://junit.org/

7 www.eclipse.org/

그림 B-9는 JUnit에서 사용하는 단위 테스트 케이스의 예다. 여기서 HelloWorld 클래스는 그림 B-10에서 보여주는 시그니처를 갖는 메소드를 갖는다.

```java
public class HelloWorldTest {
    private HelloWorld hw_;

    /**
     * @throws java.lang.Exception
     */
    @Before
    public void setUp() throws Exception {
        hw_=new HelloWorld();
    }

    /**
     * @throws java.lang.Exception
     */
    @After
    public void tearDown() throws Exception {
    }

    /**
     * Test method for
     * {@link mbmb.pkg.HelloWorld#multiply(int, int)}.
     */
    @Test
    public void testMultiply() {
        assertEquals("multiply", 144, hw_.multiply(12,12));
    }

}
```

그림 B-9 JUnit을 사용하는 단위 테스트 케이스의 예

```java
public int multiply(int l, int r)
```

그림 B-10 시그니처의 예

이 메소드는 두 파라미터를 곱해서 그 결과를 리턴한다. 간단하게 작성한 단위 테스트 케이스에서는 assertEquals 어셜션으로 테스트를 수행한다. 메소드가 정확한 값을 리턴하는지를 이 어셜션으로 검증한다. 테스트 프레임워크는 어셜션 메커니즘뿐 아니라 테스트 실행을 수행하고 모니터링하는 기능도 제공한다. 이클립스에서 테스트를 수행하는 화면은 그림 B-11과 같다.

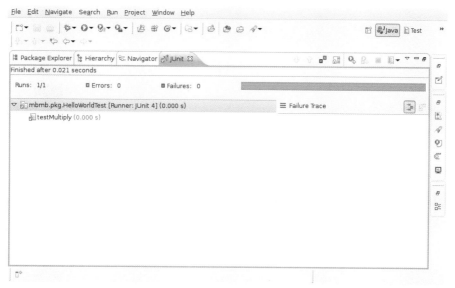

그림 B-11 테스트 수행 결과

시각적으로 제어가 가능한 것 외에, 테스트 결과를 XML로 익스포트해 소프트웨어 프로세스상의 소프트웨어 설계 산출물로 포함할 수도 있다.

단위 테스트를 수동으로 실행하는 데 가장 큰 걸림돌은 테스트 대상이 되는 단위인 유닛을 분리해내기가 어렵다는 점이다. 수동으로 한다면, 단위 테스트는 작업자가 단계적으로 따라야 하는 인스트럭션을 모아둔 것에 불과하다. 이런 접근 방법은 단위 테스트 케이스가 필요로 하는 단위를 제한하기 어렵다. 그림 B-9와 같은 경우, 수동으로 유닛 레벨을 확보하기는 어려울 것이다. 자동화 테스트 프레임워크는 개발자가 코드와 단위 테스트 케이스를 사이를 연결할 수 있도록 도구를 제공한다. 테스트 케이스가 올바로 작성되도록 도와주며, 테스트 실행 환경을 제공한다. 대부분의 자동화 테스트 프레임워크는 JUnit 같이 무료로 사용할 수 있다.

부록 C

알맞은 툴 선택

최고의 툴은 필요에 딱 맞는 툴이다. 툴이 현재 상황에 잘 맞는지 평가해보라.

1장과 이 책 전반에 걸쳐 언급했듯이, 소프트웨어 테스트 자동화^{AST}는 소프트웨어 테스트 수명주기^{STL} 전체에 걸친 것이다. 여기서는 요구사항, 단위 테스트, 형상 관리, 결함 추적, 보안 테스트와 기능 자동화 테스트 툴을 포함하는 테스트 수명주기 지원 툴의 일부를 선택해서 설명한다. 추가로, VM웨어 같은 테스트 환경 지원 툴, 테스트 데이터 생성기, 테스트 케이스 생성기 등의 지원 툴도 기술할 것이다. 예로 평가판 정보 및 툴 선택 시의 고려사항도 제시한다. 부록 C는 완벽한 툴 리스트라 기보다는 사용할 수 있는 툴의 예라고 보는 편이 맞다. 사용 가능한 툴에 대한 상세한 정보는 다음 웹사이트를 참고하면 된다.

- 오픈소스 테스트 툴: http://opensourcetesting.com/
- 오픈소스 툴: http://sourceforge.net/
- 다양한 웹 테스트 툴: www.softwareqatest.com/qatweb1.html#FUNC. 여기에는 유명한 웹 테스트 툴인 워터^{Watir}와 셀레늄^{Selenium}에 대한 정보도 있다.
- 애자일 테스트 툴: http://functionaltestingtools.pbwiki.com/FrontPage
- 흥미로운 협업 기능 테스트 툴: http://studios.thoughtworks.com/twist-agile-test-automation/test-automation
- 여러 유명한 소프트웨어 테스트 툴에 대한 토론: www.qaforums.com

- 소프트웨어 컴포넌트 재사용 사이트: www.koders.com, www.krugle.com
- 상용 테스트 툴: 해당 벤더 웹사이트

부록 C에 기술된 각 소프트웨어 테스트 수명주기 카테고리에는 툴 평가에 사용한 항목을 포함시켰고, 특정 툴에 대해서는 가중치와 순위도 매겨보았다. 각 절에서는 툴에 대한 평가 접근 방식의 기준을 제시한다.

어떤 유형의 툴을 평가해보기 전에, 달성하려는 목적을 이해해야만 한다. 해결하려는 문제를 분명하게 할 필요가 있다. 툴 평가에 노력을 쏟아붓기 전에 어떤 유형의 툴을 사용할 수 있는지[1]를 알면 선택의 폭을 좁힐 수 있다. 테스트 유형이 있고, 테스트 단계가 있는 것과 같이 소프트웨어 테스트 수명주기를 지원하는 많은 유형의 툴이 있다. 또한 내가 처한 테스트 환경에서 잘 작동하는 툴이 최고의 툴이라는 점을 기억해둬야 한다. 그래서 우리는 실제 테스트 대상 시스템을 사용해 툴을 평가해볼 것을 항상 추천한다.

C.1 요구사항 관리

시중의 많은 요구사항 관리[RM, requirements management] 툴을 평가하려고 할 때, 모든 필요에 맞는 툴을 찾기는 어렵다. 이번 절은 RM 툴을 선택할 때 최적의 결정을 내리도록 돕는 가이드가 될 것이다. 요구사항 관리 팀에서 RM 툴 요구사항을 정의한다. 요구사항 관리라고 하면 보통 요구사항, 설계 문서, 테스트 케이스나 프로시저에 대해 구조화하고 문서화하며 이를 추적하는 것 등을 말하며, 결국에는 모든 산출물에 요구사항 추적 매트릭스[RTM] 같은 추적성을 제공하는 것을 포함한다. RTM은 개발 및 테스트 과정상에 누락된 부분을 찾는 데 도움을 준다.

신뢰할 만한 시스템을 구축하려면, 믿을 수 있으면서 비용 대비 효과적인 소프트웨어 테스트가 필요하며, 이는 요구사항 단계에서 시작해야 한다.[2] 요구사항 단

---

1   『Effective Software Testing』(더스틴)의 '사용 가능한 툴 유형(Types of Tools Available)' 31번째 항목 참고. 이는 『Automated Software Testing』(더스틴 외)의 표 3-1 '테스트 수명주기 툴(Test Life-Cycle Tools)'에서 업데이트됨.

2   더스틴, '프로젝트 시작 시에 소프트웨어 테스트 시작하기(Software Testing Starts When the Project Begins)'

계의 자동화는 테스트 단계를 개선하는 데 도움이 된다. 요구사항이 모호하지 않고 테스트 엔지니어에게 필요한 모든 정보를 담고 있다면, 그 요구사항은 테스트 레디 test-ready 또는 테스터블testable하다고 말한다. 요구사항 툴은 추적성을 위해 다양하게 연결될 수 있는 수많은 요구사항을 관리할 수 있도록 데이터베이스 기반의 환경을 제공한다. 요구사항 툴은 긴 기간에 걸친 다양한 과제들, 구성원과 관련된 이해관계자들의 변화에도 지속성을 제공해야 한다. 일단 세팅된 후에는 RM 툴을 다양하게 사용할 수 있다.

- 릴리스 범위 또는 연속된 릴리스 계획(반복적, 점진적 릴리스)
- 계획 실행 관리(누가 무엇을 책임지고 있으며, 언제 하는지 등)
- 요구사항 설계, 구현, 테스트 단계에 대한 추적(예를 들면, 전체 RTM 사이클)
- 범위에 대한 변화 관리. 특히 제안된 변경이 미치는 영향 평가(이 부분에서 요구사항 추적이 매우 중요하다.)

테스터블 요구사항 작성을 돕는 툴은 이미 시중에 많이 있다. 테스트 레디 요구사항은 테스트에 드는 노력과 비용을 줄여준다. 또한 효율적인 테스트 설계를 준비하는 데 도움을 주고, 요구사항과 테스트 설계/프로시저 간의 추적성을 만드는 데도 도움이 된다. 더 나은 추적성은 프로젝트 팀에 더 많은 확신을 주는데, 이는 모든 요구사항에는 연결된 테스트 케이스가 있으므로 테스트 자동화도 잘 수행될 것이기 때문이다.

추적성은 각 요구사항이 시스템의 모든 부분에 걸쳐 연결되는 방식으로 식별될 수 있음을 나타낸다. 요구사항 변경의 영향을 받는 시스템의 모든 부분을 식별할 수 있게 된다. 이상적으로는 모든 요구사항은 개별로 식별 가능하며 측정 가능한 개체로 간주된다. 이제 한 요구사항이 시스템의 다른 컴포넌트에 어떻게 영향을 주는지 알기 위해 요구사항 간의 관계도 고려할 필요가 있다. 이는 수많은 요구사항과 요구사항 간의 복잡한 관계를 처리할 수 있는 방법이 반드시 있어야 함을 말한다. 동시에 전부를 처리하기보다는 관리 가능한 정도의 그룹 안에 요구사항을 분리하는 것이 더 좋은 방법이다. 우선순위에 따라 서브시스템별, 또는 릴리스별로 요구사항을 수집하는 부분은 눈여겨봐야 할 부분이다.

또한 추적성은 요구사항과 요구사항이 변경됐을 때 영향을 받는 시스템의 각 요소에 대한 정보를 제공한다. 예를 들면 영향을 받는 테스트 케이스 같은 것이다. 테스터는 사용하는 툴에 플래그 등을 사용해 요구사항 변경을 알 수 있고, 적절하게 연관된 부분을 처리할 수 있게 된다.

대부분의 요구사항 툴은 요구사항과 테스트 케이스 간의 추적성 기능을 제공한다. 여기에는 요구사항 추적 매트릭스 생성, 수동 대 자동 테스트 케이스에 대한 추적, 테스트 케이스 자동화, 테스트 케이스 실패/성공 상태와 결함 추적 기능 등 많은 부가 기능을 갖고 있다. 또한 요구사항에서 바로 테스트 프로시저를 생성할 수 있는 기능도 있으며, 다음은 HP^Hewlett-Packard 퀄리티 센터의 예다(그림 C-1).

그림 C-1 HP 퀄리티 센터의 예: 요구사항에서 바로 테스트 케이스가 생성됨

요구사항 관리 자동화

대부분의 테스트 노력은 요구사항에 기반을 둔 테스트 케이스 작성에 들어간다. 일반적으로 요구사항 추적 매트릭스^RTM는 각 요구사항에 하나 또는 그 이상의 테스트 케이스가 연결된 맵으로 생성되며, 이는 테스트 커버리지 측정을 가능하게 한다.

요구사항 추적 매트릭스를 워드나 엑셀로 수동 관리하는 일은 매우 힘들고 실수하기 쉽다. 예를 들면, 때때로 요구사항 변경이 테스트 팀에게 알려지지 않기도 한다. 테스트 엔지니어는 테스트 실행 중에 이상한 테스트 결과를 발견하고 난후에야, 비로소 변경을 알아차리기도 한다. 테스트 디렉터Test Director, 리퀴짓 프로RequisitePro, 도어스DOORS 같은 요구사항 관리 툴은 관련자들에게 변경이 있을 경우 플래그를 보여주는 식으로 알람을 준다. 이 경우에 테스트 엔지니어는 요구사항 변경이 있었으므로 테스트 케이스나 프로시저도 이에 맞게 변경을 해줘야 한다.

표 C-1은 사례 연구 애플리케이션인 'SeeClear'의 요구사항 리스트와 이와 연관된 테스트 케이스를 보여준다. 이 요구사항 추적 매트릭스는 수동으로 유지보수하기가 매우 힘들다. 요구사항 관리 툴 또는 테스트 관리 툴이 요구사항 추적 매트릭스 생성과 관리를 자동화하는 데 도움을 줄 수 있다.

표 C-1 수동 요구사항 추적 매트릭스의 예

요구사항 ID	요구사항 내용	요구사항 종류	우선순위	테스트 케이스 ID
1	SeaClear 시스템에서 유저는 로컬 드라이브에 있는 모든 차트를 볼 수 있다.	기능	P1	1
1.1	SeaClear 시스템에서 다음 유형의 차트를 만들 수 있다.	기능	P1	N/A
1.1.1	USA 차트 파일		P1	3
1.1.2	유럽 차트 파일*		P1	2
...	...	...		
1.2	사용자가 선택 버튼을 누른 후 3초 이내에 차트가 나타나야 한다.	성능	P1	X
201	SeaClear 시스템에서 사용자는 차트 이름으로 검색을 할 수 있어야 한다.		P2	201
201.1	SeaClear에서 사용자는 이름이 xyz인 차트를 검색할 수 있어야 한다.**	기능		
...	...	...		
401	SeaClear 시스템에서 사용자는 각 차트를 프린트할 수 있고, 차트가 출력물에 바르게 나타나야 한다.	기능		401
401.1	xyz 차트를 abc 방법으로 디스플레이할 수 있다.	...		...

* 요구사항 구조에 따라 데이터 사전(data dictionary)을 참조하게 된다. 여기에 다양한 종류의 차트 파일이 나열된다.

** 다양한 검색 유형도 마찬가지로 데이터 사전에 나열된다.

그림 C 2는 테스트 디렉터Test Director에서 요구사항과 테스트가 어떻게 연결되는지 보여준다. 이런 방법으로 RTM을 자동으로 생성한다. 테스트 케이스와 요구사항에는 플래그가 나타나는데, 업데이트되거나 자동적인 상태 및 커버리지 리포팅 같은 상황에 따라 플래그가 나타난다.

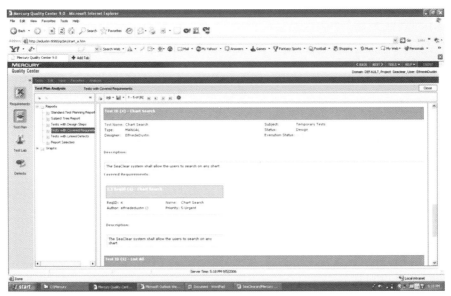

그림 C-2 HP의 테스트 디렉터 예: 요구사항이 연결된 테스트 리포트

대부분의 프로젝트에서 요구사항을 추적하고 관리할 때는 노력과 지속적인 관리가 필요하다. 프로젝트의 많은 문서에서 정보를 얻어 관리하고, 이를 중앙 저장소에서 유지관리하는 일은 프로젝트 성공에 있어 필수적이다.

현재의 RM 툴 대부분이 비슷한 기능을 제공하고 있다는 것이 논쟁거리가 될 수 있다. 다양한 포맷(워드 파일 또는 .pdf)의 문서를 임포트하는 기능과 요구사항의 검색 및 추적 그리고 모든 요구사항의 유지관리를 위한 중앙 저장소를 제공하는 기능은 RM 툴의 중요 요구사항이 된다. RM 툴은 프로젝트의 시스템 엔지니어링 프로세스에 적용 가능해야 하고, 프로젝트 프로세스와 요구사항을 통합할 수 있어야 한다.

프로젝트에 맞는 최적의 툴로 무엇을 선택하느냐에 따라 프로젝트의 성공과 실패가 좌우되기도 한다. 대부분의 프로젝트에는 수천의 요구사항을 포함해 다양한 문서를 담는 큰 저장소가 있는데, 이를 다루는 것은 시스템 엔지니어와 소프트웨어 엔지니어 모두에게 큰 도전이 된다. 오픈소스 커뮤니티를 통해 개발된 툴 중에는 이미 유명해진 것도 있고, 많은 프로젝트에서 요구하는 부분이 처리되어 있기도 하다. 오픈소스 툴은 OpenSourceTesting.org나 SourceForge.net 같은 유명 오픈소스 사이트에서 지속적으로 업데이트된다. 예를 들어, 핏니스FitNesses는 소프트웨어 개발 협업 툴로 요구사항 추적 및 인수 테스트 정의도 가능하다. 오픈소스 요구사항 관리 툴Open Source Requirements Management Tool도 있는데, 필요하다면 http://sourceforge.net/projects/osrmt/를 통해 평가해볼 수도 있다.

C.2 단위 테스트 프레임워크: 평가 예제

이번 절에서는 오픈소스 단위 테스트 프레임워크를 평가해보려고 한다. 이를 위한 대상 언어는 자바를 선택했다. 자바 코드에 사용할 수 있는 프레임워크 중, 여기서 평가할 프레임워크는 JUnit과 JTiger이다.

프레임워크 평가 및 선택 방법

다음의 절차를 따라 2개의 프레임워크를 평가하고자 한다.

1. 툴 요구사항과 기준을 식별한다(프레임워크 기준).

2. 기준을 만족하는 툴 리스트를 식별한다(JUnit과 JTiger).

3. 중요도 또는 우선순위에 따라 툴 기준에 대해 가중치를 부여한다.

4. 후보 툴을 평가하고 점수를 매긴다.

5. 기준에 대한 가중치와 후보 툴의 점수를 곱해서 툴의 최종 점수를 얻는다.

표 C-2는 단위 테스트 프레임워크 평가 기준 리스트의 예다. 전체 프레임워크 기준에 대해 각 기능별 중요도 가중치를 구했다. 이해관계자들에게 더 중요한 기준일수록, 더 높은 가중치를 주었다(1부터 5까지). 그런 후에 대상 프레임워크에 점수를 1부터 5까지 주었는데, 각 기준을 해당 프레임워크가 얼마나 만족하는지에 따라 평가했다. 기중치와 점수를 곱해서 최종 점수를 구했다. 최적의 선택을 할 수 있도록, 후보 프레임워크의 기능과 해당 수준이 최종 점수에 근거해 비교된다.

표 C-2 단위 테스트 프레임워크 평가 기준

기준	가중치(1~5)	JUnit 점수	값	JTiger 점수	값
가격	5	5	25	5	25
문서화(사용 가능 정도, 분량 등)	5	5	25	5	25
지원(포럼, 메일링 리스트 등)	5	5	25	2	10
멀티플랫폼 지원	1	5	5	5	5
라이선스	4	5	20	5	20
IDE 통합	4	4	16	3	12
독립성	4	5	20	5	20
테스트 결과 리포팅 기능	5	3	15	5	25
xUnit과의 호환성	5	5	25	5	25
최종 점수			176		167

이 예제의 목적은 고객에게 소프트웨어 개발 프로세스의 단위 테스트를 처음으로 소개할 때 사용하고자 함이다. 많이 알려진 자바 단위 테스트 프레임워크로는 JUnit, Jtiger, TestNG라는 세 가지가 있다. 3개 모두 자바 단위 테스트를 하는 데 충분한 기능을 제공한다. JUnit은 자바 단위 테스트의 강력한 도구로 자리매김해 오고 있으며, 초보자는 당연히 이 툴을 사용한다. JTiger는 토니 모리스[Tony Morris]가 JUnit의 단점을 극복하고자 만들었다. 그렇기에 JUnit의 경쟁자로 보기에 무리가 없다. TestNG는 비슷한 이유로 세드릭 보이스트[Cédric Beust]가 개발했지만, 기반이 JUnit이기에 매우 유사하여 평가 대상에서는 제외했다.

가격: JUnit과 JTiger 모두 오픈소스라는 장점이 있어, 라이선스 비용이 없고 지원도 무료다. 그렇기에 하나의 벤더에 매일 필요는 없다.

문서화: 새로운 툴을 통합하려 할 때는 잘 정리된 문서가 필요하다. 특히 예제의 경우처럼 고객이 단위 테스트가 익숙하지 않은 경우면 더욱 그러하다. 두 프레임워크 모두, 프레임워크 통합에 사용할 수 있는 잘 정리된 문서를 온라인으로 제공한다.

지원: 문서화가 통합하는 데 중요한 것처럼, 지원은 툴 자체를 이해하는 데 중요하다. 이 부분에 있어서는 JUnit이 JTiger보다 우위에 있다. JTiger는 프레임워크 사용자에게 인터넷 릴레이 챗IRC, Internet relay chat 채널을 제공하나, 이것이 온라인 지원의 전부다. JUnit은 JUnit.org에 웹 포럼이 있고, 프레임워크 사용자를 위한 야후 그룹도 있다. 또한 이클립스 IDE 도움말에도 JUnit 섹션이 있다.

멀티플랫폼 지원: 예제에서 고객이 사용하는 언어는 자바이기 때문에, 크로스 플랫폼 지원이 드러나지는 않는다. 모든 자바 단위 테스트 프레임워크가 자바 언어에서 상속받을 것이라는 가정에 기초해서 이 기준에 대한 가중치는 적게 두었다.

라이선스: JUnit과 JTiger 모두 CPLCommon Public License(www.opensource.org/licenses/cpl1.0.php)을 갖는다. 이는 GNU GPLGeneral Public License과 비슷하나, 기여자가 만든 컨텐츠에 비용을 부과하는 것을 막을 수 있도록 고안됐다.

IDE 통합: IDE와의 손쉬운 통합은 고객 개발사에 있어 중요하다. 소프트웨어 개발자는 툴을 사용할 때 따로 사용하기보다는 IDE에 통합해 쓰는 것을 즐긴다. 예제에서 고객은 대표적인 자바 IDE인 이클립스를 개발 환경에서 사용하고 있었다. 이클립스는 기본적으로 JUnit을 번들로 제공한다. JTiger의 경우, IDE에 바로 통합하는 방법은 현재까진 없다.

독립성: JUnit과 JTiger 모두 외부 라이브러리를 설치할 필요가 없다. 외부 라이브러리의 의존을 줄이거나 없애는 것이 툴을 계속 사용하는 데 도움을 준다.

xUnit: JUnit은 xUnit 단위 테스트 프레임워크 그룹에 속한다고 공표했다. JTiger도 웹사이트에 직접적으로 명시하진 않았지만 xUnit의 패턴을 따른다. xUnit은 켄트 백Kent Beck이 스몰토크를 위해 최초로 개발했다. xUnit 계열의 하나인 프레임워크로서 다음과 같은 구성요소는 제공해야 한다.

1. 테스트 픽스처test fixture: 여러 테스트 케이스가 수행되는 상태(사전조건)를 생성하기 위해 사용된다.

2. 테스트 스위트test suite: 같은 텍스트 픽스처로 묶인 테스트의 집합이다.

3. 테스트 실행test execution: 초기화와 클린업 수행과 함께, 테스트 결과를 생성한다.

4. 어설션 메거니즘^{assertion mechanism}: 테스트의 성공과 실패를 판단하는 방법이다.

    이와 같은 방식으로 단위 테스트 프레임워크를 선정하는 것은 최소한의 기능 세트는 갖추고 있을 것이라는 어느 정도의 확신을 준다.

커뮤니티: JUnit은 수많은 오픈소스 프로젝트가 사용하는 SourceForge.net에서 호스팅되고 있다. 소스포지에서는 버그 수(오픈된 버그 수 / 전체 버그 수), 저장소에서 일어난 활동 등 프로젝트의 다양한 정보와 통계를 얻을 수 있다.

    JTiger는 독자 서버에서 호스팅되고 있다. JTiger의 웹사이트는 JUnit과 같은 프로젝트 정보를 제공하고 있지 않다.

기능: JUnit이 JTiger에 비해 우위를 갖는 부분은 사용 가능한 애드온이 있다는 것이다. 이를 통해 데이터베이스 애플리케이션(DbUnit, www.dbunit.org/) 또는 자바 엔터프라이즈 애플리케이션(JUnitEE, www.junitee.org/) 같은 특정 영역에 대한 단위 테스트도 지원할 수 있다.

    JTiger의 장점을 덧붙이자면 리포팅 기능이다. HTML, XML 또는 텍스트 형식으로 리포팅이 가능하다. 고객의 소프트웨어 프로세스 모델 중 특정 단계의 요구사항으로 단위 테스트 산출물을 요구할 경우, 이는 매우 유용하다.

결론: 이 예제에서는 오랜 기간 사용돼온 JUnit이 JTiger에 비해 우위에 있다고 판단된다. 자바 개발 커뮤니티에서 광범위하게 사용되고 있고, 2001~2002년 자바 월드 에디터 초이스 상^{Java World Editors' Choice Awards}의 '최고의 자바 성능 모니터링/테스트 툴' 부문에서 수상을 하기도 했다. 이런 부분들이 단위 테스트 프레임워크를 소개할 때 도움을 줄 수 있는 방대한 리소스 저장소 구축을 가능케 했다. 단위 테스트 프레임워크에 익숙하지 않은 고객에게 이런 방대한 리소스는 매우 중요하다.

C.3 형상 관리: 평가 예제

형상 관리CM, configuration management는 시스템 개발에 있어 매우 중요한 부분이다. 기술 분야에서 형상 관리는 '시스템의 수명주기와 개발 전반에 걸쳐 소프트웨어, 하드웨어 또는 문서에 대한 변경을 관리하거나 제어하는 것'으로 정의된다. 형상 관리는 다음과 같이 세 가지의 소분류로 나뉜다.

1. 소프트웨어 형상 관리SCM, software configuration management: 소스 코드 관리 및 리비전 제어

2. 하드웨어 형상 관리HCM, hardware configuration management: 하드웨어/디바이스 릴리스 관리

3. 운영 형상 관리OCM, operational configuration management: 인프라스트럭처에 포함된 형상 항목(하드웨어, 소프트웨어, 문서)에 대한 관리

우리의 관심은 소프트웨어 형상 관리SCM다. SCM은 시스템 개발에 포함된 소프트웨어 항목들의 변화를 추적하는 일련의 활동 또는 프로세스로 생각할 수 있다.

소프트웨어 형상 관리(SCM)의 장점

좋은 SCM 툴은 다음을 제공해야 한다.

1. 인증authentication과 권한 검증authorization을 사용해 안전하게 산출물을 저장할 저장소

2. 안정적이고 견고한 워크스페이스

3. 프로젝트 마일스톤에 대한 베이스라인 스냅샷을 생성하고, 거기에 알 수 있는 식별자로 '태그tag'할 수 있어야 한다.

4. 언제든지 특정 소프트웨어 빌드의 재배포를 할 수 있도록 태그된 저장소 스냅샷으로 되돌릴 수 있어야 한다.

5. 동시적으로 저장소의 산출물의 갱신과 변경을 할 수 있어야 한다. 예를 들면, 같은 시간에 같은 파일을 여러 개발자가 수정할 수 있는 환경이다. SCM 툴에서

이 문제를 해결하는 방식은 크게 두 가지다.

    a. 머지^{merge}: 아무 때나 특정 파일을 여러 사용자가 쓰게 되는 상황이 있을 수 있다. 최종 리비전이 아닌 파일을 수정해, 사용자가 저장소에 해당 파일을 체크인하려고 할 때, 주 저장소에서는 '충돌 에러^{conflict error}'를 발생시킨다. 그러면 사용자는 이를 조사해 직접 로컬에서 머지를 수행하거나, 시스템이 머지를 하게 한다.

    b. 잠금^{lock}: 한 사용자만이 특정 시점에 파일을 쓸 수 있게 한다. 주 저장소에서는 특정 시점에 하나의 파일을 잠근다. 다른 사용자가 같은 파일을 수정할 수 있게 하려면, 이전의 사용자가 잠금을 풀어줘야만 한다.

6. 컴포넌트 변경에 대한 감사와 제어를 할 수 있어야 한다.

추가하여 예제에서 필요한 부분은 다음과 같았다.

1. 툴은 GNU GPL^{General Public License} 라이선스와 오픈소스여야 한다.

2. 리눅스와 C/C++를 지원해야 한다. SCM 소프트웨어를 구축/설치하기 위해 별도의 상용 컴파일러를 설치하고 싶진 않다. 개발자들은 C/C++와 리눅스를 잘 알고 있고, 상용 언어로 작성된 SCM 시스템은 필요에 따라 소스를 변경하고 싶을 때 걸림돌이 될 것이기 때문이다.

3. 결함 추적 툴과 유연한 통합^{seamless integration}이 되어야 한다.

4. 이클립스와 IDE를 지원해야 한다.

5. 개발자들이 빠르게 배울 수 있어야 한다.

6. 많은 지원을 받을 수 있는 커뮤니티가 있어야 한다. 소프트웨어 특정 부분에 문제가 있어, 이를 해결하기 위해 '구글링^{googling}'을 했는데, 답변이 몇 개 안 되고 게다가 모두 외국어로만 되어 있다면 이보다 더 나쁠 순 없다.

평가 대상 SCM 툴

우리의 SCM 요구사항을 지원하는 수많은 다양한 제품에 대한 평가를 마쳤다. 많은 회사가 훌륭한 SCM 솔루션을 제공했지만, 우리의 요구사항을 충족시키지 못하는 툴은 바로 삭제해나갔다. 오픈소스 커뮤니티에서 찾기를 바랐기에, 선택의 폭은 좁아졌다. 가능한 툴을 조사한 후에, 우리가 중요하게 생각하는 기능의 리스트를 정리했다. 그리고 해당 기능을 제공하는 4개의 툴을 조사했다. 선택한 4개의 툴은 다음과 같다.

- CVS: 딕 그룬Dick Grune
- **서브버전**Subversion: 콜랩넷CollabNet Inc.
- **머큐리얼**Mercurial: 맷 맥콜Matt Mackall
- **바자르**Bazaar: 캐노니컬Canonical Ltd.

기능

우리가 고려한 기능 리스트를 아래에 나열했다. 각 기능에 대한 짧은 설명과 각 툴이 이 기능을 어떻게 다루고 있는지도 설명한다. 참조한 툴을 자세히 설명하는 것은 이 책의 범위를 벗어나기에, 여기서는 하지 않는다.

- **사용 편의성/학습 곡선**: SCM 툴이 직관적이고 전반적으로 사용하기 쉬운가? 개발자가 하루에도 빈번하게 툴을 사용하게 될 텐데, 배우기가 쉬운가?

  서브버전, CVS, 바자르는 비슷한 수준을 보였고 상대적으로 쉬웠다. 머큐리얼은 많은 웹사이트의 리뷰에서 평가한 것처럼 그 밖의 SCM 툴에 비해 어려웠다. 서브버전이 상대적으로 우위를 보였고, 이는 팀원 중 여러 명이 이를 사용해본 경험이 있기 때문이기도 했다.

- **라이선스**: 애플리케이션의 라이선스 모델에 대한 것이다. 라이선스는 무료이거나 유료다.

  평가한 모든 툴은 무료였다.

- **완벽한 오토믹 커밋**atomic commit: 오토믹 커밋은 커밋을 할 때, 전체 변경이 커밋되든지 아니면 전체가 커밋이 안 되든지를 보장해준다. 예를 들면, 오토믹 커밋이 아닌 시스템은 많은 파일을 커밋할 때 네트워크 오류가 생길 경우 문제를 일으킨다. 저장소에 불안정한 상태의 파일이 저장된다. 오토믹 커밋 시스템의 경우는 모든 커밋이 완료되기 전에 네트워크 오류가 생기면 어떤 변경도 주 저장소에 반영하지 않는다.

CVS가 오토믹 커밋을 지원하지 않는 유일한 툴이다. 이 부분이 CVS에 있어 큰 마이너스 요소가 된다.

- **직관적인 태그**: 특정 리비전에 읽기 쉽고 이해가 편한 태그를 붙일 수 있는지에 대한 것이다. 예를 들면, '미 국방성DoD 요구사항 No. XYZ.123을 반영한 최종 릴리스'와 같다.

  모든 툴이 직관적인 태그를 지원했다. 서브버전의 태그는 단순한 카피 정도에 지나지 않는다는 비판을 받기도 하지만, 이 부분에 대한 우리의 요구사항은 만족했다.

- **웹 인터페이스**: 일부 패키지는 웹 인터페이스를 내장하고 있다. 웹 인터페이스로 웹사이트에 분석이나 확인을 위한 데이터를 보낼 수 있어야 한다.

  서브버전은 아파치 2Apache 2 모듈을 내장하고 있다. 오픈소스 결함 추적 도구인 트랙Trac과 손쉽게 통합된다(자세한 내용은 C.4절을 참고한다).

  머큐리얼은 웹 서버와 함께 제공된다.

  CVS는 cvsweb과 ViewVC에 통합할 수 있다.

  바자르는 웹서브webserve, 로거헤드loggerhead, 트랙Trac처럼 심플한 웹 서버로 사용할 수 있다.

- **개발 상태**: 해당 애플리케이션이 여전히 활발하게 개발되고 있는가, 또는 단지 버그를 수정하는 정도에 그치고 있는가? 활발히 개발되고 있는 애플리케이션이 보통 지원이 좋다. 이런 애플리케이션의 개발자는 지속적으로 새 기능을 추가하고 버그를 고친다. 기술 분야는 계속 변하기 때문에, 개발 커뮤니티의 최신 요구까지도 반영하려고 하는 애플리케이션이 개발이 덜 활발한 애플리케이션보다 좋다.

  바자르, 머큐리얼, 서브버전 모두 개발이 활발히 진행 중이다.

  CVS는 유지보수 단계에 있어, 새로운 기능은 더 이상 추가되지 않고 있다.

- **프로그래밍 언어**: 툴을 개발한 언어를 말한다. 오픈소스 커뮤니티에서 이 부분은 중요한데, 사용하는 툴의 소스를 수정할 계획이라면 더욱 그러하다.

  CVS와 서브버전은 C, 바자르는 파이썬, 머큐리얼은 파이썬과 C로 작성됐다.

- **독립 서버stand-alone sever 지원:** 일부 SCM 애플리케이션은 독립 서버 프로세스를

제공한다. 완전한 기능을 갖춘 웹 서버(예: 아파치 2)가 필요하지 않거나 사용할 수 없을 경우, 독립 서버는 빠른 기동 및 설치를 지원한다. 하지만 독립 서버는 기능이 충분하지 않고, 완전한 기능을 제공하는 웹 서버에 비해 느리다.

우리가 고려한 모든 툴은 각기 독립 서버 버전을 갖고 있었다.

- **효율적인 바이너리 파일 지원**: 일부 SCM 툴은 바이너리 파일을 단지 텍스트 파일로 처리한다. 반면에 그 밖의 툴은 바이너리 파일 자체로 인식한다. 뒤에 언급한 그룹의 머징^{merging}과 추적 알고리즘은 효율적인 바이너리 파일 지원을 위해 설계됐고, 이들이 바이너리 파일 포맷 처리에 있어 더 적절하다.

  서브버전은 '바이너리 디핑$^{binary\ diffing}$' 알고리즘을 사용하는데, 이론적으로는 텍스트 파일과 같이 효과적으로 바이너리 파일을 다룬다.

  바자르는 바이너리 파일을 처리하지만, 문서상에 특별히 효율성에 대해서는 언급하고 있지 않다. 바이너리 파일도 텍스트 파일처럼 처리되는 것으로 추정된다.

  CVS의 바이너리 파일 처리는 형편없다.

  머큐리얼은 바이너리 파일을 잘 처리하는 것으로 알려져 있다.

- **심볼릭 링크$^{symbolic\ link}$ 지원**: 이는 SCM의 기능으로, 심볼릭 링크를 소스 관리상에 포함해주는지에 대한 부분이다. 이에 대한 의견은 둘로 나뉘는데, 굉장한 편리성을 주는 기능이라는 의견과 보안상의 허점을 나타낸다는 의견이다. 우리는 지나치리만큼 보안에 집착했다.

  CVS가 유일하게 심볼릭 링크를 지원하지 않는 툴이었다.

- **저장소 모델**: SCM 툴을 구현하는 데는 일반적으로 두 가지 모델이 있다. 첫 번째는 클라이언트/서버 모델로, 서버가 주 저장소를 유지관리하고 각 사용자는 개발 머신에 저장소의 로컬 복사본을 갖는다. 로컬 복사본에 변경이 생기면 주 저장소에 반영하기 위해 반드시 '체크인$^{check-in}$'을 해야 한다. 두 번째 모델은 분산^{distributed} 모델로, 사용자가 로컬 머신에 버전 히스토리를 포함한 전체 저장소를 '피어^{peer}'로 유지하게 된다. 사용자는 작업 복사본$^{working\ copy}$과 함께 '피어' 저장소를 갖게 된다.

  CVS와 서브버전은 클라이언트/서버 모델이다.

  바자르와 머큐리얼은 분산 모델이다.

- **국제화 지원**: 다중 언어 및 다중 운영체제를 지원하는지를 나타낸다.

  서브버전과 바자르는 국제화를 지원한다.

- **파일 이름 변경**: 버전 히스토리가 관리되는 중에도 파일 이름을 변경할 수 있는지에 대한 부분이다.

  CVS를 제외한 모든 툴이 파일 이름 변경을 지원한다.

- **머지 추적**merge tracking: 머지 추적을 지원하는 시스템은 머지가 일어나는 각 브랜치 간의 변경을 기억하고, 브랜치 간의 머지를 할 때 특정 변경만 포함할 수 있게 해준다.

  서브버전과 CVS는 머지 추적 기능을 제공하지 않고, 바자르와 머큐리얼은 제공한다.

- **독립 GUI**: 일부 SCM 툴은 독립 GUI를 제공해 개발자가 커맨드라인 명령 형식과 변수들을 기억할 부담을 줄여준다.

  후보 대상 툴 전체는 GUI 프론트엔드를 일정 부분 제공한다. 설치나 사용 편의성 관점에서는 매우 다양하다.

- **속도**: 속도는 툴에서 브랜칭, 태깅, 커밋 알고리즘이 얼마나 효율적인지를 말해주는 부분이다. 또한 툴의 전반적인 응답 속도는 툴이 컴파일 언어(예: C/C++)로 작성됐는지, 또는 인터프리터 언어(예: 파이썬)로 작성됐는지에 따라 크게 영향을 받는다.

  서브버전과 CVS가 이 부분에 있어서는 장점을 갖게 되는데, 바로 C로 구현됐기 때문이다. 반면에 바자르나 머큐리얼은 파이썬으로 작성됐다. 우리는 단지 단지 컴파일 언어인지 아니면 인터프리터 언어인지에 따른 단순한 비교로 분석을 진행했다. 전반적인 SCM 툴의 속도는 사용한 알고리즘에 따라 좌우된다.

- **IDE 지원**: 넷빈즈NetBeans, 이클립스Eclipse, 비주얼 스튜디오Visual Studio 같은 IDE 툴에 통합이 쉬운지에 대한 부분이다.

  모든 SCM 툴은 다양하게 IDE 통합 옵션을 제공한다. 우리가 사용하는 이클립스에는 모든 툴이 잘 통합됐다.

- **EOL**end-of-line **변환**: SCM 툴이 파일의 EOL 문자를 적절히 변경해 툴이 수행되고

있는 운영체제의 EOL 메소드를 사용할 수 있게 해주는지에 대한 부분이다.
바자르만 EOL 변환을 지원하지 않는다.

비교표

표 C-3에 나타나 있듯이, 이들 기능에 가중치와 점수를 넣었다.

표 C-3 SCM 툴 비교표

기준	가중치 (1~5)	CVS		서브버전		머큐리얼		바자르	
		점수	값	점수	값	점수	값	점수	값
가격	5	5	25	5	25	5	25	5	25
사용 편의성 / 학습 곡선	4	4	16	5	20	3	12	4	16
라이선스	5	5	25	5	25	5	25	5	25
완벽한 오토믹 커밋	5	1	5	5	25	5	25	5	25
직관적인 태그	5	4	20	4	20	5	25	5	25
웹 인터페이스	3	4	12	5	15	4	12	5	15
개발 상태	5	2	10	5	25	5	25	5	25
프로그래밍 언어	4	5	20	5	20	4	16	4	16
독립 서버 지원	1	3	3	3	3	3	3	3	3
효율적인 바이너리 파일 지원	4	1	4	5	20	4	16	2	8
심볼링 링크 지원	5	1	5	5	25	5	25	5	25
저장소 모델*	5	5	25	5	25	3	15	3	15
국제화 지원	2	1	2	5	10	1	2	5	10
파일 이름 변경	5	1	5	5	25	5	25	5	25
머지 추적	2	1	2	1	2	5	10	5	10
독립 GUI	2	5	10	5	10	5	10	5	10
속도	5	4	20	5	25	3	15	3	15
IDE 지원	5	4	20	5	25	5	25	5	25
EOL(end-of-line) 변환	4	5	20	5	25	5	25	1	4
점수			249		370		336		322

* 저장소 모델에 배정한 점수는 하나가 다른 것들에 비해 절대적인 장점을 갖는다는 의미는 아니다. 여기서 우리는 분산 모델보다 클라이언트/서버 모델에 더 높은 점수를 주었다. 그 이유는 개발자들이 이 모델을 사용해본 경험이 있었기 때문이다.

결론

우리가 진행한 분석 결과로는 서브버전이 가장 우위에 있는 것으로 나타났다. 앞에 제시한 기능 외에 매우 중요한 요소가 하나 있었는데, 바로 개발자들이 서브버전을 사용해본 경험이 있었다는 점이다. 사용 편의성을 결정하는 데 있어 이는 매우 큰 요소였다. 어떤 업무이든지 적합한 툴을 선택하는 일은 어렵다. 투자와 이익 사이의 균형을 찾을 필요가 있다. 이번에 우리가 비중을 둔 질문은 다음과 같다.

- 사용 편의성의 대가를 치르면서도 방대한 기능을 가진 애플리케이션을 원하는가?

- 모든 사람이 알고 있고 바로 시작할 수 있는 것으로 진행할 것인가? 또는 새롭고 더 좋은 것을 찾아 진행할 것인가? 일정상 이런 시범 기간을 가질 수 있는가?

- 공식 지원이 없어 문의사항에 대한 답변을 웹에서 임의로 찾아야 하는 무료 툴을 원하는가? 또는 공식 지원을 받을 수 있는 유료 툴에 돈을 지불하기를 원하는가?

- 알려진 적절한 기능을 제공하는 '검증된' 툴을 원하는가? 또는 기존 툴에 비해 엄청난 개선 가능성이 있는 '새롭게 뜨고 있는' 툴을 믿어볼 것인가?

- 사용 중인 다른 툴과의 통합이 되어야 하므로 최고의 선택이 아닌 툴도 선택할 수 있겠는가? 이에 적합한 툴 선택을 위해, 선택한 툴에 대해 재평가를 할 용의가 있는가?

어떤 툴이든 툴 선택에 있어서는 투자와 이익 간의 균형이 중요한 요소다. 경험에 비춰보면, 현재 고려 중인 대상 툴들을 잘 파악하는 일이 가장 중요하다. 예를 들면 기술 잡지를 즐겨 읽고, 새로운 기술에 대해 동료와 토론하며, 이런 분야에 관심을 갖고 있는 사람은 프로젝트 초기에도 더 적합한 툴을 선택할 것이다. 프로젝트 초기가 가장 경제적이다. 프로젝트 중간에 툴에 변경이 필요해 추가 구현을 하는 것은 좋지 않다. 요구사항의 변화로 이런 일이 일어날 수는 있지만 초기의 부적절한 관리 때문에 이런 일이 발생해서는 안 된다.

C.4 결함 추적: 평가 예제

이번 절에서는 결함 추적 툴을 평가하고 선택하는 방법을 제시한다. 우리의 기준에 맞는 상위 2개의 오픈소스 툴을 여기서 비교해본다. 바로, 버그질라Bugzilla와 트랙 Trac이다.

결함 추적 툴을 평가하고 선택하는 방법

고객에게 결함 추적 툴을 평가해주기 위해, C.2절의 '프레임워크 평가 및 선택 방법'에 제시된 1단계부터 5단계까지를 따라가며 진행했다.

표 C-4는 결함 추적 툴 평가 기준의 예다. 여기에는 예제로 삼은 트랙과 버그질라에 가중치와 점수를 매겼다. 각 기준의 기능이 얼마나 중요한지에 따라 가중치를 주었다. 예를 들면 우리 또는 고객에게 더 중요한 기준일수록 더 높은 가중치(1부터 5까지)를 주었다. 그런 다음 툴이 해당 기준을 얼마나 만족하는지에 따라 다양하게 점수를 매겼다. 가중치와 점수를 곱해서 최종적으로 '툴 점수'가 나왔다. 최적의 선택을 위해 산출된 툴 점수를 기초로 하여 후보 툴의 기능을 비교했다.

상위 요구사항을 만족하는 결함 추적 툴로 좀 더 작게 평가 대상을 줄일 수 있다. 우리의 경우는 단지 2개의 오픈소스 결함 추적 툴만 살피기로 했다. 오픈소스를 선택 옵션으로 두지 않았다면, 어쩌면 우리가 선택한 툴은 평가 대상에서 제외됐을 수도 있다.

이번 절에서 어떻게 결함 추적 툴을 평가할 수 있는지에 대해 버그질라와 트랙을 비교해볼 것이다. 버그질라가 오픈소스 커뮤니티(예: 모질라Mozilla, 아파치Apache, 이클립스 Eclipse)에서 많이 사용되면서 「소프트웨어 테스트와 성능Software Test and Performance」 잡지[3]의 '테스터의 선택' 부문에 채택되기도 했는데, 2007년 12월호에서 소개됐다.

트랙과 버그질라 모두 오픈소스의 장점을 갖고 있다.

---

3 「소프트웨어 테스트와 성능(Software Test and Performance)」 잡지는 현재 「소프트웨어 테스트와 품질 보증 (Software Test and Quality Assurance)」으로 이름이 변경됐다. http://www.softwaretestpro.com/Publication/ p/STPM을 참고한다. – 옮긴이

표 C-4 결함 추적 툴 평가 기준

기준	가중치 (1~5)	버그질라		트랙	
		점수	값	점수	값
가격	5	5	25	5	25
임포트/익스포트 허용	5	5	25	5	25
데이터베이스 동기화 허용	5	3	15	4	20
워크플로우 커스터마이징	5	4	20	4	20
다른 툴과의 통합을 위한 오픈 API 지원	5	4	20		0
인터넷, 인트라넷을 통한 다양한 사용자 접근 지원	5	5	25	5	25
보안성	4	3	12	2	8
인증과 권한 검증	5	5	25	5	25
감사 추적	5	5	25	5	25
고급 리포팅 편의 기능: 결함 리포트 생성 기능으로, 진척사항 측정과 추이 분석을 위해 미리 정의된 리포트 및 커스터마이징 가능한 리포트 생성 지원(사용자 임의의 추가 리포트 생성을 위해 SQL 쿼리 사용도 가능)	5	5	25	5	25
필요한 지표 생성에 대한 지원	5	5	25	5	25
프로젝트에 특정 속성 추가 허용(예: 카테고리 및 커스텀 필드 추가를 허용)	5	5	25	5	25
모든 종류의 파일 첨부 허용(예: 결함 리포트에 파일(스크린샷, 기타 산출물 파일 등) 첨부 허용)	5	5	25	5	25
이메일: 새로운 결함이 등록되거나 결함 상태가 변경될 때 관련된 사람들에게 자동으로 통지	3	5	15	5	15
멀티플랫폼 지원	3	5	15	5	15
합계			322		303

- 라이선스 비용 무료로, 유지보수 비용 및 제한 없이 사용 가능하다.
- 다양한 방법으로 효율적인 지원을 받을 수 있다.
- 플랫폼 간 이식이 가능하다.
- 개별적인 요구사항에 맞게 수정과 변경이 가능하다.
- 비교적 가볍다.
- 단일 회사에 묶여 있지 않다.
- **라이선스**

  트랙은 수정된 BSD 라이선스(http://trac.edgewall.org/wiki/TracLicense)에 따라 배포되는데, 이는 '상용 친화적commercially friendly' 라이선스 또는 '카피 센터copy center' 라이선스로 불린다. 소스 코드는 변경할 수 있고, 저장 및 배포에는 몇 가지 제약이 있다.

  버그질라는 MPLMozilla Public License(www.mozilla.org/MPL/) 기반이다. 이는 가끔씩 BSD와 GPL의 하이브리드 형태라고 거론된다. 약한 카피레프트copyleft 라이선스로 불리며, 수정한 소스 코드는 MPL을 따라야 하지만, 기존 컴포넌트와 함께 배포되는 것도 허용한다.

- **지원**

  버그질라와 트랙을 평가하는 동안에 질문한 내용들은 수 분 내로 응답을 받았고, 간단한 것에서부터 복잡한 이슈까지 우리에게 필요한 답을 주었다.

  우리의 경험에 비춰보면, 상업 툴의 경우는 지원을 받는 방법이 보통 좀 더 복잡하다. 이슈를 지원 담당자에게 설명하기까지 며칠이 걸리고, 경우에 따라서는 추가 비용이 들거나 연간 유지보수 계약을 맺어야 한다.

- **적응성**

  트랙은 파이썬(www.python.org)으로 작성됐다. 파이썬은 1991년에 귀도 반 로섬Guido van Rossum이 최초로 릴리스했다. 동적 객체지향 프로그래밍 언어로 모든 유형의 소프트웨어 개발에 사용할 수 있다. 타 언어 및 툴과의 강력한 연동을 지원하고, 광범위한 표준 라이브러리를 갖고 있으며, 보통 수준의 개발자라면 상대적으로 빠르게 배울 수 있다. 파이썬은 윈도우, 리눅스/유닉스, 맥 OS X, OS/2, 아미가Amiga 버전뿐만 아니라 팜Palm과 노키아Nokia(심비안Symbian) 모바일 폰 운영체제 버전노 제공한다. 파이썬은 사바와 닷넷.NET 가상 머신상에서 수행되도록 포팅돼왔다. 또한 나사NASA, 랙스페이스Rackspace, ILMIndustrial Light and Magic, 아스트라제네카AstraZeneca, 허니웰Honeywell, 시만텍Symantec 등 매우 광범위한 조직에서 사용되고 있다.

버그질라(www.bugzilla.org)는 펄Perl로 작성됐다. 펄은 안정적인 크로스 플랫폼 프로그래밍 언어로 래리 월Larry Wall이 1987년 최초로 릴리스했다. 위키피디아에 따르면 펄은 C, 셸 스크립트, AWK, sed, 리스프LISP의 개념들을 차용해 만들어졌다. 공공 및 개인의 많은 프로젝트에서 사용되고, 모든 영역의 웹 애플리케이션 프로그램에도 광범위하게 사용된다. 펄은 다양한 언어로부터 파생된 고급 프로그래밍 언어다. 펄의 프로세스, 파일 및 텍스트 처리 지원 기능은 빠른 프로토타이핑, 시스템 유틸리티, 소프트웨어 도구, 시스템 관리 업무, 데이터베이스 접근, 그래픽 프로그래밍, 네트워크 및 웹 프로그래밍 등의 작업에 도움을 준다. 이런 장점들로 인해 시스템 관리자나 CGI 스크립트 작성자들에게 특히나 유명해졌고, 그뿐 아니라 수학자, 유전학자, 저널리스트나 일반 관리자도 펄을 사용한다. 버그질라 3.0이 릴리스되면서, 트랙과 버그질라 모두 커스텀 필드를 제공한다.

● 커뮤니티

트랙은 Edgewall.org에서 호스팅되고, 파이썬 기반으로 프로젝트를 진행하는 개발자 커뮤니티에 의해 유지보수된다. Edgewall.org는 트랙으로 인해 유명해졌다.

버그질라는 Bugzilla.org에서 호스팅되고, 파이어폭스Firefox 브라우저로 알려져 있는 모질라 재단Mozilla Foundation에 의해 관리 및 유지보수되는 많은 프로젝트 중 하나로 속해 있다.

버그질라와 트랙

버그질라와 트랙 사이트에 있는 정의를 보면, 버그질라는 "소프트웨어 개발 관리를 지원하도록 설계된 서버 소프트웨어"로 되어 있고, 트랙은 "소프트웨어 개발 프로젝트에 사용할 수 있는 향상된 위키 및 이슈 추적 시스템"으로 되어 있다.

트랙이 최초의 아이디어는 아니다. 이미 많은 프로젝트 관리 및 이슈 추적 시스템이 있었다. 특히, 트랙은 CVS트랙^{CVSTrac}에서 파생됐다. 프로젝트는 CVS트랙을 파이썬으로 다시 구현하는 것에서 시작됐다. 간단하게 애플리케이션에 내장해 사용할 수 있는 데이터베이스인 시퀄라이트^{SQLite}를 붙였다. 시간이 지나면서, 많은 많은 노력이 들어갔고 목표가 설정됐다. 그렇게 하여 현재에 이르렀다.

트랙과 버그질라 모두 브라우저 기반의 결함 추적 툴로, 다수의 사용자 접근, 파일 첨부, 이메일 통합, 임포트/익스포트 기능, 커스텀 필드, 인증 및 권한 검증, 리포팅, 감사 추적을 제공한다.

이 두 가지 툴에 대한 조사의 범위를 좁혀서, 기본 기능이 아닌 기능을 비교해보기로 했다. 표 C-5에 이 부분에 대한 플러스와 마이너스 요소를 정리해봤다.

표 C-5 버그질라와 트랙: 플러스와 마이너스

기준	버그질라 3.0	트랙 0.10
윈도우에 설치	–	+
사용 편의성	+	+
프로젝트 관리 및 여타 툴과의 통합 기능	+	+
워크플로우 커스터마이징	+	+
보안	+	–

- **윈도우에 설치**

  대부분의 오픈소스 결함 추적 툴은 크로스 플랫폼 호환성을 갖는다. 하지만 버그질라는 최신 버전에서도 윈도우 환경은 크게 관심을 두지 않는다. 윈도우상의 설치는 트랙의 강점이며 플러스 요인이다. 트랙은 어려움 없이 윈도우에 설치 및 실행이 가능하다.

  현재까지도 버그질라는 윈도우 설치 번들을 제공하지 않는다. 반면에 트랙은 번들을 제공해 쉽게 설치할 수 있다. 윈도우에 버그질라를 설치하려면 더 많은 노력을 들여야 한다.

- 일반적인 설치

  트랙의 설치는 유연하고 간단해서 두 시간 정도면 설치해서 실행할 수 있다. 반면에 버그질라는 설치와 유지보수가 좀 더 까다롭다. 설치해야 하는 컴포넌트가 꽤 많다. 트랙은 독립 웹 서버처럼 실행이 가능하다는 점이 좋았다. 덧붙이자면 마치 아파치 같은 웹 서버 같다. 반면에 버그질라는 독자적으로 실행될 수 없고 아파치 같은 웹 서버를 필요로 한다.

- 사용 편의성

  한 번 설치된 후에는, 두 툴 모두 사용하기는 쉽다. 웹 인터페이스는 쉽고 직관적이어서 둘 다 이 부분은 플러스 요인이다. 트랙이 좀 더 가볍고, 적은 노력으로 사용할 수 있다. 버그질라는 사용할 수 있는 컴포넌트가 더 많다.

- 프로젝트 관리 및 여타 툴과의 통합 기능

  트랙은 위키[wiki], 결함 추적 툴 그리고 외부의 소프트웨어 형상 관리 툴을 통합하는 프로젝트 관리 툴이다.

  - **위키 서버:** 위키는 사용자가 추가, 삭제뿐 아니라 컨텐츠 수정까지도 쉽게 할 수 있는 웹사이트 유형으로, 보통 '웹 2.0' 기술의 예로 언급된다. 예를 들면 위키는 프로젝트 관리 툴로 사용될 수 있으며, 또한 사용자가 최초로 트랙에 로그인하면 프로젝트 상태 요약을 보여줄 수도 있다.
  - **이슈 추적 툴:** 결함뿐만 아니라 프로젝트와 연관된 이슈도 관리할 수 있다.
  - **서브버전(형상 관리 툴)과 연동:** 서브버전은 소프트웨어 개발에 사용하는 소프트웨어 형상 관리 툴로, 또 다른 유명한 형상 관리 툴인 CVS보다 진보된 것이다. 자세한 사항은 C.3절을 참고한다.

  서브버전은 오픈소스 형상 관리 툴이며, 소위 뜨고 있는 툴이라 할 수 있다. 서브버전 프로젝트의 목표는 오픈소스 커뮤니티에서 CVS를 대체할 수 있는 버전 관리 시스템을 구축하는 것이다.

  트랙은 서브버전과 유연하게 통합되는 반면에 버그질라는 서브버전과 통합하기 위해 scmbug라는 툴이 필요하다. 트랙의 독특한 점은 위키를 포함한다는 점이며, 트랙의 각 페이지는 사용자가 수정할 수 있다.

트랙은 가볍고 플러그인과 컴포넌트가 유연하게 통합된다. 하지만 버그질라는 더 많은 애드온과 유틸리티를 제공한다. 많은 기능과 컴포넌트를 찾고 있다면 버그질라가 플러스를 받을 수 있고, 가볍고 유연한 통합을 원한다면 트랙에 플러스를 주게 될 것이다.

- 워크플로우 커스터마이징
  결함 관리 프로세스의 목적은 모든 결함을 빨리 해결하는 것이다. 어떤 결함 추적 툴을 선택하는지와는 별개로, 툴에서 결함을 기록하고 추적하는 부분의 프로세스는 정확하고 일관되게 지켜져야 한다. 그렇기에 결함이 적절한 절차를 따라 처리되고 릴리스 사이클 동안에 누락되지 않게 해주는 워크플로우가 필요하다. 결함 추적 툴을 평가하는 데 있어 워크플로우를 커스터마이징할 수 있는지에 대한 부분은 중요한 고려사항이다.

  트랙은 플러그인을 사용해 진보된 티켓 워크플로우 커스터마이징을 지원한다. 우리는 기본 워크플로우가 하드코딩되어 커스터마이징 시 펄로 코딩을 해야 하는 버그질라보다 트랙을 더 선호했다. 하지만 향후 버그질라 버전은 워크플로우 커스터마이징을 지원할 것이기에, 버그질라와 트랙 모두 플러스 점수를 주었다. 그림 9-2는 대략적인 버그질라의 결함 추적 수명주기/워크플로우를 보여준다.

결론: 보안이 최우선

버그질라 유지보수 담당자는 "요즘 개발 커뮤니티에서는 사이트 및 버그질라 데이터의 보안에 매우 큰 관심을 갖고 있다. 이에, 보안 취약점들이 발견되면 가능한 한 빨리 해당 취약점을 해결하려는 모든 시도를 하고 있다."라고 말한다. 버그질라 홈페이지에 보안 관련 수정이 포함된 각 릴리스에서는 보안 공지도 함께 배포하고 있다.[4] 홈페이지를 통해 2.1 버전 이후 대부분의 버전에 대한 보안 공지를 볼 수 있으며, 보안 문제의 최신 동향을 읽을 수 있다.

---

4 www.bugzilla.org/security/를 참조하면 현재까지의 보안 공지를 볼 수 있다. – 옮긴이

보안에 관한 대응에 대해 트랙 개발 팀에도 질문을 했고, 다음과 같은 답을 얻었다. "정확하게 답변할 수는 없지만, 알고 있는 바로는 악의적으로 사용할 수 있는 부분에 대해 다양한 관점으로 코드를 주의해 보고 있다." 보안에 대한 이런 느슨한 부분은 다소 우려스러웠다.

이번 평가에 있어, 느스한 보안은 선택을 하지 못하게 만드는 중요 원인이 되었다. 버그질라 개발자가 최근까지 노력을 기울이고 있는 보안에 대한 대응과 프로젝트의 영속성 또한 중요한 부분이었다. 다윈의 적자 생존의 법칙은 오픈소스 영역에서도 마찬가지다. 더 활동적인 커뮤니티가 더 오랫동안 오픈소스 툴로 남을 수 있다. 일반적으로 사용자의 참여가 커질수록, 보안 이슈가 발견되고 처리될 기회는 더 많아진다.

C.5 보안 테스트

보안 테스트 툴은 안전한 시스템을 위한 보안 개발 및 다양한 시스템과 컴포넌트의 보안을 검증하는 데 유용하다는 사실이 검증되고 있다. 이번 절에서는 사용 가능한 보안 테스트 툴의 여러 가지 유형과 해당 툴들이 만족시켜야 하는 요구사항 그리고 각 보안 툴에 해당하는 제품군을 요약해 제공한다. 전형적인 안티바이러스 소프트웨어, 네트워크 스니퍼sniffer, 침입 탐지 및 방화벽 소프트웨어가 이런 자리에 놓일 것으로 생각할 수 있다. 보안 테스트 툴은 이런 툴들을 보완해준다.

표 C-6은 보안 테스트 툴 요구사항의 예로 정리한 것이다. 표에 나열된 각 요구사항은 향후 더 세부적인 요구사항으로 나뉠 수 있다.

현재 사용 가능한 보안 테스트 툴 솔루션이 많이 있다. 해당 툴이 예제에 나타난 보안 테스트 툴 요구사항을 어떻게 만족시키는지에 대한 비교를 표 C-7에 기술했다(참고: 보안 테스트 툴 요구사항은 시스템 엔지니어링 환경에 크게 영향을 받는다).

표 C-6의 요구사항을 만족하는 툴은 정적 분석 툴과 동적 분석 툴, 퍼저fuzzer와 침투 테스트 툴 등으로 다양하며, 소스 코드 및 바이너리 실행 파일에 적용할 수 있다.

표 C-6 보안 테스트 툴 요구사항의 예

요구사항 번호	보안 툴 요구사항
1	모든 취약점 유형에 대해 소스 코드 테스트 지원
2	모든 취약점 유형에 대해 테스트 바이너리(예: 소프트웨어 실행 파일) 테스트 지원
3	데드락 감지, 비동기 이슈 등 실시간 시스템과 연관된 이슈 감지 지원
4	새로 발견된 모든 취약점 패치에 대한 리그레션 테스트 및 베이스라인 설정 지원
5	변경이 없이 실행 파일로 빌드된, 기 검증된 소스 코드에 대해 보증을 제공함
6	테스트가 악의적인 코드가 있는 곳 또는 트리거를 찾을 수 있도록 지원
7	로컬 시스템 객체 같은 바이너리 정보 제공
8	소프트웨어 개발 수명주기에 적용 가능하고, 다양한 단계에서 소프트웨어의 취약점을 확인할 수 있음
9	최소의 거짓 양성(false positive)과 거짓 음성(false negative)을 만들어야 함(예: 툴의 효과가 정략적으로 증명되어 있어야 함)
10	외국 소스 코드를 처리할 수 있어야 함(예: 외국 언어의 주석을 처리할 수 있어야 함)
11	크로스 플랫폼 호환성을 지원해야 함(예: 솔라리스(Solaris), 리눅스(Linux), VxWorks 등)
12	다양한 개발 언어와 호환됨(예: C, C++, 자바 등)
13	다양한 크기의 소스 코드 및 실행 파일을 테스트할 수 있는 확장성이 있어야 함(예: 수백만 라인의 코드)
14	보안 테스트 툴이 소스 코드에 어떠한 영향도 주지 않아야 하며, 어떤 흔적도 남겨서는 안 됨(예: 테스트 대상 시스템의 변경을 일으킴)
15	유용한 진단, 예측 및 메트릭 통계를 생성해야 함

표 C-7 다양한 보안 테스트 툴과 기능

테스트 툴	유형	기능	장점	단점	벤더(예)	표 C-6의 툴 요구사항 충족
바이너리용 테스트 툴	프로파일러, 메모리 진단 툴, 바이너리 코드 스캐너	바이너리 및 실행 파일 대상으로 수행된다. 런타임에 코드를 테스트한다. 런타임 테스트를 위해 코드가 삽입된다.	소스 코드가 필요 없으며, 바이너리만으로 실행된다. 보통 동적 메모리 충돌, 리소스, 스레드 결함을 감지하는 데 탁월하다. 실행 중에 코드의 어느 부분이 문제인지 정확히 알아낸다. 양질의 결과를 생산한다. 소스 코드 스캐너에 비해 바이너리 코드 스캐너가 우위에 있는 점은 컴파일러 자체가 만들어내는 취약점에 대해서도 확인할 수 있다는 점이다. 나아가 바이너리로 전달되는 라이브러리나 그 밖의 코드도 검사할 수 있다.	테스트 케이스가 필요하며 테스트 스위트에 의존적이다. 설계되어 수행된 테스트만큼 테스트가 되어 거짓 음성(false negative)을 만들 수 있다. 모든 경로를 다루려고 할 경우 느려진다. 잠재적인 성능의 영향으로 버그가 감춰질 수도 있다(비결정적 문제 발생). 결함이 소프트웨어 개발 수명주기의 후반에 발견된다.	오픈 소스: 밸그린드 (Valgrind, www.valgrind.org) 벤더 제공: 래셔널/IBM 퓨리파이(Purify, www.ibm.com). http://samate.nist.gov/index.php/Binary_Code_Scanners.html	2, 8, 9, 10, 12, 14, 15
	애플리케이션 풋프린팅	바이너리 및 실행 파일 대상으로 수행된다. 애플리케이션이 사용하는 시스템 객체와 시스템 호출을 찾아낸다.	네트워크상에서 애플리케이션이 접근한 정보나 로컬 시스템에 생성한 객체 같은 바이너리에 대한 정보를 제공한다.	결함이 소프트웨어 개발 수명주기의 후반에 발견된다.	유닉스의 lsof 또는 유닉스의 strace/ktrace/truss, 윈도우의 프로세스익스플로러(ProcessExplorer)	7

(이어짐)

테스트 툴	유형	기능	장점	단점	벤더(예)	표 C-6의 툴 요구사항 항 충족
테스트 툴	퍼즈 테스트 툴 및 기법(침투 테스트라고도 함)	퍼즈 테스트 또는 퍼징은 애플리케이션과 프로토콜의 보안 취약점을 발견하기 위해 사용하는 소프트웨어 테스트 기법이다.	네트워크, 서버 또는 애플리케이션 선의 블랙박스 진단을 수행하는 데 유용하다.	결함이 소프트웨어 개발 수명주기의 후반에 발견된다.	피치 퍼저 프레임워크(Peach Fuzzer Framework, http://peachfuzz.sourceforge.net/)	2
소스 코드용 테스트 툴	정적 코드 분석	컴파일 시에 코드를 테스트한다. 발생 가능한 취약점에 대한 소스 코드를 분석한다. 사용되지 않은 코드도 찾아낸다.	광범위한 코딩 결함을 찾아낸다. 문제 발견을 위한 별도의 테스트 케이스가 없어도 된다(테스트 케이스 없이) 코드 전체에 대해 분석하기 때문에 커버리지가 훨씬 더 넓다. 이로 인해 테스트 커버리지도 더 좋아진다. 더 빠르고, 더 많은 결과를 보여준다. 소프트웨어 개발 수명주기의 초반에 버그를 발견한다.	접근 가능한 소스 코드가 필요하다. 가짓 양성(false positive) 문제. 소스 코드로부터 어떻게 소프트웨어가 빌드되는지에 대한 이해가 없다면, 결과 출력물은 매우 피상적이 된다. 전체 코드의 큰 그림을 제공하긴 어렵다(특정 시점에는 단지 한 코드 파일만 보게 됨). 또 적용함을 필요로 없는 휴리스틱에 기반한다.	오픈소스: 린트(Lint)의 오픈소스 버전인 Splint(http://splint.org) 벤더 제공: PRQA(Programming Research, www.programmingresearch.com/) 또는 코베리티(Coverity, www.coverity.com)	1, 3, 4, 6, 10, 11, 12, 14, 15

정적 분석과 동적 분석

분석 툴은 분석이 시행되는 시점이 언제인지에 따라 두 가지로 분류된다.[5]

1. **정적 분석**static analysis은 프로그램을 수행하지 않은 상태에서 소스 코드를 분석한다. 많은 툴이 정적 분석을 수행한다. 특히 컴파일러에서 타입 검사처럼 정확성 분석과 성능 개선 변경 요소를 식별하는 최적화 분석을 수행하는 데 정적 분석이 사용된다. 또한 일부 독립 정적 분석 툴은 버그를 식별하고 코드를 비주얼하게 보여주는 데도 도움을 준다. 정적 분석을 수행하는 툴은 분석을 위해 단지 프로그램을 읽을 수만 있으면 된다.

2. **동적 분석**dynamic analysis은 실행 중에 클라이언트 프로그램을 분석한다. 많은 툴이 동적 분석을 수행한다. 동적 분석을 수행하는 툴은 클라이언트 프로그램에 분석 코드를 삽입해야만 한다. 분석 코드는 인라인으로 삽입되며, 분석 코드에서 호출되는 외부 루틴을 포함하게 된다. 분석 코드는 프로그램 내에서 일반적인 실행문의 일부로 수행되고, (조금 느려지는 것을 빼면) 프로그램 실행을 방해하지 않는다. 반면에 성능 측정이나 버그 식별 같은 추가 작업을 수행한다. 정적 분석은 프로그램의 전체 실행 경로를 따라 분석하지만, 동적 분석은 실행 중인 단일 경로를 따라 분석한다. 하지만 동적 분석이 정적 분석보다 더 정확한데, 이는 실행 중에 실제 값으로 분석을 수행하기 때문이다. 같은 이유로 동적 분석이 정적 분석보다는 훨씬 덜 복잡하다.

코드에 별도의 삽입 없이 애플리케이션이 사용하는 시스템 리스소를 보여주는 Perfmon 같은 툴을 함께 수행하는 것도 고려해볼 수 있다.

소스 분석과 바이너리 분석

프로그램 분석은 분석되는 코드의 유형에 따라서, 또 다른 두 그룹으로 분류된다.

1. **소스 분석**source analysis은 소스 코드 수준에서 프로그램을 분석한다. 소스 분석을 수행하는 툴은 많이 있다. 컴파일러가 다시 한 번 좋은 예가 된다. 여기에는 소

---

5   http://valgrind.org/docs/phd2004.pdf

스 코드에서 직접 도출된 제어 흐름 그래프 같은 프로그램 프레젠테이션 분석
도 포함된다. 소스 분석은 일반적으로 함수, 구문, 연산식, 변수 같은 프로그래
밍 언어 구성요소의 관점으로 수행된다.

소스 분석은 플랫폼(아키텍처와 운영체제) 독립적이지만, 언어에 종속적이다. 반
면에 바이너리 분석은 언어 독립적이지만 플랫폼에 종속된다. 소스 코드 분석은
하이 레벨 정보 접근이 가능해 좀 더 강력하다. 바이너리 분석은 특정 작업에 필
요한 경우에 로우 레벨 정보(레지스터 할당 결과 같은)의 접근이 가능하다.

2. **바이너리 분석**binary analysis은 오브젝트 코드(링크 전 단계) 또는 실행 코드(링크 후 단
   계)로 저장된 기계 코드 수준에서 프로그램을 분석한다. 여기에는 가상 머신에
   서 수행되는 바이트 코드 같은 실행 중간 표현executable intermediate representation 단
   계에서 수행되는 분석도 포함된다. 바이너리 분석은 프로시저, 인스트럭션, 레
   지스터, 메모리 로케이션 같은 기계 구성요소의 관점으로 수행된다.

바이너리 분석의 한 가지 장점은 원천 소스 코드가 필요하지 않다는 것이다.
이는 특히 라이브러리 코드를 다룰 때 중요한데, 시스템상에 소스 코드가 없을
가능성이 많기 때문이다.

애플리케이션 풋프린팅

정적 분석과 동적 분석 외에, 바이너리의 취약점을 감지하는 유용한 방법은 애플리
케이션 풋프린팅application footprinting이다. 이는 애플리케이션이 사용하는 시스템 객
체나 시스템 호출을 감지해 보여주는 방법이다. 애플리케이션 풋프린팅은 네트워
크 풋프린팅과 유사한 검사 기법이지만, 애플리케이션 하나에만 집중한다. 이는 어
떻게 애플리케이션이 운영체제의 시스템 호출에 따라 입력을 받게 되는지 파악하
는 데 도움을 준다. 또한 네트워크 포트, 파일, 레지스트리 키 같은 애플리케이션이
사용하는 OS 객체를 파악할 때도 도움을 준다.

퍼즈 테스트 또는 침투 테스트

퍼즈 테스트fuzz test 또는 퍼징fuzzing은 애플리케이션과 프로토콜상의 보안 취약점을 발견하기 위해 자주 사용되는 소프트웨어 테스트 기법이다. 기본적인 아이디어는 프로그램의 입력에 랜덤 또는 기대되지 않는 데이터를 넣는 것이다. 프로그램이 실패하면(예를 들면, 크래시가 나거나 내부 코드 어설션으로 인한 실패), 수정이 필요한 결함이 있다는 뜻이다. 버퍼 오버플로부터 크로스 사이트 스크립팅 공격에 이르는 주요 보안 취약점은 대개 사용자 입력 데이터에 대한 충분치 않은 검증에 기인하기 때문에, 발견된 결함은 반드시 확인할 필요가 있다. 퍼즈 테스트를 통해 발견된 버그는 실제 공격자들이 악용할 수 있는 심각한 버그다. 퍼즈 테스트가 더 많이 알려질수록, 공격자들이 같은 기법과 툴을 사용해 배포된 소프트웨어에 악의적으로 접근하고 있다는 사실이 점점 더 밝혀지고 있다. 이것이 실제 악의적인 공격을 하기에는 어렵거나 불가능한 실패 조건을 인위적으로 만들어 여기에 의존하는 방법들인 바이너리 또는 소스 코드 감사나 퍼징과 비슷한 류의 방법들, 결함 삽입fault injection보다는 우위에 있는 장점이다.

위협 모델링: 위협 모델링으로 보안 테스트 우선순위 정하기

앞서 살펴본 기법(동적/정적 분석, 풋프린팅, 침투 테스트)이 구현된 후에는, 결과에 대한 평가가 필요하다. 위협threat은 평가가 필요하고, 그 후에는 공격의 쉬운 정도와 공격에 대한 예상 가능한 영향의 심각도에 따라 순위를 매겨서 완화해야 한다.

표 C-6은 보안 테스트 툴이 만족해야 하는 상위 수준 요구사항의 예를 정리한 것이다. 요구사항 6번은 '테스트가 악의적인 코드가 있는 곳 또는 트리거를 찾을 수 있도록 지원'이라고 되어 있다. 위협 모델링을 사용해, 애플리케이션 설계에 기초해서 잠재적인 보안 위협이 제시되고 평가된다. 위협 모델링의 상세한 내용은 『The Art of Software Security Testing소프트웨어 보안 테스트의 정석』[6]을 참고하면 된다.

---

6 와이소팔(Wysopal) 외, 『The Art of Software Security Testing』

자동화 리그레션 테스트

자동화가 리그레션 테스트에 매우 효과적이라는 사실은 증명돼왔다. 자동화 리그레션 테스트는 이미 검증된 기능에 새로운 취약점이 생기지 않았음을 검증할 수 있다. 표 C-7에 포함된 것에 더해서, 패치나 업데이트가 이전 동작하는 기능을 실패시키지 않으며 이전의 보안 기능이 여전이 잘 작동하고 있음을 검증해주는 수많은 소프트웨어 자동화 툴이 있다.

무선 보안 진단 툴

많은 테스터가 무선 클라이언트의 보안을 검증할 필요가 생겼다. 카르마^{KARMA}[7]는 다중 레이어상에서 무선 클라이언트 보안 진단을 하는 툴이다. 무선 스니핑^{sniffing} 툴은 802.11 프로브 요청^{probe request}을 수신함으로써 클라이언트 및 클라이언트가 선호/신뢰하는 네트워크를 찾아낸다. 이렇게 하여 개별 클라이언트는 비인증 AP^{access point}를 자신의 네트워크에 생성하거나 또는 임의의 서비스 식별자에 대해 프로브 및 어소시에이션^{association} 요청에 응답하는 커스텀 드라이버를 사용함으로써 공격 대상이 될 수 있다. 더 높은 수준의 가짜 서비스들은 개인 정보를 획득하거나 호스트에서 클라이언트의 취약점을 악의적으로 사용할 수도 있다.

요약하면, 다양한 요구사항을 만족하는 수많은 보안 테스트 툴이 있다. 각자의 시스템 엔지니어링 환경에 기초해 보안 테스트 툴을 평가하는 것이 중요하다.

C.6 ASTF: 평가 예제

초기 테스트 자동화 접근 방법으로 우리만의 소프트웨어 테스트 자동화 프레임워크 ^{ASTF}를 개발하는 데 관심을 두었다. 소프트웨어 테스트 자동화 요구사항을 계속 정의해나가면서, 자체 개발은 비용과 일정에 효과적이지 않은 것 같았다. 우리 요구사항의 많은 부분을 만족시킬 수 있는 툴을 오픈소스 및 상용 툴 커뮤니티에서 찾아보

---

[7]   www.theta44.org/karma/index.html

기로 했다. 모든 문제를 해결할 수 있는 툴을 찾는 것은 비현실적이었다. 그래서 우리가 정의한 상위 수준의 요구사항을 처리할 수 있는 '프레임워크'를 찾았다.

- 병렬 또는 순차적으로 애플리케이션 및 프로세스를 구동시킬 수 있다.

- 멀티플랫폼 및 OS를 지원한다.

- 테스트 케이스 및 테스트 데이터를 선택, 모니터링, 실행, 수정할 수 있는 테스트 관리 기능을 갖고 있다.

- 단일 머신 또는 분산 환경에서 수행되는 테스트 케이스 결과를 얻을 수 있는 방법을 제공한다.

- 테스트 케이스 생성 방법을 제공한다.

- 분산 테스트 환경을 지원한다.

- 고급 언어high-level language를 지원한다.

- 부록 D 및 이번 절에서 좀 더 자세한 ASTF 요구사항을 참고한다.

이는 자동화를 가능하게 하는 최소한의 요구사항이었다. 대부분의 복잡한 테스트 대상 시스템은 멀티 노드이거나 분산되어 있다. 그렇기에 분산 환경에서도 작동하는 솔루션을 찾는 것이 중요했다. 최초의 평가 대상은 소프트웨어 테스트 자동화 프레임워크STAF, Software Test Automated Framework라 불리는 오픈소스 프레임워크였다. STAF는 IBM에서 개발한 오픈소스 프레임워크로, 회사나 개인이 사용할 수 있다. "소프트웨어 테스트 자동화 프레임워크STAF는 오픈소스, 멀티플랫폼, 다중 언어 프레임워크로 서비스라 불리는 재사용 가능한 컴포넌트를 기반으로 설계됐다. 서비스의 예는 프로세스 호출, 리소스 관리, 로깅, 모니터링 등이 있다. STAF는 자동화 인프라를 구축하는 지루함을 없애고, 자동화 솔루션을 구축하는 데 집중할 수 있게 도와준다. STAF 프레임워크는 상위 수준의 솔루션을 구축할 수 있는 기반을 제공하고, 광범위한 플랫폼과 언어에 사용할 수 있는 조립 가능한 접근 방법pluggable approach을 제공한다."[8] STAF는 현재도 활발히 지원 중에 있고, 리눅스 프로젝트 프로젝트(http://ltp.sourceforge.net/) 같은 프로젝트에서도 사용 중이다. STAF는 우리에게 필요한 많은 기능을 제공하지만, 각각의 모든 요구사항을 다 만족시키는 기능을

---

8 http://staf.sourceforge.net/index.php

갖고 있진 않다. 하지만 오픈소스라는 사실이 커스터마이징한 기능을 손쉽게 추가할 수 있게 해준다.

우리가 테스트 자동화 툴에 대해 이야기할 때는, 뭐든 할 수 있는 하나의 툴 또는 테스트 요구사항을 만족시키는 툴이 여러 개 있을 것이라 생각하고 진행했다. 경험을 통해 그런 툴은 하나도 없다는 사실을 알았다. 대신에, 테스트 툴 프레임워크로 시작해 새로운 요구사항을 보면서 기능 또는 새로운 툴을 추가할 수 있다. 우리는 전체적으로 보면 오픈소스 제품을 고수하고자 하지만, 꼭 그것으로만 제한을 두진 않았다. 목표를 달성하기 위해 해결해야 하는 대부분의 문제는 오픈소스 제품 또는 여러 오픈소스 제품들 그리고 내부 개발을 추가하면 풀 수 있었다. 우리가 발견한 효과적인 소프트웨어 테스트 자동화 프레임워크를 위한 필수 항목을 이제 자세히 소개한다.

테스트 케이스 개발

모든 소프트웨어 테스트 자동화 프레임워크는 테스트 케이스 개발이 가능해야 한다. STAF는 XML과 파이썬으로 테스트 케이스를 작성할 수 있도록 XML 서비스(STAX)를 제공한다. 이는 테스트 케이스를 가볍게 해주고 이해하기 편하도록 도와준다. 소프트웨어 테스트 자동화 프레임워크는 단지 기능 테스트뿐만 아니라 성능 테스트, 보안 테스트 등에도 필요하다(자세한 사항은 이어 나오는 '확장성' 절을 참고한다).

고급 언어

테스트 자동화 툴은 C/C++, 자바, 파이썬 같은 잘 알려진 고급 언어를 지원해야 한다. 소프트웨어 테스트 자동화 프레임워크나 통합 툴의 별도 언어를 개발 팀이 익혀야 하는 상황은 피하고 싶을 것이다.

플랫폼 지원

점점 시스템 복잡도가 증가함에 따라, 다중 플랫폼 지원은 매우 중요하다. 운영체제 및 하드웨어 플랫폼을 폭넓게 지원하는 툴을 선택할 필요가 있다. STAF는 광범위한 OS를 시원한다.[9] 우리의 선택에 있어 이 부분은 큰 비중을 차지했고, STAF는 여타 오픈소스나 상용 제품에 비해 우위에 있었다.

오픈소스

앞서 설명했듯이, 초기 접근 방식은 우리만의 솔루션을 만드는 것이었다. 우리의 방법을 따라오기 전에 조언하자면, 상세한 요구사항 리스트를 만들고 따라오라는 것이다. 그리고 나서 해당 요구사항들을 가지고, 요구사항 전체 또는 대부분을 만족시킬 수 있는 오픈소스 제품을 찾아라. 모든 요구사항을 만족하는 것이 없다면, 내부 개발을 통해 오픈소스 솔루션에 원하는 기능을 추가할 수 있다. 비용이 들지 않는 STAF 서비스들을 아래에 소개한다. 이들은 우리의 요구사항 일부를 충족시키며, 우리는 이를 기반으로 구축해나갈 수 있었다.

- 내부 STAF 서비스
  - Process: 프로세스를 실행, 중지 조회할 수 있다.
  - Variable: 환경 설정 및 런타임 데이터를 유지관리하기 위한 방법을 제공한다.

- 외부 STAF 서비스
  - Cron: 특정 시간 간격에 따라 STAF 서비스를 호출한다(자바).
  - E-mail: 이메일을 보낼 수 있다(자바).
  - Event: 시스템 통지notification의 발행/구독을 제공한다(자바).
  - Log: 완벽한 로깅 기능을 제공한다(C++).
  - STAX: XML 기반 실행 엔진execution engine을 제공한다(자바).
  - Zip: zip/unzip/list/delete PKZip/WinZip 호환 가능한 아카이브 방법을 제공한다.

이는 제공하는 서비스의 일부다. 사용할 수 있는 서비스의 유형을 보여주기 위해 간단히 나열했고, 이 서비스들은 수년에 걸쳐 개발돼온 것이다. 이 리소스에 익숙해진다면 그 장점은 어마어마하다. 전체 서비스 리스트는 http://staf.sourceforge.net/current/STAFGS.pdf를 참고한다.

---

9 http://staf.sourceforge.net/getcurrent.php

비용

이는 상용 또는 오픈소스 제품을 구매하는 데 필요한 하드웨어 또는 라이선스 비용을 나타낸다. 오픈소스의 경우 라이선스는 '무료'이지만, 그 밖의 비용은 포함될 것이고 고려해야 한다. 우리 경험에 비춰보면 무료 툴만 한 것은 없다 TINSTAAFT, there is no such thing as a free tool. 오픈소스 제품이어도 유지보수는 되어야 하기에, 비용은 따라오기 마련이다. 오픈소스에 대한 상세한 내용은 '소프트웨어 테스트 자동화 프레임워크의 결론' 절을 참고한다.

다중 프로세스 관리

어떤 테스트 환경이든 프로세스를 구동하고 중지하는 것이 필요하다. 프로세스는 테스트를 수행하기 위해 실행돼야 하는 애플리케이션이나 실행 파일이라고 정의된다. 프로세스는 한 머신에서 간단한 테스트 케이스를 수행하는 단일 프로세스일 수도 있고, 프로세스가 증가하며 더 복잡한 테스트 케이스를 수행할 수도 있다. 소프트웨어 테스트 자동화 프레임워크는 프로세스 실행을 관리할 필요가 있다. 테스트 자동화 툴을 찾을 때 이러한 기능이 있는지를 확실히 본다. 우리가 선택한 테스트 프레임워크인 STAF는 Process라는 서비스를 제공한다. 이는 로컬 또는 원격 머신 상의 프로세스를 실행하기 위해 STAF 호출을 수행할 수 있게 해준다.

테스트 케이스 결과 수집

소프트웨어 테스트 자동화 프레임워크의 핵심 기능은 테스트 결과를 보고하는 것이다. 분산 환경에서 이를 관리하는 일은 점점 귀찮고 어려워진다. 분산 환경에서 결과 로깅을 기록해주는 툴을 찾는 것이 최선이다. 결과는 타임스탬프가 있어야 하고, 프로젝트별 데이터 엔트리가 기록된 정보를 담고 있어야 한다. 테스트 결과가 기록되는 포맷도 또 다른 고려사항이다. CSV 포맷 또는 기타 표준 포맷을 권장한다. STAF는 이들 포맷을 지원한다.

분산 환경 지원

이 부분은 이미 살펴봤다. 선택된 소프트웨어 테스트 자동화 프레임워크가 분산 환경을 지원하는 것은 매우 중요하다. 대부분의 툴은 개별 머신에서는 잘 작동하지만, 분산 환경에서의 기능 또한 중요하다. 다음은 우리가 찾던 중요 기능이다.

- 다중 머신상에서 프로세스 기동. 테스트 케이스 레벨에서 어떤 프로세스를 언제 어디로 실행할지를 관리해야 할 것이다.
- 로깅 결과를 다시 중앙 머신에 보냄. 다양한 머신의 수많은 로그 파일을 뒤지는 일은 피하고 싶을 것이다. 그리고 나서는 이제 이들을 한데 묶는 방법을 걱정할 것이다. 선택한 테스트 툴에 이 기능이 있어야 한다.
- 통지 같은 서비스 또는 기능을 제공. 테스트 수행을 위해 개발된 애플리케이션들 사이의 통신을 목적으로 빈번히 사용된다.
- STAF는 공유 변수를 제공해, 머신 간의 다중 프로세스가 같은 변수에 접근할 수 있게 해준다.

예정 실행 시간

미래의 특정 시점에 테스트를 실행하고 싶은 경우가 많다. 예를 들면, CPU 부하가 많은 테스트는 실행을 나중에 하도록 하는 것이다. 이렇게 하면 테스트 관리자는 미래에 수행할 테스트를 스케줄링할 수 있다. STAF는 Cron이라는 서비스를 제공해 이 요구사항을 만족시킨다.

확장성

테스트 프로그램이 계속 커짐에 따라 소프트웨어 테스트 자동화 프레임워크의 확장성도 매우 중요해졌다. 테스트 케이스가 수백, 아니 수천 개인 프로젝트는 전혀 이상하지 않다. 우리가 테스트를 하면서 발견한 사실은 테스트들을 그룹으로 묶어서 한 번에 테스트를 수행하면 이상적이라는 것이다. 예를 들어, 프로젝트에 90개의 테스트가 있다고 하자. 매번 90개의 테스트 케이스를 선택할 수도 있다. 하지만

90개 전부를 수행하는 테스트 케이스 배치 하나를 선택하는 편이 더 이상적이다. 이 기능은 테스트를 그룹화하는 데 사용할 수도 있다. 리그레션 테스트마다 수행할 5개의 테스트가 있다고 가정하자. 예를 들면 1, 2, 3, 6, 9번 테스트 케이스를 그룹화해 테스터에게 줄 수 있고, 이를 '리그레션 테스트'라고 명명할 수 있다. 이렇게 되면 테스터는 리그레션 테스트를 수행하려고 할 때 단지 수행할 테스트 세트만 선택해 실행할 수 있다.

추가적으로 소프트웨어 테스트 자동화 프레임워크는 다양한 유형의 테스트 툴 통합을 지원(이번 절에서 기술한 부분과 같이)하고, 부록 B에서 기술한 다양한 테스트 유형을 지원할 수 있어야 한다. STAF/STAX는 통합과 확장성을 제공한다.

테스트 대상 시스템에 대한 영향

필요에 따라 동시성 문제를 효과적으로 잘 처리하고, 보안에 대해서도 안전하도록 소프트웨어 테스트 자동화 프레임워크를 확장해나가는 것이 중요하다 하더라도, 이는 또한 효율적으로 수행돼야 한다. 다양한 소프트웨어 테스트 자동화 프레임워크 테스트 고려사항의 종류는 부록 B를 참고한다. 소프트웨어 테스트 자동화 프레임워크로 인해 테스트 대상 시스템이 영향을 받거나 성능 문제가 발생하는 부분에도 주의를 기울여야 한다. 소프트웨어 테스트 자동화 프레임워크의 크기에 상관없이(물론 가벼워야 하지만), 테스트 대상 시스템에 영향을 주어서는 안 되고 메모리나 CPU 사용량도 적어야 한다.

이메일

이메일 기능은 있으면 좋은 기능이지만, 테스트 팀에게는 유용하다. 테스트 팀의 멤버들에게 테스트 실행 결과를 보내거나, 즉시 대응이 필요한 실패를 팀에 알리는 데 사용할 수 있다. 추가적인 소프트웨어 테스트 자동화 프레임워크의 요구사항은 소프트웨어 테스트 자동화 프레임워크 사례 연구인 부록 D를 참고한다.

소프트웨어 테스트 자동화 프레임워크의 결론

방향을 잡고 나가기 전에 소프트웨어 테스트 자동화 프레임워크 요구사항 전체를 식별하는 것이 중요하다. 잘 정의된 요구사항은 더 쉽게 솔루션을 찾게 해준다(표 C-8에 요구사항 및 평가에 대한 예제를 정리했다). 사용 가능한 오픈소스 제품이 요구사항을 만족시키기에 충분함을 발견했다. 우리가 경험한 오픈소스 솔루션 선택의 장점은 다음과 같다.

- 검색 기능이 있는 버그 리포트 시스템, 활동하고 있는 토론 포럼들 그리고 방대한 온라인 문서로 충분한 지원을 받을 수 있다.
- 소스 코드를 이용할 수 있다. 소소 코드 접근의 중요성을 충분히 강조하지는 못했다. 제품 릴리스에 매이지 않고, 추가할 기능이 무엇이고 언제 추가할지를 스스로 관리할 수 있다.
- 대부분의 요구사항은 이미 처리되고 있다. 오픈소스 제품은 이미 그 과정을 거쳐온 팀의 제품이다.
- 다양한 플랫폼을 지원하고, 기술을 선도하고 있다.

소프트웨어 테스트 자동화를 위해 소프트웨어 테스트 자동화 프레임워크에 통합되거나 또는 독립 실행할 수 있는 아주 많은 툴이 있다. 예를 들어, 마이크로소프트 닷넷.NET 애플리케이션의 코드 커버리지를 측정코자 한다면 비주얼 스튜디오 팀 시스템Visual Studio Team System의 테스트 에디션Test Edition을 강력히 추천한다. 이는 비주얼 스튜디오 팀 시스템의 애드온으로 닷넷 애플리케이션에 대한 강력한 단위 테스트 및 코드 커버리지 기능을 제공한다. J2EE 환경에서 테스트를 한다면, 2개 정도를 소개할 수 있는데 ITKO 사의 LISA(www.itko.com/site/products/lisa/j2ee.jsp 참고)[10] 또는 시파인 소프트웨어Seapine Software의 QAWizard(www.seapine.com/qawizard.html)이다.

---

10 ITKO 사의 LISA 제품군은 현재 제공하지 않는다. LISA의 제품군은 계속해서 다른 제품군으로 제공되고 있다. http://www.ca.com/us/products.aspx?intcmp=headernav#/portfolio/0을 참고한다. – 옮긴이

표 C-8 소프트웨어 테스트 자동화 프레임워크 평가 기준 예

기준	가중치(1~5)	툴 1		툴 2	
		점수	값	점수	값
테스트 개발 지원	5	5	25	5	25
고급 언어 사용	5	3	15	4	20
크로스 플랫폼 지원	5	4	20	4	20
오픈소스	5	4	20		0
오픈소스가 아닐 경우, 비용	5	5	25	5	25
다중 프로세스 관리	4	3	12	2	8
테스트 케이스 결과 수집	5	5	25	5	25
분산 환경 지원	5	5	25	5	25
확장성	5	3	15	5	25
성능	5	3	15	5	25
이메일	5	5	25	5	25
테스트 관리자 기능	5	5	25	5	25

추가적인 기준에 대해서는 『Automated Software Testing』[10]에서 발췌한 www.sqaforums.com/attachments/347896-ToolEvaluation.pdf를 참고한다.

테스트 자동화 툴 예제: 테스트플랜트의 에그플랜트

소프트웨어 테스트 자동화 프레임워크 개발의 한 부분으로 GUI 자동화 테스트 툴 또는 캡처/플레이백 툴을 통합할 필요가 있었다. GUI 테스트 툴의 주요 요구사항 중 하나는 테스트 소프트웨어가 테스트 대상 시스템 애플리케이션과 환경 설정에 영향을 주어서는 안 된다는 것이었다. 이 기준을 만족하는 사용 가능한 모든 툴을 조사했고, 테스트플랜트[Testplant]의 에그플랜트[Eggplant]가 이를 만족하는 유일한 벤더 제공 툴이었다.[12] VNCRobot이라는 프리웨어 제품이 있었지만(책을 쓸 당시에는 아직 오픈소스는 아니었다), 코드 수정이 불가능한 프리웨어 제품이었다.

---

11 『Automated Software Testing』(더스틴 외), 90~93페이지

12 www.testplant.com

테스트플랜트의 에그플랜트는 VNC 서버 기술의 장점을 갖고 있었다.

그림 C-3은 전형적인 수동 테스트 시나리오를 보여준다. 테스트 엔지니어가 3대의 테스트 대상 시스템을 사용해 테스트를 한다.

1. 노드 1에서 메뉴 X를 클릭한다.

2. 10초 내에 노드 2상에 윈도우 Y가 나타나는지를 확인한다.

3. 디스플레이된 창의 드롭다운 리스트 값을 Z로 변경한다.

4. 디스플레이된 창에서 OK를 누른다.

5. 노드 3에서 확인 창이 나타나는지 확인한다.

6. 기타 작업 진행

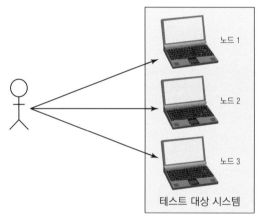

그림 C-3 전형적인 수동 테스트 시나리오

그림 C-4는 이 수동 시나리오를 어떻게 캡처/리플레이$^{C/R}$ 또는 캡처/플레이백 툴을 사용해 자동화 시나리오로 전환하는지를 보여준다.

1. '수동' GUI 테스트 작업에 앞서 자동화를 위해 캡처/플레이백 툴이 사용되도록 허용한다.

2. 툴은 VNC 클라이언트처럼 작동한다.

3. 테스트 대상 시스템은 다양한 하드웨어상에 다중 OS로 구성된다.

4. X 포워딩^{forwarding}으로, 모든 노드마다 VNC 서버를 실행할 필요는 없다.

5. 툴은 이미지 비교, 객체 비교, 텍스트 비교를 수행한다.

6. 툴은 '플레이백' 또는 자체 비교 코드를 실행한다.

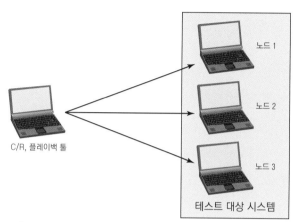

그림 C-4 전형적인 자동화 테스트 시나리오

다음은 에그플랜트에서 사용하는 자동화 스크립트의 예다.

```
Connect to node1
Find Image for menu X and Click
If (imageNotFound (menuX){
logError("menu X not found")
}
Connect to node2
Find expected window Y image within at most 10 seconds
If (imageNotFound (window Y){
logError("window Y not found")
}
Find image for drop down list Z and Click
Click new value from list
Find image for OK button on window Y and click
Connect to Node3
Find image of confirmation window
If (imageFound(confirmation window){
log("Confirmation Window Found")
}
Else{
logError("Confirmation Window Not Found")
}
```

그림 C-5는 에그플랜트가 VNC 서버를 이용해 테스트 대상 시스템에 연결되는 방법을 보여준다.

1. 테스트 대상 시스템에 실행되는 VNC 서버
    · 빠르게 반응하나 대상 하드웨어 프로세스를 실행해야 한다.

2. X 포워딩 / 테스트 대상 시스템에 VNC 서버를 실행하지 않음
    · 대상 하드웨어상에 테스트 프로세스(VNC 서버)를 실행하지 않으나,
      이 방법은 네트워크 대역을 많이 사용해 속도가 많이 느려질 수 있다.

그림 C-5 테스트 대상 시스템에 실행되는 VNC 서버와 테스트 대상 시스템이 실행되지 않는 VNC 서버 포워딩의 비교

언급한 바와 같이, 주요 요구사항 중 하나는 GUI 테스트 툴이 테스트 대상 시스템에 설치될 수 없다는 것이다. 때문에 이 솔루션은 우리 환경에는 이상적이었다.

하지만 몇 가지 주의해야 할 사항이 있다.

- **대상 하드웨어상의 VNC 서버**
  - 자체 OS에 VNC 서버 실행은 꽤 어려울 수 있다.
  - 성능 영향이 있지만, 우리가 진행한 테스트에서는 사용량은 다양했으나 매우 적은 CPU/메모리가 사용됐다.

- **네트워크 대역폭**
  - X 폴링polling / X 포워딩 설정은 네트워크 대역폭 비용을 많이 쓴다는 사실이 발견됐다.

- **대상 디스플레이에 대한 원격 접근**
  - 보안이 매우 엄격한 네트워크에서는 다른 머신의 접근이 불가할 수도 있다.

- 자가 체크해보기: 대상 디스플레이 노드에 ssh/telnet이 가능한가? 적절하게 X 설정을 할 수 있는가?(예: 'xhost +', 'X forwarding' 등)

- **특이한 디스플레이 하드웨어**
  - 사용자가 주로 사용하는 디스플레이에 테스트 소프트웨어를 통한 상호작용이 어려울 수 있다(예: 터치 패널).

현재 우리의 기본적인 GUI 테스트 요구사항을 에그플랜트가 만족시켰고, 필요하다면 내부 개발을 사용해 개선해가고 있다.

C.7 그 외 소프트웨어 테스트 수명주기 지원 툴

간단한 툴 유틸리티가 소프트웨어 테스트 자동화에 도움을 주며 효율을 높여준다. 많은 지원 툴과 유틸리티가 사용 가능하다. 이번 절에서는 테스트 자동화에 가치를 주는 것으로 이미 판명되어 주목할 만한 몇 가지 툴을 나열한다.[13] 1.3절의 향상된 소프트웨어 테스트 자동화 기술에 대한 논의를 다시 상기해보고 싶을지도 모르겠다.

- SIW^{System Information for Windows}: 하드웨어와 소프트웨어 정보를 수집
- 크림슨 에디터^{Crimson Editor}: 코드 포맷 및 컬러 지정이 가능한 텍스트 에디터
- 7-Zip: 압축 툴
- C클리너^{CCleaner}: 시스템 청소(정리) 툴
- RegEx 빌더^{RegEx Builder}: 정규식 검증 툴
- WinDirStat: 파일과 디렉토리 크기를 그래픽으로 보여줌
- 윈머지^{WinMerge}: 오픈소스 파일 비교 툴
- duplicate_finder: 시스템에서 중복 dll 및 exe를 찾아 리포팅해줌

---

13 여기에 몇 가지 툴이 제공되고 있다. 토니 데이비스(Tony Davis)가 시작한 토론을 www.sqaforums.com에서 참고하라.

- **InCtrl5**: 인스톨로 인해 새롭게 추가, 삭제, 수정되는 파일들을 추적해주는 툴

- **WmC 파일 이름 변경 툴**^{WmC File Renamer}: 설명이 필요 없는 벌크 파일 이름 변경 툴

- **커맨드히어**^{CmdHere}: 윈도우 XP의 파일 탐색기에서 직접 DOS 프롬프트를 열어줌

- **파일질라**^{Filezilla}: 오픈소스 무료 ftp 프로그램

- **가상 테스트 환경 지원**: 테스트 환경 구성에 VM웨어를 사용하는 것이 좋다. VM 웨어는 www.vmware.com/에서 이렇게 설명하고 있다. "가상화는 한 컴퓨터의 리소스를 다중 환경 간에 공유함으로써 한 컴퓨터에서 다중 컴퓨터로 작업을 수행할 수 있게 해준다. 가상 서버와 가상 데스크톱은 로컬 및 원격에서 다중 운영체제와 다중 애플리케이션을 사용할 수 있게 해주며, 물리적 지역적인 한계를 극복할 수 있다. 추가적으로 하드웨어 리소스를 더 효율적으로 사용하기에 에너지가 절약되고 비용 지출도 더 적다. 가상 인프라스트럭처를 구축할 때 리소스의 가용성을 높이며, 데스크톱 관리도 더 좋아지며, 보안도 향상되고 재난 복구 프로세스도 향상된다." 오픈소스 버전으로는, 버추얼박스^{VirtualBox}가 제공하는 무료 가상화 호스팅 프로그램이 있다. www.virtualbox.org/를 살펴보라.

- **테스트 데이터 생성기 예**
  - GNU 라이선스인 http://generatedata.com
  - 미국 국립표준기술연구소^{NIST}는 테스트 데이터 생성기를 비교해준다. http://csrc.nist.gov/groups/SNS/acts/documents/comparison-report.html을 참고한다.
  - 매트랩^{Matlab}은 www.mathworks.com/matlabcentral/을 참고한다.
  - Pairwise.org는 http://pairwise.org/tools.asp를 참고한다.
  - IBM 인텔리전트 테스트 케이스 핸들러^{IBM Intelligent Test Case Handler}는 이클립스 플러그인으로 테스트 환경 설정 데이터를 생성해 커버리지 기준을 설정한다. http://alphaworks.ibm.com/tech/whitch/download를 참고한다.[14]
  - 오픈소스인 테스트 벡터 생성기^{TVG, Test Vector Generator}는 입력-출력 관계, N 웨이^{N-way} 커버리지 또는 랜덤에 기반해 테스트 벡터 조합을 생성하는 툴

---

14 현재는 해당 제품의 이름으로는 릴리스되고 있지 않다. - 옮긴이

로, GUI가 있는 소프트웨어 테스터를 제공한다. http://sourceforge.net/projects/tvg/를 참고한다.

- **테스트 케이스 생성기 예**
  - IBM 텔레로직 랩소디 ATG[IBM Telelogic Rhapsody ATG]
  - 테라다인 테스트마스터[Teradyne TestMaster]
  - 컴포미크 테스트 제너레이터[Conformiq Test Generator]
  - T-VEC

- **결함 등록 같은 테스트 활동의 비디오 녹화를 지원하는 소프트웨어**
  - 캠타시아[Camtasia]
  - 테스트플랜트의 에그플랜트는 자체에 영상 녹화 기능이 있다.
  - 마이크로소프트는 비주얼 스튜디오 2010에 기기의 데이터뿐만 아니라 테스터가 보는 전체 화면을 기록하는 기능을 추가할 계획을 갖고 있다.[15, 16]

추가적으로 현재 사용할 수 있는 툴 리스트는 www.qadownloads.com/Tools/를 참고한다.

자가 테스트 또는 자율 컴퓨팅

이미 언급한 바가 있지만 소프트웨어 테스트 자동화는 소프트웨어 테스트를 소프트웨어로 한다는 부분에 있어 역설적이다. 소프트웨어 테스트는 자율 컴퓨팅[17]의 등장으로 머지않은 미래에는 변화가 있을지도 모른다. 자율 컴퓨팅은 따라잡아야 할 트렌드이고, 그 범위는 더 넓어질 것이다.

자가 테스트 또는 자율 컴퓨팅[18]은 (우리가 느낀 바로는) 툴 또는 방법이며, 여기서

---

15 http://news.cnet.com/8301-13860_3-10052412-56.html

16 현재 비주얼 스튜디오 2013까지 출시되어 있으며, 비주얼 스튜디오 테스트 프로페셔널 2013에서도 해당 기능을 제공한다. – 옮긴이

17 컴퓨터 시스템들이 스스로의 상태를 인식해 인간의 관여 없이(또는 최소한의 관여로) 스스로를 복구, 재구성, 보호, 자원 재할당을 할 수 있다는 개념 – 옮긴이

18 http://www.ibm.com/developerworks/tivoli/autonomic.html 및 http://www-03.ibm.com/autonomic/pdfs/AC_Blueprint_White_Paper_V7.pdf

언급할 만한 가치가 있다. 자율 컴퓨팅^{AC, autonomic computing}은 사람의 개입을 최소화하면서 컴퓨터 시스템이 스스로 관리하는 접근 방식이다. 이 용어는 신체의 자율 신경계^{autonomic nervous system}로부터 파생됐으며, 자율 신경계는 의식적인 개입 없이 중요 기능을 제어한다.

자율 시스템의 동적으로 스스로를 구성하고 최적화하고 보호하고 고치는 기능에 있어 검증^{validation}은 매우 중요한 부분이다. 이러한 새로운 컴퓨팅 관점은 산업계에도 관심의 변화를 요구하는데, 처리 속도와 대규모로 자가 관리, 자가 진단하는 분산 네트워크 개발에 관련된 스토리지 및 사용자 투명성에 더 관심을 두어야 한다.

이 새로운 컴퓨터 패러다임은 컴퓨터 시스템, 소프트웨어, 스토리지, 지원에 대한 설계와 구현에 있어 사용자 관점에서부터 다음과 같은 필수적인 사항이 반영돼야 함을 뜻한다.

- **유연성**: 시스템은 기기에 상관없이 플랫폼을 통해 데이터를 추출할 수 있다.
- **접근성**: 자율 시스템의 근본 성격으로 언제나 접근 가능하다.
- **투명성**: 작업에 있어 사용자가 복잡하지 않게, 시스템은 작업을 수행하고 사용자의 요구를 적용한다.

그러면 테스트 대상 시스템 환경이 자율적이 된다는 것은 무엇을 뜻하는가? 이는 시스템이 다음과 같아야 함을 말한다.

- 자가 구성: IT 대응성과 민첩성을 향상함
- 자가 복원: 비즈니스 탄력성을 개선함
- 자가 최적화: 운영 효율성을 개선함
- 자가 보호: 정보 및 리소스 보호에 도움을 줌

현재 자율 컴퓨팅에 대한 연구는 MIT, 프린스턴^{Princeton}, UC 버클리^{UC-Berkeley}, IBM에서 진행 중이다.

부록 D
사례 연구: ASTF 예제

부록 D에서는 오픈소스 툴을 사용해 어떻게 자동화 테스트 프레임워크를 성공적으로 구축했는지 요약해 소개한다.

부록 B의 가이드를 사용해 이제 우리의 요구사항을 정의했는데 다음과 같다.

- 다중 분산 컴퓨터에서 실행되는 애플리케이션[1] 지원
- 다양한 언어로 개발된 애플리케이션을 지원
- 다양한 종류의 OS상에서 애플리케이션 실행 지원
- GUI가 있는 애플리케이션과 없는 애플리케이션(예: 메시지 인터페이스 테스트) 지원
- TCP/IP, DDS, 코바^{CORBA} 등 다양한 종류의 네트워크 프로토콜을 사용하는 애플리케이션 지원
- (새롭고 더 좋은 제품이 나오기에) 다양한 벤더의 상업 테스트 툴 통합 지원
- 테스트 대상 시스템인 동일 컴퓨터에 소프트웨어 테스트 자동화 프레임워크를 설치하지 않고 테스트 지원

1 　여기서의 애플리케이션은 테스트 대상 시스템 또는 테스트 대상 애플리케이션 둘 다를 의미한다.

- 애플리케이션 인터페이스를 사용해 하나 또는 그 이상의 애플리케이션에 테스트 입력 데이터 추가 허용. 애플리케이션 인터페이스는 GUI, 메시지 기반, 커맨드라인 및 파일 기반을 지원
- 테스트 시나리오는 개별 애플리케이션이나 컴포넌트, 그리고 여러 애플리케이션 및 컴포넌트가 통합되고 동시에 상호작용하는 것도 포함하여 지원
- 테스트 소프트웨어는 테스트 대상 시스템 애플리케이션이나 환경에 영향을 주어서는 안 되며 흔적도 거의 남겨서는 안 됨
- 테스트 단계와 테스트 케이스 레벨별 결과를 문서화/수집이 가능해야 함

프레임워크는 추가적으로 다음과 같은 기능을 제공할 필요가 있다.

- 특정 시간에 실행할 (배치) 테스트를 하나 또는 그 이상 선택해 실행할 수 있음
- 테스트 실행 전에 시스템 환경이 올바른지 검증
- 테스트 실행 상태 제공
  - 테스트 실행 완료율
  - 성공/실패 상태
- 검색이 가능하도록 테스트 결과 로그 생성
- 테스트 결과 자동 분석 제공 및 적절한 리포트 생성
- 요구사항 추적 매트릭스의 테스트 케이스별 테스트 결과 문서화
- 테스트 단계 실패 시 결함 추적 툴에 내용을 제출하기 전에, 리뷰 및 분석에 대한 이슈 리포트를 미리 채워줌

그림 D-1은 초기 상위 레벨 프레임워크 개념을 보여준다.

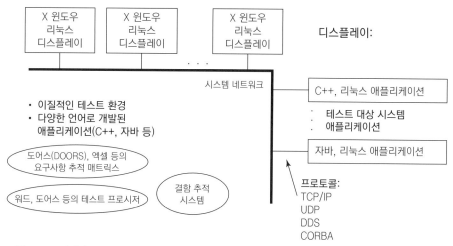

그림 D-1 프레임워크에서 지원하는 분산 환경

우리의 목표는 그림 6-6에 기술된 자동화 프레임워크 개념을 사용해 오픈소스 툴을 구현하는 것이었다. 프레임워크에서 지원하는 분산 환경은 그림 D-1에 나타난 바와 유사하다.

D.1 핵심 설계 특징

프레임워크 설계에는 다음에 소개하는 핵심 특징을 포함한다.

- 시스템 레벨의 테스트와 개별 애플리케이션 테스트를 지원하기 위해 하나의 설계/접근 방법을 사용했다.
- 목표는 상용으로 사용 가능한 자동화 테스트 툴과 오픈소스 툴 그리고 제품이 되기까지 가능하면 최대한의 영역으로 영향을 넓히는 것이었다.
- 다양한 벤더의 자동화 테스트 툴 및 제품을 계속해서 추가해가는 것을 계획했다 (시장 변화에 따라 최적의 툴과 제품을 사용하기 위해).
- 테스트 스위트는 확장 가능하고 호환 가능했다.

그러고 나서 그림 D-2에 정의된 자동화 작업을 제공하는 프레임워크를 찾기 시작했다. 자동화 기동, 시스템 셋업, 테스트 케이스 실행, 테스트 케이스 결과 분석, 테스트 케이스 클린업, 결과 통지, 자동화 완료를 제공하는 프레임워크를 찾아 나섰다.

그림 D-2 자동화 작업[2]

각 자동화 테스트에 대해, 테스트 실행은 관리되고 조율될 필요가 있다. 툴 중에서 우리의 니즈를 만족시키는 소프트웨어 테스트 자동화 프레임워크[STAF, Software Testing Automation Framework]를 찾았다.[3] STAF 제공 서비스로 테스트 케이스 실행을 관리할 수 있었다. STAF/STAX를 평가하고 이 자동화 프레임워크가 만족시켜야 하는 요구사항에 대해서는 부록 C에 자세히 기술했다.

STAF/STAX를 사용해 엔드투엔드[end-to-end] 자동화가 가능하다는 결론을 내렸다(그림 D-3 참조).

---

2   www.staf.sourceforge.net

3   www.staf.sourceforge.net

자동화 기동	Event, EventManager, Cron
시스템 셋업	FS, Process
테스트 케이스 실행	Process, Monitor, Log, Variable, Queue, ResPool
테스트 케이스 결과 분석	Log, Process
테스트 케이스 클린업	Process
결과 통지	E-mail, HTTP
자동화 완료	

STAX 잡
⟨function⟩
⟨parallel⟩
⟨sequence⟩
⟨process⟩
⟨stafcmd⟩
⟨testcase⟩
⟨timer⟩
⟨block⟩
⟨loop⟩
⟨message⟩
⟨log⟩
⟨import⟩
⟨job⟩
⟨iterate⟩
⟨paralleliterate⟩
⟨hold⟩
⟨release⟩
⟨terminate⟩

그림 D-3 STAF/STAX를 이용한 엔드투엔드 자동화[4]

또한 STAF/STAX가 자동화 프레임워크의 중심인, 테스트 관리자와 관련된 요구 사항도 모두 만족시킨다는 결론을 내렸다(그림 D-4 참조).

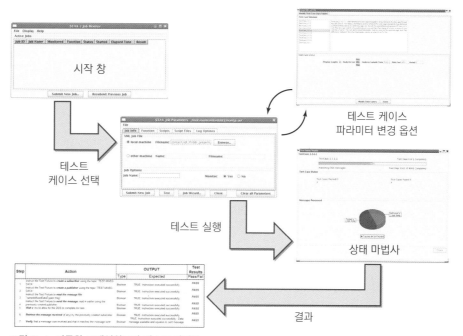

그림 D-4 자동화 프레임워크의 테스트 관리자

---

4 www.staf.sourceforge.net

STAF/STAX에서 제공하는 것에 추가 기능이 필요했고, 자체 설계, 아키텍처 및 개발을 해야 했다. 우리가 진행한 샘플 설계는 그림 6-7을 참고하면 된다.

D.2 테스트 관리자

이 부분은 테스트 자동화 툴에서 핵심 기능이다. 테스트 관리자에서 실행될 테스트 케이스와 테스트 케이스 그룹을 선택하고, 선택된 테스트를 언제 실행할지 기록한다. 소프트웨어 테스트 자동화의 기능으로 다음과 같은 최소한의 요구사항은 만족해야 한다.

- 테스트 케이스 개발과 수정이 가능하다.
- 실행할 테스트 케이스의 탐색이 가능하다.
- 실행할 테스트 케이스의 선택이 가능하다.
- 테스트 케이스 실행 모니터링이 가능하다.
- 테스트 케이스 실행 상태를 볼 수 있다. 어느 정도 테스트 단계가 완료됐는지, 얼마나 많이 남았는지, 테스트가 얼마나 수행됐는지, 수행된 테스트의 성공/실패 상태는 어떠한지를 포함한다.
- 운영자가 과거의 테스트 케이스 실행 결과 및 리포트를 볼 수 있다.

우리는 STAF를 사용했고, 여기에는 GUI를 제공하는 테스트 관리자인 STAXMon이라 불리는 것도 함께 있었다. 이것은 위에 언급한 요구사항을 완전히 만족시키지는 않았지만, 오픈소스여서 필요한 기능을 쉽게 추가할 수 있었다. STAF/STAX가 어떻게 우리의 프레임워크 요구를 만족시켰는지 자세히 기록한 부록 C를 참고하라. 또한 캡처/플레이백 요구사항을 어떻게 만족시켰는지에 대해서는 테스트플랜트^{Testplant}의 에그플랜트^{Eggplant} 절을 참고하라.

메시지 인터페이스 테스트를 위해 추가 코드를 구현할 필요가 생겼다. 여기서 우리는 자동 코드 생성^{automatic code generation}을 주목했다. 자동화 테스트 코드(테스트 대상 시스템을 검증하기 위한 코드)를 작성할 때, 다음의 이유로 자동생성 코드를 고려해보라.

- 예측 가능한 테스트 소프트웨어를 제공한다.

- 확장 가능하다.

- 이식 가능하다.

- 한 곳에서 문제를 수정할 수 있다.

- 프로젝트 전반에 걸쳐 재사용될 수 있다.

- 프로젝트별 개발 시간이 줄어든다. 이는 자동화 테스트가 더 많이 프로젝트에 실행되게 한다.

D.3 테스트 케이스 자동화와 테스트 코드 생성

우리는 자동화 테스트 케이스 코드와 자동화 프레임워크 코드를 생성했다.

예를 들면, 자동화 프레임워크 코드는 테스트 프레임워크에 테스트 대상 인터페이스 코드가 결합된 코드를 생성했다. 소프트웨어 인터페이스는 DDS 미들웨어나 간단한 멀티캐스트 레이아웃이 될 수 있었다. 다양한 입력 포맷(예: IDL, C 스타일 헤더 등)으로부터 소프트웨어 인터페이스 코드를 생성했다.

많은 테스트 케이스 생성 툴을 사용할 수 있었지만, 특정 벤더 제품에 매이고 싶진 않았다. 그래서 이 기능을 내부에서 자체 개발했다. 테스트 케이스 코드 생성 자동화를 위해, 다음을 구현했다. 테스트 케이스 프로시저의 각 단계는 그 행위를 실행하기 위해 생성된 코드와 연결됐다. 표준화된 테스트 케이스 포맷은 단계 프로시저 추출을 자동으로 하는 데 유용했다. 자동 생성 프로세스의 입력인 추출된 테스트 단계 정보를 정의하는 데 XML을 사용했다.

추가로, 추가 기능인 외부 캡처/플레이백 툴을 더함으로써 개선을 진행했다. 예를 들면, 테스트 엔지니어가 테스트 단계를 기록하기 위해 GUI를 '클릭'하면 뒤에서 자동화 코드가 키워드 기반으로 생성된다.

스트링템플릿StringTemplates은 프로젝트 개별 세트뿐만 아니라 공통 코드 세트도 제공한다. 그림 D-5는 자동화 코드 생성의 개념을 보여준다.

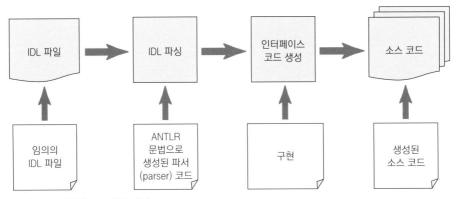

그림 D-5 자동화 코드 생성 개념

여기의 자동화 코드 생성 과정에 사용된 툴은 다음과 같다(1장에서 이미 언급했다).

- ANTLR(www.antlr.org/)
  - 문법 파일을 사용함. 여러 개의 공통 언어 문법 파일을 다운로드해서 사용할 수 있음
  - 어휘 분석기와 파서 기능을 자바로 생성해줌(그 밖의 언어도 지원함)

- 스트링템플릿StringTemplate(www.stringtemplate.org/)
  - ANTLR을 사용하며 같은 팀에서 개발됨
  - 쉽게 끼워 넣을 수 있는 템플릿을 제공. 자동 생성된 코드의 수정 없이 다양한 언어로 코드가 생성됨

- 잭스비JAXB(https://jaxb.dev.java.net/)
  - XML 스키마 기반으로 XML과 자바 객체 바인딩
  - XML 정보를 해석해 자바 클래스 생성

D.4 결과 리포팅

결과 리포팅에 대한 우리의 목표는 가능한 한 일반화해 기록하고, 실제 결정을 하는 부분과는 독립적으로 하는 것이었다. 이를 위해 그림 D-6에 묘사된 데이터 파서를 사용하거나 애플리케이션이 리포팅하는 테스트 수행 실제 결과를 사용했다.

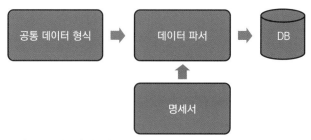

그림 D-6 리포팅 자동화

    우리가 배운 교훈은 단지 소스 코드 자동 생성을 간소화해서 실제 결과를 리포팅하는 것이었다. 비교 로직은 별도 유틸리티에 두어, 거기에서만 기대 결과(텍스트, 정수 등)와 테스트 실행에서 나온 실제 결과를 비교하게 했다. 이 부분은 그림 D-7에 기술했다.

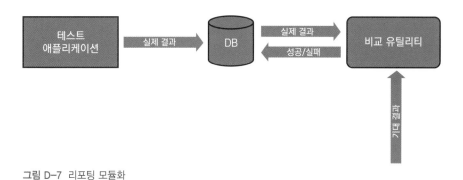

그림 D-7 리포팅 모듈화

D.5 결함 리포팅 자동화

이 책 전반에 걸쳐 말하고 있지만, 결함 추적 수명주기를 정의하고 지키는 일은 중요하다. 9장에서 예로 버그질라Bugzilla 결함 추적 수명주기를 제시했다. 사례 연구의 목적상 결함 추적 툴로 버그질라를 선택했다. 사례 연구의 부분으로 결함 리포팅 또한 자동화했다. 우리 프레임워크에서는 소프트웨어 문제 리포트상에 있어야 하는 대부분의 정보를 채울 수 있게 했다. 그리고 상세 문제 리포트를 제공하기 위해 테스트를 실행하면서 정보를 수집했다. 이는 개발자가 실패를 재현하는 데 도움을 주었다. 우리는 실패 시에 바로 결함 추적 데이터베이스에 들어가지 않게 하기로 했다. 대신에 자동적으로 등록되기 전에 결함을 리뷰할 수 있도록 리뷰어에게 실패할 수 있는 부분을 중간 결과로 보여준다. 중간 결과 화면에는 결함 추적 데이터베이스에 등록할 수 있는 버튼이 있다. 이를 위해 수집하는 실패 테스트 단계에 대한 정보는 다음과 같다.

- 테스트 케이스 이름과 단계 번호
- 테스트 케이스 단계 상세 정보
- 실패한 요구사항
- 사용된 테스트 데이터
- 실패에 대한 기술로 해당 스크린샷 등을 포함할 수 있음

우리는 '우선순위priority' 추가를 고려했다. 하지만 우선순위는 '심각도severity'와 함께 고려해야 효과적이다. 예를 들면, 높은 우선순위 테스트 케이스의 실패가 높은 우선순위 결함이 될 수도 있지만 심각도는 낮을 수 있다. 미리 정의된 필드로 우선순위만 홀로 사용하는 것은 효과적이지 못하다. 우선순위가 높은 테스트 케이스가 우선순위가 낮은 결함을 발생시킬 수도 있기 때문이다.

찾아보기

에이콘출판의 기틀을 마련하신 故 정완재 선생님 (1935-2004)

에이콘 **소프트웨어 테스팅** 시리즈

 **소프트웨어 테스팅, 마이크로소프트에선 이렇게 한다**

구글 안드로이드 플랫폼 분석과 모바일 보안

앨런 페이지, 켄 존스톤, 비제이 롤리슨 지음 | 권원일, 이공선, 김민영, 김윤명, 여용구 옮김
9788960771109 | 584페이지 | 2009-12-01 | 35,000원

마이크로소프트 테스팅의 실체를 속속들이 들여다본다! 마이크로소프트의 유명 현직 테스팅 전문가
(SDET)들이 집필한 소프트웨어 테스팅 실무서. 사내 9,000여 명의 테스터가 사용하고 있는 툴과 시스템,
베스트 프랙티스를 소개한다. 마이크로소프트의 테스트 설계와 관리 방식, 그들만의 교육 방법과 커리어
개발 방식, 앞으로의 도전을 알려준다.

 **xUnit 테스트 패턴**

68가지 단위 테스트 패턴을 통한 테스트 코드 리팩토링 기법

제라드 메스자로스 지음 | 박일 옮김
9788960771253 | 1,064페이지 | 2010-03-12 | 48,000원

가장 인기 있는 단위 테스트 프레임워크인 xUnit으로 자동 테스트를 작성하는 방법을 완벽하게 지도해준
다. 애자일 코치이자 테스트 자동화 전문가인 제라드 메스자로스(Gerard Meszaros)는 테스트 작성, 이
해, 유지 보수를 쉽게 해주는 68개의 입증된 패턴을 소개한다. 또한 어떻게 하면 테스트를 더 견고하고
반복 가능하며, 쉽게 만들 수 있는지도 보여준다.

 **Android Application Testing Guide 한국어판**

안드로이드 애플리케이션 테스팅 가이드

디에고 토레스 밀라노 지음 | 현수명 옮김
9788960772878 | 356페이지 | 2012-03-30 | 30,000원

테스트를 작성하면서 안드로이드 애플리케이션을 개발할 수 있는 실용적인 방법을 소개한다. 테스트 주
도 개발 방식으로 안드로이드 애플리케이션을 만들어 보고 안드로이드 테스트 프레임워크를 활용해서 UI
테스트는 물론 성능 테스트까지 다양한 상황에 대한 테스트를 실용적인 예제로 설명한다. 빌드 자동화와
테스트 자동화를 통해 지속적인 통합을 적용해보고 코드 커버리지까지 측정해본다. 이 책을 통해 테스트
코드를 작성하면서 얻게 되는 효율성을 충분히 느낄 수 있을 것이다.

 **The Art of Software Testing (Second Edition) 한국어판**

소프트웨어 테스팅의 정석

글렌포드 마이어스, 톰 뱃지트, 토드 토마스, 코리 샌들러 지음 | 이공선, 권원일 옮김
9788960773028 | 292페이지 | 2012-05-24 | 30,000원

이 책은 소프트웨어 테스팅 분야에서 한 획을 그은 진정한 명서이며 고전이다. 테스팅에 대한 일반적인
내용을 개발과 연계해 최근 출간된 그 어떤 책보다 오히려 더 체계적이고 설득력 있게 소개한다. 또한 인
터넷 애플리케이션 테스팅, 익스트림 테스팅 등 테스팅의 최신 내용도 같은 맥락에서 다뤄 30여 년 전에
저자가 정립한 테스팅 이론의 탁월성과 적용성을 입증하고 있다. 이 책은 소프트웨어 테스트 엔지니어만
을 위한 것은 아니다. IT 전문가라면 누구나 한 번은 읽어야 할, 글자 그대로 소프트웨어 테스팅의 정석을
알려주는 책이다.

구글은 소프트웨어를 어떻게 테스트하는가
구글의 테스팅 문화와 기법에 관한 인사이드 스토리

제임스 휘태커, 제이슨 아본, 제프 카롤로 지음 | 제갈호준, 이주형 옮김
9788960774100 | 400페이지 | 2013-03-29 | 30,000원

완벽을 추구하는 구글의 혁신적인 소프트웨어 테스팅 방법을 배우고 싶은가? 테스팅 전문가인 제임스
휘태커를 비롯한 저자진이 구글 현직 테스팅 전문가들과의 사내 인터뷰를 통해 구글의 소프트웨어 테스
팅 기법과 도구와 최신 사례를 소개하고, 품질을 중시하는 구글의 테스팅 문화와 철학은 무엇인지를 낱
낱이 밝힌다. 위험 분석, 테스트 계획, 탐험적 테스트, 수동 테스팅, 자동 테스팅, 테스트 인프라스트럭처,
인수 테스팅 등에 관한 매우 실무적이고 실용적인 기술과, 유용한 피드백을 얻고, 이슈를 추적하기 위한
툴의 선택과 제작법을 알려준다.

테스팅 전문가들의 생생한 사례연구 스토리로 익히는
소프트웨어 테스트 자동화

도로시 그레이엄, 마크 퓨스터 지음 | 여용구, 김윤명, 황영석, 성찬혁 옮김
9788960775022 | 728페이지 | 2013-12-23 | 45,000원

테스트 자동화는 절대로 한 번에 끝나지 않는다. 그렇기에 계속해서 내 손에 익숙한 툴과 방법을 찾아 연
습과 적용을 거듭하고, 인내하면서 가꿔 나가야 한다. 이 책에는 여러 분야에서 다양한 서비스와 제품을
맡은 테스트 엔지니어들의 자동화 스토리가 고스란히 담겨 있다. 무엇보다도, 효과적인 자동화 테스트의
본질을 설명하며 실제 자동화 프로젝트에서 얻은 가치 있는 경험과 팁, 교훈, 기억해야 할 점이 고스란히
담겨 있는 흥미진진하고 잘 작성된 광범위한 케이스 스터디 모음집이다.

JavaScript Testing
버그 없는 웹을 위한 자바스크립트 코드 테스트와 디버깅

리앙 유시안 유진 지음 | 최광민 옮김
9788960775398 | 312페이지 | 2014-03-31 | 25,000원

실전에서 유용하게 활용할 수 있는 70여 가지 이상의 자바스크립트 테스팅 예제가 실려 있다. 이 책에 실
린 예제들을 따라 하다 보면, 버그 없고 견고한 웹을 구성하기 위한 자바스크립트 코드를 테스트하는 데
필요한 이론적 배경 지식은 물론, 테스트와 디버깅을 수행하는 데 필요한 도구 사용법, 자바스크립트 코
드 최적화 방법 등을 익힐 수 있다. 그리고 자바스크립트를 처음 공부하는 초보자도 쉽게 따라 할 수 있도
록 웹을 구성하는 세 가지 요소인 HTML과 CSS, 자바스크립트의 문법도 함께 설명한다.

린 애자일 기법을 활용한 테스트 주도 개발
협업을 통한 더 나은 소프트웨어 만들기

케네스 퍼그 지음 | 이주형, 제갈호준 옮김
9788960775619 | 428페이지 | 2014-05-29 | 35,000원

요구사항을 신속하고 명확하게 결정하지 못하거나, 고객의 바람을 반영하지 못해 프로젝트 후반부에서
곤란했던 경험이 있는가? 이 책은 개발자와 테스터가 소프트웨어 구현 전에 고객과 함께 인수 테스트
(acceptance test)를 결정하고 개발 단계별로 이를 활용함으로써 어떻게 하면 소프트웨어가 목적한 바를
정확하게 구현할 수 있는지에 대해 샘(Sam)이라는 가상인물이 소프트웨어 프로젝트를 진행하는 과정을
보여줌으로써 매우 쉽게 설명한다.

Jasmine 자바스크립트 테스팅

대규모 자바스크립트 애플리케이션을 위한 강력한 단위 테스팅 기법

파울로 라고나 지음 | 이일웅 옮김
9788960776845 | 204페이지 | 2015-03-25 | 20,000원

테스트 주도 개발(TDD), 행위 주도 개발(BDD)을 먼저 소개하고, 이러한 테스팅 개념을 구현한 재스민 툴의 사용법을 실제적인 자바스크립트 애플리케이션의 예를 들어 자세히 설명한다. 재스민을 이용한 단위 테스팅 방법뿐만 아니라 시논JS(SinonJS), 백본JS(BackboneJS), 리콰이어JS(RequireJS), 그런트JS(GruntJS) 등 모던 자바스크립트 개발에 특화된 다양한 툴들을 독자들이 자연스럽게 섭렵하여 실무에 바로 응용할 수 있도록 안내한다.

시간과 비용을 줄이고 품질은 높이는

소프트웨어 테스트 자동화 구축과 6가지 핵심 활동

엘프리드 더스틴, 톰 개럿, 버니 가우프 지음 | 여용구, 황영석 옮김
9788960777118 | 408페이지 | 2015-05-29 | 38,800원

성공적인 소프트웨어 테스트 자동화에 대한 방법을 알려주고, 그에 수반한 6가지 핵심 활동을 설명한 책이다. 이 책에서는 미 국방부와 주로 일하는 IDT라는 회사가 실제 현업에서 적용한 소프트웨어 테스트 자동화 경험을 최대한 상세히 풀어 설명하면서, 어떻게 성공적으로 테스트 자동화를 구축해나갔는지 보여준다. 아울러 요구사항 이해, 테스트 자동화 전략 수립, 소프트웨어 테스트 자동화 프레임워크(ASTF) 테스팅, 지속적인 진척 현황 추적에 따른 적절한 대응, 소프트웨어 테스트 자동화 프로세스 구현, 적합한 인력을 프로젝트에 투입하는 등의 6가지 핵심 활동을 구체적으로 소개하며, 요구사항 정의, 전략 설정, 프레임워크 선정과 적용, 그리고 이를 지속적으로 개선하면서 조직에 맞는 경량 프로세스를 만들어나가는 것이 목표다. 지속적인 가치를 주는 테스트 자동화 체계를 잡아가기를 원하는 사람들에게 꼭 필요한 정보를 알려주는 중요한 책이다.

시간과 비용을 줄이고 품질은 높이는
소프트웨어 테스트 자동화 구축과 6가지 핵심 활동

인 쇄 | 2015년 5월 22일
발 행 | 2015년 5월 29일

지은이 | 엘프리드 더스틴 • 톰 개럿 • 버니 가우프
옮긴이 | 여용구 • 황영석

펴낸이 | 권 성 준
엮은이 | 김 희 정
        김 경 희
        전 진 태
표지 디자인 | 한국어판_이승미
본문 디자인 | 남 은 순

인 쇄 | (주)갑우문화사
용 지 | 다올페이퍼

에이콘출판주식회사
경기도 의왕시 계원대학로 38 (내손동 757-3) (437-836)
전화 02-2653-7600, 팩스 02-2653-0433
www.acornpub.co.kr / editor@acornpub.co.kr

Copyright ⓒ 에이콘출판주식회사, 2015, Printed in Korea.
ISBN 978-89-6077-711-8
ISBN 978-89-6077-412-4 (세트)
http://www.acornpub.co.kr/book/automated-software-testing

이 도서의 국립중앙도서관 출판시도서목록(CIP)은 서지정보유통지원시스템 홈페이지(http://seoji.nl.go.kr)와
국가자료공동목록시스템(http://www.nl.go.kr/kolisnet)에서 이용하실 수 있습니다.(CIP제어번호: CIP2015014187)

책값은 뒤표지에 있습니다.